Schriften zur Handelsforschung

Begründet von Prof. Dr. Dr. h.c. RUDOLF SEŸFFERT

Herausgegeben von Prof. Dr. LOTHAR MÜLLER-HAGEDORN,
Universität zu Köln

Band 98

Die Schriften zur Handelsforschung enthalten Beiträge zu aktuellen Problemen aus Handel und Distribution. Die Schriftenreihe wurde 1953 begründet und erscheint ab Band 92 im Kohlhammer-Verlag.

Schriften zur Handelsforschung

Band 89: W. Toporowski
Logistik im Handel
Optimale Lagerstruktur und Bestellpolitik einer Filialunternehmung
1996, ISBN 3-7908-0963-2

Band 90: M. Greune
Der Erfolg externer Diversifikation im Handel
Eine theoretische und empirische Untersuchung
1997, ISBN 3-7908-0979-9

Band 91: S.O. Mandewirth
Transaktionskosten von Handelskooperationen
Ein Effizienzkriterium für Verbundgruppen und Franchise-Systeme
1997, ISBN 3-7908-1054-1

Band 92: N. Ziehe
Einzelhandel und Verkehrspolitik
Eine empirische Analyse der Bedeutung von Erreichbarkeit und Attraktivität für die Zentrenwahl der Verbraucher
1998, ISBN 3-17-015587-3

Band 93: M. Schuckel
Bedienungsqualität im Einzelhandel
Eine theoretische und empirische Analyse der Auswirkungen erfüllter und unerfüllter Kundenerwartungen auf die Beurteilung der Bedienungsleistung im Einzelhandel
1999, ISBN 3-17-016127-X

Band 94: C. Gruninger-Hermann
Teleshopping
Absatz- und Programmplanung eines TV-Shoppingsenders
1999, ISBN 3-17-016126-1

Band 95: M. Küster
Oportunismus und Motivation in Franchise- und Vertragshändlersystemen
2000, ISBN 3-17-016671-9

Band 96: K. Hudetz
Prozessinnovationen im Großhandel
2000, ISBN 3-17-016843-6

Band 97: S. Zielke
Kundenorientierte Warenplatzierung
Modelle und Methoden für das Category Management
2002, ISBN 3-17-017489-4

Christian Dach

Internet Shopping versus stationärer Handel

Zum Einkaufsstättenwahlverhalten von Online-Shoppern

Mit 53 Abbildungen

Dr. Christian Dach
Konradstr. 3
D-50937 Köln

Die Deutsche Bibliothek – CIP-Einheitsaufnahme

Dach, Christian:
Internet Shopping versus stationärer Handel : zum Einkaufsstättenwahlverhalten von Online-Shoppern / Christian Dach. Hrsg.: Lothar Müller-Hagedorn. - Stuttgart : Kohlhammer, 2002
(Schriften zur Handelsforschung ; Bd. 98)
ISBN 3-17-017832-6

Verlagsort: Stuttgart
Gesamtherstellung: WB-Druck GmbH + Co. KG,
Rieden am Forggensee
Printed in Germany

Geleitwort

Der Einzelhandel ist durch die Vielfalt seiner Betriebsformen gekennzeichnet. Zu den vielen Varianten des stationären Handels ist vor kurzem die Möglichkeit hinzugetreten, über das Internet einzukaufen. Zwar ist die Euphorie der ersten Jahre verflogen, aber niemand bezweifelt, dass das Internet für den Absatz an Endverbraucher in der Zukunft eine wichtige Rolle spielen wird.

Den Konsumenten steht für ihre Einkäufe nunmehr eine weitere Möglichkeit offen. Einige sprechen von Multi-Channeling und meinen damit den Umstand, dass Unternehmen verschiedene Kanäle zum Kunden etablieren; Multi-Channeling kann aber auch aus dem Blickwinkel des Nachfragers gesehen werden und erfasst damit die Beobachtung, dass einige Nachfrager zu bestimmten Gelegenheiten den stationären Handel aufsuchen, sich bei anderen Gelegenheiten des Internets bedienen. Dach spricht von den Online-Shoppern. Ihre Einkaufsstättenwahl will er erklären, d.h. einsichtig machen, bei welchen Einkäufen sie den stationären Handel bevorzugen und wann sie sich des Internets bedienen werden. Er entwickelt hierzu ein eigenständiges, einstellungsbezogenes Modell, das sich im empirischen Test bewährt. Die Arbeit liefert somit auf den ersten Blick einen Beitrag zur Einkaufsstättenwahlentscheidung von Konsumenten, einem für den Handel immer schon bedeutenden Problem, auf den zweiten Blick verdient sie darüber hinaus Beachtung, weil die Besonderheiten des Internet-Shopping explizit berücksichtigt werden. Die Arbeit öffnet den Blick auf die jeweiligen Stärken und Schwächen von stationärem Handel einerseits und von Internet Shopping andererseits.

Die Arbeit ist aber nicht nur für diejenigen von Interesse, die sich für die Einkaufsstättenwahl von Konsumenten im Allgemeinen und für Internet Shopping im Besonderen interessieren, sondern verdient auch Aufmerksamkeit, weil die in der Theorie des Konsumentenverhaltens bedeutsame Einstellungs-Verhaltens-Hypothese eingehend beleuchtet wird.

Univ.-Prof. Dr. Lothar Müller-Hagedorn

Vorwort

Online-Shopper stellen Internet-Nutzer dar, die schon einmal über das Internet eingekauft haben und die neuartige Einkaufsform auch zukünftig nutzen wollen. Diese immer größer werdende Zielgruppe deckt in den allermeisten Fällen nicht ihren gesamten Einkaufsbedarf über das Internet, sondern entscheidet sich von Kauf zu Kauf zwischen Katalogversandhandel, Internet Shopping und stationärem Handel. Die letzten beiden Einkaufsalternativen werden in der vorliegenden Arbeit näher betrachtet. Dabei wird der Frage nachgegangen, warum sich ein Online-Shopper in der einen Situation für den elektronischen Einkauf entscheidet und in der anderen Situation doch den Gang in ein Ladengeschäft vorzieht.

Zwei zentrale Ergebnisse lassen sich aus dem entwickelten Modell und der empirischen Untersuchung ableiten. Zum einen werden die Vor- und Nachteile von Internet Shopping und stationärem Handel deutlich, die für die Einkaufsstättenwahl entscheidend sind. Zum anderen lassen sich Einkaufssituationen erkennen, in denen Online-Shopper die eine oder die andere Einkaufsform bevorzugen.

Die Arbeit wurde im Sommersemester 2002 von der Wirtschafts- und Sozialwissenschaftlichen Fakultät der Universität zu Köln als Dissertation angenommen. Die empirische Untersuchung wurde im Rahmen eines Projekts des E-Commerce-Center Handel am Institut für Handelsforschung an der Universität zu Köln durchgeführt.

An dieser Stelle möchte ich mich bei den Personen bedanken, die mich bei meiner Arbeit maßgeblich unterstützt haben. Dazu zählt an erster Stelle mein Doktorvater, Prof. Dr. Lothar Müller-Hagedorn. Mein Dank gilt weiterhin meinen Kollegen Daniela Büchel und Kai Wilke, meinem Vater, Dr. Günter Dach, sowie Frau Prof. Dr. Claudia Loebbecke, die das Korreferat übernommen hat. Der Fritz G. Conzen-Stiftung danke ich für die finanzielle Unterstützung bei der Veröffentlichung der Arbeit.

Christian Dach

Inhaltsverzeichnis

Abbildungsverzeichnis

Tabellenverzeichnis

1 Einleitung

1995 begann amazon.com, Bücher über das Internet zu verkaufen. Seitdem sind die Umsätze, die Unternehmen im Verkauf von Waren über das Internet tätigen, enorm gewachsen. Auch wenn der heutige Marktanteil noch bescheiden ausfällt, wird zahlreichen Prognosen zufolge zukünftig ein bedeutender Anteil des Einzelhandelsumsatzes über das Internet Shopping abgewickelt.[1] Das Internet Shopping tritt als neuartige so genannte Meta-Betriebsform in Konkurrenz zu den traditionellen Meta-Betriebsformen des Einzelhandels, zu denen der stationäre Handel, der Katalogversandhandel, das traditionelle Teleshopping sowie der ambulante Handel gezählt werden können. Für die strategische Positionierung von traditionellen Meta-Betriebsformen und Online-Shops ist es wichtig, die Gründe zu kennen, warum Konsumenten online oder offline einkaufen. Weil dem Katalogversandhandel, dem traditionellen Teleshopping sowie dem ambulanten Handel im Vergleich zum stationären Handel nur eine geringe Bedeutung zukommt, beschränkt sich die Untersuchung auf eine vergleichende Betrachtung von **Internet Shopping** und **stationärem Handel**.

1.1 Problemstellung

Bislang nutzt nur ein kleiner, wenn auch stark wachsender Teil der Konsumenten die neuartigen Einkaufsmöglichkeiten über das Internet. Zwangsläufig ist die

---

1 Zu Prognosen der zukünftigen Bedeutung des Business-to-Consumer E-Commerce vgl. bspw. Dach, Christian: Die zukünftige Bedeutung des Business-to-Consumer E-Commerce – ein Prognosemodell, in: Müller-Hagedorn, Lothar (Hrsg.): Zukunftsperspektiven des E-Commerce im Handel, Frankfurt a. M. 2000, S. 175-225. Zu einer kritischen Beurteilung von Prognosen zum E-Commerce vgl. Mai, Stefan: Prognosen zum E-Commerce – Ungewissheiten über das zukünftige Potenzial des elektronischen Handels, in: Zeitschrift für Wirtschaftspolitik, 49. Jg. (2000), S. 267-284.

Nutzung des Internets eine grundlegende Voraussetzung für das Internet Shopping. Nach einer aktuellen GfK-Untersuchung zählen mittlerweile 56,6 % der 14- bis 69-jährigen Deutschen zum Kreis der **Internet-Nutzer**.[2] Warum Konsumenten das Internet nutzen oder ablehnen, ist eine Fragestellung, die offenbar kaum mit dem Phänomen des Internet Shoppings zusammenhängt. Sowohl bei den Gründen, sich einen Internet-Zugang einzurichten, als auch bei den Gründen, sich keinen Zugang anzuschaffen, wird das Internet Shopping von den Befragten der ARD/ZDF-Online und Offline-Studie 2000 nicht erwähnt.[3]

Nur ein Teil der deutschen Internet-Nutzer, die sog. **Online-Shopper**, haben bereits im Internet eingekauft. Nach Zahlen der GfK können 64,1 % aller Internet-Nutzer zwischen 14 und 69 Jahren zur Gruppe der Online-Shopper gezählt werden (Abb. 1.1). Internet-Nutzer, die nicht von der Einkaufsmöglichkeit über den Bildschirm Gebrauch machen, werden als **Nicht-Online-Shopper** bezeichnet.

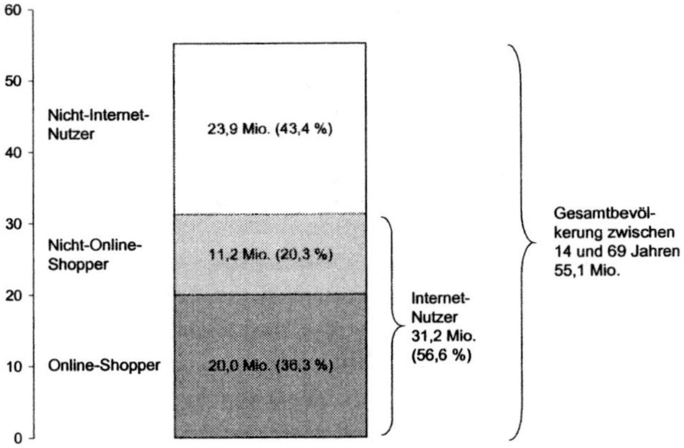

Abb. 1.1: Gesamtbevölkerung, Internet-Nutzer und Online-Shopper; Quelle der Daten: gfk-webgauge, 2. Untersuchungswelle (10/2001), Auskunft von Frau Füting, GfK Medienforschung, vom 18.12.2001

Die Zahl der Online-Shopper beläuft sich auf 20,0 Mio., was einem Anteil von etwa 36 % der Gesamtbevölkerung zwischen 14 und 69 Jahren entspricht. Nach einer Studie von Ernst & Young wollen annähernd 100 % der Online-Shopper die neue Einkaufsquelle auch zukünftig nutzen.[4] Diese Ergebnisse werden auch von Ergebnissen einer Untersuchung des Instituts für Demoskopie, Allensbach,

---

2 Vgl. gfk-webgauge, 2. Untersuchungswelle (10/2001), Auskunft von Frau Füting, GfK Medienforschung, vom 18.12.2001.

3 Vgl. Oehmichen, Ekkehardt/Schröter, Christian: Fernsehen, Hörfunk, Internet: Konkurrenz, Konvergenz oder Komplement?, in: MEDIA PERSPEKTIVEN, o. Jg. (2000), S. 363; Grajczyk, Andreas/Mende, Annette: Nichtnutzer von Online: Zugangsbarrieren bleiben bestehen, in: MEDIA PERSPEKTIVEN, o. Jg. (2000), S. 353.

4 Vgl. Scholz, Joachim: Online-Shopping boomt weltweit, in: <e>MARKET, o. Jg. (2001), H. 7, S. 30 f.

gestützt, bei der nur 2 % der Online-Käufer angaben, von ihren Einkaufserfahrungen im Internet enttäuscht zu sein.[5] In dieser Arbeit werden unter Online-Shoppern diejenigen Internet-Nutzer verstanden, die schon mindestens einmal aus einem privaten Anlass Konsumgüter über das Internet gekauft haben und sich vorstellen können, auch zukünftig über das Internet einzukaufen.

In Hinblick auf die Konkurrenz zwischen Internet Shopping und stationärem Handel lassen sich **zwei Fragestellungen** unterscheiden:

(1) Warum entscheiden sich Internet-Nutzer, die noch nicht zu den Online-Shoppern zählen, für einen Erstkauf in einem Online-Shop und warum lehnen manche Internet-Nutzer den elektronischen Einkauf kategorisch ab?

Bei dieser Fragestellung geht es darum, Barrieren der Akzeptanz des Internet Shoppings aufzudecken. In einer empirischen Untersuchung können Bauer, Fischer und Sauer insbesondere einen Einfluss des Technologieinvolvements (Intensität der PC-Nutzung und der Internet-Nutzung) und der Technologieerfahrung (Internet-Erfahrung) auf die Akzeptanz des Internet Shoppings nachweisen.[6] Dieser Fragestellung wird im Weiteren nicht nachgegangen. Vielmehr richtet sich der Fokus der Arbeit auf die folgende Frage.

(2) Warum kaufen Online-Shopper in einer bestimmten Situation über das Internet und in einer anderen Situation im stationären Handel ein?

Vermutlich decken Online-Shopper nicht ihren gesamten Einkaufsbedarf per Internet Shopping, sondern entscheiden sich von Fall zu Fall für oder gegen das elektronische Einkaufen.[7] Tietz sieht diese Polarisierung des Einkaufsverhaltens bereits 1984 voraus.[8] Mehrere Hinweise stützen die Vermutung einer **situationsabhängigen Meta-Betriebsformenwahl**:

- Die Quelle AG, die ihre Kunden über drei Kanäle (Internet, Katalogversandhandel und stationären Handel) anspricht, geht davon aus, dass ihre Kunden im Durchschnitt zwei bis drei dieser Kanäle nutzen.[9]

---

[5] Vgl. o. V.: Die Fußgängerzone bleibt Nummer eins, in: <e>MARKET – new media update: Folge 6 (Herbst 2000), S. 25.

[6] Vgl. Bauer, Hans H./Fischer, Marc/Sauer, Nicola E.: Barrieren des elektronischen Einzelhandels – Eine empirische Studie zum Kaufverhalten im Internet, in: Zeitschrift für Betriebswirtschaft, 70. Jg. (2000), S. 1133-1156; siehe auch Jarvenpaa, Sirkka L./Todd, Peter A.: Is There a Future for Retailing on the Internet?, in: Peterson, Robert A. (Hrsg.): Electronic Marketing and the Consumer, Thousand Oaks-London-New Delhi 1997, S. 139-154.

[7] Vgl. Flisi, Claudia: While No Longer Hot, B2C on the Web Isn't Going Away, in: International Herald Tribune, Nr. 36572 v. 3.10.2000, S. 21.

[8] Vgl. Tietz, Bruno: Elektronisches Marketing, Elektronisches Shopping und Elektronisches Banking, in: Theuer, Gottfried/Schiebel, Walter (Hrsg.): Tele-Selling – Marketing über Bildschirmtext, Landsberg 1984, S. 287.

[9] Vgl. Meyer-Schönherr, Mirko: E-Commerce zwischen Marketing-Mix und Kundenbindung, Vortrag auf der Handelsblatt-Konferenz „Marketing-Management im E-Commerce" am 20.-21.11.2000 in Hamburg.

- Gillett untersucht 1970 das Profil von Konsumenten, die damalige Möglichkeiten des Home Shoppings nutzen.[10] Von den in der Studie befragten, ausschließlich weiblichen Versuchspersonen geben 70 % an, in den letzten elf Monaten mindestens einmal von zuhause aus eingekauft zu haben. Im Durchschnitt hat die Gruppe der „In-Home Shopper“ aber nur einen Bruchteil ihres gesamten Einkaufsbudgets in dieser Einkaufsform ausgegeben. Es zeigt sich sogar, dass die „In-Home Shopper“ überdurchschnittlich oft im stationären Handel einkaufen.
- Bei einer Kundenbefragung von amazon.de zeigt sich, dass nur ein kleiner Teil der Kunden alle oder fast alle ihrer Bücher im Internet einkauft (Abb. 1.2). Der Großteil der Kunden (71 %) entscheidet sich offenbar abwechselnd für das Internet Shopping oder den stationären Handel.

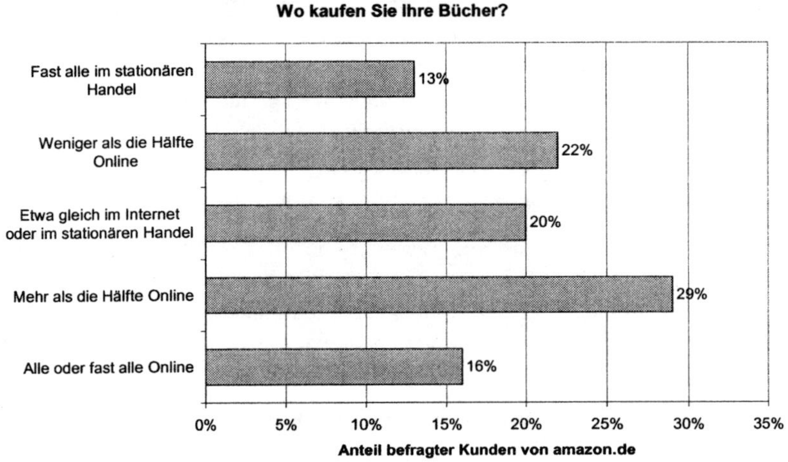

Abb. 1.2: Hybrides Meta-Betriebsformenwahlverhalten von Buchkäufern; Quelle: Roppel, S., 2001, S. 607

In Anbetracht der situationsabhängigen Meta-Betriebsformenwahl der Online-Shopper ist es Ziel dieser Arbeit, folgende **zentrale Frage** zu klären:

- Wie kann die Wahl von Online-Shoppern zwischen Internet Shopping und stationärem Handel in einer konkreten Einkaufssituation erklärt werden?

Mit der Wahl des Internet Shoppings oder des stationären Handels ist dabei gemeint, dass ein Online-Shopper nicht nur die jeweilige Meta-Betriebsform aufsucht, sondern auch einen Einkauf in ihr tätigt. Zur Beantwortung der zentralen Frage müssen **weitere, untergeordnete Fragen** behandelt werden:

---

[10] Vgl. Gillett, Peter L.: A Profile of Urban In-Home Shopper, in: Journal of Marketing, 34. Jg. (1970), S. 40-45.

- Welches Grundmodell eignet sich zur Erklärung der Meta-Betriebsformenwahl von Konsumenten?

In der Literatur finden sich zahlreiche Modelle, die versuchen, die Einkaufsstätten-, Betriebsformen- oder Meta-Betriebsformenwahl zu erklären. Für die weitere Analyse soll ein Grundmodell ausgewählt werden, das zur Klärung der vorliegenden Problemstellung geeignet erscheint.

- Wie kann das Grundmodell an die vorliegende Problemstellung angepasst werden?

Hier geht es darum, aus dem allgemeinen Grundmodell ein Modell zu entwickeln, das dem konkreten Forschungsziel dieser Arbeit gerecht wird. Aufbauend auf dem Modell werden zwei weitere Fragen behandelt:

- Mit welchen grundlegenden Vor- und Nachteilen verbinden Online-Shopper den Einkauf im Internet und im stationären Handel?
- In welchen Situationen kaufen Online-Shopper im Internet und im stationären Handel ein?

Auf der Grundlage der Erkenntnisse über die situationsspezifische Meta-Betriebsformenwahl soll schließlich beispielhaft gezeigt werden, welche Implikationen sich für das Management von Ladengeschäften und Online-Shops ableiten lassen.

- Wie können Handelsunternehmen die Erkenntnisse über die situationsspezifische Meta-Betriebsformenwahl für ihre strategische Unternehmensplanung nutzen?

Bevor der Gang der Untersuchung erläutert wird, stellt sich die Frage, ob alle Handelsbranchen in die vorliegende Untersuchung einbezogen werden sollten. Hinsichtlich des Ausmaßes des Online-Angebots und der Online-Nachfrage lassen sich **Handelsbranchen** in drei Gruppen unterteilen:

(1) In die erste Gruppe fallen die Vorreiterbranchen, auf die sich derzeit der wesentliche Anteil der Umsätze des Internet Shoppings konzentriert (Abb. 1.3).

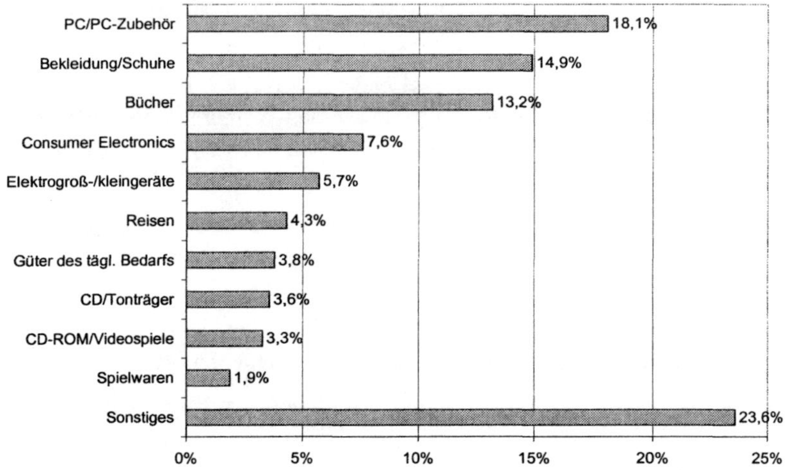

Abb. 1.3: Bedeutung von Warengruppen beim Internet Shopping nach Umsätzen; Quelle: GfK Web Scope, 9/10 2000, unter www.gfk.de

Anmerkung: In dieser Abbildung sind mit den Reisen auch Dienstleistungen erfasst, die in dieser Arbeit nicht berücksichtigt werden.

Bei diesen Branchen trifft offenbar ein relativ umfassendes Online-Angebot auf eine entsprechende Nachfrage der Online-Shopper. Zu den beiden anderen Gruppen zählen die Branchen, in denen noch keine oder nur unbedeutende Internet-Umsätze getätigt werden.

(2) So gibt es Branchen, in denen zwar ein mehr oder weniger umfassendes Online-Angebot zu beobachten ist, dem aber offensichtlich nur eine geringe Nachfrage der Online-Shopper gegenübersteht. So fallen etwa die Online-Umsätze im Schuhhandel verschwindend gering aus, obwohl Online-Shopper bei zumindest zwei professionellen Online-Anbietern deutschlandweit Schuhe über das Internet bestellen können.[11]

(3) Eine weitere Ursache für geringe Internet-Umätze kann darin gesehen werden, dass noch kein umfassendes Online-Angebot für Produkte aus einer Branche existiert (3. Gruppe). In dem Fall kann ein bedeutender Teil der Online-Shopper, selbst wenn er es wollte, nicht auf das Internet Shopping zurückgreifen. Als Beispiel für eine solche Branche kann der Online-Lebensmittel-

---

[11] Vgl. www.eshoes.com (Deichmann-Gruppe) und www.ecco-schuhe.de, Zugriff am 24.1.2002; zur Bedeutung des Online-Schuhhandels vgl. Dach, Christian: Vorteile einer Multi-Channel-Strategie: Eine nüchterne Betrachtung – Synergien zwischen Ladengeschäften und Online-Shops aus Konsumentensicht, Köln 2002b, S. 36-40; zu einer Verteilung der Umsätze des Schuheinzelhandels auf einzelne Betriebsformen vgl. Gruner + Jahr (Hrsg.): Schuhe, Stern Trendprofile 06/2001, unter: www.trendprofile.stern.de, Zugriff am 17.12.2001, S. 13 f.

handel angeführt werden. So können deutsche Online-Shopper bislang nur in wenigen Großstädten Frischwaren über das Internet bestellen.

Da in den Branchen der zweiten Gruppe die Gründe für die geringen Umsätze in erster Linie bei den Online-Shoppern zu suchen sind, werden diese Branchen neben den Vorreiterbranchen der ersten Gruppe in die Betrachtung einbezogen. Außen vor bleiben hingegen die Branchen der dritten Gruppe, in denen noch kein umfassendes Online-Angebot besteht. Warum in diesen Branchen noch keine oder nur wenige Anbieter in den Markt eingetreten sind, ist nicht Gegenstand dieser konsumentenorientierten Arbeit.

Die Frage, warum manche Warengruppen von Online-Shoppern akzeptiert werden und andere nicht, wird in dieser Arbeit nur am Rande behandelt. Zu einer ausführlichen Beurteilung der Internet-Eignung einzelner Warengruppen wäre neben einer konsumentenorientierten Betrachtung auch eine Diskussion der Probleme aus Sicht der Online-Anbieter erforderlich.[12] Hier ist beispielsweise an den logistischen Aufwand zu denken, den verschiedene Warengruppen beim Online-Anbieter verursachen.

1.2 Gang der Untersuchung

Im Anschluss an das **einleitende Kapitel** werden im zweiten Kapitel die **zentralen Begriffe** der Arbeit geklärt. Ausgehend von einer Systematik der Meta-Betriebsformen werden die einzelnen Meta-Betriebsformen voneinander abgegrenzt und hinsichtlich ihres empirischen Erscheinungsbilds gekennzeichnet. Nach diesen begrifflichen Erläuterungen folgen die drei Hauptteile der Arbeit, die eine theoretische und eine empirische Analyse der Meta-Betriebsformenwahl sowie die Ableitung strategischer Handlungshinweise beinhalten. Die Vorgehensweise innerhalb der **theoretischen Analyse der Meta-Betriebsformenwahl** orientiert sich stark an den oben genannten untergeordneten Fragen, die auf dem Weg zur Beantwortung der zentralen Frage behandelt werden sollen. So werden der Reihenfolge nach

---

[12] Vgl. Neumaier, Silke: Die E-Commerce-Eignung von Sportartikeln, Köln 2002, unveröffentlichte Diplomarbeit; Dach, Christian: Internet Shopping – Prognosen zu den Auswirkungen auf Betriebsformen und Branchen, in: Grabow, Busso (Hrsg.): Ökonomie im (Schlepp-)Netz?, Berlin 2002a, S. 27-36.

- ein Grundmodell der Meta-Betriebsformenwahl gewählt,
- das Grundmodell angepasst,
- grundlegende Vor- und Nachteile des Internet Shoppings und des stationären Handels herausgestellt sowie
- die Situationen gekennzeichnet, in denen Online-Shopper den stationären Handel oder das Internet Shopping vorziehen.

Der sich anschließende **empirische Teil** ist in drei Abschnitte gegliedert. Im ersten Abschnitt wird das Untersuchungsdesign festgelegt. Daraufhin werden im zweiten Abschnitt die Auswertungen und Ergebnisse zu den Hypothesen präsentiert, die im theoretischen Teil entwickelt werden und die es zu überprüfen gilt. So werden

- die Erklärungskraft des entwickelten Modells,
- die Hypothesen zu den Vor- und Nachteilen der beiden Meta-Betriebsformen sowie
- die vermuteten situativen Einflüsse auf die Meta-Betriebsformenwahl untersucht.

Abschließend wird im dritten Abschnitt des empirischen Teils die Güte des Erhebungsinstruments diskutiert. Im Anschluss an die empirische Analyse wird beispielhaft versucht, **Implikationen für das strategische Handelsmanagement** abzuleiten. Tabelle 1.1 gibt einen zusammenfassenden Überblick, in welchen Gliederungspunkten die untergeordneten zentralen Fragen dieser Arbeit behandelt werden.

Tabelle 1.1: Zuordnung der untergeordneten zentralen Fragen zu Gliederungspunkten im theoretischen und empirischen Teil

<table>
<tr><th>Untergeordnete zentrale Fragen der Arbeit</th><th>Gliederungspunkte im theoretischen Teil</th><th>Gliederungspunkte im empirischen Teil</th></tr>
<tr><td>Welches Grundmodell eignet sich zur Erklärung der Meta-Betriebsformenwahl von Konsumenten?</td><td>3.1 Analyse der in der Literatur vorfindbaren Modelle und Auswahl eines Grundmodells</td><td rowspan="2">4.2.1 Überprüfung des Gesamtmodells der Meta-Betriebsformenwahl</td></tr>
<tr><td>Wie kann das Grundmodell an die vorliegende Problemstellung angepasst werden?</td><td>3.2 Anpassung des Grundmodells</td></tr>
<tr><td>Mit welchen grundlegenden Vor- und Nachteilen verbinden Online-Shopper den Einkauf im Internet und im stationären Handel?</td><td>3.3 Vor- und Nachteile von Internet Shopping und stationärem Handel aus Konsumentensicht</td><td>4.2.2 Vor- und Nachteile von Internet Shopping und stationärem Handel aus Konsumentensicht</td></tr>
<tr><td>In welchen Situationen kaufen Online-Shopper im Internet und im stationären Handel ein?</td><td>3.4 Bedeutung der Vor- und Nachteile in verschiedenen Einkaufssituationen</td><td>4.2.3 Bedeutung der Vor- und Nachteile in verschiedenen Einkaufssituationen</td></tr>
<tr><td>Wie können Handelsunternehmen die Erkenntnisse über die situationsspezifische Meta-Betriebsformenwahl für ihre strategische Unternehmensplanung nutzen?</td><td>5 Implikationen für das strategische Handelsmanagement</td><td></td></tr>
</table>

2 Meta-Betriebsformen

In diesem Kapitel soll zunächst geklärt werden, was unter dem Begriff der Meta-Betriebsform verstanden wird, bevor eine neuartige Systematik der Meta-Betriebsformen aufgestellt wird, die fünf Meta-Betriebsformen unterscheidet. Zwei der fünf Meta-Betriebsformen, der stationäre Handel und das Internet Shopping, werden im weiteren Verlauf der Arbeit analysiert. Diese beiden Formen werden im letzten Abschnitt dieses Kapitels definiert und von den anderen Meta-Betriebsformen abgegrenzt.

2.1 Einkaufsstätten, Betriebsformen und Meta-Betriebsformen im Einzelhandel

Unter einer **Einkaufsstätte** wird in dieser Arbeit in einem weiten Sinn jedwede Form von Schnittstelle verstanden, über die Konsumgüter von Unternehmen an Konsumenten verkauft werden. Im Gegensatz zu einer engen Definition werden somit nicht nur Ladengeschäfte, sondern auch Versandhandel, Online-Shops und Formen des ambulanten Handels als Einkaufsstätten aufgefasst. Handelsunternehmen versuchen, ihre Einkaufsstätten über einen differenzierten Einsatz der absatzpolitischen Instrumente von konkurrierenden Einkaufsstätten abzusetzen. Bei den **absatzpolitischen Instrumenten** handelt es sich „... um alle Aktionsparameter, mit denen ein Handelsbetrieb das Verhalten der Nachfrager beeinflussen kann".[13] Zu den absatzpolitischen Instrumenten zählen bspw. Sortiment, Preispolitik und Standort. Die Kriterien, anhand derer Konsumenten Einkaufsstätten beurteilen, können als **Leistungsmerkmale** von Einkaufsstätten bezeichnet werden. Hierzu zählen z. B. Convenience, Einkaufsvergnügen und Preis-Leistungs-Verhältnis. Der Einsatz eines absatzpolitischen Instruments zielt darauf ab, ein oder mehrere Leistungsmerkmale in der Wahrnehmung der Konsumenten

---

[13] Müller-Hagedorn, Lothar: Der Handel, Stuttgart-Berlin-Köln 1998, S. 360.

positiv zu beeinflussen. Beispielsweise kann ein stationärer Händler versuchen, seine Einkaufsstätte durch die Ladengestaltung so zu gestalten, dass die Kunden den Besuch der Einkaufsstätte als Vergnügen empfinden. Über das absatzpolitische Instrument „Ladengestaltung" beeinflusst der Händler die Wahrnehmung des Leistungsmerkmals „Einkaufsvergnügen".

So, wie sich die Unternehmen des traditionellen Handels in dem Einsatz ihrer absatzpolitischen Instrumente voneinander unterscheiden, zeichnet sich bereits in dem noch relativ jungen elektronischen Handel eine gewisse Divergenz zwischen den Online-Shops ab. In der Handelsbetriebslehre ist es üblich, Einkaufsstätten mit ähnlichen absatzpolitischen Instrumenten zu **Betriebsformen** zusammenzufassen.[14] Als traditionelle Betriebsformen werden z. B. Warenhaus, Fachgeschäft oder Supermarkt unterschieden. Betriebsformen können aus verschiedenen Blickwinkeln heraus gebildet werden:

1. Aus Konsumentensicht kann unter einer Betriebsform „... eine vom Konsumenten mehr oder weniger bewußt vorgenommene Bündelung von Einkaufsstätten verstanden werden, die aufgrund bestimmter, wahrnehmbarer Charakteristika (wie beispielsweise Standort, äußeres Erscheinungsbild der Einkaufsstätte, ...) vom Konsumenten als **ähnlich** erlebt werden".[15]
2. Aus Handelssicht können Betriebsformen als absatzpolitische Konzepte angesehen werden, „... die Bandbreiten für den Einsatz der einzelnen absatzpolitischen Instrumente angeben und auf den Stellenwert der einzelnen Instrumente hinweisen".[16]

Da in dieser Arbeit das Konsumentenverhalten im Vordergrund steht, wird die erste Definition aus Sicht der Konsumenten gewählt, die zu einer ähnlichen Gruppenbildung führt wie die zweite Definition. So zeigt Gröppel in einer Untersuchung, dass Konsumenten solche Einkaufsstätten zu übergeordneten Gruppen bündeln, die aus Händlersicht als eine Betriebsformenkategorie angesehen werden.[17]

Bei Untersuchungen zur Einkaufsstättenwahl ist es üblich, sich des Konzepts der Betriebsformen zu bedienen, um durch die Gruppenbildung die unüberschaubare Vielfalt einzelner Einkaufsstätten zu vereinfachen und leichter globale Aussagen zur Einkaufsstättenwahl in ganzen Branchen oder im gesamten Einzelhandel treffen zu können. In dieser Arbeit wird die Untersuchung noch weitergehend vereinfacht, indem nicht nur ähnliche Einkaufsstätten zu Betriebsformen, sondern ähnliche Betriebsformen auf einer höheren Ebene zu **Meta-Betriebsformen**

---

[14] Ein Überblick über unterschiedliche Definitionen des Begriffs „Betriebsform" findet sich bei Woratschek, Herbert: Betriebsform, Markt und Strategie, Wiesbaden 1992, S. 5-9.

[15] Gröppel, Andrea: Die Dynamik der Betriebsformen des Handels – Ein Erklärungsversuch aus Konsumentensicht, in: Forschungsgruppe Konsum und Verhalten (Hrsg.): Konsumentenforschung, München 1994, S. 382.

[16] Müller-Hagedorn, L., 1998, S. 363.

[17] Vgl. Gröppel, Andrea: Competitive Retailing Strategies in Germany: An Empirical Study, in: Developments in Marketing Science, 16. Jg. (1993), S. 645 f.

zusammengefasst werden. Der Begriff „Meta-Betriebsform" wird so verstanden, dass sich die Betriebsformen innerhalb einer Meta-Betriebsform in der Ausprägung ihrer absatzpolitischen Instrumenten ähneln, während sich die Betriebsformen aus verschiedenen Meta-Betriebsformen in der Ausprägung ihrer Instrumente voneinander unterscheiden.

Warum wird im weiteren Verlauf auf der Ebene der Meta-Betriebsformen und nicht auf der der Betriebsformen argumentiert? Die beiden folgenden Argumente sprechen für die hier gewählte Vorgehensweise:

- Die Untersuchung wird durch die Bildung von Meta-Betriebsformen stark vereinfacht, da nach Ausgrenzung empirisch unbedeutender Formen nur nach zwei Untersuchungsobjekten differenziert werden muss. Würde die Untersuchung auf der Ebene der Betriebsformen stattfinden, könnten bspw. nach dem „Katalog E" allein für den stationären Handel branchenübergreifend 19 Betriebsformen unterschieden werden.[18]
- Es ist noch weitgehend unklar, in welche Betriebsformen die Einkaufsstätten des elektronischen Handels unterteilt werden können.[19]

Mit einer Analyse auf der Ebene der Meta-Betriebsformen wird allerdings in Kauf genommen, dass Unterschiede zwischen den Einkaufsstätten bzw. Betriebsformen einer Meta-Betriebsform unbeachtet bleiben und statt dessen Durchschnittswerte betrachtet werden. Eine solche Durchschnittsbetrachtung erscheint nur sinnvoll, wenn die Konsumenten über die Diversität der einzelnen Einkaufsstätten hinweg grundlegende Leistungsunterschiede zwischen den Meta-Betriebsformen wahrnehmen. Die Unterschiede werden an späterer Stelle intensiv diskutiert.[20]

2.2 Systematik der Meta-Betriebsformen

Es wurde bereits erwähnt, dass in dieser Arbeit der stationäre Handel, der Katalogversandhandel, das traditionelle Teleshopping, das Internet Shopping und

[18] Vgl. Ausschuß für Begriffsdefinitionen aus der Handels- und Absatzwirtschaft (Hrsg.): Katalog E. Begriffsdefinitionen aus der Handels- und Absatzwirtschaft, 4. Ausgabe, Köln 1995, S. 43-50.

[19] Vgl. Müller-Hagedorn, L./Dach, Chr./Hudetz, K./Kaapke, A., 2000, S. 26-29.

[20] Siehe Kapitel 3.3 „Stärken und Schwächen von Internet Shopping und stationärem Handel".

der ambulante Handel als Meta-Betriebsformen unterschieden werden. Wie kommt es zu dieser Gruppierung der verschiedenen Einkaufsformen? In der Literatur werden Betriebsformen des Einzelhandels von verschiedenen Autoren in Gruppen unterteilt, welche als „Meta-Betriebsformen" nach dem oben eingeführten Begriffsverständnis bezeichnet werden können.

So unterscheidet **Berekoven** „Versandhandel", „stationären Handel" sowie „ambulanten und halbstationären Handel".[21] Das Internet Shopping erscheint in der Systematik von Berekoven aus dem Jahr 1990 weder als eigenständige Gruppe noch als Unterform einer anderen Gruppe. **Müller-Hagedorn** ordnet die Betriebsformen des Einzelhandels in drei Gruppen, die denen von Berekoven sehr ähnlich sind, indem er als Unterscheidungskriterien den Standort (fest/beweglich) und den Verkaufsraum (mit/ohne) von Betriebsformen heranzieht:[22]

- Betriebsformen mit beweglichen Standorten (entsprechen dem ambulanten und halbstationären Handel),
- Betriebsformen mit festem Standort und ohne Verkaufsraum (entsprechen dem Versandhandel) sowie
- Betriebsformen mit festem Standort und mit Verkaufsraum (entsprechen dem stationären Handel).

Ein Unterschied zwischen beiden Systematiken besteht in der Zuordnung des Automatenverkaufs, den Berekoven als Form des stationären Handels, Müller-Hagedorn hingegen als Betriebsform mit festem Standort und ohne Verkaufsraum ansieht. Neue elektronische Verkaufsformen finden in der Systematik von Müller-Hagedorn insofern Berücksichtigung, als dass er „Teleselling" der Gruppe „Betriebsformen mit festem Standort und ohne Verkaufsraum" zuordnet, in der sich auch der Katalogversandhandel befindet. Unter Teleselling bzw. Teleshopping werden üblicherweise sowohl Formen des traditionellen Teleshoppings wie das Telefonmarketing und das traditionelle TV-Shopping als auch das relativ junge interaktive Teleshopping verstanden, zu dem vor allem das Internet Shopping gehört.[23]

Hansen differenziert die Betriebsformen des Einzelhandels nach vier „Aktionsprinzipien der Kontaktanbahnung zwischen Konsument und Einzelhandelsunternehmen":[24]

---

21 Vgl. Berekoven, Ludwig: Erfolgreiches Einzelhandelsmarketing: Grundlagen und Entscheidungshilfen, 2. Auflage, München 1995, S. 28.

22 Vgl. Müller-Hagedorn, Lothar: Betriebstypen im Einzelhandel, in: Tietz, Bruno (Hrsg.): Handwörterbuch des Marketing, 2. Auflage, Stuttgart 1995, Sp. 243 f.

23 Vgl. E-Commerce-Center Handel (Hrsg.): Begriffe des eCommerce, Frankfurt a. M. 2001, S. 21 f.

24 Vgl. Hansen, Ursula: Absatz- und Beschaffungsmarketing des Einzelhandels: eine Aktionsanalyse, 2. Auflage, Göttingen 1990, S. 269-275.

1. Nach dem Residenzprinzip: Auf Initiative des Kunden hin kommt ein Zusammentreffen beider Parteien am Angebotsort, d. h. im Verkaufsraum des Händlers, zustande (stationärer Handel).
2. Nach dem Domizilprinzip: Auf Initiative des Händlers hin kontaktiert er den Kunden an dessen Wohnort (ambulanter Handel).
3. Nach dem Treffprinzip: Hierunter wird ein beiderseitig eingeleitetes Treffen an einem dritten Ort verstanden (z. B. Märkte, Verbrauchermessen und Ausstellungen).
4. Nach dem Distanzprinzip: Im Gegensatz zu den drei vorausgegangenen persönlichen Kontaktformen werden beim Distanzprinzip unpersönliche Kommunikationsmedien eingeschaltet, aufgrund derer eine räumliche Trennung zwischen Anbietern und Nachfragern verbleiben kann (Versandhandel).

„Teleshopping“ weist Hansen den Betriebsformen nach dem Distanzprinizp zu. Damit findet sich das Teleshopping wie bei Müller-Hagedorn in derselben Meta-Betriebsform wie der Katalogversandhandel wieder.[25] Eine Gegenüberstellung der Systematiken nach Berekoven, Müller-Hagedorn und Hansen wird in Tabelle 2.1 vorgenommen, wobei geringfügige Abweichungen wie bspw. die unterschiedliche Zuordnung des Automatenhandels vernachlässigt werden.

Tabelle 2.1: Vergleich verschiedener Systematiken der Meta-Betriebsformen

Systematik nach Berekoven	Systematik nach Müller-Hagedorn	Systematik nach Hansen
Stationärer Handel	BF mit festem Standort und mit Verkaufsraum	BF mit Residenzprinzip
Ambulanter und halbstationärer Handel	BF mit beweglichen Standorten	BF mit Domizilprinzip
		BF mit Treffprinzip
Versandhandel	BF mit festem Standort und ohne Verkaufsraum (incl. Teleselling)	BF mit Distanzprinzip (incl. Teleshopping)

BF = Betriebsformen

Es fällt auf, dass sich die Systematiken der drei Autoren sehr ähnlich sind. Ein grundlegender Unterschied besteht lediglich darin, dass Hansen die Meta-Betriebsform, die von Berekoven als ambulanter und halbstationärer Handel und von Müller-Hagedorn als Betriebsformen mit beweglichen Standorten bezeichnet wird, in zwei Gruppen gliedert: die Betriebsformen nach dem Domizilprinzip und diejenigen nach dem Treffprinzip.

Da es das Ziel der Arbeit ist, die Wahl zwischen Internet Shopping und stationärem Handel zu analysieren, ist eine **isolierte Betrachtung des Internet Shoppings** erforderlich. Weil das Internet Shopping in den Systematiken der

[25] Zwischen Teleshopping und Teleselling besteht nach dem Katalog E kein inhaltlicher Unterschied. Teleshopping beschreibt den Sachverhalt aus der Sicht des Einkaufs, Teleselling aus der Sicht des Verkaufs. Vgl. Ausschuß für Begriffsdefinitionen aus der Handels- und Absatzwirtschaft (Hrsg.), 1995, S. 53.

Meta-Betriebsformen nicht getrennt erfasst wird, sondern lediglich einen Teilbereich des Versandhandels darstellt, muss die Meta-Betriebsform „Versandhandel" weiter unterteilt werden.

Neben dem Internet Shopping lassen sich der Katalogversandhandel und das traditionelle Teleshopping als Formen des Versandhandels unterscheiden. Eine definitorische Abgrenzung des Internet Shoppings von den beiden anderen Versandhandelsformen folgt im nächsten Abschnitt. Inhaltlich ist die Unterteilung des Versandhandels in drei eigenständige Meta-Betriebsformen durch die Vermutung gerechtfertigt, dass die drei Versandhandelsformen trotz einiger Gemeinsamkeiten, die sich aus dem Distanzprinzip ergeben, von den Kunden doch sehr unterschiedlich wahrgenommen werden. In Tabelle 2.2 wird die Meta-Betriebsformen-Systematik dieser Arbeit den Systematiken von Berekoven, Müller-Hagedorn und Hansen gegenübergestellt, um Unterschiede und Gemeinsamkeiten zu verdeutlichen.

Tabelle 2.2: Die Systematik der Meta-Betriebsformen in der vorliegenden Untersuchung im Vergleich mit Systematiken aus der Literatur

Systematik nach Berekoven	**Systematik nach Müller-Hagedorn**	**Systematik nach Hansen**	**Systematik der vorliegenden Untersuchung**
Stationärer Handel	BF mit festem Standort und mit Verkaufsraum	BF mit Residenzprinzip	Stationärer Handel
Ambulanter und halbstationärer Handel	BF mit beweglichen Standorten	BF mit Domizilprinzip	Ambulanter Handel
		BF mit Treffprinzip	
Versandhandel	BF mit festem Standort und ohne Verkaufsraum (incl. Teleselling)	BF mit Distanzprinzip (incl. Teleshopping)	Katalogversandhandel
			Traditionelles Teleshopping
			Internet Shopping

BF = Betriebsformen

Folgt man der hier eingeführten Systematik, steht das Internet Shopping vier traditionellen Meta-Betriebsformen gegenüber. Drei dieser vier Formen, der ambulante Handel, der Katalogversandhandel und das traditionelle Teleshopping, werden, wie bereits in der Problemstellung erwähnt, aus der Untersuchung ausgeschlossen, da ihnen im Vergleich mit dem stationären Handel nur eine marginale Bedeutung zukommt.[26] Einer Aufstellung der Bundesarbeitsgemeinschaft der Mittel- und Großbetriebe des Einzelhandels (BAG) zufolge entfällt auf die Betriebsformen des **stationären Handels** im Jahr 1998 ein Marktanteil von 96,1 % des deutschen Einzelhandelsumsatzes, während beim **Versandhandel** lediglich 3,9 % zu Buche schlagen.[27] Der Marktanteil des Versandhandels wird in

26 Zu einem Vergleich von Katalogversandhandel und Internet Shopping vgl. Alba, Joseph/Lynch, John/Weitz, Barton et al.: Interactive Home Shopping: Consumer, Retailer, and Manufacturer Incentives to Participate in Electronic Marketplaces, Journal of Marketing, 61. Jg. (1997), H. 3, S. 39-45; Bretzke, Wolf-Rüdiger: Smart Shopping im Internet: Industrie und Handel im Zeitalter von Electronic Commerce, in: Kopfer, Herbert/Bierwirth, Christian (Hrsg.): Logistik Management - Intelligente I + K Technologien, Berlin u. a. 1999, S. 228 f.

27 Vgl. EuroHandelsinstitut (Hrsg.): Handel aktuell 2000, Köln 2000, S. 81.

der Aufstellung nicht weitergehend nach traditionellem Teleshopping, Katalogversandhandel und Internet Shopping unterteilt. Nach Zahlen aus anderen Quellen kann allerdings vermutet werden, dass der größte Anteil des Umsatzes, der in absoluten Zahlen DM 37,5 Mrd. entspricht, dem Katalogversandhandel zuzurechnen ist.

Dem traditionellen Teleshopping und dem Internet Shopping kommt eine vergleichsweise gering Bedeutung zu. So erwirtschaften die beiden Marktführer des **traditionellen TV-Shoppings**, das wohl als bedeutendste Form des traditionellen Teleshoppings angesehen werden kann, im Jahr 2000 gerade einmal DM 776 Mio. Umsatz.[28] Auch die Erlöse des **Internet Shoppings** fallen im Jahr 2001 mit geschätzten € 5 Mrd. (Marktanteil von 1 %) bescheiden aus.[29]

Der **ambulante Handel** findet sich in der aktuellen Aufstellung der BAG wohl aufgrund seiner gesunkenen Bedeutung nicht wieder. Ältere Zahlen belegen, dass sein Marktanteil in den Jahren zwischen 1980 und 1993 von 1,1 % auf 0,7 % gefallen ist.[30] Dass das Internet Shopping trotz seiner derzeit geringen Bedeutung im Mittelpunkt dieser Arbeit steht, kann mit Prognosen gerechtfertigt werden, nach denen der Marktanteil des Internet Shoppings zukünftig stark zunehmen wird.[31]

2.3 Definition und Abgrenzung von Internet Shopping und stationärem Handel

Da sich die Untersuchung auf den stationären Handel und das Internet Shopping beschränkt, werden nur diese beiden Formen in diesem Abschnitt definiert und von den anderen Meta-Betriebsformen abgegrenzt. Bei den Definitionen wird darauf Wert gelegt, dass empirische Randerscheinungen ausgegrenzt werden. Besondere Aufmerksamkeit wird der Definition des Internet Shoppings zuteil, für das sich

---

[28] Als Marktführer gelten H.O.T. (Umsatz DM 476 Mio.) und QVC (geschätzter Umsatz DM 300 Mio.). Auch wenn die Umsatzsteigerungsraten der beiden Unternehmen mit 56 bzw. 60 % recht hoch ausfallen, wird dem traditionellen TV-Shopping wohl auch zukünftig nur eine marginale Bedeutung zukommen. Nach einer Emnid-Umfrage erklären 88 % der TV-Zuschauer im Alter über 14 Jahren, sie würden „eher nicht" oder „überhaupt nicht" Produkte bei Verkaufssendern wie H.O.T. oder QVC kaufen. Vgl. o. V.: H.O.T. steigert Umsatz um 56 %, Meldung v. 27.2.2001, unter: http://www.digiTV.de, Zugriff am 4.5.2001; o. V.: TV-Kaufhaus QVC erwartet Umsatzplus um 60 Prozent, Meldung v. 7.12.2000, unter: http://www.digiTV.de, Zugriff am 4.5.2001; o. V.: Deutsche halten nichts von Teleshopping, Meldung v. 29.3.2001, unter: http://www.digiTV.de, Zugriff am 4.5.2001.

[29] Vgl. http://www.einzelhandel.de, Zugriff am 20.2.2002.

[30] Vgl. EuroHandelsinstitut (Hrsg.): Handel aktuell '94, Köln 1994, S. 63.

[31] Zu Prognosen der zukünftigen Bedeutung des Business-to-Consumer E-Commerce vgl. bspw. Dach, Chr., 2000, S. 175-225; Müller-Hagedorn, L./Dach, Chr./Hudetz, K./Kaapke, A., 2000, S. 18-21. Zu einer kritischen Beurteilung von Prognosen zum E-Commerce vgl. Mai, Stefan, 2000, S. 267-284.

bislang noch kein einheitliches Begriffsverständnis herausgebildet hat und das insbesondere gegenüber dem traditionellen Teleshopping abgegrenzt werden muss. Abschließend werden Grenzfälle zwischen dem Internet Shopping und dem stationären Handel gekennzeichnet und eindeutig einer Meta-Betriebsform zugeordnet.

2.3.1 Stationärer Handel

Wie in den Ausführungen in Abschnitt 2.2 schon bemerkt wurde, ist das Vorhandensein eines Verkaufsraums bzw. das Residenzprinzip das charakteristische Merkmal, das den stationären Handel vom Versandhandel und ambulanten Handel unterscheidet. Unter stationärem Handel werden mithin alle Einkaufsstätten bzw. Betriebsformen des Einzelhandels verstanden, die über einen Verkaufsraum verfügen. In Anlehnung an die Systematik von Müller-Hagedorn wird der Automatenverkauf nicht zum stationären Handel gerechnet.

Wie bereits an anderer Stelle erwähnt wurde, kann der stationäre Handel in zahlreiche Betriebsformen untergliedert werden, nach dem Katalog E bspw. in 19 verschiedene. Einen Überblick über die unterschiedliche Bedeutung einzelner Betriebsformen gibt eine jährlich erscheinende Statistik der BAG[32]. Aus ihr geht hervor, dass die Fachgeschäfte und Kaufhäuser mit 48,6 % den mit Abstand bedeutendsten Marktanteil am Einzelhandelsumsatz erzielen.[33]

Tabelle 2.3: Betriebsformen des stationären Handels und ihre Marktanteile am gesamten Einzelhandelsumsatz (Stand: 1998)

	Marktanteil in %
Fachgeschäfte und filialisierter Fachhandel	48,6
Verkaufsstände, freie Tankstellen, Lagerverkauf	2,8
Lebensmittel-Discounter	7,2
Supermärkte	6,1
SB-Warenhäuser/Verbrauchermärkte	5,6
Lebensmittelfachhandel	7,0
Warenhäuser	3,5
Fachmärkte	15,3
Gesamter stationärer Handel	**96,1 %**

Anmerkung: Nach Auskunft der BAG finden sich die Kaufhäuser in der Gruppe „Fachgeschäfte und filialisierter Fachhandel“ wieder.

Quelle: EuroHandelsinstitut (Hrsg.), 2000, S. 81

---

32 BAG steht für Bundesarbeitsgemeinschaft der Mittel- und Großbetriebe des Einzelhandels.

33 Nach Auskunft der BAG finden sich die Kaufhäuser in der Gruppe „Fachgeschäfte und filialisierter Fachhandel“ wieder.

2.3.2 Internet Shopping

Electronic Commerce (E-Commerce) ist das Schlagwort, mit dem neuartige, elektronische Handelsformen auf Basis des Internets bezeichnet werden. Mit dem Internet Shopping wird in dieser Arbeit ein Teilbereich des E-Commerce betrachtet, der in Konkurrenz zu den traditionellen Formen des Einzelhandels tritt. Um das Internet Shopping für diese Arbeit abzugrenzen, bietet es sich an, zunächst den Begriff des E-Commerce zu klären und anschließend den Teilbereich des E-Commerce zu kennzeichnen, der als Internet Shopping verstanden wird.

2.3.2.1 Electronic Commerce

Die Auflistung in Tabelle 2.4 verdeutlicht das weite und heterogene Spektrum der wirtschaftlichen Erscheinungsformen, die von verschiedenen Autoren und Institutionen unter den Begriff „Electronic Commerce" subsumiert werden. Dabei werden die Definitionen nach ihrer Eignung für die vorliegende Untersuchung in **vier Gruppen** unterteilt: unvollständige, zu weite, weite und enge Definitionen. Innerhalb der Gruppen sind die Begriffsklärungen chronologisch geordnet.

Tabelle 2.4: Definitionen des Electronic Commerce

Autor/Institution	**Jahr**	**Definition**
I) Unvollständige Definitionen		
KPMG[34]	1997	„Electronic Commerce ist ein Konzept zur Nutzung von bestimmten Informations- und Kommunikationstechnologien zur elektronischen Integration und Verzahnung unterschiedlicher Wertschöpfungsketten oder unternehmensübergreifender Geschäftsprozesse."
Rebstock[35]	1998	„Electronic Commerce, meist übersetzt mit elektronischer Handel oder elektronischer Geschäftsverkehr, bezeichnet die verschiedenen Möglichkeiten, Vorgänge im Absatzbereich mittels elektronischer Kommunikationsmedien abzuwickeln."
II) Zu weite Definitionen		
Picot/Reichwald/Wigand[36]	1996	„... unter dem Oberbegriff „Electronic Commerce" [soll] jede Art von wirtschaftlicher Tätigkeit auf der Basis elektronischer Verbindungen zusammengefaßt werden."
Zwass[37]	1996	„Electronic Commerce is the sharing of business information, maintaining business relationships, and conducting business transactions by means of telecommunications networks."
Haertsch[38]	2000	„Unter Electronic Commerce wird die Unterstützung von Geschäftstransaktionen, Geschäftsprozessen sowie der Beziehungen zu sämtlichen internen und externen Partnern eines Unternehmens durch Informations- und Kommunikationstechnologie verstanden."

34 KPMG (Hrsg.): Electronic Commerce – Status Quo und Perspektiven, Berlin 1997.

35 Rebstock, Michael: Electronic Commerce, in: Die Betriebswirtschaft, H. 2, 58. Jg. (1998), S. 265.

36 Picot, Arnold/Reichwald, Ralf/Wigand, Rolf T.: Die grenzenlose Unternehmung – Information, Organisation und Management, Wiesbaden 1996, S. 331.

37 Zwass, Vladimir: Electronic Commerce: Structures and Issues, in: International Journal of Electronic Commerce, 1. Jg. (1996), H. 1, S. 3.

38 Haertsch, Patrick: Wettbewerbsstrategien für Electronic Commerce: Eine kritische Überprüfung klassischer Strategiekonzepte, Lohmar-Köln 2000, S. 13.

III) Weite Definitionen		
Bloch/Pigneur/Segev[39]	1996	„Electronic Commerce can be defined as 'the buying and selling of information, products, and services via computer networks'. We would extend the definition by including the 'support for any kind of business transactions over a digital infrastructure'."
OECD[40]	1997	"Electronic Commerce refers generally to all forms of transaction relating to commercial activities, including both organisations and individuals, that are based upon the processing and transmission of digitised data, including text, sound and visual images."
EU-Kommission[41]	1998	„... [Beim elektronischen Geschäftsverkehr] geht es .. um geschäftliche Transaktionen, die auf elektronischem Wege über Telekommunikationsnetze getätigt werden."
Hermanns/Sauter[42]	1999	„Aus einer allgemeinen Perspektive versteht man unter Electronic Commerce alle Formen der elektronischen Geschäftsabwicklung über öffentliche oder private Computer-Netzwerke (z. B. Internet)."
Dach[43]	1999	„Unter E-Commerce können bei einer weiten Begriffsabgrenzung alle Transaktionen verstanden werden, bei denen mindestens eine der Transaktionsphasen zwischen Anbieter und Nachfrager elektronisch unterstützt wird."
Schinzer/Thome[44]	2000	„Electronic Commerce (EC) umfasst alle Formen der digitalen Abwicklung von Geschäftsprozessen zwischen Unternehmen und zu deren Kunden über globale öffentliche und private Netze."
IV) Enge Definitionen		
Coppel (OECD)[45]	2000	"In a loose sense .. [Electronic Commerce] means doing business over the Internet, selling goods and services which are delivered offline as well as products which can be "digitised" and delivered online ..."
E-Commerce-Center Handel[46]	2001	„Unter Electronic Commerce ... werden diejenigen Transaktionen auf einem Markt verstanden, • durch die der Austausch von wirtschaftlichen Gütern gegen Entgelt (z. B. Kauf, Miete, Pacht) begründet wird (Handel im weiten funktionellen Sinn) und • bei denen nicht nur das Angebot elektronisch offeriert, sondern auch die Bestellung bzw. die Inanspruchnahme elektronisch unter Verwendung eines computergestützten Netzwerks (insbesondere des Internets) erfolgt."

In der ersten Gruppe befinden sich zwei Definitionen, die als **unvollständig** bezeichnet werden können, da sie wichtige Teilbereiche ausblenden. So beschränkt sich die Definition der KPMG im Wesentlichen auf den Business-to-Business-

39 Bloch, Michael/Pigneur, Yves/Segev, Arie: On the Road of Electronic Commerce – A Business Value Framework, Gaining Competitive Advantage and Some Research Issues, unter: www.stern.nyu.edu/~mbloch/docs/roadtoec/ec.htm, Zugriff am 1.9.2001.

40 OECD (Hrsg.): Electronic Commerce: Opportunities and Challenges for Governments, Paris 1997.

41 EU-Kommission (Hrsg.): European Initiative in Electronic Commerce, 1998, unter http://www.ispo.cec.be/ecommerce/, Zugriff am 15.11.2000.

42 Hermanns, Arnold/Sauter, Michael: Electronic Commerce – Grundlagen, Potentiale, Marktteilnehmer und Transaktionen, in: Hermanns, Arnold/Sauter, Michael (Hrsg.): Management-Handbuch Electronic Commerce, München 1999, S. 14.

43 Dach, Christian: Der Wettbewerb der Zukunft: Elektronischer vs. stationärer Handel, in: Mitteilungen des Instituts für Handelsforschung an der Universität zu Köln, 51. Jg. (1999), S. 46.

44 Schinzer, Heiko/Thome, Rainer: Anwendungsbereiche und Potentiale, in: Thome, Rainer/Schinzer, Heiko (Hrsg.): Electronic Commerce: Anwendungsbereiche und Potentiale der digitalen Geschäftsabwicklung, 2. Auflage, München 2000, S. 1.

45 Coppel, Jonathan: E-Commerce: Impact and Policy Challenges, Paris 2000, S. 4, unter: www.oecd.org, Zugriff am 15.11.2000.

46 E-Commerce-Center Handel (Hrsg.), 2001, S. 17. Diese Definition ist angelehnt an die Definition von Müller-Hagedorn und Kaapke. Vgl. Müller-Hagedorn, Lothar/Kaapke, Andreas: Das Internet als strategische Herausforderung für Unternehmen aus dem Handel und dem Dienstleistungssektor, in: Mitteilungen des Instituts für Handelsforschung an der Universität zu Köln, 51. Jg. (1999), S. 194-198; Müller-Hagedorn, Lothar: Zur Abgrenzung von E-Commerce: Definitorische Anmerkungen, in: Müller-Hagedorn, Lothar (Hrsg.): Zukunftsperspektiven des E-Commerce im Handel, Frankfurt a. M. 2000, S. 49-57.

Bereich und vernachlässigt damit elektronische Geschäftsbeziehungen mit Konsumenten. Rebstock begrenzt sein Begriffsverständnis von E-Commerce auf den Absatzbereich und übersieht dabei die Bedeutung des Beschaffungsbereichs im Rahmen des Business-to-Business E-Commerce.

Die Begriffsabgrenzungen von Picot/Reichwald/Wigand, Zwass und Haertsch aus der zweiten Gruppe werden hier als **zu weite Definitionen** angesehen, da sie jede Art von wirtschaftlicher Tätigkeit einschließen, die von Informations- und Kommunikationstechnologien unterstützt wird. Die Autoren verstehen somit auch alle unternehmensinternen Prozesse, die auf der Basis elektronischer Verbindungen ablaufen (bspw. eine E-Mail zwischen zwei Mitarbeitern desselben Unternehmens), als Teil des Electronic Commerce. Unternehmensinterne Prozesse passen jedoch nicht zur Bezeichnung „Commerce“ (Handel), die auf Transaktionen zwischen verschiedenen Wirtschaftssubjekten abstellt. Die ökonomischen Sachverhalte, welche Picot/Reichwald/Wigand, Zwass und Haertsch unter den Begriff „Electronic Commerce“ subsumieren, können treffender mit „Electronic Business“ bezeichnet werden.[47]

Die zahlreichen Definitionen, die der Kategorie **„weite Definitionen“** zugeordnet sind, haben im Prinzip gemein, dass sie Transaktionen erfassen, d. h. den Leistungsaustausch zwischen zwei Wirtschaftssubjekten, die elektronisch unterstützt werden. Dabei wird die Form der elektronischen Unterstützung nicht näher spezifiziert. Somit werden etwa das klassische TV-Shopping oder sogar der Einkauf im stationären Handel, der durch Fernsehwerbung angeregt wird, nicht ausgegrenzt, da auch in diesen Fällen Transaktionen, wenn auch im geringfügigen Maß, elektronisch unterstützt werden. Die weiten Definitionen erscheinen für diese Arbeit unzweckmäßig, weil sie nicht den neuartigen, über das Internet ablaufenden Handel isolieren, sondern auch traditionelle Handelsformen einschließen.

Die **„engen Definitionen“** zeichnen sich dadurch aus, dass sie die elektronisch unterstützten Transaktionen, die sie dem E-Commerce zuordnen, näher kennzeichnen. Die Expertenkommission, die unter dem Dach des E-Commerce-Center Handel einberufen wurde, stellt in ihrer Definition darauf ab, dass nicht nur das Angebot, sondern auch die Bestellung elektronisch über ein computergestütztes Netzwerk (insbesondere über das Internet) erfolgt. Die Abgrenzung der OECD von 2000 geht noch weiter, indem sie nur die Transaktionen einschließt, die bis auf die (eventuelle) physische Warendistribution vollständig über das Internet abgewickelt werden. Transaktionen, bei denen Angebot und Bestellung elektronisch erfolgen, der Preis aber bspw. per Telefongespräch ausgehandelt wird, dürften folglich nicht dem E-Commerce zugerechnet werden. Da viele Online-Shops ihren Kunden Rufnummern für einen telefonischen Kundenservice anbieten, dürfte demzufolge ein Teil der gegenwärtigen Verkäufe von Online-Shops nicht dem E-Commerce zugerechnet werden. Die Definition des E-Commerce-Center Handel erscheint für

47 Vgl. Loebbecke, Claudia: eCommerce: Begriffsabgrenzung und Paradigmenwechsel, in: Betriebswirtschaftliche Forschung und Praxis, 52. Jg. (2001), H. 2, S. 95. Zur Definition von Electronic Business vgl. E-Commerce-Center Handel (Hrsg.), 2001, S. 19.

die Untersuchung daher zweckmäßiger. Demnach werden in dieser Arbeit unter E-Commerce „... diejenigen Transaktionen auf einem Markt verstanden,

- durch die der Austausch von wirtschaftlichen Gütern gegen Entgelt (z. B. Kauf, Miete, Pacht) begründet wird (Handel im weiten funktionellen Sinn) und
- bei denen nicht nur das Angebot elektronisch offeriert, sondern auch die Bestellung bzw. die Inanspruchnahme elektronisch unter Verwendung eines computergestützten Netzwerks (insbesondere des Internets) erfolgt.“[48]

2.3.2.2 Internet Shopping als ein Teilbereich des Electronic Commerce

Welche Teilbereiche des Electronic Commerce werden dem Internet Shopping zugeordnet? Zwei Bedingungen müssen bei der Definition des Internet Shoppings beachtet werden:

- Es kommen nur die Formen des E-Commerce in Betracht, die von Konsumenten als Einkaufsalternativen zu den traditionellen Formen des Einzelhandels wahrgenommen werden.
- Weiterhin soll empirischen Randerscheinungen keine Beachtung geschenkt werden. Es könnte zwar sein, dass einzelne Formen, die heute unbedeutend sind, zukünftig an Bedeutung gewinnen. Da aber die Wahl des heutigen Internet Shoppings erklärt werden soll, interessieren nur die Formen, die zum gegenwärtigen Zeitpunkt von empirischer Bedeutung sind.

Anhand verschiedener Kriterien kann das Internet Shopping von anderen Teilbereichen des E-Commerce abgegrenzt werden:[49]

- Das verwendete computergestützte Netzwerk:
Transaktionen müssen im Rahmen des E-Commerce nach der vorgestellten Definition nicht zwangsläufig über das Internet ablaufen. Hinsichtlich anderer computergestützter Netzwerke ist hier beispielsweise an den Bildschirmtext (BTX) oder Anwendungen des interaktiven Fernsehens (T-Commerce) zu denken, die nicht zwangsläufig über das Internet laufen müssen. Da beide Formen zum gegenwärtigen Zeitpunkt im Vergleich zum Internet unbedeutend sind, beschränkt sich die Betrachtung auf Transaktionen, die über das Internet abgewickelt werden.

- Die **Art der verkauften Leistung** beim Internet Shopping:
In dieser Arbeit wird das Internet Shopping als Einkaufsalternative zum stationären Handel betrachtet. Da im stationären Handel der Verkauf von Konsumgütern im Vordergrund steht, werden nur solche Transaktionen betrachtet. Ausgeklammert werden die Transaktionen des E-Commerce, die sich auf die Inanspruchnahme von Dienstleistungen oder den Verkauf von

---

[48] E-Commerce-Center Handel (Hrsg.), 2001, S. 17.

[49] Vgl. zu den ausgewählten Kriterien E-Commerce-Center Handel (Hrsg.), 2001, S. 17-19; Dach, Chr., 1999, S. 46.

Nutzungsrechten für Dienstleistungen, Investitions- oder Nominalgütern beziehen. So wird bspw. der Online-Verkauf von Reisen oder Wertpapieren nicht weiter berücksichtigt.

- Die **beteiligten Institutionen** beim Internet Shopping:
Konsumenten, Unternehmen und Behörden können im E-Commerce als Transaktionspartner auftreten. Je nach dem, ob diese Institutionen als Verkäufer oder Käufer agieren, können neun verschiedene Transaktionsbeziehungen unterschieden werden.[50] Die beiden bedeutendsten Formen stellen der elektronische Handel zwischen Unternehmen (Business-to-Business) und der elektronische Verkauf von Unternehmen an Konsumenten (Business-to-Consumer) dar. In dieser Arbeit werden ausschließlich Business-to-Consumer Beziehungen berücksichtigt.

- Die **Art des Endgeräts** beim Internet Shopping:
Zur Zeit ist der PC (Desktop-Rechner oder Notebook) das mit Abstand bedeutendste Endgerät des Internets. Mit einer Set-Top-Box ausgerüstete Fernsehgeräte sowie Internet-fähige Mobilfunkgeräte (Mobile Commerce) könnten zukünftig nicht nur für die Internet-Nutzung, sondern auch für das Online Shopping an Bedeutung gewinnen.[51] Aufgrund ihrer geringen gegenwärtigen Relevanz werden sie jedoch aus der Untersuchung ausgeschlossen.[52]

- Der **Ort der Nutzung** beim Internet Shopping:
Internet Shopping kann von verschiedenen Orten aus genutzt werden. Zu denken ist vor allem an die Wohnung und den Arbeitsplatz der Konsumenten (arbeitsrechtlich allerdings nicht erlaubt). Ausgegrenzt wird in dieser Arbeit die Nutzung des Internet Shoppings über Kiosksysteme, die in Ladengeschäften aufgestellt werden, weil eine solche Form des Electronic Commerce keine Konkurrenz zum stationären Handel darstellt.[53]

- Art des Rechtsgeschäfts:
Während unter den Begriff des E-Commerce alle Rechtsgeschäfte gegen Entgelt subsumiert werden, wird das Internet Shopping auf Kauftransaktionen

---

50 Hermanns und Sauter unterscheiden Consumer-to-Consumer, Business-to-Consumer, Administration-to-Consumer, Consumer-to-Business, Business-to-Business, Administration-to-Business, Consumer-to-Administration, Business-to-Administration und Administration-to-Administration E-Commerce. Vgl. Hermanns, A./Sauter, M., 1999, S. 23.

51 Zur Entwicklung des M-Commerce vgl. bspw. Wiedmann, Klaus-Peter/Buckler, Frank/Buxel, Holger: M-Commerce – was kommt auf uns zu?, in: absatzwirtschaft, 43. Jg. (2000), H. 5, S. 120-122.

52 Der Umsatz des M-Commerce wird in Europa für das Jahr 2000 auf DM 15 Mio. geschätzt. Vgl. o. V.: Japan: zwei Jahre Vorsprung im M-Commerce, in: ECIN-Newsletter v. 26.9.2000, unter: http://www.electronic-commerce.org, Zugriff am 4.5.2001.

53 Zu multimedialen Kiosksystemen vgl. E-Commerce-Center Handel (Hrsg.), 2001, S. 88 f.; Swoboda, Bernhard: Interaktive Medien am Point of Sale, Wiesbaden 1996; Gatzke, Monika: Multichannel: Renaissance der POS-Terminals?, unter: www.ecin.de, Zugriff am 17.1.2002.

beschränkt. Andere Rechtsgeschäfte wie Miete und Pacht sind damit ausgeschlossen.

Zusammenfassend kann **Internet Shopping**

als der Teil des Business-to-Consumer E-Commerce definiert werden, bei dem Konsumenten Konsumgüter über einen an das Internet angeschlossenen PC von einem beliebigen Ort außerhalb des stationären Handels aus kaufen.

Nicht eingeschlossen sind in diese Definition Mobile Commerce, Katalogversandhandel und TV-Shopping bzw. traditionelles Teleshopping, bei denen die Distanz zwischen Käufer und Verkäufer nicht über einen an das Internet angeschlossenen PC überbrückt wird.

Für **Betriebsformen des Internet Shoppings** hat sich noch kein einheitliches Begriffsverständnis gebildet. Analog zu den traditionellen Betriebsformen lassen sich aber auch in diesem neuen Bereich Gruppen von Online-Shops bilden, die ihre Schwerpunkte bei bestimmten absatzpolitischen Instrumenten setzen. Müller-Hagedorn et al. trennen zwischen Online-Shops, welche die Convenience-Leistung, den Preis oder die Serviceleistungen betonen.[54] Zum Teil werden Bezeichnungen für traditionelle Betriebsformen auf virtuelle Betriebsformen übertragen, wenn diese ähnliche absatzpolitische Schwerpunkte setzen.[55] So wird bspw. unter einem Online-Supermarkt ein Online-Shop verstanden, der über einen Sortimentsschwerpunkt bei Lebensmitteln und insbesondere Frischwaren verfügt. Von einem Internet-Warenhaus oder virtuellen Warenhaus wird gesprochen, falls ein Online-Shop ein ähnlich breites Sortiment anbietet wie ein stationäres Warenhaus.

2.3.3 Zuordnung von Grenzfällen zwischen Internet Shopping und stationärem Handel

Traditionelle Handelsunternehmen, deren Schwerpunkt im stationären Handel liegt, versuchen in letzter Zeit verstärkt, die Stärken ihrer Outlets mit denen des Internet Shoppings zu verbinden.[56] Auch virtuelle Händler sind bemüht durch geeignete Kooperationen ihr bislang reines Online-Geschäft um Vorteile des stationären Handels zu ergänzen. Durch diese Bemühungen, aber auch durch das hybride Verhalten der Online-Shopper entstehen Grenzfälle zwischen Internet Shopping und stationärem Handel. An dieser Stelle werden vier denkbare Grenzfälle vorgestellt und eindeutig einer der beiden Meta-Betriebsformen zugewiesen.

---

54 Vgl. Müller-Hagedorn, L./Dach, Chr./Hudetz, K./Kaapke, A., 2000, S. 27.

55 Vgl. E-Commerce-Center Handel (Hrsg.), 2001, S. 27.

56 Vgl. Maiwaldt, Jan-Christoph: Wandel der Handelsfunktionen durch E-Commerce – Die E-Business Strategie der DOUGLAS HOLDING AG, in: Müller-Hagedorn, Lothar (Hrsg.): Zukunftsperspektiven des E-Commerce im Handel, Frankfurt a. M. 2000, S. 63-66; Bunk, Burkhardt: Wie Dotcoms den Link zur Old Economy schaffen, in: absatzwirtschaft, 43. Jg. (2000), H. 11, S. 30-37.

- Mit dem **Einsatz von interaktiven Kiosksystemen** (mit Transaktionsmöglichkeit) kann der stationäre Handel systembedingten Nachteilen gegenüber dem Internet Shopping teilweise entgegenwirken.[57] So setzen Buchhändler Kiosksysteme ein, um ihr Sortiment virtuell zu erweitern. Allerdings dürfte kein Online-Shopper eine Einkaufsstätte mit dem Ziel aufsuchen, über das dort verfügbare Kiosksystem einzukaufen, wenn er eine äquivalente Einkaufsmöglichkeit genauso gut von zuhause aus über seinen an das Internet angeschlossenen PC nutzen kann. Das Kiosksystem kann für Internet-Nutzer nur als Ergänzung eines traditionellen Einkaufs von Bedeutung sein, bei dem bspw. das gewünschte Produkt nicht vorrätig ist. Einkäufe über Kiosksysteme, die in Ladengeschäften aufgestellt sind, werden daher dem stationären Handel zugerechnet.
- Ein weiterer Grenzfall liegt vor, falls Konsumenten **online einkaufen und die Ware in einem Ladengeschäft abholen** bzw. zurückbringen (Retouren). In solchen Fällen steht der elektronische Einkauf eindeutig im Vordergrund, weil alle akquisitorischen Einkaufsphasen auf elektronischem Weg ablaufen und der stationäre Handel lediglich als Logistikdienstleister auftritt. Demnach ist dieser Fall dem Internet Shopping zuzuordnen. Nach einer Studie des E-Commerce-Center Handel bieten derzeit nur 26 % der befragten Multi-Channel-Anbieter die Selbstabholung in einem ihrer Ladengeschäfte an.[58] In einer weiteren Studie des ECC Handel wurde überprüft, inwieweit die Konsumenten diese Auslieferungsoption auch annehmen.[59] Dabei hat sich ergeben, dass dieser Form des „Multi-Channel-Kaufs“ überhaupt keine empirische Bedeutung zukommt.
- Empirisch bedeutend dürfte hingegen der Fall sein, dass sich Konsumenten in **Online-Shops über Produkte informieren**, die sie anschließend **im stationären Handel kaufen**. So kauften nach einer Erhebung des Marktforschungsinstituts Jupiter Research nur 25 % der europäischen Internet-Nutzer im November und Dezember 2000 online ein, während sich 36 % vorab im Internet über Produkte informiert hatten, welche sie später über den stationären Handel erworben haben.[60] Solche Einkäufe werden aus zwei Gründen dem stationären Handel und nicht dem Internet Shopping zugerechnet:

---

[57] Zu interaktiven Kiosksystemen vgl. Swoboda, B., 1996.

[58] Vgl. Kolberg, Bernfried/Scharmacher, Thorsten: Logistik- und Payment-Dienstleistungen für Online-Handelsunternehmen, Köln 2001, S. 116 f.

[59] Vgl. Dach, Chr., 2002b, S. 29-31.

[60] Vgl. Jupiter Research (Hrsg.): Internet Window Shopping Boosts High Street this Christmas, Pressemitteilung v. 4.12.2000 unter http://www.jup.com/company/pressrelease.jsp?doc=pr001204a, Zugriff am 22.12.2000.

1. Ein Einkauf kann gedanklich in drei Phasen unterteilt werden, in die Anbahnung, Vereinbarung und die Abwicklung.[61] Wenn sich ein Konsument vor dem Kauf im stationären Handel im Internet informiert, findet höchstens eine der drei Kaufphasen im Internet statt. Wahrscheinlich wird aber auch diese Phase nur zum Teil im Internet abgewickelt, da vermutet werden kann, dass die Konsumenten, wenn sie schon ein Ladengeschäft aufsuchen, in der Regel nicht auf die zusätzlichen Informations- und Beratungsmöglichkeiten des stationären Handels (insbesondere physische Begutachtung des Produkts und persönliche Beratung durch einen Verkäufer) verzichten werden.
2. Durch den Kauf der Ware im stationären Handel wird der Einkauf im ökonomischen Sinn nur im Ladengeschäft relevant, da hier der Umsatz getätigt wird.

- Der umgekehrte Fall ist gegeben, wenn sich ein Konsument über das gewünschte Produkt **im stationären Handel informiert** bzw. beraten lässt und anschließend **per Internet Shopping einkauft**. Nach der bereits erwähnten Studie des ECC Handel ist dieser Fall bei knapp 30 % der Einkäufe von Online-Shoppern gegeben.[62] Aus analogen Gründen wie bei dem vorausgegangenen Grenzfall werden solche Einkäufe als Internet Shopping verstanden, da nur ein Teil der Informations-/Beratungsphase im stationären Handel vollzogen wird. Es gilt folglich der Grundsatz, dass der **Ort des Kaufabschlusses** darüber entscheidet, ob ein Einkauf dem stationären Handel oder dem Internet Shopping zugerechnet wird.

---

61 Nach der Transaktionskostentheorie werden mit der Kontrolle und Anpassung zwei weitere Phasen betrachtet, die beim Kauf von Konsumgütern nur von geringer Bedeutung sein dürften. Vgl. Picot, Arnold: Ein neuer Ansatz zur Gestaltung der Leistungstiefe, in: zfbf, 43. Jg. (1991), S. 344.

62 Vgl. Dach, Chr., 2002b, S. 24 f.

3 Theoretische Analyse der Meta-Betriebsformenwahl

Wie bereits in der Problemstellung ausgeführt wurde, ist die theoretische Analyse der Meta-Betriebsformenwahl in vier Teile untergliedert. Im ersten Teil wird aus den zahlreichen Modellen, die sich in der Literatur zur Einkaufsstätten-, Betriebsformen- und Meta-Betriebsformenwahl finden, ein Grundmodell für die weitere Untersuchung ausgewählt. Dieses Grundmodell wird der Problemstellung entsprechend im zweiten Teil angepasst. Anschließend werden grundlegende Vor- und Nachteile des stationären Handels und des Internet Shoppings herausgestellt, bevor im letzten Abschnitt dieses Kapitels die Situationen gekennzeichnet werden, in denen sich Online-Shopper für den stationären Handel oder das Internet Shopping entscheiden.

3.1 Analyse der in der Literatur vorfindbaren Modelle und Auswahl eines Grundmodells

Die Meta-Betriebsformenwahl wurde bislang nur in sehr wenigen Literaturbeiträgen explizit behandelt. Hingegen finden sich zahlreiche Modelle, die versuchen, die Einkaufsstätten- oder Betriebsformenwahl zu erklären. Damit gehen diese Modelle von einer ähnlichen Fragestellung aus und lassen sich unter Umständen auf die Meta-Betriebsformenwahl übertragen. Die Erklärung der Einkaufsstätten- und Betriebsformenwahl ist ein Problem, das schon sehr früh (bspw. von Launhardt (1882), Hotelling (1929) oder McNair (1931)) angegangen wurde und seitdem seine Aktualität behalten hat, was die vor allem auch in der jüngsten Zeit erschienenen Beiträge zu diesem Thema belegen.[63] Die in der Zeitspanne von über 100 Jahren gewählten Lösungsansätze unterscheiden sich zum Teil sehr stark. Aufgabe dieses Kapitels ist es, die verschiedenen Ansätze zu diskutieren und den Ansatz zu wählen, der für die vorliegende Problemstellung geeignet erscheint. Da sich in der Literatur keine umfassende Systematik der Einkaufsstätten- bzw. Betriebsformenwahlmodelle findet, wird eine eigene Ordnung gewählt. So lassen sich die Modelle, die im weiteren Verlauf dieses Kapitels vorgestellt werden, in **sechs verschiedene Gruppen** unterteilen:

- Dynamische Modelle,
- Kostenorientierte Modelle,
- Modelle der Nutzenmaximierung,
- Lebenszyklusmodelle,
- Involvement-Modelle sowie
- Einstellungsmodelle.

Bevor auf die einzelnen Modelle eingegangen wird, werden im nächsten Abschnitt zunächst die Kriterien vorgestellt, anhand derer die Modelle beurteilt werden sollen.

3.1.1 Kriterien zur Beurteilung der Modelle

Die Modelle werden anhand der folgenden vier Kriterien beurteilt:

(1) **Grundsätzliche Eignung für die Problemstellung**: Grundsätzlich kommen nur solche Modelle in Betracht, die für die Problemstellung der vorliegenden Arbeit geeignet sind. Das empirische Phänomen, welches die in diesem Kapitel diskutierten Modelle erklären sollen, ist die Meta-Betriebsformenwahl aus Sicht der Konsumenten in einer konkreten Einkaufssituation. Wenn diese Voraussetzung nicht erfüllt ist, kann die Diskussion eines Modells abgebrochen werden. Bei den Modellen, welche sich zur Klärung der Problemstellung grundsätzlich eignen, werden die drei weiteren Beurteilungskriterien zur vertieften Diskussion herangezogen.

(2) **Vollständigkeit der berücksichtigten Einflussfaktoren**: Werden die wesentlichen Einflussfaktoren auf die Meta-Betriebsformenwahl der Konsumenten

---

[63] Vgl. Launhardt, W.: Die Bestimmung des zweckmäßigsten Standortes einer gewerblichen Anlage, in: Zeitschrift des Vereins deutscher Ingenieure, 26. Jg. (1882), S. 107-116, zitiert nach: Liebmann, Hans-Peter: Die Standortwahl als Entscheidungsproblem – Ein Beitrag zur Standortbestimmung von Produktions- und Handelsbetrieben, Würzburg-Wien 1971; Hotelling, Harold: Stability in Competition, in: The Economic Journal, 39. Jg. (1929), S. 41-57; McNair, Malcolm: Trends in Large-Scale Retailing, in: Harvard Business Review, 10. Jg. (1931), H. 1, S. 30-39.

berücksichtigt? Bei der Beurteilung der Vollständigkeit sind insbesondere die folgenden beiden Gesichtspunkte zu beachten:

(a) **Berücksichtigung situativer Einflussgrößen**: Wie schon in der Problemstellung erwähnt wurde, wird davon ausgegangen, dass sich einzelne Konsumenten von Situation zu Situation für unterschiedliche Meta-Betriebsformen entscheiden können. Ein solch hybrides Konsumentenverhalten kann nur erklärt werden, wenn ein Modell situative Einflussgrößen einbezieht.

(b) **Abbildung innerer Beweggründe der Konsumenten**: Je nach dem, ob Modelle versuchen, das Konsumentenverhalten mit Einflussgrößen aus dem Insystem der Konsumenten (O bzw. I) zu erklären, werden sie als SR- oder SOR-Modelle gekennzeichnet, wobei das S (von Stimuli) für die aus der Umwelt auf den Konsumenten einwirkenden Reize steht, während das R als Abkürzung für Response das beobachtbare Konsumentenverhalten bezeichnet (vgl. Abb. 3.1).[64] Es erscheint schwierig, das Konsumentenverhalten nur anhand der Stimuli, der subjektiven und objektiven Umwelt sowie der äußeren Konstitution eines Subjektes zu erklären (SR-Modelle), ohne näher auf die inneren Beweggründe der Konsumenten einzugehen (SOR-Modelle). Heinemann bemerkt dazu: „Da es sich bei der Wahl der Einkaufsstätte um einen kognitiven Prozeß handelt, ist die Verwendung hypothetischer Konstrukte unerläßlich."[65] Mit hypothetischen Konstrukten sind dabei Faktoren gemeint, welche die Struktur des Insystems der Konsumenten und die sich dort abspielenden Vorgänge erfassen, aber nicht unmittelbar beobachtet werden können. SOR-Modelle sind daher generell den SR-Modellen vorzuziehen.

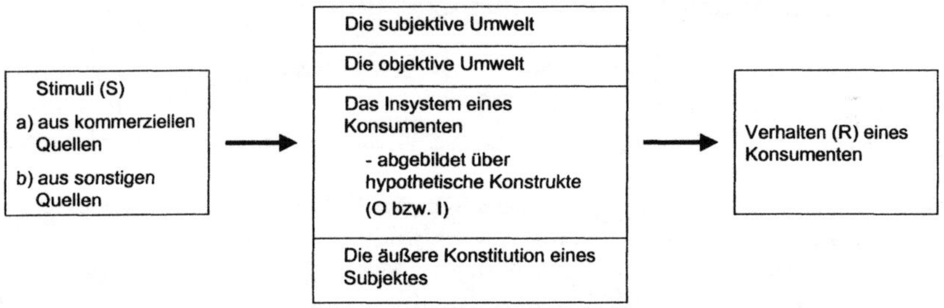

Abb. 3.1: Bestimmungsfaktoren für das Konsumentenverhalten; Quelle: Müller-Hagedorn, L., 1996, S. 70

---

64 Vgl. Müller-Hagedorn, Lothar: Einführung in das Marketing, 2. Auflage, Darmstadt 1996, S. 65-71.

65 Vgl. Heinemann, Michael: Einkaufsstättenwahl und Firmentreue des Konsumenten, Wiesbaden 1976, S. 45.

(3) **Operationalisierung der Modellgrößen**: Da das ausgewählte Modell einem empirischen Test unterzogen werden soll, müssen sich die Modellgrößen operationalisieren lassen.[66]

(4) **Berücksichtigung begrenzter Rationalität**: Modelle lassen sich danach unterscheiden, ob sie von einem rationalen oder einem begrenzt rationalen Konsumenten ausgehen. Es konnte mehrfach nachgewiesen werden, dass Individuen verschiedene Voraussetzungen nicht erfüllen, die für rationale Entscheidungen erforderlich sind.[67] Verzerrungen entstehen insbesondere durch Emotionen, verfestigte Vorurteile oder intuitive Schlüsse.[68] Um reales Entscheidungsverhalten abbilden zu können, ist es erforderlich, der begrenzten Rationalität der Individuen Rechnung zu tragen. Modelle, die rationale Konsumenten unterstellen, erscheinen zur Erklärung der Meta-Betriebsformenwahl eher ungeeignet.[69]

3.1.2 Dynamische Modelle

Dynamische Modelle der Einkaufsstätten- bzw. Betriebsformenwahl zeichnen sich dadurch aus, dass sie versuchen, die Einkaufsstätten- oder Betriebsformenwahl im Zeitablauf zu erklären. Die zahlreichen dynamischen Modelle, die in der Literatur zu diesem Thema zu finden sind, lassen sich in drei Kategorien unterteilen:

1. in Modelle der Entwicklung von Betriebsformen,
2. in Modelle der Entwicklung der Einkaufsstättenwahl einzelner Konsumenten und
3. in Prozessmodelle der Einkaufsstättenwahl.

Zu 1. Modelle der Entwicklung von Betriebsformen:
Die Modelle dieser Kategorie versuchen, die Etablierung neuer Betriebsformen im Markt sowie Marktanteilsverschiebungen zwischen etablierten Betriebsformen in

---

66 Zum Thema Operationalisierung vgl. Schnell, Rainer/Hill, Paul B./Esser, Elke: Methoden der empirischen Sozialforschung, 6. Auflage, München-Wien 1999, S. 123-131.

67 Vgl. bspw. Simon, Herbert A.: Administrative Behavior – A Study of Decision-Making Process in Administrative Organization, 2. Auflage, New York 1957, S. 80-84; Bettman, James R./Luce, Mary Frances/Payne, John W.: Constructive Consumer Choice Processes, in: Journal of Consumer Research, 25. Jg. (1998), H. 4, S. 187-217; Pincus, Jeremy D. R.: Interpreting Perceiver Reactions to Emotional Stimuli, in: Advances in Consumer Research, 19. Jg. (1992), S. 245-250; Zajonc, R. B.: Feeling and Thinking - Preferences Need no Inferences, in: American Psychologist, 35. Jg. (1980), H. 2, S. 151-175; Kirsch, Werner: Die Handhabung von Entscheidungsproblemen, Einführung in die Theorie der Entscheidungsprozesse, 4. Auflage, München 1994, S. 6-9.

68 Vgl. Kroeber-Riel, Werner/Weinberg, Peter: Konsumentenverhalten, 7. Auflage, München 1999, S. 293.

69 Vgl. zur Homo-oeconomicus-Prämisse Trommsdorff, Volker: Konsumentenverhalten, 3. Auflage, Stuttgart-Berlin-Köln 1998, S. 49.

einem eher langfristigen Zeitraum abzubilden. Das bekannteste Modell ist das „wheel of retailing" bzw. das Gesetz von der Dynamik der Betriebsformen, ein verdrängungstheoretischer Ansatz, der mehrfach diskutiert und erweitert wurde.[70] In dem Ansatz wird davon ausgegangen, dass neue Handelsbetriebe bzw. Betriebsformen kostengünstige Verfahrensweisen entdecken. Mit der dadurch ermöglichten Niedrigpreispolitik drängen die neuen Betriebe in den Markt und zwingen die etablierten Betriebe zu Anpassungsmaßnahmen. Der Ansatz böte sich an, um die strategische Vorgehensweise von Internet-Händlern bei ihrem Markteintritt zu erklären. Da diese Modelle kein Konsumentenverhalten zu erklären versuchen, erscheinen sie für die vorliegende Problemstellung grundsätzlich ungeeignet.

Zu 2. Modelle der Entwicklung der Einkaufsstättenwahl einzelner Konsumenten:

Im Gegensatz zur ersten Modellkategorie konzentrieren sich die Modelle der zweiten Kategorie auf den Konsumenten und seine Einkaufsstättenwahl. Hierzu gehören die Markoffschen Modelle sowie lerntheoretische Modelle, die ausgehend vom gegenwärtig beobachtbaren Einkaufsstättenwahlverhalten die zukünftige Einkaufsstättenwahl eines Konsumenten mit Hilfe von Übergangswahrscheinlichkeiten prognostizieren.[71] Allvine überträgt den Adoptionsprozess bei Produktinnovationen auf die Einkaufsstättenwahl, um verschiedene Phasen aufzuzeigen, die der Adoption einer neuer Einkaufsstätte vorausgehen und für ihre Ablehnung oder Akzeptanz entscheidend sind.[72]

Auch wenn die Modelle den Konsumenten in den Mittelpunkt ihrer Betrachtung stellen, sind sie für die vorliegende Arbeit ungeeignet, weil sie die entscheidenden Beweggründe der Einkaufsstättenwahl in einer konkreten Einkaufssituation überhaupt nicht oder nur unzureichend erfassen.

Zu 3. Prozessmodelle der Einkaufsstättenwahl:

Konkrete Einkaufssituationen sind hingegen Untersuchungsgegenstand der Prozessmodelle. Ihr Ziel ist es, alle relevanten Informations-, Bewertungs- und Entscheidungsprozesse zu erfassen, die vor einem Kauf, währenddessen und nach einem Kauf ablaufen. Unter diese Modellkategorie fallen die Ansätze von Darden,

---

70 Vgl. die Überblicke bei Müller-Hagedorn, L., 1998, S. 225-229; Glöckner-Holme, Irene: Betriebsformen-Marketing im Einzelhandel, Augsburg 1988, S. 60-77; Böhler, Joachim: Betriebsform, Wachstum und Wettbewerb, Wiesbaden 1993, S. 9-35.

71 Vgl. Heinemann, M., 1976, S. 56-72; Harary, Frank/Lipstein, Benjamin: The Dynamics of Brand Loyalty: A Markovian Approach, in: Operations Research, 10. Jg. (1962), H. 1, S. 19-40; Aaker, David A./Jones, J. Morgan: Modeling Store Choice Behavior, in: Journal of Marketing Research, 8. Jg. (1971), S. 38-42. Zu einer kritischen Betrachtung der Markoffschen Modelle vgl. Ehrenberg, A. S. C.: An Appraisal of Markov Brand-Switching Models, in: Journal of Marketing Research, 2. Jg. (1965), S. 347-362.

72 Vgl. Allvine, F. C.: The Patronage Decision-Making Process, unveröff. Diss., Bloomington (Indiana) 1966; zitiert nach Heinemann, Michael: Einkaufsstättenwahl und Firmentreue des Konsumenten, Wiesbaden 1976.

Schmitz/Kölzer, Heinemann und Levy/Weitz.[73] Bei den drei letztgenannten Ansätzen versuchen die Autoren, das nach Engel, Kollat und Blackwell benannte EKB-Modell der Produktwahl auf die Einkaufsstättenwahl zu übertragen.[74] Beispielhaft seien hier die verschiedenen Einkaufsphasen angeführt, die Heinemann in seinem Modell unterscheidet:[75]

1. Erkennen des Einkaufsanlasses,
2. Suche nach alternativen Einkaufsstätten,
3. Bewertung der Alternativen,
4. Auswahl und Kontaktieren einer Einkaufsstätte,
5. Nachträgliche Bewertung der Einkaufsstätte.

Mit dem EKB-Modell haben alle Prozessmodelle gemein, dass sie als **Totalmodelle** einen Rahmen schaffen, in den speziellere, einzelne Phasen betreffende Ansätze eingeordnet werden können.[76] In dieser Arbeit interessieren mit der Bewertung und Auswahl von Einkaufsstätten nur die beiden zentralen Phasen 3 und 4 des Prozessmodells von Heinemann. Im Folgenden werden spezielle Ansätze diskutiert, die sich auf diese beiden Phasen beziehen. Die Prozessmodelle dienen in der Regel dazu, Zusammenhänge zwischen den Phasen abzubilden. Da die beiden hier interessierenden Phasen eng miteinander verbunden sind und von den meisten speziellen Ansätzen integriert behandelt werden, brauchen Prozessmodelle nicht weiter betrachtet zu werden.

Zusammenfassend kann festgehalten werden, dass sich dynamische Modelle nicht eignen, um die Meta-Betriebsformenwahl in einer konkreten Einkaufssituation zu erklären. Sie werden daher als für die Problemstellung grundsätzlich ungeeignet eingestuft und nicht weitergehend diskutiert.

3.1.3 Kostenorientierte Modelle

In diesem Abschnitt werden Modelle vorgestellt, die als Einflussfaktoren auf die Einkaufsstättenwahl die **Kosten der Konsumenten** in den Mittelpunkt der Betrachtung rücken. Im Rahmen der Modelle wird angenommen, dass ein Konsument diejenige Einkaufsstätte aufsucht, mit deren Besuch die geringsten Gesamtkosten für ihn verbunden sind. Die einzelnen Modelle unterscheiden sich

---

[73] Vgl. Darden, W. R.: A Patronage Model of Consumer Behavior, in: Stampfl, R. W./Hirschman, E. (Hrsg.): Competitive Structure in Retail Markets: The Department Store Perspective, Chicago 1980, S. 43-52; Schmitz, Claudius A./Kölzer, Brigitte: Einkaufsverhalten im Handel – Ansätze zu einer kundenorientierten Handelsmarketingplanung, München 1996, S. 55-126; Heinemann, M., 1976, S. 109-227; Levy, Michael/Weitz, Barton A.: Retailing Management, 2. Auflage, Chicago u. a. 1995, S. 99-108.

[74] Zum EKB-Modell vgl. Engel, James F./Blackwell, Roger D./Miniard, Paul W.: Consumer Behavior, 8. Auflage, Fort Worth u. a. 1995, S. 143-164.

[75] Vgl. Heinemann, M., 1976, S. 111.

[76] Vgl. Müller-Hagedorn, L., 1998, S. 327 f. u. 342.

recht stark in der Anzahl der einbezogenen Einflussfaktoren bzw. Kostengrößen. Nach ihrer grundsätzlichen theoretischen Vorgehensweise werden in diesem Kapitel Standortmodelle und Distributionskostenmodelle unterschieden. Eine gesammelte Kritik der Modelle erfolgt abschließend in einem eigenen Abschnitt.

3.1.3.1 Standortmodelle

Das erste Modell dieser Art wurde bereits 1882 bzw. 1929 von **Launhardt und Hotelling** unabhängig voneinander entwickelt.[77] Die beiden Autoren versuchen, den Einfluss des Standorts auf die Einkaufsstättenwahl zu erklären. Sie unterstellen, dass nur ein einziges Gut mit einer gegebenen Häufigkeit gekauft wird und dass die Konsumenten ihre Einkaufsstättenwahl **ausschließlich von den Transportkosten** abhängig machen. Eine Erweiterung dieser Überlegungen findet sich in den so genannten **Gravitationsmodellen**, die zusätzlich zu den Transportkosten mit der Anziehungskraft der Einkaufsstätten eine Nutzengröße berücksichtigen.[78] **Bacon** hat das ursprüngliche Einkaufsstättenwahlmodell von Launhardt und Hotelling erweitert, indem er davon ausgeht, dass der Konsument verschiedene Produkte mit unterschiedlicher Häufigkeit benötigt und dass die Geschäfte in seiner Umgebung ein anderes bzw. unterschiedlich großes Sortiment führen.[79] Einzige Zielgröße des Modells sind nach wie vor die Transportkosten, die es zu minimieren gilt. Bacon untersucht mit seinem Modell nicht nur die Einkaufsstättenwahl. Indem er versucht, die Existenzberechtigung kleiner Lebensmittelgeschäfte zu erklären, betrachtet er einen ausgewählten Aspekt der Betriebsformenwahl.

Launhardt und Hotelling gehen in ihrem Modell von einem linearen Markt aus, der mit dem Problem behaftet ist, dass die Anbieter in den Ecken nur an ihrer jeweils inneren Seite mit Wettbewerbern konkurrieren und daher mit anderen Wettbewerbsbedingungen konfrontiert sind als die innen gelegenen Anbieter. Dieses „Ecken-Problem“ löst **Salop** in Anlehnung an ein Modell von Lerner und Singer mit der Modellierung eines kreisförmigen Markts.[80] Auf dem Kreis befinden sich die gleichmäßig verteilten Konsumenten sowie die stationären Händler, deren Standorte in gleich großen Abständen voneinander entfernt liegen.

---

77 Vgl. Launhardt, W., 1882, S. 107-116; Hotelling, H., 1929, S. 41-57; Liebmann, H.-P., 1971, S. 51-57.

78 Vgl. Cox, William E. jr./Cooke, Ernest F.: Other Dimensions Involved in Shopping Center Preference, in: Journal of Marketing, 34. Jg. (1970), H. 4, S. 14; Die Gravitationsmodelle gehen in der Regel auf die Wahl des Einkaufsortes im Sinne einer Agglomeration verschiedener Einkaufsstätten (z. B. eines Einkaufszentrums) und nicht auf die Wahl einzelner Einkaufsstätten ein. Vgl. Müller-Hagedorn, L., 1998, S. 389-402.

79 Vgl. Bacon, R. W.: An Approach to the Theory of Consumer Shopping Behaviour, in: Urban Studies, 8. Jg. (1971), H. 1, S. 55-64.

80 Vgl. Salop, Steven C.: Monopolistic Competition With Outside Goods, in: The Bell Journal of Economics, 10. Jg. (1979), H. 1, S. 141-156; Lerner, A. P./Singer, H. W.: Some Notes on Duopoly and Spatial Competition, in: Journal of Political Economy, 45. Jg. (1937), H. 2, S. 145-186.

Neben den Transportkosten bezieht Salop als weiteren Einflussfaktor die Markenpräferenz der Konsumenten mit ein. **Balasubramanian** erweitert das Modell von Salop, indem er einen „Direct Marketer", das heißt einen Versandhändler (Katalogversandhändler oder Online-Shop) einführt, dessen Standort man sich im Zentrum des Kreises vorstellen kann (vgl. Abb. 3.2).[81]

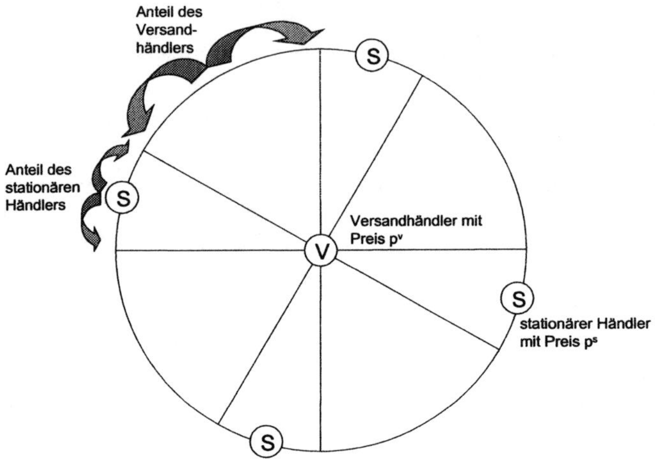

Abb. 3.2: Modell der Meta-Betriebsformenwahl von Balasubramanian; Quelle: Balasubramanian, S., 1998, S. 183

Der Autor versucht die Meta-Betriebsformenwahl der Konsumenten, das heißt die Wahl zwischen stationärem Handel und Versandhandel, mit Hilfe von drei Einflussgrößen zu erklären:

- mit der Anzahl der stationären Händler,
- den Transportkosten, die bei dem Besuch eines stationären Händlers entstehen und
- den Opportunitätskosten, die mit der Bestellung beim Versandhändler verbunden sind.

Im Unterschied zu den oben beschriebenen Modellen versteht Balasubramanian unter den Transportkosten nicht nur die tatsächlich anfallenden Reisekosten der Konsumenten wie etwa die Benzinkosten oder die Kosten der Abnutzung des Pkw, sondern auch die **Opportunitätskosten der aufgewendeten Zeit** und die **„impliziten Kosten der Unbequemlichkeit"**. Letztere Größe wird von dem Autor nicht näher erläutert. Diese weit gefassten Transportkosten fließen in eine

[81] Vgl. Balasubramanian, Sridhar: Mail versus Mall: A Strategic Analysis of Competition between Direct Marketers and Conventional Retailers, in: Marketing Science, 17. Jg. (1998), S. 181-195.

Transportkostenrate pro Entfernungseinheit ein, die mit der zurückgelegten Distanz des Konsumenten bei dem Besuch eines stationären Händlers multipliziert wird.

Im Gegensatz dazu geht der Autor davon aus, dass die Transportkosten bei der Anlieferung durch den Versandhändler unabhängig von dem Standort des Konsumenten sind. Diese Annahme wird damit gerechtfertigt, dass Versandhändler meistens Post- und Lieferdienste einschalten, die entfernungsunabhängige Pauschalgebühren erheben. Neben diesen fixen Transportkosten ist die Einkaufsalternative „Versandhändler“ für den Konsumenten mit Opportunitätskosten verbunden, die dadurch entstehen, dass er auf Vorteile des stationären Handels verzichten muss. Zu diesen Vorteilen zählt Balasubramanian, dass die Konsumenten im stationären Handel ihr Einkaufsbedürfnis schneller befriedigen („quicker gratification“), die Waren vor dem Kauf physisch begutachten und Retouren bequemer durchführen können. Die Transport- und Opportunitätskosten, die dem Konsumenten im Zusammenhang mit dem Versandhändler entstehen, werden in dem Modell nicht getrennt, sondern in einem Parameter aggregiert erfasst. Der einzelne Konsument entscheidet sich für die Meta-Betriebsform, die für ihn mit den geringsten Gesamtkosten verbunden ist. Den wesentlichen Vorteil des Kaufs bei einem Versandhändler sieht Balasubramanian in der Convenience gegenüber dem stationären Handel.

Die generellen Nachteile der kostenorientierten Modelle sind Gegenstand von Abschnitt 3.1.3.3. Ohne der allgemeinen Kritik vorzugreifen, sollen an dieser Stelle **zwei spezifische Probleme der Standortmodelle** bei der Erklärung der Einkaufsstätten- bzw. Meta-Betriebsformenwahl herausgestellt werden:

- Die Modelle von Launhardt und Hotelling, Bacon und Salop berücksichtigen ausschließlich die Transportkosten des Konsumenten und vernachlässigen den Zeitaufwand und den Bequemlichkeitsaspekt.
- Beim Modell von Balasubramanian fließen diese Aspekte als konstruierte Kostengrößen in stark aggregierter Form in die Analyse ein. Problematisch ist, dass der Autor alle Kosten, die beim Besuch eines stationären Händlers entstehen, der Sammelgröße „Transportkosten“ zuordnet, von der er annimmt, dass sie linear von der Distanz zwischen Wohn- und Einkaufsort abhängt. Während diese Annahme bei den reinen Transportkosten noch gerechtfertigt sein mag, erscheint sie sowohl bei den Opportunitätskosten der aufgewendeten Zeit als auch bei den „impliziten Kosten der Unbequemlichkeit“ unrealistisch.

Im sich anschließenden Abschnitt werden Modelle vorgestellt, die versuchen, die Kosten der Konsumenten vollständig zu erfassen.

3.1.3.2 Distributionskostenmodelle

Bucklin hat als erster darauf hingewiesen, dass Händler Distributionsaufgaben und damit auch Distributionskosten zwischen den Konsumenten und sich selbst verschieben können.[82] Distributionsaufgaben, die an der Schnittstelle zwischen Händler und Konsument anfallen, kann der Händler selbst übernehmen oder in vielen Fällen auch auf den Konsumenten übertragen. In Abhängigkeit von dieser Entscheidung fallen entsprechende Distributionskosten entweder beim Händler oder beim Konsumenten an. **Betancourt und Gautschi** gehen in ihrem Distributionskostenmodell davon aus, dass verschiedene Betriebsformen unterschiedliche Distributionsleistungen anbieten und somit für den Konsumenten mit unterschiedlichen Distributionskosten verbunden sind.[83] Die Betriebsformen unterscheiden sich aber auch in dem Preisniveau der angebotenen Produkte. Nimmt ein Händler dem Konsumenten viele Distributionsleistungen ab, entstehen ihm relativ hohe Distributionskosten, die er sich über den Preis in der Regel von seinen Kunden entgelten lässt. Die beiden Autoren unterscheiden insgesamt **sechs konsumentenbezogene Kostengrößen**:

- (direkte) Transportkosten,
- (direkte) Zeitkosten,
- Lagerhaltungskosten,
- psychische Kosten (z. B. hervorgerufen durch Angstgefühle oder unangenehme soziale Kontakte),
- Kosten der Informationsbeschaffung (verbunden mit indirekten Zeit- und Transportkosten sowie weiteren Ressourcen) und
- Anpassungskosten (verbunden mit indirekten Zeit- und Transportkosten oder Rationierungskosten). Rationierungskosten entstehen dann, wenn gewünschte Produkte oder Dienstleistungen zum gewünschten Zeitpunkt nicht erhältlich sind und der Kunde gezwungen ist, höhere Ausgaben, einen niedrigeren Produktnutzen, zusätzliche Informationskosten oder einen völligen Konsumverzicht hinzunehmen.

Diese sechs Kostengrößen werden von **fünf Leistungsdimensionen der Handelsbetriebe** beeinflusst:

- dem Standort (Erreichbarkeit der Einkaufsstätte),
- dem Sortiment,
- der Einkaufsatmosphäre,
- der Zuverlässigkeit der Warenbereitstellung und
- der Bereitstellung von Produktinformationen.

---

[82] Vgl. Bucklin, Louis P.: A Theory of Distribution Channel Structure, Berkeley 1966, S. 18-28.

[83] Vgl. Betancourt, Roger/Gautschi, David A.: The evolution of retailing – A suggested economic interpretation, in: International Journal of Research in Marketing, 3. Jg. (1986), S. 217-232; Betancourt, Roger/Gautschi, David A.: The Economics of Retail Firms, in: Managerial and Decision Economics, 9. Jg. (1988), S. 133-144.

Die Leistungsdimensionen können sich jeweils auf mehr als eine Kostengröße auswirken. So bestimmt die Erreichbarkeit der Einkaufsstätte die direkten Transport- und Zeitkosten. Weiterhin sind die Leistungsdimensionen nicht unabhängig voneinander. So geht mit einer großen Anzahl von Artikeln (Sortiment) in der Regel eine höhere Zuverlässigkeit der Warenbereitstellung einher. Betancourt und Gautschi gehen davon aus, dass die Konsumenten ihre Einkaufsstätte in erster Linie in Abhängigkeit von dem Preisniveau und dem Niveau der fünf Distributionsleistungen wählen. Die Autoren weisen darauf hin, dass außerdem das Haushaltseinkommen und Umweltvariablen wie beispielsweise die Verfügbarkeit von Kühlschränken oder soziodemographische Merkmale der Konsumenten eine Rolle spielen, ohne diese Einflussgrößen jedoch näher zu spezifizieren.

Das Modell wird angewendet, um die Evolution einzelner Betriebsformen bzw. Meta-Betriebsformen zu erklären. So führten nach Ansicht der Autoren die Verbreitung der Eisenbahn und der Telegraphie im letzten Jahrhundert in den USA dazu, dass Katalogversandhändler relativ kostengünstig die ländliche Bevölkerung über ihr Sortiment informieren und mit Waren beliefern konnten. Den Konsumenten entstanden bei der Bestellung aufgrund der hohen Zuverlässigkeit der Warenbereitstellung nur geringe Anpassungskosten, und auch die direkten Transport- und Zeitkosten waren im Vergleich zu der Fahrt in die nächstliegende Stadt verschwindend gering.

Posselt und Gensler versuchen die Betriebsformenwahl am Beispiel der Convenience Shops zu erklären.[84] Dazu modifizieren sie das Modell von Betancourt und Gautschi geringfügig, indem sie es um zwei Leistungsdimensionen, nämlich die Ressourcen zur Zahlungsabwicklung und die Öffnungszeiten, sowie um eine Kostengröße, die Kosten für die Planung von Einkäufen, erweitern. Posselt und Gensler gehen davon aus, dass die Konsumenten diejenige Einkaufsstätte für den Kauf eines bestimmten Produkts aufsuchen, bei der sie die Differenz aus erwartetem Nutzen und erwarteten Gesamtkosten maximieren. Auch wenn der Nutzen somit an prominenter Stelle berücksichtigt wird, erläutern die Autoren nicht, was sie unter dem Nutzen verstehen und von welchen Einflussgrößen er bestimmt wird. Der Beitrag konzentriert sich ausschließlich auf die Erklärung der erwarteten Gesamtkosten. Diese setzen sich aus dem Produktpreis und den Transaktionskosten der Konsumenten zusammen. Mit den Transaktionskosten spielen Posselt und Gensler auf die um die Planungskosten erweiterten sechs Distributionskostendimensionen von Betancourt und Gautschi an, die im

[84] Vgl. Posselt, Thorsten/Gensler, Sonja: Ein transaktionskostenorientierter Ansatz zur Erklärung von Handelsbetriebstypen, in: Die Betriebswirtschaft, 60. Jg. (2000), H. 2, S. 182-198.

Wesentlichen ihrerseits von den sieben (fünf + zwei) Leistungsdimensionen beeinflusst werden.[85]

Bei ihrer beispielhaften Betrachtung der Convenience Shops vergleichen Posselt und Gensler die für einen Convenience Shop typischen Handelsleistungen mit denen eines Supermarkts. Sie weiten den Vergleich aus auf die Auswirkungen der Handelsleistungen auf die Distributionskosten der Konsumenten und gelangen zu dem in Tabelle 3.1 festgehaltenen Ergebnis.

Tabelle 3.1: Handelsleistungen von Convenience Shops im Vergleich zu Supermärkten und ihre Auswirkungen auf die Transaktionskosten der Kunden

Handelsleistungen von Convenience Shops	**Auswirkungen auf die Transaktionskosten der Konsumenten**
(1) Zentraler und/oder gut erreichbarer Standort	(1) Einsparung von Wege- und Transportkosten (bei „Vergesslichkeitskäufen“)
(2) Enges Sortiment mit „Tiefen“ in bestimmten Teilbereichen; nur Markenprodukte	(2) Verminderung der Lagerhaltungskosten
(3) Ressourcen zur Zahlungsabwicklung	(3) Reduktion der Zeitkosten
(4) Lange Öffnungszeiten	(4) Einsparung von Planungskosten

Quelle: Posselt, Th./Gensler, S., 2000, S. 188

Die Autoren stellen für jede in der linken Spalte von Tabelle 3.1 dargestellte Handelsleistung eine Hypothese auf, bei der sie von folgendem Prinzip ausgehen: Je wichtiger die jeweilige für einen Convenience Shop charakteristische Handelsleistung für einen Konsumenten ist, desto größer ist die Wahrscheinlichkeit, dass der Konsument Kunde eines Convenience Shops ist. Posselt und Gensler testen diese Hypothesen mit Hilfe einer schriftlichen Verbraucherbefragung. Dabei beziehen sie zusätzlich zu den vier Hypothesen, die sich auf die Handelsleistungen beziehen, drei Hypothesen zu Einstellungen der Konsumenten ein, die auf die Neigung zu Impulskäufen, die Bedeutung der Zeit und die Einstellung zu Fertigprodukten abstellen. Darüber hinaus untersuchen die Autoren als weitere Einflussgrößen mit Alter und Geschlecht zwei soziodemographische Variablen. Es bleibt allerdings unklar, wie die Autoren diese fünf zusätzlichen Hypothesen theoretisch herleiten.

Auf der Grundlage der Stichprobe versuchen Posselt und Gensler, die Nutzung von Convenience Shops auf Basis einer logistischen Regression zu erklären. Sie

[85] Es sei an dieser Stelle darauf hingewiesen, dass der Begriff der Transaktionskosten in diesem Zusammenhang unpassend erscheint. So stellen die Transaktionskosten im Sinne der Transaktionskostentheorie eine Form von Informationskosten dar, die keine Lager- oder Transportkosten umfassen. Vgl. Toporowski, Waldemar: Auswirkungen von E-Commerce auf den Einzelhandel – der Erklärungsbeitrag der Transaktionskostentheorie, in: Müller-Hagedorn, Lothar (Hrsg.): Zukunftsperspektiven des E-Commerce im Handel, Frankfurt a. M. 2000, S. 89-93; Picot, Arnold: Transaktionskostenansatz in der Organisationstheorie: Stand der Diskussion und Aussagewert, in: Die Betriebswirtschaft, 42. Jg. (1982), H. 2, S. 270; zu einer Definition von Transaktionskosten vgl. auch Picot, Arnold: Transaktionskosten im Handel. Zur Notwendigkeit einer flexiblen Strukturentwicklung in der Distribution, in: Betriebs-Berater, 41. Jg. (1986), H. 27, Beilage 13, S. 2.

vergleichen drei verschiedene Modelle der logistischen Regression, die sich durch die Zahl der einbezogenen Einflussgrößen unterscheiden, und kommen zu dem Ergebnis, dass das Modell, das neben den Handelsleistungen die Einstellungen und soziodemographischen Variablen berücksichtigt, den höchsten Erklärungsgehalt besitzt. Da fünf der insgesamt neun untersuchten Einflussgrößen offenbar nicht aus dem distributionskostenorientierten Ansatz von Betancourt und Gautschi abgeleitet wurden, muss die Vollständigkeit des Ansatzes von Betancourt und Gautschi in Frage gestellt werden. So kommen Posselt und Gensler auch zu dem Schluss, dass „die Transaktionskosten der Kunden einen [Unterstreichung durch den Verfasser] Erklärungsbestandteil verschiedener Handelsbetriebstypen darstellen.“[86]

Einen Ansatz zur Erklärung der Meta-Betriebsformenwahl, der sowohl die Distributionskosten der Konsumenten als auch der Anbieter berücksichtigt, hat **Toporowski** entwickelt.[87] Der Autor wählt im Gegensatz zu den bislang vorgestellten Modellen nicht die Konsumentenperspektive als Ausgangspunkt, sondern untersucht die Effizienz des gesamten Absatzkanals, der beim Hersteller beginnt, eine oder mehrere Handelsstufen einschließen kann und beim Konsumenten endet, gleichsam aus der Vogelperspektive. Als alternative Distributionswege unterscheidet Toporowski den indirekten konventionellen Vertrieb sowie den direkten und indirekten elektronischen Vertrieb.[88] Damit geht der Ansatz nicht nur der Frage nach der Meta-Betriebsformenwahl, sondern auch der Frage nach der Einschaltung von Institutionen in den elektronischen Absatzkanal nach.

Bezüglich der Meta-Betriebsformenwahl kommt der Autor kaum zu eindeutigen Ergebnissen. Dies liegt sicherlich daran, dass die Analyse nicht nach Produkten, Konsumententypen oder Einkaufssituationen differenziert wird. Der Autor vermutet, dass der Einkauf bei einem elektronischen Händler für den Konsumenten mit geringeren Suchkosten verbunden ist als im traditionellen Handel. So versetzt die elektronische Kommunikation den Konsumenten einerseits in die Lage, sich schneller, umfassender und kostengünstiger über das ihn interessierende Angebot zu informieren.[89] Andererseits können elektronische Intermediäre durch den Einsatz moderner Technologien Informationen über den einzelnen Endverbraucher sammeln, verarbeiten und kundenindividuelle Informationen über Hersteller und Produkte aus diesen Kundeninformationen ableiten.[90] Toporowski vergleicht weiterhin Transaktionskosten der Konsumenten beim konventionellen und elektro-

---

[86] Posselt, Th./Gensler, S., 2000, S. 196.

[87] Vgl. Toporowski, W., 2000, S. 73-120.

[88] Der Autor trifft die Annahme, dass der konventionelle Direktvertrieb dem konventionellen Handel unterlegen sei und schließt ihn aus der weiteren Betrachtung aus.

[89] Vgl. auch Malone, Thomas W./Yates, Joanne/Benjamin, Robert I.: Electronic Markets and Electronic Hierarchies, in: Communications of the ACM, 30. Jg. (1987), H. 6, S. 488.

[90] Vgl. Albers, Sönke/Peters, Kay: Die Wertschöpfungskette des Handels im Zeitalter des Electronic Commerce, in: Marketing ZFP, 19. Jg. (1997), H. 2, S. 73; Link, Jörg: Database Marketing, in: Bliemel, Friedhelm/Fassott, Georg/Theobald, Axel (Hrsg.): Electronic Commerce: Herausforderungen – Anwendungen – Perspektiven, Wiesbaden 1999, S. 175-178.

nischen Vertrieb, die aus der Gefahr opportunistischen Verhaltens resultieren, ohne jedoch zu einer eindeutigen Aussage zu gelangen. Bei der Analyse der Transport- und Lagerhaltungskosten kommt der Autor ebenfalls zu keinem eindeutigen Ergebnis. Dabei geht er beim elektronischen Vertrieb von einer Zustellung der Waren zum Endverbraucher aus. Eine solche „Feinverteilung in der Fläche" bedeutet zwar für den Endverbraucher den Wegfall von Fahrtkosten und Besuchszeiten sowie die Unabhängigkeit von Ladenöffnungszeiten, ist aber auf Seiten des Anbieters mit erhöhten Distributionskosten verbunden. „Zum einen ist das Bündelungspotential in diesem Teil der Distributionskette gering, zum anderen ist eine zeitliche Koordination mit dem Endverbraucher erforderlich, um die Ware auszuliefern."[91] Kostenvorteile können die elektronischen Anbieter unter Umständen bei den Lagerhaltungskosten realisieren.

3.1.3.3 Gesammelte Kritik der kostenorientierten Modelle

Vor dem Hintergrund der vier Kriterien aus Abschnitt 3.1.1 sind die kostenorientierten Modelle folgendermaßen zu beurteilen.

(1) **Grundsätzliche Eignung für die Problemstellung**: Im Gegensatz zu den dynamischen Modellen eignen sich die hier vorgestellten kostenorientierten Modelle prinzipiell für die Problemstellung, da sie die Einkaufsstättenwahl in einer konkreten Einkaufssituation aus Sicht eines Konsumenten darstellen.

(2) **Vollständigkeit der berücksichtigten Einflussfaktoren**: Die Modelle vernachlässigen etwaige Nutzenelemente, die mit einem Einkauf verbunden sein können, und sind insofern unvollständig.[92] Implizit wird in den Modellen davon ausgegangen, dass ein Einkauf dem Konsumenten lediglich den Produktnutzen stiftet, der unabhängig von der aufgesuchten Einkaufsstätte ist. Dabei bleibt außer Acht, dass die Konsumenten auch einen Nutzen aus den Handelsleistungen ziehen können, die über die Bereitstellung des gewünschten Produkts hinausgehen. Downs führt neben dem Produktnutzen die erhaltenen Informationen und die Freude, die durch Einkaufserlebnisse hervorgerufen wird, als Outputgrößen eines Einkaufs an.[93]

Weiterhin sind die Modelle insofern unvollständig, als dass sie das Insystem der Konsumenten gar nicht oder höchstens implizit über die konstruierten Kostengrößen erfassen. Positiv zu bewerten ist, dass sich die Modelle auf konkrete Einkaufssituationen beziehen und situative Einflussgrößen berücksichtigen.

(3) **Operationalisierung der Modellgrößen**: Bis auf die reinen Transportkosten sind alle anderen Kostengrößen mehr oder weniger konstruiert, das heißt, sie

---

91 Toporowski, W., 2000, S. 110.

92 Wie bereits erwähnt wurde, berücksichtigen Posselt und Gensler zwar den Gesamtnutzen bei dem Entscheidungskriterium der Verbraucher, gehen jedoch nicht näher auf ihn ein.

93 Vgl. Downs, Anthony: A Theory of Consumer Efficiency, in: Journal of Retailing, 37. Jg. (1961), H. 1, S. 9.

entsprechen unmittelbar keinen monetären Ausgaben des Konsumenten, stellen also keine pagatorischen Kosten dar. „... [The travel costs] can include the opportunity cost of time, the real cost of travel, and the implicit cost of inconvenience [Unterstreichungen durch den Verfasser].“[94] Dementsprechend schwierig gestaltet sich die Operationalisierung dieser konstruierten Kostengrößen.[95]

(4) **Berücksichtigung begrenzter Rationalität**: Selbst wenn alle Kostengrößen operationalisiert werden könnten, hätten die Modelle nur dann eine Aussagekraft für das tatsächliche Konsumentenverhalten, wenn sich die Konsumenten bei ihrer Einkaufsstättenwahl bewusst oder unbewusst an solchen Kostenvergleichen orientierten. Aber schon bei pagatorischen Kosten wie den Fahrtkosten werden viele Konsumenten nicht wissen, welche Kosten beispielsweise die Fahrt mit ihrem Pkw über eine bestimmte Strecke verursacht. Diese Diskrepanz zwischen Modellannahmen und tatsächlichem Konsumentenverhalten macht deutlich, dass die kostenorientierten Modelle von einem rationalen Verhalten der Konsumenten ausgehen. Die Modelle eignen sich daher nicht, tatsächliches Konsumentenverhalten zu erklären.

Obgleich die kostenorientierten Modelle grundsätzlich zur Lösung der Problemstellung geeignet erscheinen, sprechen Probleme bei den drei weitergehenden Beurteilungskriterien gegen den Einsatz solcher Modelle im Rahmen der vorliegenden Untersuchung.

3.1.4 Modelle der Nutzenmaximierung

Modelle der Nutzenmaximierung berücksichtigen neben den Kosten auch explizit den Nutzen, den ein Einkauf stiftet. Wie bereits erwähnt wurde, unterscheidet Downs als nutzenstiftende Elemente das Produkt, die Informationen und die Freude, die durch das Einkaufserlebnis hervorgerufen wird.[96] Diese Größen bestimmen zusammengenommen den Bruttonutzen eines Einkaufs, während sich der Nettonutzen aus der Differenz von Bruttonutzen und Kosten ergibt. Es wird davon ausgegangen, dass ein Konsument die Einkaufsstätte wählt, bei der er den **höchsten positiven Nettonutzen** erwartet.

Das erste Modell, das der Kategorie „Modelle der Nutzenmaximierung“ zugeordnet werden kann, geht auf **Baumol und Ide** zurück.[97] Die beiden Autoren

---

94 Balasubramanian, S., 1998, S. 183.

95 Vgl. Toporowski, W., 2000, S. 79. Zu Schwierigkeiten bei der Messung von psychischen Kosten vgl. beispielsweise Esch, Franz-Rudolf/Billen, Peter: Förderung der Mental Convenience beim Einkauf durch Cognitive Maps und kundenorientierte Produktgruppierungen, in: Trommsdorff, Volker (Hrsg.): Handelsforschung 1996/97 – Positionierung des Handels, Wiesbaden 1996, S. 317-337.

96 Vgl. Downs, A., 1961, S. 9.

97 Vgl. Baumol, William J./Ide, Edward A.: Variety in Retailing, in: Management Science, 3. Jg. (1957), S. 93-101.

entwickeln ein Modell zur Bestimmung der optimalen Sortimentsauswahl, in dem sie die Wirkung des Sortimentsumfangs auf die Einkaufsstättenwahl untersuchen. Auch wenn die beiden Autoren nicht in erster Linie die Einkaufsstätten- bzw. Betriebsformenwahl behandeln, versuchen sie dennoch, mit ihrem Modell die Evolution neuartiger Einkaufsformen wie der Einkaufszentren auf der grünen Wiese und der Supermärkte zu erklären. Der erwartete Bruttonutzen wird in dem Modell von der Wahrscheinlichkeit bestimmt, dass ein Einkaufsgang für den Konsumenten „erfolgreich" sein wird. Erfolgreich ist ein Einkaufsgang, wenn der Kunde die gewünschten Produkte zu akzeptablen Preisen tatsächlich in dem aufgesuchten Geschäft erhält.

Die Kosten, die einem Konsumenten bei einem Einkaufsgang entstehen, werden in drei Gruppen unterteilt:

1. Kosten, die auf dem Weg zu einer Einkaufsstätte anfallen. Hier führen die Autoren sowohl Transportkosten als auch solche Kosten an, die aus der Unbequemlichkeit des Transports resultieren. Diese Kosten zeichnen sich dadurch aus, dass sie von der Entfernung der Einkaufsstätte abhängig sind.

2. Kosten, die bei der Produktsuche in dem Geschäft anfallen und von der Sortimentsgröße abhängen. Je größer das Sortiment einer Einkaufsstätte ist, desto länger dauert die Suche. Die Autoren führen nicht weiter aus, welche Kostenarten hier entstehen. Man kann vermuten, dass psychische Kosten und Zeitkosten gemeint sind.

3. Weitere Kosten, die unabhängig von der Entfernung des Geschäfts und der Sortimentsgröße sind. An dieser Stelle nennen Baumol und Ide Zeitkosten, psychische Kosten und Opportunitätskosten für den Verzicht auf die Ausübung anderer Aktivitäten.

Es muss kritisch angemerkt werden, dass unklar bleibt, warum die Kostenarten der dritten Gruppe unabhängig von der Entfernung der Einkaufsstätte und der in der Einkaufsstätte verbrachten Zeit sein sollen. Weiterhin werden in dem Modell nicht alle denkbaren nutzenstiftenden Elemente eines Einkaufs berücksichtigt. Der Informationsnutzen wird überhaupt nicht, die Freude am Einkaufserlebnis nur implizit erfasst, indem die Autoren darauf hinweisen, dass die dritte Kostengröße bei Konsumenten, die Freude am Einkaufen haben, negativ ausfallen kann.

Ein umfassenderes Modell der Nutzenmaximierung hat **Ingene** entwickelt.[98] Unter den verschiedenen Problemen, die der Autor im Rahmen seines Modells behandelt, befinden sich auch Aspekte der Einkaufsstätten- bzw. Betriebsformenwahl. Bei der Bestimmung der „Consumer Shopping Productivity", die dem oben eingeführten Begriff des Nettonutzens entspricht, differenziert der Verfasser den Bruttonutzen nach den drei Nutzenelementen von Downs, die Einkaufskosten nach Zeitkosten, psychischen und monetären Kosten. Letztere umfassen sowohl die Kosten der gekauften Güter als auch die Transportkosten.

---

[98] Vgl. Ingene, Charles A.: Productivity and Functional Shifting in Spatial Retailing: Private and Social Perspectives, in: Journal of Retailing, 60. Jg. (1984), H. 3, S. 15-36.

Auch **Woratschek** erklärt die Betriebsformenwahl der Konsumenten in seiner Arbeit mit einem Nutzenmodell.[99] Dabei wendet er das sog. Lancaster-Modell an, mit dem ursprünglich Konsumaktivitäten von Konsumenten erklärt wurden.[100] Der Nutzen der Konsumenten wird von den Produkteigenschaften und den sog. Transaktionseigenschaften (Erlebniskonsum und Beratung) der jeweiligen Betriebsform bestimmt. Im Gegensatz zu anderen Nutzenmodellen geht Woratschek nicht davon aus, dass die Konsumenten ihren Nutzen maximieren. Er nimmt vielmehr an, dass die Verbraucher ihr Budget unter der Nebenbedingung minimieren, dass ein bestimmtes Nutzenniveau erreicht wird.

Wie sind die Nutzenmodelle vor dem Hintergrund der Kriterien aus Abschnitt 3.1.1 zu beurteilen? Die Einflussfaktoren auf die Meta-Betriebsformenwahl werden bei den Modellen der Nutzenmaximierung umfassender berücksichtigt als bei den kostenorientierten Modellen. Dennoch bleiben die Modelle unvollständig, weil das Insystem der Konsumenten nicht explizit einbezogen wird. So weist Woratschek daraufhin, dass Nutzenmodelle alleine nicht ausreichen, um subjektiv unterschiedliche Wahrnehmungen der Konsumenten zu erklären.[101] Der Autor heilt diesen Mangel, indem er das Nutzenmodell in seiner Untersuchung um Einstellungen erweitert. Die Operationalisierung der Modellgrößen wirkt bei den Nutzenmodellen noch problematischer als bei den kostenorientierten Modellen, da neben den Kosten auch die Nutzengrößen messbar gemacht werden müssen. Schließlich muss auch bei den Nutzenmodellen bemängelt werden, dass sie ein rationales Verhalten der Konsumenten unterstellen und daher kein reales Konsumentenverhalten abzubilden vermögen.

3.1.5 Lebenszyklus-Modell

Mit dem in den fünfziger Jahren entwickelten Lebenszykluskonzept versucht Müller-Hagedorn, Käufergruppen, die bestimmte traditionelle Betriebsformen bevorzugen, voneinander abzugrenzen.[102] Da neben zahlreichen stationären Betriebsformen der Versandhandel als eigenständige Betriebsform Berücksichtigung findet, kann auch von einem Meta-Betriebsformenwahlmodell gesprochen werden. Grundlegende Annahme des Modells ist, dass Konsumenten in verschiedenen Lebenszyklusphasen unterschiedliche Betriebsformen bevorzugen. Bei den Lebenszyklusphasen handelt es sich um soziodemographische Konstrukte, das heißt um Kombinationen mehrerer soziodemographischer Variablen. So werden in der Untersuchung von Müller-Hagedorn 12 Lebenszyklusphasen anhand der

---

99 Vgl. Woratschek, H., 1992, S. 35-54.

100 Vgl. Lancaster, Kelvin J.: A New Approach to Consumer Theory, in: Journal of Political Economy, 74. Jg. (1966), S. 132-157.

101 Vgl. Woratschek, H., 1992, S. 132.

102 Vgl. Müller-Hagedorn, Lothar: Bevorzugte Betriebsformen des Einzelhandels und das Lebenszykluskonzept, in: zfbf, 30. Jg. (1978), S. 106-124; Müller-Hagedorn, Lothar: Die Erklärung von Käuferverhalten mit Hilfe des Lebenszykluskonzeptes, in: WiSt, 13. Jg. (1984), S. 561-566.

Variablen Alter, Familienstand, Haushaltsvorstand und Anzahl der Kinder gekennzeichnet (z. B. Phase 3: 18-34 jährig, verheiratet, eigener Haushalt, keine Kinder). Der Autor zeigt, dass sich die Käuferschaft der einzelnen Betriebsformen bei einer bestimmten Warengruppe nicht gleichmäßig auf die einzelnen Lebenszyklusphasen aufteilt, sondern dass Käufer aus einzelnen Phasen überdurchschnittlich oft bestimmte Betriebsformen präferieren. Weiterhin belegt Müller-Hagedorn mit Hilfe einer Kontingenzanalyse, dass die Bevorzugung bestimmter Betriebsformen mit den Lebenszyklusphasen besser erklärt werden kann als mit einzelnen soziodemographischen Variablen wie dem Alter oder dem Einkommen. Wie ist das Lebenszyklusmodell vor dem Hintergrund der Kriterien aus Abschnitt 3.1.1 zu beurteilen?

- **Grundsätzliche Eignung für die Problemstellung**: Das Modell eignet sich prinzipiell für die Problemstellung, da es die Betriebsformenwahl aus Sicht der Konsumenten beleuchtet, wenn auch seine Aussagekraft für die Betriebsformenwahl in einer konkreten Einkaufssituation eingeschränkt ist, was an der mangelnden Erfassung situativer Einflussgrößen liegt (siehe auch die Kritik zur Unvollständigkeit weiter unten).

Zwei wesentliche Vorteile des Modells sind zu erkennen:

- **Operationalisierung der Modellgrößen**: Die soziodemographischen Erklärungsgrößen lassen sich relativ leicht operationalisieren und erheben. So weist Müller-Hagedorn darauf hin, dass beispielsweise „... das Lebensalter einer Person im Regelfall reliabler und objektiver zu ermitteln [ist] als etwa die Persönlichkeitszüge“.[103]
- **Berücksichtigung begrenzter Rationalität**: Im Gegensatz zu den bislang vorgestellten Kosten- und Nutzenmodellen zeichnet sich das Lebenszyklusmodell dadurch aus, dass es nicht von rationalem Konsumentenverhalten ausgeht, sondern reales Verhalten abbildet.

Den beiden Vorzügen stehen zwei Probleme bei der vollständigen Erfassung aller bedeutenden Einflussgrößen gegenüber:

- **Vollständigkeit der berücksichtigten Einflussfaktoren:** Ziel des Lebenszyklus-Modells ist es, die bevorzugte Betriebsform von Verbrauchersegmenten bei dem Kauf bestimmter Warengruppen zu erklären. Es können jedoch keine Aussagen abgeleitet werden, für welche Betriebsform sich ein Konsument in einer bestimmten Einkaufssituation entscheidet.

  Darüber hinaus zieht das Lebenszyklusmodell soziodemographische Variablen als erklärende Größen heran, welche die Umwelt und die äußere Konstitution eines Subjekts beschreiben (vgl. Abb. 3.1). Vernachlässigt werden hingegen die inneren Beweggründe der Betriebsformenwahl. Müller-Hagedorn erklärt zwar die unterschiedlichen Betriebsformenpräferenzen der Lebenszyklusphasen mit Hilfe der Wertschätzung des absatzpolitischen Instrumen-

---

[103] Müller-Hagedorn, L., 1978, S. 108.

tariums. Dies ändert aber nichts an der Tatsache, dass keine Variablen aus dem Insystem als unabhängige Erklärungsgrößen zur Diskriminierung des Betriebsformenwahlverhaltens herangezogen werden.

Trotz seiner Vorzüge ist das Lebenszyklusmodell aufgrund der beiden letzt genannten Probleme insgesamt als ungeeignet einzustufen.

3.1.6 Involvement-Modell

Um die Betriebsformenwahl der Konsumenten zu erklären, zieht Gröppel das Involvementkonzept heran, das in der Literatur vorrangig der Erklärung werbewirtschaftlicher Probleme dient.[104] Im Gegensatz zum Lebenszyklusmodell zeichnet sich das Involvementmodell von Gröppel dadurch aus, dass mit dem Involvement ein Konstrukt aus dem Insystem als zentrale Erklärungsgröße angesehen wird. Im Sinne von Kröber-Riel versteht Gröppel unter Involvement das innere Engagement, mit dem sich ein Individuum einem Meinungsgegenstand widmet.[105] Die Autorin unterscheidet zwischen kognitivem und emotionalem Involvement:[106]

- Bei starkem kognitiven Engagement spielt die gedankliche Steuerung der Informationssuche und –verarbeitung eine bedeutende Rolle bei einer Kaufentscheidung und man spricht von kognitivem Involvement.
- Ein starkes emotionales Engagement, das mit einer hohen Aktivierung, Erregung oder inneren Spannung des Konsumenten umschrieben werden kann, wird als emotionales Involvement bezeichnet.

Gröppel spricht in ihrem Beitrag von hohem Involvement, wenn zumindest eine der beiden Involvement-Arten stark ausgeprägt ist. Die Autorin geht davon aus, dass das Betriebsformenwahlverhalten im starken Maß davon abhängt, ob ein Konsument stark oder schwach involviert ist. Im Fall des **Low-Involvements** sei der Konsument nicht bereit, vor jedem Kaufakt aktiv Informationen über das Preis-Leistungsverhältnis unterschiedlicher Einkaufsstätten zu sammeln und zu verarbeiten. „Er sucht eher gewohnheitsmäßig, ohne daß emotionale oder kognitive Prozesse beim Individuum überdurchschnittlich aktiviert werden, Betriebsformen auf, von denen er annimmt, daß sie günstige Preise bieten sowie einen schnellen und bequemen Einkauf ermöglichen.“[107] Gröppel geht davon aus, dass sich die Konsumenten bei solchen Einkäufen für die Betriebsform „Verbrauchermarkt“ entscheiden, bei der Convenience und Preisgünstigkeit besonders betont werden.

Bei Einkäufen mit **High-Involvement** sollen hingegen dominant wirksame Einkaufsmotive die Betriebsformenwahl bestimmen. In Anlehnung an Westbrook und Black versteht Gröppel unter Einkaufsmotiven grundlegende, sich im Insystem des Konsumenten abspielende, zielorientierte Antriebskräfte, die beim Einkaufen

---

[104] Vgl. Gröppel, A., 1994, S. 379-397; Trommsdorff, Volker: Konsumentenverhalten, 2. Auflage, Stuttgart u. a. 1993, S. 49.

[105] Vgl. Kroeber-Riel, Werner: Konsumentenverhalten, 5. Auflage, München 1992, S. 347.

[106] Vgl. Kroeber-Riel, W./Weinberg, P., 1999, S. 58 u. 359-361.

[107] Gröppel, A., 1994, S. 385.

befriedigt werden können.[108] Bei einer empirischen Untersuchung der Wahl von Möbelgeschäften verdichtet Gröppel zahlreiche Einkaufsmotive mit Hilfe einer Faktorenanalyse zu acht übergeordneten Dimensionen (Tabelle 3.2).[109]

Tabelle 3.2: Faktorenanalyse zu Einkaufsmotiven

Statements	Faktor
• Ich bummele gerne durch die Geschäfte – nur zum Spaß. • Ich mag die anregende Atmosphäre von Möbelhäusern, die vielen Waren und Menschen. Man kann stets Neues entdecken. • Ich lese häufig Zeitschriften wie „Schöner Wohnen" etc. • Eine faszinierende Ladengestaltung macht mir viel Spaß.	**„Stimulierung"**
• Mit zweitbesten Lösungen gebe ich mich nicht zufrieden. Ich suche so lange, bis ich ein Möbelstück finde, das mich hundertprozentig überzeugt. • Man sollte vor jedem Kauf verschiedene Möbelstücke hinsichtlich ihrer Qualität sehr sorgfältig prüfen.	**„Kaufoptimierung"**
• Beim Möbelkauf achte ich sehr auf Gütezeichen und Qualitätssiegel. • Beim Möbelkauf achte ich darauf, daß ich Markenartikel erstehe. • Meine Produktwahl fällt auf naturbehandelte Möbel.	**„Qualitätsorientierung"**
• Wenn ich Möbel kaufe, gucke ich erst hier und da und kaufe dort, wo es am günstigsten ist. • Beim Möbelkauf bin ich stets auf der Suche nach günstigen Angeboten. • Mitnahmemöbel sind günstig und gut. • Ich verzichte gerne auf besondere Serviceleistungen und kaufe Möbel lieber preiswerter ein.	**„Preisorientierung"**
• Ich bin davon überzeugt, daß man beim Möbelkauf noch Preisnachlässe erzielen kann. • Mir macht der Möbelkauf nur noch Spaß, wenn ich den Preis herunterhandeln kann.	**„Verhandlungs-orientierung"**
• Möbel sollten nicht in erster Linie schön, sondern praktisch sein. • Das Möbeldesign ist für mich nicht wichtig.	**„Praktikabilitäts-orientierung"**
• Beim Möbelkauf ist für mich die Beratung äußerst wichtig. • Es macht mir viel Spaß, mich beim Einkaufen mit dem Verkaufspersonal zu unterhalten.	**„Beratungswunsch"**
• Ich fahre lieber in den Urlaub, statt Geld für Möbel auszugeben.	**„Kaufbedeutung"**
• Wenn ich keine Produktvergleiche vornehme, habe ich ein schlechtes Gewissen.	**„Rollenerwartung"**

Quelle: Gröppel, A., 1993, S. 11

Mit Hilfe von Regressionsanalysen kann Gröppel signifikante Zusammenhänge zwischen dem subjektiv empfundenen Eignungsgrad einzelner Betriebsformen (abhängige Variable) und den zu acht Faktoren verdichteten Einkaufsmotiven nachweisen. Beispielsweise präferieren die Konsumenten die Betriebsform „Möbel-Fachgeschäft", bei denen Qualitätsorientierung, Beratungswunsch und Stimulierung stark ausgeprägt sind und die Preisorientierung von untergeordneter Bedeutung ist. Zum generellen, branchenübergreifenden Zusammenhang zwischen Einkaufsmotiven, Involvement und Betriebsformenwahl stellt Gröppel die in Tabelle 3.3 dargestellten Hypothesen auf, die sie allerdings keinem empirischen Test unterzieht.

[108] Vgl. Westbrook, Robert A./Black, William C.: A Motivation-Based Shopper Typology, in: Journal of Retailing, 61. Jg. (1985), H. 1, S. 78-103.

[109] Vgl. Gröppel, Andrea: Einkaufsmotive und ihre Betriebsformen-Relevanz, in: Thexis, 10. Jg. (1993), H. 4, S. 7-14.

Tabelle 3.3: Allgemeine Hypothesen zum Zusammenhang zwischen Einkaufsmotiven und Betriebsformenwahl im Fall des High Involvements

Dominant wirksame(s) Einkaufsmotiv(e)	Stark ausgeprägte Involvement-Prozesse		Betriebsformenwahl
	kognitiv	emotional	
Stimulierung		X	Shopping Malls, Erlebnisorientierte Fachgeschäfte, Basare, Märkte
Stimulierung + Qualitätsorientierung + Beratungswunsch	X	X	Erlebnisorientierte Fachgeschäfte
Qualitätsorientierung + Kaufoptimierung + Beratungswunsch	X		Fach-, Spezialgeschäfte, Fachmärkte
Preisorientierung	X		Discounter, Fachmärkte
Preisorientierung + Qualitätsorientierung	X		Factory Outlets, Off-Price Stores
Verhandlungsorientierung		X	Basare, Märkte
Innovationssuche	X	X	Designer-Boutiquen
Preisorientierung + Beratungswunsch	X		Katalog-Schauraum

Quelle: Gröppel, A., 1994, S. 391

Da das Involvement darüber entscheidet, ob die Einkaufsmotive die Betriebsformenwahl steuern oder nicht, stellt sich die Frage nach den Einflussgrößen, die das Ausmaß des Involvements in einer bestimmten Einkaufssituation bestimmen. Gröppel geht von drei Involvement-Ursachen aus - dem Sortiment, der Persönlichkeit und der Situation:

1. Die Bedeutung des Sortiments rührt daher, dass Konsumenten Produkten bzw. Sortimenten ein unterschiedliches Interesse entgegenbringen. Gröppel verweist in dem Zusammenhang auf eine Studie von Kapferer und Laurent, die zeigen, dass der Kauf von Produkten mit höherem Kaufrisiko ein höheres Involvement auslöst als der Kauf von Convenience-Goods.[110]
2. Der personenspezifische Einfluss auf das Involvement erfolgt durch die Einkaufsmotive, die je nach Kundentyp in unterschiedlich hohem Maß auftreten. Sind die Einkaufsmotive generell niedrig ausgeprägt, führt dies zu Low-Involvement. Sind einzelne Einkaufsmotive stark ausgeprägt, liegt High-Involvement vor. Dabei betonen Westbrook und Black, dass Einkaufsmotive auch unabhängig vom zu kaufenden Produkt als Persönlichkeitsmerkmale auftreten.[111]
3. Den situativen Faktoren kommt nach Gröppel im Vergleich zu den personenspezifischen Involvement-Ursachen eine untergeordnete Bedeutung zu. Als Beispiele für situative Faktoren führt die Autorin solche an, die im Verantwortungsbereich des Einzelnen liegen wie z. B. Zeitdruck oder Unkenntnis des

[110] Vgl. Kapferer, Jean-Noël/Laurent, Gilles: Consumers' Involvement Profile: New Empirical Results, in: Advances in Consumer Research, 12. Jg. (1985), S. 290-295.

[111] Vgl. Westbrook, R. A./Black, W. C., 1985, S. 87.

Einkaufsortes sowie Faktoren, die eher in den Verantwortungsbereich des Staates oder der Kommunen fallen wie etwa das Ladenschlussgesetz oder das Parkplatzangebot.

Das Zusammenwirken der verschiedenen Einflussgrößen auf die Betriebsformenwahl versucht Abb. 3.3 zu resümieren. Es fällt auf, dass die Einkaufsmotive in dem Involvement-Modell an zwei Stellen Berücksichtigung finden. Zum einen sieht Gröppel sie als eine von drei Involvement-Ursachen an, zum anderen steuern sie im Fall des High-Involvements die Betriebsformenwahl.

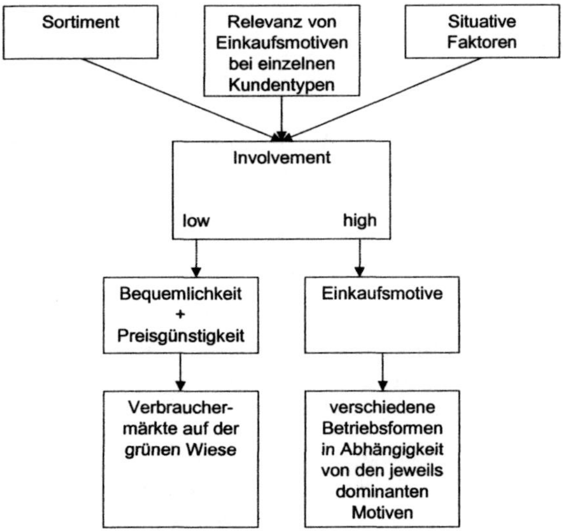

Abb. 3.3: Zusammenwirken der verschiedenen Einflussgrößen auf die Betriebsformenwahl im Involvement-Modell

Wie ist das Involvement-Modell vor dem Hintergrund der vier Kriterien aus Abschnitt 3.1.1 zu beurteilen? Die **grundsätzliche Eignung des Modells** steht außer Frage, weil die Betriebsformenwahl aus der Konsumentenperspektive und für konkrete Einkaufssituationen erklärt wird. Hinsichtlich der drei weiteren Beurteilungskriterien ist zunächst positiv zu bewerten, dass das Modell die **begrenzte Rationalität** des Konsumentenverhaltens berücksichtigt. Dies wird insbesondere im Fall des Low-Involvements deutlich, bei dem angenommen wird, dass ein Konsument nicht aktiv nach Informationen sucht - was für eine rationale, „nutzenmaximierende" Entscheidung zwingend erforderlich wäre -, sondern gewohnheitsmäßig eine Betriebsform aufsucht. Darüber hinaus ist das Involvement-Modell im Gegensatz zum Lebenszyklusmodell auch in der Lage, die Betriebsformenwahl in bestimmten Situationen zu erklären. Weiterhin stehen mit Involvement und Einkaufsmotiven zwei Größen aus dem Insystem der Konsumenten im Zentrum des Modells. Dass diese beiden Größen wesentlich **schwieriger zu operationalisieren** sind als direkt beobachtbare Faktoren, kann allen

SOR/SIR-Modellen angelastet werden. Dieser Nachteil muss allerdings in Kauf genommen werden, wenn auf Erklärungsgrößen aus dem Insystem nicht verzichtet werden soll.

Bevor dem Modell die **vollständige Erfassung der bedeutenden Einflussgrößen** attestiert werden kann, bleibt zu prüfen, ob alle wichtigen Größen aus dem Insystem der Konsumenten berücksichtigt werden. Zu bemängeln ist in dem Zusammenhang, dass Gröppel mit den Einkaufsmotiven nur motivationale Einflüsse auf die Betriebsformenwahl explizit betrachtet, während sie kognitive Einflüsse vernachlässigt. So schließt sie in ihrem Hypothesensystem von den dominanten Motiven bzw. beim Low-Involvement von dem Wunsch nach Bequemlichkeit und Preisgünstigkeit unmittelbar auf die gewählte Betriebsform. Nicht näher analysiert wird, warum bestimmte Betriebsformen den Einkaufsbedürfnissen der Konsumenten besser entsprechen sollen als andere. Um diese Frage zu beantworten, müsste geklärt werden, wie die Konsumenten die einzelnen Betriebsformen beurteilen. Dabei ist es durchaus denkbar, dass die Einschätzung nicht homogen ist, das heißt, dass Konsumenten bei den gleichen dominanten Motiven unterschiedliche Betriebsformen bevorzugen.

Die Problematik wird besonders deutlich, wenn man versucht, das Internet Shopping in das Hypothesensystem zu integrieren, um mit dem Betriebsformenwahlmodell auch die Wahl der Meta-Betriebsform zu erklären. So bleibt unklar, ob das Internet Shopping für die Konsumenten im Fall des Low- oder im Fall des High-Involvements in Betracht kommt. Im Fall des High-Involvements würde sich weiterhin die Frage stellen, welchen Einkaufsmotiven das Internet Shopping am ehesten entgegenkommt. Wenn sich das Internet Shopping dem Low-Involvement oder bestimmten dominanten Einkaufsmotiven zuordnen ließe, stände es in unmittelbarer Konkurrenz zu mindestens einer stationären Betriebsform (bspw. zum Verbrauchermarkt im Fall des Low-Involvements). Das Modell von Gröppel vermag hier nicht zu klären, in welcher Situation sich ein Konsument für das Internet Shopping oder die konkurrierende stationäre Betriebsform entscheiden wird. Zusammenfassend lässt sich festhalten, dass das Involvement-Modell insgesamt viele Vorzüge aufweist. Ein entscheidender Nachteil ist allerdings darin zu sehen, dass es die bedeutenden Einflussgrößen nicht hinreichend erfasst.

3.1.7 Einstellungsmodelle

Obwohl sich seit Anfang des Jahrhunderts vor allem Sozialpsychologen intensiv mit Einstellungen auseinandergesetzt haben, hat sich nach Einschätzung von Meinefeld kein allgemeingültiges und akzeptiertes Begriffsverständnis herausgebildet.[112] Zu einer unterschiedlichen Einschätzung gelangt Trommsdorff, der davon ausgeht, dass sich die folgende neobehavioristische **Definition** durchgesetzt hat:

---

[112] Vgl. Meinefeld, Werner: Einstellung und soziales Handeln, Reinbek 1977, S. 11.

„Einstellungen sind hypothetische Konstrukte (Intervenierende Variablen) – nämlich vom Individuum gelernte und relativ dauerhafte Bereitschaften, auf eine bestimmte Reizkonstellation der Umwelt konsistent positiv oder negativ zu reagieren.“[113]

Es wird deutlich, dass Einstellungen als zentrale Größen des Insystems von Individuen angesehen werden, welche die Beziehung zwischen Umwelteinflüssen (Stimuli) und Verhalten (Response) moderieren. Als Prädiktor des Konsumentenverhaltens nimmt der Einstellungsbegriff lange Zeit eine dominante Stellung in der Konsumentenforschung ein.[114] Dies gilt auch für die Erklärung der Einkaufsstätten- oder Betriebsformenwahl. Ansätze finden sich unter anderen bei: Martineau (1958), Meyer (1965), Stephenson (1969), Doyle/Fenwick (1974-75), James/Dreves/Durand (1976), Schiffman/Dash/Dillon (1977) oder Heemeyer (1981).[115] In den Ansätzen wird meist das Image als zentrale Einflussgröße angesehen, das häufig dem Einstellungsbegriff gleichgesetzt wird.[116] Auch bei den drei Prozessmodellen der Einkaufsstättenwahl von Schmitz/Kölzer, Heinemann und Levy/Weitz, die auf dem EKB-Modell aufbauen, stehen Einstellungen im Mittelpunkt der zentralen Bewertungsphase.[117]

Wenn Schnedlitz et al. der Ansicht sind, dass die Einstellung ihre dominante Stellung zur Erklärung der Einkaufsstättenwahl mittlerweile verloren hat, darf dies nicht darüber hinweg täuschen, dass Einstellungen auch noch in jüngster Zeit von zahlreichen Autoren als zentrale Einflussgröße auf die Einkaufsstättenwahl angesehen werden, so von Shamdasani/Yeow (1995), Finn/Louviere (1996), Diller/Goerdt (1998), Swoboda (2000), Farhangmehr/Marques (2000) und

[113] Trommsdorff, Volker: Die Messung von Produktimages für das Marketing – Grundlagen und Operationalisierung, Köln u. a. 1975, S. 8; vgl. auch Schnedlitz, Peter: Einstellungen und soziale Beeinflussung als Bedingungen von Kaufabsichten, Frankfurt a. M.-Bern-New York 1985, S. 51.

[114] Vgl. Kroeber-Riel, W./Weinberg, P., 1999, S. 167.

[115] Vgl. Martineau, Pierre: The Personality of the Retail Store, in: Harvard Business Review, 36. Jg. (1958), H. 1, S. 47-55; Meyer, Gudrun: Psychologische Aspekte der Geschäftswahl, in: Bergler, R. (Hrsg.): Psychologische Marktanalyse, Bern-Stuttgart 1965, S. 106-120; Stephenson, P. Ronald: Identifying Determinants of Retail Patronage, in: Journal of Marketing, 33. Jg. (1969), H. 3, S. 57-61; Doyle, Peter/Fenwick, Ian: How Store Image Affects Shopping Habits in Grocery Chains, in: Journal of Retailing, 50. Jg. (1974-75), H. 4, S. 39-52; James, Don L./Durand, Richard M./Dreves, Robert A.: The Use of a Multi-Attribute Attitude Model in a Store Image Study, in: Journal of Retailing, 52. Jg. (1976), H. 2, S. 23-32; Schiffman, Leon G./Dash, Joseph F./Dillon, William R.: The Contribution of Store-Image Characteristics to Store-Type Choice, in: Journal of Retailing, 53. Jg. (1977), H. 2, S. 3-14; Heemeyer, Hermann: Psychologische Marktforschung im Einzelhandel – Entwicklung und Test einer operationalen Befragungs- und Auswertungskonzeption, Wiesbaden 1981.

[116] Vgl. Doyle, P./Fenwick, I., 1974-75, S. 40; Balderjahn, Ingo: Einstellungen und Einstellungsmessung, in: Tietz, Bruno (Hrsg.): Handwörterbuch des Marketing, 2. Auflage, Stuttgart 1995, Sp. 544; Kroeber-Riel, W./Weinberg, P., 1999, S. 167 u. 196 f.

[117] Vgl. Schmitz, C. A./Kölzer, B., 1996, S. 91-99; Heinemann, M., 1976, S. 153-198; Levy, M./Weitz, B. A., 1995, S. 104-108.

Shim/Eastlick/Lotz et al. (2001).[118] Die Untersuchungen von Shim/Eastlick/Lotz et al. sowie Shamdasani/Yeow sind die einzigen, welche die Meta-Betriebsformenwahl behandeln. Die erst genannte Studie beschränkt sich darauf, Kaufabsichten zu erklären, während die zweit genannte das tatsächliche Kaufverhalten untersucht. Aus diesem Grund wird der **Ansatz von Shamdasani/Yeow** an dieser Stelle beispielhaft vorgestellt.

Die beiden Autoren haben eine schriftliche Befragung in Singapur durchgeführt, um Unterschiede zwischen „In-Home Shoppern" und „Non In-Home Shoppern" aufzudecken. Probanden wurden als „In-Home Shopper" klassifiziert, wenn sie im vergangenen Jahr mindestens einmal per Brief, Telefon oder „Teleview" eingekauft haben. „Teleview" ist eine Form des Teleshoppings, die sich allerdings zum Zeitpunkt der Untersuchung noch in der Startphase befand.[119] Keiner der Probanden hat sich im vergangenen Jahr dieser neuen Einkaufsform bedient. Hingegen haben 50 % der Befragten mindestens einmal per Katalogversandhandel eingekauft. Sie werden der Gruppe der „In-Home Shopper" zugeordnet. Um Gründe für die Akzeptanz oder Ablehnung des „In-Home Shopping", das heißt des Katalogversandhandels, aufzudecken, ermitteln die Autoren für beide Konsumentengruppen Kongruenzwerte, die sich auf einzelne Leistungsmerkmale (z. B. großes Warensortiment, keine Schwierigkeiten beim Parken, Möglichkeit, Waren zu inspizieren, etc.) des Katalogversandhandels und des stationären Handels beziehen:

[118] Vgl. Schnedlitz, Peter/Kotzab, Herbert/Cerha, Cordula: Betriebstypenspezifische Einkaufsstättenwahl und Nahversorgungsproblematik – Ergebnisse empirischer Studien, in: Trommsdorff, Volker (Hrsg.): Handelsforschung 1999/00 – Verhalten im Handel und gegenüber dem Handel, Wiesbaden 1999, S. 195; Shamdasani, Prem N./Yeow, Ong Geok: An exploratory study of in-home shoppers in a concentrated retail market – The case of Singapore, in: Journal of Retailing and Consumer Services, 2. Jg. (1995), H. 1, S. 15-23; Finn, Adam/Louviere, Jordan J.: Shopping Center Image, Consideration, and Choice: Anchor Store Contribution, in: Journal of Business Research, 35. Jg. (1996), S. 241-251; Diller, Hermann/Goerdt, Thomas: Die integrierte Analyse der Marken- und Einkaufsstättenwahl für das Category Management – Eine empirische Analyse unter Einsatz der Adaptiven Conjoint-Analyse (ACA), Nürnberg 1998, insbes. S. 69-71; Swoboda, Bernhard: Messung von Einkaufsstättenpräferenzen auf der Basis der Conjoint-Analyse, in: Die Betriebswirtschaft, 60. Jg. (2000), H. 2, S. 149-166; Farhangmehr, Minoo/Marques, Susana: Consumer and retailer perceptions of hypermarkets and traditional retail stores in Portugal, in: Journal of Retailing and Consumer Services, 7. Jg. (2000), S. 197-206; Shim, Soyeon/Eastlick, Mary Ann/Lotz, Sherry L. et al.: An online prepurchase intentions model: The role of intention to search, in: Journal of Retailing, 77. Jg. (2001), S. 397-416.

[119] Zum Begriff des Teleshoppings vgl. E-Commerce-Center Handel (Hrsg.), 2001, S. 21 f.

$C_i = I_i (X_i - Y_i)$

C_i : Kongruenzwert der Probanden für Leistungsmerkmal i

I_i : Einschätzung der Wichtigkeit von Leistungsmerkmal i während eines Einkaufs

X_i : wahrgenommenes Ausmaß der Ausprägung von Leistungsmerkmal i beim Einkauf per Katalogversandhandel

Y_i : wahrgenommenes Ausmaß der Ausprägung von Leistungsmerkmal i beim Einkauf im stationären Handel

Der Kongruenzwert, der die Unterschiede zwischen den beiden Meta-Betriebsformen hinsichtlich einzelner Einstellungsdimensionen ausdrückt, verbindet zwei Einschätzungen der Konsumenten:

- Die Differenz $X_i - Y_i$ bringt zum Ausdruck, ob die Konsumenten ein Leistungsmerkmal bei einer Meta-Betriebsform positiver beurteilen als bei der anderen. So bedeutet bspw. ein negativer Wert bei dem Leistungsmerkmal „Möglichkeit, Preise zu vergleichen", dass ein Konsument die Preise im stationären Handel besser vergleichen kann als im Katalogversandhandel.
- Der Faktor I_i steht für die Bedeutung, welche die Konsumenten der Differenz zwischen den beiden Meta-Betriebsformen bei einem Leistungsmerkmal beimessen.

Ein hoher absoluter Wert bei einem Kongruenzwert ist auf einen großen Unterschied bei dem wahrgenommenen Ausmaß der Ausprägung eines Leistungsmerkmals und/oder einer großen Bedeutung des Leistungsmerkmals zurückzuführen. Die von Shamdasani und Yeow in ihrer Untersuchung ermittelten durchschnittlichen Kongruenzwerte sind in Tabelle 3.1 wiedergegeben.

Tabelle 3.4: Kongruenzwerte bei einzelnen Leistungsmerkmalen von „In-Home Shoppern" und „Non In-Home Shoppern"

Einkaufsmerkmale	**Kongruenzwerte**	
	In-home shopper	**Non in-home shopper**
Großes Warensortiment	-6,81	-6,67
Geringer Preis/Aktionspreis	-2,86	-4,02
Gute Warenqualität	-3,95	-7,04[a]
Soziale(r) Interaktion/Kontakt mit Leuten	-6,81	-7,53
Attraktive physische Umgebung	-8,88	-9,19
Geringer Zeitbedarf für den Einkauf	5,30	5,26
Größere Flexibilität beim Einkauf	2,02	3,28
Geringerer Zwang, einen Einkaufsplan vor dem Einkauf zu erstellen	1,88	1,90
Keine Schwierigkeiten beim Parken	5,54	5,43
Vermeiden von Menschenansammlungen	7,46	8,49
Akzeptieren von Kreditkarten	-0,26	-0,72
Vermeiden von Ärger mit Kindern	5,52	4,49

Leichter Zugang	-0,86	-0,95
Möglichkeit, Preise zu vergleichen	-4,73	-6,96[a]
Möglichkeit, Produkte zu inspizieren	-11,80	-13,75[b]
Möglichkeit, Produktqualität zu vergleichen	-10,20	-11,65
Möglichkeit von Retouren	-2,16	-2,59
Verfügbarkeit von Verkaufspersonal	-8,63	-9,22

[a]p < 0,05, [b]p < 0,1

Quelle: Shamdasani, P. N./Yeow, O. G., 1995, S. 21

Signifikante Unterschiede bei den Kongruenzwerten der beiden Gruppen können als Gründe dafür angesehen werden, dass die Gruppe der „In-Home Shopper" den Katalogversandhandel akzeptiert und die Gruppe der „Non In-Home Shopper" den Katalogversandhandel ablehnt. Allerdings können die beiden Autoren nur bei drei von 18 Leistungsmerkmalen einen signifikanten Unterschied (bei zweien auf einem Signifikanzniveau von 0,05, bei einem auf einem Niveau von 0,1) zwischen den beiden Konsumentengruppen feststellen:

- So steht bei dem Leistungsmerkmal „Gute Produktqualität" einem Kongruenzwert von -3,95 bei der Gruppe der „In-Home Shopper" ein Wert von –7,04 bei der Gruppe der „Non In-Home Shopper" gegenüber. Die „In-Home Shopper" beurteilen zwar wie die „Non In-Home Shopper" die Produktqualität beim Katalogversandhandel schlechter als im stationären Handel (negatives Vorzeichen), schätzen aber den Unterschied zwischen beiden Meta-Betriebsformen geringer ein und/oder messen der Produktqualität eine geringere Bedeutung bei.
- Weiterhin bestehen bei den Kongruenzwerten zur „Möglichkeit, Preise zu vergleichen" (-4,73 zu –6,96) und
- bei den Werten zur „Möglichkeit, Ware zu inspizieren" (-11,80 zu –13,75) signifikante Unterschiede. Diese Unterschiede können analog zum Unterschied beim Merkmal „Gute Produktqualität" interpretiert werden.

Bevor die Einstellungsmodelle im Allgemeinen beurteilt werden, sollen **drei spezielle Probleme des Ansatzes von Shamdasani/Yeow** angesprochen werden:

- Die Autoren legen nicht dar, welche Werte von I_i und $X_i - Y_i$ zu den in Tabelle 3.4 abgebildeten Kongruenzwerten führen. So bleibt bspw. unklar, ob ein Kongruenzwert nahe Null vorrangig auf eine geringe Bedeutung (I_i) des Leistungsmerkmals oder einen geringen Leistungsunterschied ($X_i - Y_i$) zurückzuführen ist.
- Weiterhin beschränken sich die Autoren darauf, Teileinstellungswerte hinsichtlich einzelner Leistungsmerkmale einander gegenüberzustellen. Dabei versäumen sie, die Gesamteinstellungswerte zu beiden Meta-Betriebsformen zu vergleichen.

- Schließlich ist der Ansatz von Shamdasani/Yeow nicht situationsspezifisch. So versuchen die Autoren nicht, die Meta-Betriebsformenwahl in einer konkreten Situation, sondern die generelle Akzeptanz oder Ablehnung einer Meta-Betriebsform zu erklären.

Wie sind die **Einstellungsmodelle im Allgemeinen** vor dem Hintergrund der Kriterien aus Abschnitt 3.1.1 zu beurteilen?

(1) **Grundsätzliche Eignung für die Problemstellung**: Die grundsätzliche Eignung der Modelle zur Erklärung der Meta-Betriebsformenwahl wurde durch die Darstellung des Ansatzes von Shamdasani/Yeow belegt.

(2) **Vollständigkeit der berücksichtigten Einflussfaktoren**: Die „Vollständigkeit der berücksichtigten Einflussfaktoren" wurde in Abschnitt 3.1.1 in die „Berücksichtigung situativer Einflussgrößen" und die „Abbildung innerer Beweggründe der Konsumenten" unterteilt. Hinsichtlich des letzten Punkts ist im Vergleich mit dem Involvement-Modell positiv hervorzuheben, dass bei Einstellungsmodellen nicht nur motivationale, sondern auch kognitive Größen aus dem Insystem der Konsumenten berücksichtigt werden. Im Modell von Shamdasani/Yeow findet sich die motivationale Komponente in der Größe I_i, die kognitive Komponente in der Differenz $X_i - Y_i$ wieder. Wie in der Kritik des Modells von Shamdasani/Yeow betont wurde, bildet das Modell keine situativen Einflussgrößen ab. Dieser Nachteil ist allerdings bei solchen Einstellungsmodellen behoben, die auf einem situativen Einstellungsbegriff basieren.[120]

(3) **Operationalisierung der Modellgrößen**: Schon bei der Beurteilung des Involvement-Modells wurde hervorgehoben, dass SOR/SIR-Modelle mit Operationalisierungsproblemen verbunden sind, die in Kauf genommen werden müssen, wenn auf Erklärungsgrößen aus dem Insystem nicht verzichtet werden soll.

(4) **Berücksichtigung begrenzter Rationalität**: Bei Entscheidungsmodellen sind die einbezogenen Dimensionen im Gegensatz zu den vorgestellten kosten- und nutzenorientierten Modellen nicht von vornherein festgelegt. In der Regel werden die entscheidungsrelevanten Eigenschaften vor der Anwendung eines Modells gesondert ermittelt. Dadurch werden auch solche Bedürfnisse der Konsumenten berücksichtigt, die auf den ersten Blick nicht offensichtlich sind

---

[120] Zu Einstellungsmodellen, die auf einem situativen Einstellungsbegriff beruhen, vgl. Sandell, Rolf Gunnar: Effects of Attitudinal and Situational Factors on Reported Choice Behavior, in: Journal of Marketing Research, 5. Jg. (1968), S. 405-408; Miller, Kenneth E.: A Situational Multi-Attribute Attitude Model, in: Advances in Consumer Research, 2. Jg. (1975), S. 455-463.

und womöglich in der Betrachtung Außenstehender irrational erscheinen.[121] Beispielhaft können die Dimensionen „soziale Interaktion", „geringerer Zwang, einen Einkaufsplan vor dem Einkauf zu erstellen" oder „Vermeiden von Ärger mit Kindern" aus der Untersuchung von Shamdasani und Yeow angeführt werden. In Abschnitt 3.2.1 wird weitergehend diskutiert, inwieweit Einstellungsmodelle begrenzte Rationalität berücksichtigen. An dieser Stelle kann festgehalten werden, dass Einstellungsmodelle grundsätzlich die begrenzte Rationalität der Konsumenten einbeziehen.

Der zusammenfassende Überblick in Tabelle 3.5 zeigt, dass Einstellungsmodelle den anderen Modellen hinsichtlich der Kriterien aus Abschnitt 3.1.1 überlegen sind, und rechtfertigt damit ihre Wahl als Grundmodell für die weitere Untersuchung. Im folgenden Kapitel wird ein spezielles Einstellungsmodell entwickelt, das die Meta-Betriebsformenwahl in konkreten Einkaufssituationen erklären soll.

Tabelle 3.5: Beurteilung von Grundmodellen der Meta-Betriebsformenwahl anhand verschiedener Kriterien

Kriterien / Grundmodell	Grundsätzliche Eignung	Vollständigkeit a) Berücksichtigung situativer Einflussgrößen	Vollständigkeit b) Abbildung innerer Beweg-gründe der Konsumenten	Operationalisierung der Modellgrößen	Berücksichtigung begrenzter Rationalität
Dynamische Modelle	--[2]				
Kostenorientierte Modelle			--	--	--
Modelle der Nutzenmaximierung			--	--	--
Lebenszyklus-Modell		--	--		
Involvement-Modell			-	-	
Einstellungsmodelle				-	

Erläuterungen:

- : Kriterium nur teilweise erfüllt

-- : Kriterium nicht erfüllt

2 : Wurden Modelle als grundsätzlich ungeeignet beurteilt, wurde auf eine Diskussion der weiteren Merkmale verzichtet.

[121] An dieser Stelle sei darauf hingewiesen, dass Entscheidungen, die in der Betrachtung Außenstehender irrational erscheinen, aus Sicht der Bedürfnisse und Gegebenheiten des jeweiligen Individuums letztlich als rational zu bezeichnen sind. Vgl. Kreller, Peggy: Einkaufsstättenwahl von Konsumenten: Ein präferenztheoretischer Erklärungsansatz, Wiesbaden 2000, S. 142.

3.2 Anpassung des Grundmodells

Es gibt zahlreiche Varianten von Einstellungsmodellen. Hier soll eine Variante gewählt werden, die hinsichtlich des Forschungsziels eine möglichst hohe Erkärungskraft vermuten lässt. Ausgangspunkt dieses Kapitels ist die Kritik an der Einstellung-Verhalten-Hypothese (E-V-Hypothese). Von zahlreichen Autoren wird der direktive Einfluss von Einstellungen auf das Verhalten in Frage gestellt. Herkner merkt hierzu an:

„Statt den Begriff Einstellung zu eliminieren, weil auf ihn gestützte Verhaltensvorhersagen nicht immer befriedigend sind, ist es sinnvoller, genauer die Faktoren zu untersuchen, die darüber bestimmen, ob die Beziehung zwischen Einstellung und Verhalten eng oder lose ist.“[122]

Der Auffassung Herkners folgend soll ein Einstellungsmodell modelliert werden, bei dem die Kritikpunkte an der E-V-Hypothese aufgegriffen und weitgehend entkräftet werden, um eine möglichst hohe Erklärungskraft des Modells sicherzustellen. Bevor das spezifische Modell entwickelt wird, soll im ersten Abschnitt dieses Kapitels zunächst die Kritik an der E-V-Hypothese dargestellt werden. Anschließend wird die Modellierung unter Berücksichtigung der einzelnen Kritikpunkte vorgenommen.

3.2.1 Kritik an der Einstellung-Verhalten-Hypothese

Als einer der ersten Autoren hat LaPiere bereits 1934 in einer Untersuchung auf einen fehlenden Zusammenhang zwischen Einstellung und Verhalten hingewiesen.[123] LaPiere bereiste zusammen mit einem chinesischen Ehepaar 251 Hotels, Motels, Restaurants und Cafés in den USA. Während ihnen nur ein einziges Mal die Aufnahme abgeschlagen wurde (tatsächliches Verhalten), gaben über 90 % derselben Häuser in einer später durchgeführten Befragung an, sie wären nicht bereit, chinesische Gäste zu beherbergen bzw. zu bewirten (Einstellung). Wicker gibt 1969 einen Überblick über den Einstellung-Verhalten-Zusammenhang in 45 Untersuchungen zu unterschiedlichen Einstellungsobjekten (z. B. Job, rassische bzw. ethnische Minoritäten, Betrügen in Klausuren, Brustfütterung) und kommt zu einem ernüchternden Ergebnis:

---

[122] Herkner, Werner: Lehrbuch Sozialpsychologie, 5. Auflage, Bern-Stuttgart-Toronto 1991, S. 212.

[123] Vgl. LaPiere, Richard T.: Attitudes versus Actions, in: Social Forces, 13. Jg. (1934), S. 230-237.

„Taken as a whole, these studies suggest that it is considerably more likely that attitudes will be unrelated or only slightly related to overt behaviors than that attitudes will be closely related to actions.“[124]

Zu einem ähnlichen Resultat kommt Benninghaus, der 1976 in einen Vergleich neben den 45 Untersuchungen von Wicker 57 weitere Studien einbezieht (siehe Tabelle 3.6).[125]

Tabelle 3.6: Klassifikation von 102 Untersuchungen nach der identifizierten Beziehung zwischen Einstellungs- und Verhaltensvariablen

E-V-Beziehung	N	%
Inverse Beziehung	7	7
Keine Beziehung	27	26
Sehr schwache Beziehung (Koeff. bis 0,30)	34	33
Schwache bis mäßige Beziehung	21	21
Starke Beziehung (Koeff. über 0,50)	13	13
Insgesamt	102	100

Quelle: In Anlehnung an: Benninghaus, H., 1976, S. 263

Es fällt auf, dass bei 66 % der Studien keine, eine inverse oder eine schwache Beziehung zwischen Einstellung und Verhalten festgestellt wurde. Eckes und Six zeigen eine Reihe von Schwachstellen der Meta-Analysen von Wicker und Benninghaus auf.[126] In ihre übergreifende Untersuchung beziehen die beiden Autoren 501 Studien ein und kommen zu dem ermutigenden Ergebnis, dass die mittlere Korrelation zwischen Einstellung und Verhalten 0,392 beträgt. In den folgenden Abschnitten werden **verschiedene Mängel von Einstellungsstudien** angesprochen, welche zu einer niedrigen Korrelation zwischen Einstellung und Verhalten führen können.

3.2.1.1 Gleicher Allgemeinheitsgrad von Einstellung und Verhalten

Kroeber-Riel/Weinberg weisen darauf hin, dass man Einstellung und Verhalten mehr oder weniger allgemein oder spezifisch messen kann.[127] Wichtig sei, dass Einstellung und Verhalten, wenn sie zueinander in Beziehung gesetzt werden, einen möglichst ähnlichen Grad an Allgemeinheit bzw. Konkretheit aufweisen

[124] Wicker, A. W.: Attitudes versus Actions: The Relationship of Verbal and Overt Behavioral Responses to Attitude Objects, in: Journal of Social Issues, 25. Jg. (1969), H. 4, S. 65.

[125] Vgl. Benninghaus, Hans: Ergebnisse und Perspektiven der Einstellungs-Verhaltens-Forschung, Meisenheim am Glan 1976, S. 50-278.

[126] Vgl. Eckes, Thomas/Six, Bernd: Fakten und Fiktionen in der Einstellungs-Verhaltens-Forschung: Eine Meta-Analyse, in: Zeitschrift für Sozialpsychologie, 25. Jg. (1994), S. 253-271.

[127] Vgl. Kroeber-Riel, W./Weinberg, P., 1999, S. 176 f.

(**Korrespondenzprinzip**).[128] Bei der Konkretisierung von Einstellung und Verhalten können vier Dimensionen unterschieden werden:

- die Handlung,
- das Objekt, auf das sich die Handlung bezieht,
- der Kontext und
- die Zeit, in der die Handlung abläuft.[129]

Beispielsweise kann die Meta-Betriebsform „Internet Shopping" als Objekt aufgefasst werden. Die betrachtete Handlung sei der Einkauf im Internet, der Kontext der Kauf von Milch, die dringend zum Backen eines Kuchen benötigt wird, und die Zeit abends nach 20 Uhr. Sollte dieses sehr spezifische Verhalten mit Hilfe einer Einstellung erklärt werden, müsste die Einstellung in allen vier Dimensionen entsprechend konkretisiert werden. Eine Frage zur Messung der Einstellung könnte stark vereinfacht folgendermaßen formuliert werden: „Wie beurteilen Sie den Einkauf im Internet, wenn Sie abends nach 20 Uhr Milch kaufen möchten, die Sie dringend zum Backen eines Kuchen benötigen?"

Wird nicht ein bestimmtes Verhalten in einer bestimmten Situation betrachtet, sondern mehrere verschiedene Verhaltensweisen einer Person, die sich alle auf dasselbe Einstellungsobjekt beziehen, dann können auch deutliche Korrelationen zu allgemeinen Einstellungen festgestellt werden.[130] Ursprünglich wurde das Einstellungskonzept nur in diesem Sinne von vielen Sozialwissenschaftlern verwendet, nämlich als „concept to name and explain a consistency in individual behavior across a variety of situations".[131] Vielfach wurde allerdings der Fehler begangen, dass mit Hilfe von allgemeinen Einstellungen spezifisches Verhalten erklärt werden sollte. So hat bspw. in der Untersuchung von LaPiere die Einstellung zu Chinesen einen viel höheren Allgemeinheitsgrad als die in der Handlungssituation wirksame Einstellung zu einem kultivierten, gutangezogenen Wissenschaftler anderer Hautfarbe.[132] Situationsbedingungen, die bei einer Messung von allgemeinen Einstellungen nicht antizipiert werden, können Konsumen-

---

[128] Vgl. auch Ajzen, Icek: The Directive Influence of Attitudes on Behavior, in: Gollwitzer, Peter M./Bargh, John A. (Hrsg.): The Psychology of Action: Linking Cognition and Motivation to Behavior, New York-London 1996, S. 385 sowie Ajzen, Icek: Attitudes, Traits and Actions: Dispositional Predictions of Behavior in Personality and Social Psychology, in: Advances in Experimental Social Psychology, 20. Jg. (1987), S. 37 f.

[129] Vgl. Ajzen, Icek/Fishbein, Martin: Understanding Attitudes and Predicting Social Behavior, Englewood Cliffs/N. J. 1980, S. 160-165.

[130] Vgl. Herkner, W., 1991, S. 223 f.

[131] Kiesler, Charles A./Collins, Barry E./Miller, Norman: Attitude Change – A Critical Analysis of Theoretical Approaches, New York 1969, S. 5.

[132] Vgl. Lilli, Waldemar: Zum Vorhersagewert von Einstellungen für das reale Verhalten, in: Marketing ZFP, 2. Jg. (1980), H. 3, S. 181 f.; Kroeber-Riel, W./Weinberg, P., 1999, S. 177.

ten dazu veranlassen bzw. nötigen, ihre Pläne zu korrigieren.[133] Daher besteht meistens nur ein schwacher Zusammenhang zwischen allgemeinen Einstellungen und situationsspezifischem Verhalten.

Soll **Verhalten in einer speziellen Situation** erklärt werden, muss die Fragestellung zur Einstellungsmessung daher Hinweise auf die Verhaltenssituation enthalten, damit der Befragte die Bedingungen der Verhaltenssituation antizipieren kann.[134] Eine solche Vorgehensweise wählen Sandell (1968) und Miller (1975).[135] Sandell versucht die Getränkewahl von Konsumenten in bestimmten Situationen mit Hilfe von situationsspezifischen Einstellungen zu erklären. Dabei kommt er zu dem Ergebnis, dass etwa 73 % der Verhaltensvarianz durch Situationsfaktoren (allein und in Interaktion mit anderen Faktoren) erklärt werden können. Miller untersucht die Wahl von Fast Food Restaurants in verschiedenen Situationen und zieht zur Erklärung sowohl ein allgemeines als auch ein situationsspezifisches Einstellungsmodell heran. Indem er die Erklärungskraft der beiden Modelle vergleicht, zeigt er, dass das situationsspezifische Modell dem allgemeinen bei 19 von 20 Vergleichen überlegen ist.

Die Untersuchungen von Sandell und Miller stützen die These, dass zwecks einer hohen Erklärungskraft Einstellung und Verhalten mit dem gleichen Konkretisierungsgrad bestimmt werden sollten. Fishbein und Ajzen stellen im Rahmen einer Meta-Analyse von über 100 Studien fest, dass hohe Korrelationen zwischen Einstellung und Verhalten ausschließlich in den Untersuchungen auftreten, in denen das Korrespondenzprinzip beachtet wird.[136] Ziel der vorliegenden Arbeit ist, das Meta-Betriebsformenwahlverhalten in speziellen Situationen zu erklären. Dementsprechend müssen die Einstellungen, mit denen dieses Verhalten erklärt werden soll, situationsspezifisch definiert und operationalisiert werden.

3.2.1.2 Private und soziale Normen

Fishbein und Ajzen führen den teilweise schwachen Zusammenhang zwischen Einstellung und Verhalten auch darauf zurück, dass Verhalten nicht unmittelbar von der Einstellung zum Verhalten abhängt, sondern von der Verhaltensintention, die ihrerseits von Einstellungen und Normen bestimmt wird.[137] Neben die Einstellung treten somit private und soziale Normen als weitere Erklärungsvariablen des Verhaltens. Unter privaten Normen werden Ansprüche verstanden,

---

[133] Vgl. Sheth, Jagdish N.: A Field Study of Attitude Structure and the Attitude-Behavior Relationship, in: Sheth, Jagdish N. (Hrsg.): Models of Buyer Behavior: Conceptual, Quantitative, and Empirical, New York 1974, S. 248.

[134] Vgl. Trommsdorff, V., 1975, S. 18.

[135] Vgl. Sandell, R. G., 1968, S. 405-408; Miller, K. E., 1975, S. 455-463.

[136] Vgl. Ajzen, Icek/Fishbein, Martin: Attitude-Behavior Relations: A Theoretical Analysis and Review of Empirical Research, in: Psychological Bulletin, 84. Jg. (1977), S. 888-918.

[137] Vgl. Fishbein, Martin/Ajzen, Icek: Belief, Attitude, Intention and Behavior: An Introduction to Theory and Research, Reading/Mass. u. a. 1975, S. 288-334; Fishbein, Martin: Attitude and the Prediction of Behavior, in: Fishbein, Martin (Hrsg.): Readings in Attitude Theory and Measurement, New York-London-Sydney 1967b, S. 477-492.

die man an sich selbst stellt (was man nach eigener Meinung tun sollte). Mit sozialen Normen sind hingegen die (tatsächlichen oder vermeintlichen) Ansprüche der sozialen Umwelt, z. B. der Freunde oder anderer sozialer Bezugsgruppen, gemeint, die sich auf das eigene Verhalten beziehen.[138] In einem Experiment untersuchen Fishbein und Ajzen die Einstellungen, acht mögliche Freizeitbeschäftigungen (Parties, Ausstellungen moderner Kunst, Wildwestfilme, etc.) an einem Freitagabend durchzuführen, und die privaten („ich sollte am Freitagabend...") und sozialen Normen („meine Freunde erwarten von mir, dass ich am Freitagabend..."), die mit der Gestaltung des Abends verbunden sind.[139] Die Autoren ermitteln die Korrelationen zwischen einzelnen Einflussfaktoren und dem Verhalten und die kombinierte Wirkung der Einflussfaktoren auf das Verhalten und kommen zu dem Ergebnis, dass sich die besten Verhaltensvorhersagen ergeben, wenn neben der Einstellung zum Verhalten private und soziale Nomen berücksichtigt werden.

Ajzen und Fishbein tragen der Bedeutung der Normen Rechnung, indem sie in der **„theory of reasoned action"** das Verhalten auf Verhaltensintentionen zurückführen, die von der Einstellung und der subjektiven Norm bestimmt werden (Abb. 3.4).[140] Weil in empirischen Studien die privaten Normen nicht oder nur unwesentlich zur Vorhersagegenauigkeit beitrugen, wurden sie von den Autoren aus dem Modell herausgenommen.[141] Die subjektiven Normen stehen daher ausschließlich für soziale Normen.

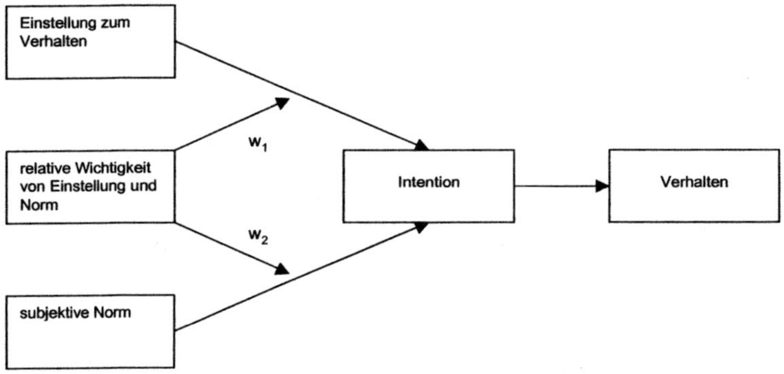

Abb. 3.4: Theory of reasoned action nach Fishbein und Ajzen; Quelle: In Anlehnung an: Ajzen, I./Fishbein, M., 1980, S. 8

Einstellung und subjektiver Norm können bei verschiedenen Untersuchungsgegenständen eine unterschiedliche Bedeutung zukommen. In einem Großteil der

[138] Vgl. Herkner, W., 1991, S. 214.

[139] Vgl. Ajzen, Icek/Fishbein, Martin: The prediction of behavioral intentions in a choice situation, in: Journal of Experimental Social Psychology, 5. Jg. (1969), S. 400-416.

[140] Vgl. Ajzen, I./Fishbein, M., 1980, S. 4-91.

[141] Vgl. Herkner, W., 1991, S. 218.

veröffentlichten Untersuchungen zur „theory of reasoned action“ übt die Einstellung einen stärkeren Einfluss auf das Verhalten aus als die subjektive Norm.[142] So stellt Ajzen bei einer Meta-Analyse von 150 Studien fest, dass die durchschnittliche Korrelation zwischen Einstellung und Verhaltensabsicht 0,60, zwischen subjektiver Norm und Verhaltensabsicht jedoch lediglich 0,42 beträgt.[143] Bei seiner Untersuchung zur Einkaufsstättenwahl ist Heemeyer der Auffassung, dass die zu beurteilende Verhaltensweise als sozial weitgehend akzeptiert gilt. Er geht daher davon aus, dass bei seiner Einstellungsmessung nur ein geringer sozialer Verhaltensdruck wirksam ist und verzichtet auf die Erhebung der subjektiven Normen.[144]

Wie ist die **Bedeutung der subjektiven Normen bei der Meta-Betriebsformenwahl** zu beurteilen? Prinzipiell ist es denkbar, dass Konsumenten nicht die Meta-Betriebsform wählen, mit der sie die beste Einstellung verbinden, sondern den Erwartungen einer sozialen Bezugsgruppe nachgeben und eine Meta-Betriebsform aufsuchen, zu der sie eine weniger positive Einstellung hegen. Aus den folgenden beiden Gründen wird aber von einer eher untergeordneten Bedeutung der subjektiven Normen bei der Meta-Betriebsformenwahl ausgegangen:

- Die Wahl des Internet Shoppings dürfte weitgehend frei vom Einfluss sozialer Normen sein, weil die Verhaltensweise unbeobachtet bzw. anonym durchgeführt werden kann. Wenn ein Individuum einen Konflikt zwischen seiner Einstellung und den subjektiven Normen feststellt, kann es in der Regel vermeiden, dass Personen aus dem sozialen Umfeld von dem Kauf per Internet Shopping erfahren. Aufgrund der fehlenden sozialen Sichtbarkeit kann von einem geringen Einfluss subjektiver Normen ausgegangen werden. Als empirisches Indiz für diese Einschätzung können Ergebnisse einer Untersuchung von Shim/Eastlick/Lotz et al. herangezogen werden. So konnten die Autoren keinen Einfluss zwischen subjektiven Normen und der Absicht feststellen, das Internet zur Suche von Produktinformationen zu verwenden.[145]
- Aber auch beim Einkauf im stationären Handel scheinen die subjektiven Normen nicht von zentraler Bedeutung zu sein, weil auch hier von einer relativ geringen sozialen Sichtbarkeit ausgegangen werden kann. So wird das einzelne Aufsuchen einer stationären Einkaufsstätte in der Regel wohl nur zufällig von einer bekannten Person aus einer bestimmten sozialen Bezugsgruppe wahrgenommen. Ein wesentlich größerer Einfluss sozialer Normen ist bei der Produktwahl zu vermuten, insbesondere wenn es sich um langlebige Gebrauchsgüter handelt, die von der sozialen Umwelt über einen längeren Zeitraum wahrgenommen werden (z. B. Autokauf).

---

[142] Vgl. Herkner, W., 1991, S. 218.
[143] Vgl. Ajzen, I., 1996, S. 389.
[144] Vgl. Heemeyer, H., 1981, S. 217.
[145] Vgl. Shim, S./Eastlick, M. A./Lotz, Sh. L. et al., 2001, S. 409.

Auf eine explizite Berücksichtigung der subjektiven Normen wird im Weiteren verzichtet, da die Beziehung zwischen Einstellung und Verhalten bei einem geringen sozialen Verhaltensdruck nicht grundsätzlich in Frage gestellt wird.[146]

3.2.1.3 Subjektive Verhaltenskontrolle

Eine weitere Ursache, die zu einem schwachen Zusammenhang zwischen Einstellung und Verhalten führen kann, ist fehlende individuelle Handlungskontrolle. Konsumentenverhalten zeichnet sich dadurch aus, dass die Ausführung beabsichtigter Handlungen mehr oder weniger von Faktoren abhängig ist, die ein Konsument nicht eigenständig und kurzfristig beeinflussen bzw. kontrollieren kann.[147] Wenn diese Handlungsrestriktionen bekannt sind oder ihr Eintreten erwartet wird, kann sie der Einzelne bei seinen Überlegungen und Kaufentscheidungen berücksichtigen. Nicht-antizipierte Restriktionen schwächen hingegen den Einstellung-Verhalten-Zusammenhang. Die Kontrollierbarkeit eines Verhaltens hängt von inneren und äußeren Faktoren ab. Ajzen zählt zu den inneren Faktoren verhaltensrelevante Informationen, Fähigkeiten, Willensstärke, Gefühle und Zwänge.[148] Als äußere Faktoren sieht er Zeit, Gelegenheit, Mittel und Abhängigkeit von anderen Personen an. Liska hebt aus diesen Faktoren die Fähigkeiten und Gelegenheiten hervor.[149] Herkner geht dementsprechend von einem Kontinuum von Verhaltensweisen aus, die nur von der Verhaltensabsicht abhängen (z. B. mit einer Hand winken) bis zu Verhaltensweisen, die beträchtliche Fähigkeiten (z. B. Kontrabass spielen) oder soziale Kooperation bzw. Gelegenheiten (z. B. Geschlechtsverkehr) oder beides voraussetzen (z. B. Schach spielen).[150] Weiterhin gibt es Verhaltensweisen, die nicht willkürlich gesteuert werden können, weil sie suchtartig (z. B. Rauchen) oder mit starken Reflexanteilen (z. B. Erröten) verbunden sind. Bagozzi und Warsaw weisen daraufhin, dass im Kontext des Kaufverhaltens nicht das tatsächliche Vorhandensein von Kaufrestriktionen, sondern vielmehr ihre subjektive Wahrnehmung durch den Konsumenten entscheidend ist.[151]

Ajzen nimmt die Kritik, die insbesondere gegen die „theory of reasoned action" gerichtet ist, zum Anlass, die Theorie zu ergänzen. In der **„theory of planned behavior"** wird neben der Einstellung und der subjektiven Norm mit der subjektiven Verhaltenskontrolle eine dritte Einflussgröße auf das Verhalten einbe-

---

146 Vgl. Heemeyer, H., 1981, S. 217.

147 Vgl. Balderjahn, Ingo: Marktreaktionen von Konsumenten – ein theoretisch-methodisches Konzept zur Analyse der Wirkung absatzpolitischer Instrumente, Berlin 1993, S. 78-81.

148 Vgl. Ajzen, Icek: From Intentions to Actions: A Theory of Planned Behavior, in: Kuhl, Julius/Beckmann, Jürgen (Hrsg.): Action Control: From Cognition to Behavior, Berlin u.a. 1985, S. 25-29.

149 Vgl. Liska, Allen E.: A Critical Examination of the Causal Structure of the Fishbein/Ajzen Attitude-Behavior Model, in: Social Psychology Quarterly, 47. Jg. (1984), H. 1, S. 70.

150 Vgl. Herkner, W., 1991, S. 220.

151 Vgl. Bagozzi, Richard P./Warshaw, Paul R.: Trying to consume, in: Journal of Consumer Research, 17. Jg. (1990), S. 128.

zogen (Abb. 3.5).[152] An Stelle der Verhaltensintention (behavioral intention) aus der „theory of reasoned action“ tritt in dem neuen Modell die Zielintention (goal intention). Diese ist kein unmittelbarer Prädiktor einer Handlung, sondern ein Maß für die Intensität, mit der ein Individuum versucht, eine angestrebte Handlung durchzuführen. Ob die Handlung tatsächlich durchgeführt werden kann, ist von nicht-antizipierten Handlungsrestriktionen abhängig.

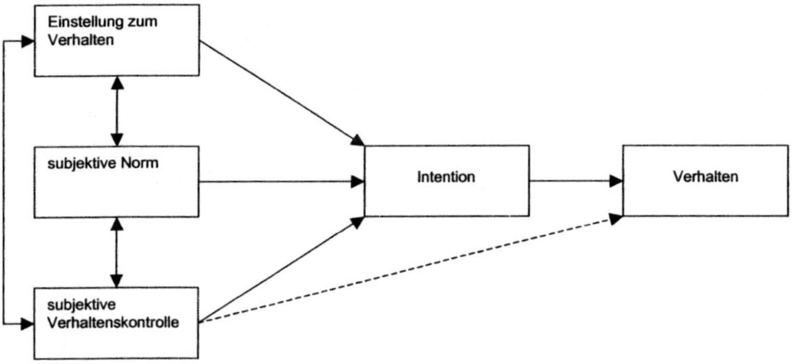

Abb. 3.5: Theory of planned behavior nach Ajzen; Quelle: Ajzen, I., 1993, S. 50

Es wurde bereits darauf hingewiesen, dass ein Konsument in aller Regel die Handlungsrestriktionen, die ihm bekannt sind oder deren Eintreten er erwartet, bei seinen Überlegungen und Kaufentscheidungen berücksichtigt.[153] In Abb. 3.5 deutet der Doppelpfeil zwischen subjektiver Verhaltenskontrolle und Einstellung zum Verhalten darauf hin, dass sich antizipierte Handlungsrestriktionen und Einstellung gegenseitig beeinflussen.

Es stellt sich die Frage, ob eine explizite Erfassung der antizipierten Handlungsrestriktionen bei der Verwendung situativer Einstellungen erforderlich ist. Wenn bspw. ein Konsument an einem Tag sein Auto verliehen hat, wird seine Einstellung, an diesem Tag einen Großeinkauf in einem entfernt gelegenen SB-Warenhaus durchzuführen, wesentlich schlechter ausfallen als an Tagen, an denen er über ein Auto verfügt. Eine getrennte Erfassung der antizipierten Handlungsrestriktionen erscheint nicht erforderlich, wenn die Einstellung in einer Untersuchung genauso situationsspezifisch gemessen wird wie das zu erklärende Verhalten. Da in der vorliegenden Untersuchung aus Gründen, die in Abschnitt 3.2.1.1 dargelegt wurden, Einstellungen situationsspezifisch gemessen werden, wird auf eine isolierte Untersuchung der antizipierten Handlungsrestriktionen verzichtet. Dem Pfeil,

[152] Vgl. Ajzen, I., 1985, S. 11-39; Ajzen, Icek/Madden, Thomas J.: Prediction of Goal-Directed Behavior: Attitudes, Intentions, and Perceived Behavioral Control, in: Journal of Experimental Social Psychology, 22. Jg. (1986), S. 453-474; Ajzen, I., 1987, S. 44-52; Ajzen, Icek: Attitude Theory and the Attitude-Behavior Relation, in: Krebs, Dagmar/Schmidt, Peter (Hrsg.): New Directions in Attitude Measurement, Berlin-New York 1993, S. 41-57.

[153] Vgl. Balderjahn, I., 1993, S. 78.

der in Abb. 3.5 von der subjektiven Verhaltenskontrolle zur Intention führt, wird demnach keine weitere Beachtung geschenkt.

Anders sieht es jedoch mit den Handlungsrestriktionen aus, die vor einem Einkauf nicht antizipiert werden und daher nicht bei den Überlegungen der Konsumenten vor dem Aufsuchen einer Einkaufsstätte berücksichtigt werden können. Solche **nicht-antizipierten Restriktionen** scheinen zumindest **beim Internet Shopping** von empirischer Bedeutung zu sein. So ist den Ergebnissen des „Internet Shopping Report 2001" von Infratest Burke und Symposion Publishing zu entnehmen, dass sich neun von zehn befragten Online-Shop-Besuchern schon mindestens einmal trotz Kaufabsicht spontan entschieden haben, nicht bei einem bestimmten Online-Anbieter zu kaufen.[154] Wenn die Konsumenten in den Fällen nicht in einem anderen Online-Shop eingekauft haben, ist von einem Bruch des Einstellung-Verhalten-Zusammenhangs auszugehen. Obwohl die Konsumenten vor dem Kauf das Internet Shopping besser als den stationären Handel beurteilen, kaufen sie entweder im stationären Handel oder überhaupt nicht ein, weil nicht-antizipierte Handlungsrestriktionen den Einkauf per Internet Shopping verhindern. Abb. 3.6 gibt die Handlungsrestriktionen wieder, die bei den Online-Shoppern den Ausschlag gegeben haben, nicht wie geplant bei einem bestimmten Online-Anbieter einzukaufen.

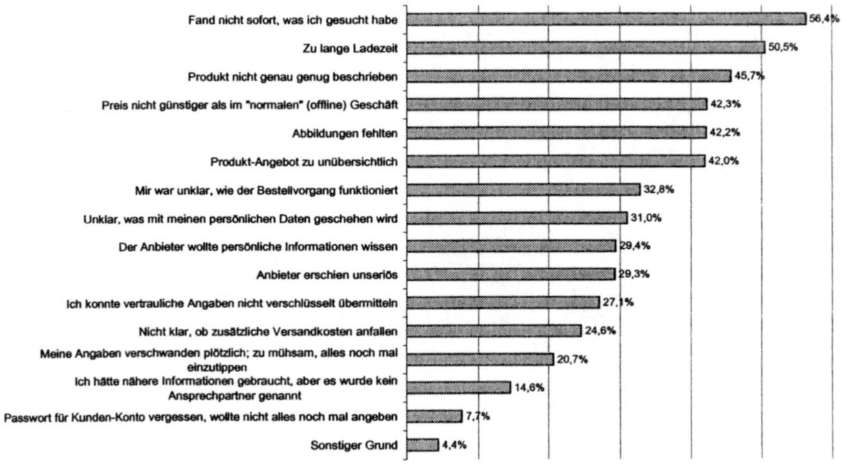

Hinweis: Mehrfachnennungen möglich

Abb. 3.6: Nicht-antizipierte Handlungsrestriktionen beim Internet Shopping; Quelle: o. V.: Online-Shopper in Deutschland – Großes Potenzial, aber noch viele Gründe, die ihre Kauflust bremsen, in: Marketing-Journal, 34. Jg. (2001), H. 1, S. 20

[154] Vgl. o. V.: Online-Shopper in Deutschland – Großes Potenzial, aber noch viele Gründe, die ihre Kauflust bremsen, in: Marketing-Journal, 34. Jg. (2001), H. 1, S. 18.

Die Ergebnisse aus dem „Internet Shopping Report“ sind insofern kritisch zu bewerten, als dass nicht ermittelt wird, wie oft der einzelne Nutzer einen Kauf im Internet abbricht. Die Nutzer werden lediglich gefragt, ob sie überhaupt schon einmal einen Kauf im Internet abgebrochen haben. Da ein Einfluss nicht-antizipierter Handlungsrestriktionen nicht ausgeschlossen werden kann, müssen solche Restriktionen explizit erfasst werden, um die Fälle isolieren zu können, in denen Einstellung und Verhalten nicht übereinstimmen. Damit wird dem Pfeil Rechnung getragen, der in Abb. 3.5 von der subjektiven Verhaltenskontrolle zum Verhalten führt.

3.2.1.4 Alternativenvergleich

Ein häufiger Fehler, der zu niedrigen Korrelationswerten zwischen Einstellung und Verhalten führt, besteht darin, nicht die Einstellungen zu möglichen Alternativen zu berücksichtigen.[155] Da in dieser Arbeit mit dem Internet Shopping und dem stationären Handel zwei Einkaufsalternativen betrachtet werden, muss dieser Problematik besondere Beachtung geschenkt werden. Folgende Fälle sind denkbar, in denen eine isolierte Betrachtung des Einstellung-Verhalten-Zusammenhangs problematisch erscheint:

- Ein Individuum hegt zwar eine positive Einstellung zu dem Einkauf in der einen Meta-Betriebsform, wählt aber die andere, die es noch besser beurteilt.
- Denkbar ist weiterhin, dass sich ein Konsument für eine Meta-Betriebsform entscheidet, mit der er nur eine mäßig positive Einstellung verbindet, weil er keine bessere Alternative kennt.

Immer, wenn Einstellungsmodelle ein Wahlverhalten erklären sollen, ist es unzureichend, den Zusammenhang zwischen der Einstellung zu einer Verhaltensweise und ihrer tatsächlichen Durchführung isoliert zu betrachten. Vielmehr sollten in solchen Fällen die Einstellungen zu allen Alternativen Berücksichtigung finden. Dass eine solche Modellierung zu einer höheren Korrelation führt als die isolierte Betrachtung, wird von Ajzen und Fishbein (1969) gezeigt.[156] Sie gehen in ihrem Modell davon aus, dass die Verhaltensweise gewählt wird, zu der die Konsumenten die relativ höchste Einstellung hegen. Analog gehen die beiden Autoren bei der Anwendung der „theory of reasoned action“ in späteren Beiträgen davon aus, dass

---

[155] Vgl. Laroche, Michel/Brisoux; Jacques E.: Incorporating Competition Into Consumer Behaviour Models: The Case of Attitude-Intention Relationship, in: Journal of Economic Psychology, 10. Jg. (1989), S. 347-349; Insko, Chester A./Schopler, John: Triadic Consistency: A Statement of Affective-Cognitive-Conative Consistency, in: Psychological Review, 74. Jg. (1967), S. 373 f.

[156] Vgl. Ajzen, I./Fishbein, M., 1969, S. 400-416.

sich Individuen in Wahlsituationen für das Verhalten entscheiden, für das sie die relativ höchste Verhaltensabsicht besitzen.[157]

In dieser Untersuchung wird ein leicht modifizierter Ansatz gewählt. Nach der Vorgehensweise von Ajzen und Fishbein müssten die Einstellungen zu Internet Shopping und stationärem Handel getrennt ermittelt und anschließend miteinander verglichen werden. Im Gegensatz dazu soll bei der hier gewählten Vorgehensweise ähnlich wie bei dem Ansatz von Shamdasani und Yeow der **Vergleich zwischen den beiden Meta-Betriebsformen bereits bei der Einstellungsmessung** erfolgen.[158] Der Unterschied kann anhand eines stark vereinfachten Beispiels verdeutlicht werden:

1. Ansatz von Ajzen/Fishbein:
   - zunächst: „Wie beurteilen Sie den Einkauf im stationären Handel in der Einkaufssituation x?" und „Wie beurteilen Sie den Einkauf im Internet in der Einkaufssituation x?"
   - anschließend: Vergleich der Einstellungswerte
2. Hier gewählter Ansatz:
   - Wie beurteilen Sie in der Einkaufssituation x den Einkauf im stationären Handel im Vergleich zum Einkauf über das Internet?

Es wird vermutet, dass bei dieser Vorgehensweise das tatsächliche Entscheidungsverhalten realitätsgetreuer abgebildet wird. Denn es erscheint unwahrscheinlich, dass die Individuen die beiden Meta-Betriebsformen zunächst einzeln beurteilen, bevor sie die Gesamturteile vergleichen. Vielmehr werden die Online-Shopper wohl von vornherein eine vergleichende Beurteilung vornehmen. Weiterhin zeigt das Beispiel, dass sich bei dem hier gewählten Ansatz der Befragungsaufwand reduziert.

Sieht man von eventuellen nicht-antizipierten Handlungsrestriktionen ab, gehen beide Vorgehensweisen von einem deterministischen Entscheidungsmodell aus: Ein Konsument wählt mit Sicherheit die Alternative mit dem höchsten Einstellungswert bzw. mit der höchsten Verhaltensabsicht. Balderjahn kritisiert an einer solchen deterministischen Modellierung, dass vorausgesetzt wird, die Individuen könnten beliebig kleine Wertdifferenzen zwischen den einzelnen Marktangeboten wahrnehmen.[159] Unter Umständen müssen daher **Entscheidungssituationen mit sehr geringen Wertdifferenzen** zwischen Internet Shopping und stationärem

---

[157] Vgl. Ajzen, I./Fishbein, M., 1980, S. 44-46; Sperber, Brenda M./Fishbein, Martin/Ajzen, Icek: Predicting and Understanding Women's Occupational Orientations: Factors underlying choice intentions, in: Ajzen, Icek/Fishbein, Martin (Hrsg.): Understanding Attitudes and Predicting Social Behavior, Englewood Cliffs/N.J. 1980, S. 113-129.

[158] Der Ansatz von Shamdasani und Yeow wurde in Abschnitt 3.1.7 dargestellt.

[159] Vgl. Balderjahn, I., 1993, S. 87 f.

Handel isoliert werden, da sie mit dem hier gewählten Modell nicht zufriedenstellend abgebildet werden können.[160]

3.2.1.5 Awareness, Consideration und Evoked Set

Konsumenten berücksichtigen im Allgemeinen bei ihrer Marken- und Produktwahl nicht das gesamte verfügbare Marktangebot. Aus Gründen der selektiven Wahrnehmung und der Entscheidungsvereinfachung kommt für die Konsumenten in einer konkreten Kaufsituation meist nur eine kleine Alternativenmenge in die engere Wahl.[161] Wie bildet ein Konsument diese engere Auswahl? An dieser Stelle wird ein **dreistufiges Modell von Shocker et al.** vorgestellt.[162] Nach diesem Modell nimmt der Konsument zunächst nur einen Teil des gesamten Marktangebots bzw. des „universal sets" überhaupt wahr. Nicht wahrgenommene Alternativen scheiden aus der relevanten Alternativenmenge aus, während die wahrgenommenen Alternativen in das „awareness set" eingehen. Die Alternativen aus dem „awareness set" sind dem Konsumenten bekannt, müssen aber nicht zwangsläufig als Alternativen in einer konkreten Kaufsituation Berücksichtigung finden. So werden in einem zweiten Schritt die Alternativen aus dem „awareness set", die in einer konkreten Kaufsituation dem Konsumenten in den Sinn kommen („come in to mind"), dem „consideration set" zugeordnet.[163] Die Alternativenmenge im „consideration set" wird nach dem Modell von Shocker et al. in einem dritten Schritt noch weitergehend auf das „choice set" reduziert, in dem sich die Alternativen befinden, die unmittelbar vor der Wahlentscheidung berücksichtigt werden (Abb. 3.7). Hier hat der Konsument bspw. bewusst solche Produkte des „consideration set" aussortiert, mit denen er schlechte Erfahrungen gesammelt hat. Das „choice set" umfasst bei der Produktwahl nur bei wenigen Konsumenten mehr als fünf Alternativen.[164] Nach Shocker et al. ist das „choice set" vergleichbar mit

---

[160] Dem Kritikpunkt könnte auch durch die Verwendung eines probabilistischen Ansatzes begegnet werden, der allerdings die Komplexität des Entscheidungsmodells in einem nicht unerheblichen Maß erhöht. Vgl. Green, Paul E./Carroll, J. Douglas/DeSarbo, Wayne S.: Estimating Choice Probabilities in Multiattribute Decision Making, in: Journal of Consumer Research, 8. Jg. (1981), S. 76-84.

[161] Vgl. Alba, J./Lynch, J./Weitz, B. et al., 1997, S. 41 f.; Kroeber-Riel, W./Weinberg, P., 1999, S. 375.

[162] Vgl. Shocker, Allan D./Ben-Akiva, Moshe/Boccara, Bruno et al.: Consideration Set Influences on Consumer Decision-Making and Choice: Issues, Models, and Suggestions, in: Marketing Letters, 2. Jg. (1991), H. 3, S. 182-185; zu einer zweistufigen Vorgehensweise vgl. bspw. Kroeber-Riel, W./Weinberg, P., 1999, S. 381-383; zu einer sechsstufigen Vorgehensweise vgl. Spiggle, Susan/Sewall, Murphy A.: A Choice Sets Model of Retail Selection, in: Journal of Marketing, 51. Jg. (1987), H. 4, S. 97-111.

[163] Alternativen des awareness sets, die nicht in das consideration set eingehen, gehören nach Narayana und Markin dem inert set oder dem inept set an. Vgl. Narayana, Chem L./Markin, Rom J: Consumer Behavior and Product Performance: An Alternative Conceptualization, in: Journal of Marketing, 39. Jg. (1975), S. 1-6.

[164] Vgl. Weinberg, Peter: Das Entscheidungsverhalten der Konsumenten, Paderborn u. a. 1981, S. 104.

dem „evoked set", einem Konzept, das unter anderem von Howard und Sheth verwendet wird.[165]

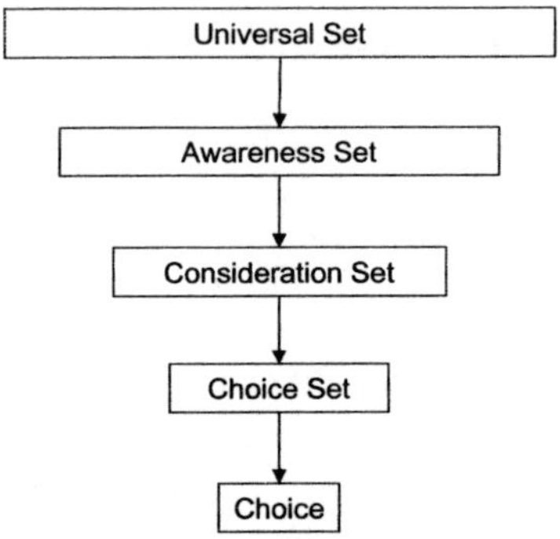

Abb. 3.7: Eingrenzung der Alternativenmenge in einer Wahlentscheidung; Quelle: In Anlehnung an: Shocker, A. D./Ben-Akiva, M./Boccara, B. et al., 1991, S. 184

Das für allgemeine Wahlentscheidungen entwickelte Modell von Shocker et al. kann auf die Einkaufsstättenwahl übertragen werden. So zeigt bspw. Schaefer in einer in Kiel durchgeführten Untersuchung, dass den Konsumenten im Durchschnitt nur 6,7 der zwölf ansässigen Pelzgeschäfte bekannt sind, von denen wiederum nur 2,8 beim Kauf in Betracht gezogen werden.[166] Es sei darauf hingewiesen, dass Schaefer nicht zwischen consideration und choice set unterscheidet.

Laroche und Brisoux kritisieren, dass Einstellungsmodelle in der Regel auf alle Alternativen einer Wahlentscheidung angewendet werden und sich ihre Anwendung nicht nur auf Alternativen des evoked bzw. choice set beschränkt.[167] Nur bei dieser kleinen Alternativenmenge erwarten die Autoren hohe Kaufabsichten. Alternativen außerhalb des evoked set bringen die Konsumenten hingegen Kaufabsichten von Null oder zumindest sehr geringe Kaufabsichten entgegen. Da Kroeber-Riel/Weinberg davon ausgehen, dass Konsumenten von Einstellungen geleitet sind, wenn sie das consideration set auf das evoked set bzw. choice set reduzieren, kann man, wenn man dieser Einschätzung folgt, **Einstellungsmodelle** auch auf den **weiteren Kreis des consideration sets** anwenden.[168]

Bei der Meta-Betriebsformenwahl ist zu erwarten, dass selbst die Online-Shopper das Internet Shopping aufgrund seiner Neuartigkeit bei vielen Kauf-

[165] Vgl. Howard, John A./Sheth, Jagdish N.: The Theory of Buyer Behavior, New York 1969, S. 416.

[166] Vgl. Schaefer, Wolfgang: Die totale Konkurrenz im Handel, in: Berufsverband der deutschen Markt- und Sozialforscher e. V. (Hrsg.): Marktforschung im magischen Viereck – 23. Kongress der Deutschen Marktforschung vom 1. bis 3. Mai 1988, Offenbach 1988, S. 430.

[167] Vgl. Laroche, M./Brisoux; J. E., 1989, S. 345 f.; Fotheringham, A. Stewart: Consumer Store Choice and Choice Set Definition, in: Marketing Science, 7. Jg. (1988), S. 300.

[168] Vgl. Kroeber-Riel, W./Weinberg, P., 1999, S. 382 u. 385 f.

entscheidungen noch nicht berücksichtigen. In den Fällen ist das Internet Shopping nicht im consideration set der Konsumenten enthalten. Da in solchen Fällen die Anwendung eines Einstellungsmodells problematisch erscheint, muss das consideration set im Rahmen der empirischen Untersuchung ermittelt werden. Gegebenenfalls kann das Einstellungsmodell nur bei den Kaufentscheidungen angewendet werden, bei denen sowohl der stationäre Handel als auch das Internet Shopping in das consideration set eingehen.

3.2.1.6 Non-Attitudes

Doob bezweifelt bereits 1948 den Sinn einer Einstellungsmessung in Fällen, in denen die Befragten keine Informationen über und kein Interesse für den Gegenstand der Messung haben, aber nichtsdestoweniger Einstellungen ausdrücken.[169] Benninghaus merkt dazu an: „Da – selbstredend – das Vorhandensein einer Einstellung die elementarste Voraussetzung für ihre zuverlässige und gültige Messung ist, kann die Bedeutung solcher Bemühungen zur Identifizierung und Isolierung von Personen, die offensichtlich keine Einstellung haben, schwerlich überschätzt werden."[170] Wird dieser Forderung nicht nachgekommen, besteht die große Gefahr, dass „Non-Attitudes" gemessen werden, die als Einstellungen interpretiert werden. Solche „Non-Attitudes" sind reine Zufallsantworten, welche die Qualität einer Einstellungsmessung entscheidend verschlechtern.

Wie können Personen mit „Non-Attitudes" identifiziert werden? Eine vermeintliche Lösung ist, die Versuchspersonen vor den Einstellungsfragen mehr oder weniger direkt darauf hinzuweisen, dass sie **nur solche Fragen beantworten sollen, zu denen sie sich eine Meinung gebildet haben**. Die Hoffnung, dass sich alle Befragten an diese Anweisung halten, ist, wie Converse in einer Studie zeigt, wenig begründet.[171] Der Autor leitet seine Befragung mit der Wendung ein, dass „different things are important to different people, so we don´t expect everyone to have an opinion about all of these (things)".[172] Weiterhin versucht er, bei jedem Item durch explizite Fragen zu erkunden, ob sich die Befragten überhaupt eine Meinung zu dem jeweiligen Befragungsgegenstand gebildet haben. Auch wenn bis zu 35 % der Befragten bekennen, keine Meinung zu den jeweiligen Fragen zu haben, geht Converse davon aus, dass der tatsächliche Anteil der Meinungslosen viel höher sei. Zu dieser Einschätzung führen ihn die sehr schwachen Test-Retest-Korrelationen bei den Personen, die angegeben haben, eine Meinung zu haben. Der Autor führt die Reaktionsinstabilität auf eine hohe Zahl reiner Zufallsreaktionen zurück, die von Befragten stammen, die keine echten Einstellungen zu den Items hatten. Trotz der immer wieder angebotenen Möglichkeit der „Stimmenthaltung"

[169] Vgl. Doob, Leonard W.: Public Opinion and Propaganda, New York 1948, S. 134.

[170] Benninghaus, H., 1976, S. 346 f.

[171] Vgl. Converse, Philip E.: Attitudes and Non-Attitudes: Continuation of a Dialogue, in: Tufte, Edward R. (Hrsg.): The Quantitative Analysis of Social Problems, Reading/Mass. 1970, S. 168-189.

[172] Converse, Ph. E., 1970, S. 171.

fühlten sich diese Personen offenbar verpflichtet, eine Einstellung zu Dingen zu bekunden, zu denen sie in Wahrheit keine Einstellung hatten.[173] Sie weigerten sich nicht, „to report very ad hoc feelings as ‚attitudes'".[174] Converse schätzt, dass bei dem instabilsten der acht Items etwas weniger als 20 % der Versuchspersonen in die Kategorie „real and stable attitudes on the item" fallen. Die übrigen 80 % repräsentieren Versuchspersonen mit keiner Meinung oder Zufallsreaktionen. Dennoch folgte nur eine Minorität der Befragten der Aufforderung, keine Meinung zu fabrizieren. Benninghaus erklärt dieses Verhalten damit, dass Befragungen den Charakter von Intelligenztests haben und Entscheidungen der Befragten für Kategorien wie „weiß nicht", „unentschieden" und „keine Meinung" als Eingeständnisse der persönlichen Unwissenheit, Inkompetenz und Uninteressiertheit empfunden werden.[175]

Sample und Warland versuchen, die Versuchspersonen ohne Einstellungen durch eine andere Methode zu identifizieren.[176] Sie erfragen nach der Einstellungsmessung die **Sicherheit („response certainty")**, mit der die Probanden auf die Einstellungs-Items reagierten. So präsentieren sie in einer Untersuchung ihren Versuchspersonen zunächst 15 Items, mit denen die Einstellung zur studentischen Selbstverwaltung gemessen werden soll. Anschließend fordern sie die Befragten auf, die Items noch einmal zu lesen und auf einer Skala von 1 („not very certain") bis 5 („very certain") anzugeben, wie überzeugt sie von jeder Antwort sind. Sample und Warland teilen die Stichprobe daraufhin in eine Gruppe mit hoher und eine Gruppe mit geringer Überzeugtheit. Sie untersuchen die Korrelation zwischen der Einstellung und der Teilnahme an einer studentischen Wahl bei beiden Gruppen und kommen zu dem Ergebnis, dass die Korrelationen in der „high-certainty group" wesentlich stärker und in der „low-certainty group" wesentlich schwächer ausfallen als in der Gesamtgruppe. Die beiden Autoren gehen davon aus, dass die Reaktionssicherheit ein Indikator für das Ausmaß ist, in dem ein Individuum eine Einstellung gegenüber einem Objekt entwickelt hat.[177] Die Messung der Reaktionssicherheit scheint eine geeignete Methode zu sein, um Personen mit „Non-Attitudes" zu erkennen und zu isolieren.

In der vorliegenden Untersuchung wird dennoch auf die einfache Lösung zurückgegriffen, die Versuchspersonen vor den Einstellungsfragen darauf hinzuweisen, dass sie nur solche Fragen beantworten sollen, zu denen sie sich eine Meinung gebildet haben. Aus drei Gründen wird auf die aufwändige Lösung nach Sample und Warland verzichtet:

- Der Anteil von „Non-Attitudes" dürfte in der vorliegenden Untersuchung gering ausfallen, da ausschließlich Online-Shopper befragt werden. So kann

[173] Vgl. Benninghaus, H., 1976, S. 348 f.

[174] Converse, Ph. E., 1970, S. 177.

[175] Vgl. Benninghaus, H., 1976, S. 349.

[176] Vgl. Sample, John/Warland, Rex: Attitude and Predicition of Behavior, in: Social Forces, 51. Jg. (1973), S. 292-304.

[177] Vgl. Warland, Rex/Sample, John: Response Certainty as a Moderator Variable in Attitude Measurement, in: Rural Sociology, 38. Jg. (1973), S. 175.

davon ausgegangen werden, dass Konsumenten, die bereits einmal in einem Online-Shop eingekauft haben, sowohl über Informationen als auch über Interesse für den Gegenstand der Messung verfügen.

- Wird die Befragung völlig anonym ohne Interviewer durchgeführt, wie es z. B. bei einer schriftlichen Befragung oder einer Internet-Befragung der Fall ist, wird der Befragung vermutlich der Charakter eines Intelligenztests genommen. Vor dem Hintergrund der Anonymität dürften die Probanden viel eher bereit sein, Kategorien wie „weiß nicht", „unentschieden" und „keine Meinung" anzugeben, auch wenn sie dies als Eingeständnis der persönlichen Unwissenheit, Inkompetenz oder Uninteressiertheit auffassen.
- Zudem ist die Methode der Reaktionssicherheit mit einem kaum zu rechtfertigenden Aufwand verbunden. Da bei jedem einstellungsbezogenen Item die Reaktionssicherheit überprüft werden muss, verdoppelt sich der Befragungsaufwand, was insbesondere bei multiattributiven Einstellungsmessungen schwer ins Gewicht fällt.

3.2.1.7 Automatische Prozesse – habituelles und impulsives Kaufverhalten

Wong und Sheth gehen davon aus, dass Konsumenten nur bei Einkäufen mit hohem Involvement ausgedehnte Entscheidungsprozesse durchlaufen und nur in solchen Kaufsituationen stabile Entscheidungs-Verhaltens-Zusammenhänge zu erwarten sind.[178] Eine ähnliche Auffassung vertreten Kroeber-Riel/Weinberg.[179] Sie vermuten nur dann einen wesentlichen Einfluss der Einstellung auf das Verhalten, wenn das **Verhalten in einem starken Maß gedanklich kontrolliert wird**. Die Autoren kennzeichnen drei Fälle der Produktwahl, in denen dies nicht der Fall sei. Diese Fälle werden hier auf die Einkaufsstättenwahl bzw. Meta-Betriebsformenwahl übertragen:

- **Erstkäufe** mit sehr geringem Involvement:
  Ein Konsument geht ohne Kaufabsicht (und damit unbeeinflusst von Einstellungen) in die Kaufsituation. Er kauft in einer neuen Einkaufsstätte, ohne über die Einkaufsstätte nachzudenken und sie genauer zu kennen, einfach deswegen, weil er sich in der Einkaufsstätte wohlfühlt und den Markennamen der Einkaufsstätte wiedererkennt. Erst durch den Kauf erwirbt er das Wissen, das zu einer Einstellung führt.
- **Gewohnheitskäufe** mit sehr geringem Involvement:
  Im Gegensatz zu Wiederholungskäufen mit starkem Involvement, die von einer ausgeprägten Vorliebe für eine Einkaufsstätte (stark positive Einstellung) geleitet werden, läuft das Gewohnheitsverhalten bei geringem Involvement mehr oder weniger automatisch ab, es wird kaum gedanklich kontrolliert.

---

[178] Vgl. Wong, John K./Sheth, Jagdish N.: Explaining Intention – Behavior Discrepancy: A Paradigm, in: Advances in Consumer Research, 12. Jg. (1985), S. 381.

[179] Vgl. Kroeber-Riel, W./Weinberg, P., 1999, S. 174.

Beispielhaft ist hier an den gedankenlosen Einkauf in einem Supermarkt zu denken, in dem schon die Mutter eingekauft hat. In dem Verhalten manifestiert sich zwar eine grundsätzlich positive Einstellung zu dem Produkt, aber das aktuelle Verhalten wird davon nicht berührt. „Das Einstellung-Verhalten-System ist sozusagen ‚eingefroren‘.“[180]

- **Impulsives Kaufverhalten** mit starkem emotionalem Involvement:
  Nach Weinberg sind Impulskäufe durch folgende Merkmale charakterisiert:[181]
  - emotional: starke Aktivierung des Konsumenten,
  - kognitiv: sehr geringe gedankliche Kontrolle des Entscheidungsverhaltens,
  - reaktiv: weitgehend automatisches Reagieren auf eine Kaufsituation.

  Impulsives Kaufverhalten wird im Wesentlichen von den in einer Kaufsituation auftretenden Reizen gelenkt. Die Einkaufsstättenwahl unterliegt nur einer geringen kognitiven Kontrolle. „Die Abhängigkeit des Kaufverhaltens von einer bewußten Einstellung [...] ist in diesem Fall kaum zu belegen.“[182]

Wenn Kaufverhalten mit einem Einstellungsmodell erklärt werden soll, können in den oben genannten drei Fällen instabile Einstellung-Verhalten-Zusammenhänge auftreten. Es kann allerdings nicht ausgeschlossen werden, dass auch bei automatischen Kaufprozessen das Verhalten von Einstellungen beeinflusst wird. So gehen Fazio et al. davon aus, dass stark ausgeprägte Einstellungen automatisch auch ohne gedankliche Kontrolle aktiviert werden und das Verhalten bestimmen können.[183] In seinem MODE-Modell greift Fazio zur Erklärung des überlegten Handelns auf die Theorie des geplanten Verhaltens nach Ajzen zurück, während er das spontane Handeln in einem eigenen Modell abzubilden versucht.[184] Ob ein spontanes Verhalten von Einstellungen oder von in der gegenwärtigen Situation offensichtlichen Merkmalen gelenkt wird, ist nach dem MODE-Modell in erster Linie von der Zugänglichkeit der Einstellung abhängig. Nach Fazio´s Auffassung können nur starke Einstellungen, die permanent aus dem Gedächtnis abgerufen werden können, automatisch bei einem Kontakt mit dem Einstellungsobjekt aktiviert werden. Als Indikator für die Zugänglichkeit von Einstellungen wurde vielfach die Antwortzeit auf Einstellungsfragen herangezogen. Fazio et al. können

---

180 Kroeber-Riel, W./Weinberg, P., 1999, S. 174.

181 Vgl. Weinberg, P., 1981, S. 165.

182 Kroeber-Riel, W./Weinberg, P., 1999, S. 174.

183 Vgl. Fazio, Russell H./Sanbonmatsu, David M./Powell, Martha C. et al.: On the Automatic Activation of Attitudes, in: Journal of personality and social psychology, 50. Jg. (1986), S. 229-238; Fazio, Russell H.: Multiple processes by which attitudes guide behavior: The MODE model as an integrative framework, in: Advances in experimental social psychology, 23. Jg. (1990), S. 87 f.; sowie Ajzen, I., 1996, S. 391-400.

184 Vgl. zum MODE-Modell auch Fischer, Lorenz/Wiswede, Günter: Grundlagen der Sozialpsychologie, München-Wien 1997, S. 248-257.

in verschiedenen Studien nachweisen, dass bei relativ schnellen Antwortzeiten Verhalten mit Einstellungen besser vorhergesagt werden kann als bei relativ langsamen Antwortzeiten.[185]

Für die vorliegende Untersuchung kann der Schluss gezogen werden, dass die automatische Meta-Betriebsformenwahl ohne kognitive Kontrolle nur dann mit Einstellungen erklärt werden kann, wenn die Einstellungen unmittelbar aus dem Gedächtnis abgerufen werden können. Um die Fälle automatischen Handelns ausgrenzen zu können, die vermutlich nicht von Einstellungen gelenkt werden, müssen die **gedankliche Kontrolle** in den Entscheidungssituationen sowie die **Antwortzeiten auf die Einstellungsfragen** erhoben werden.

3.2.1.8 Persönliche Erfahrung mit dem Einstellungsobjekt

Regan und Fazio weisen als erste nach, dass Einstellungen, die aufgrund direkter persönlicher Erfahrungen mit einem Einstellungsobjekt gebildet wurden, stärker auf das Verhalten wirken als indirekte Erfahrungen, die beispielsweise durch Gespräche mit Freunden oder durch Werbung entstanden sind.[186] „Bei gleicher gemessener Einstellungsstärke hat die durch direkte Erfahrung erworbene Einstellung mehr Einfluß auf das Verhalten!“[187] In weiteren Untersuchungen können Fazio und Zanna sowie Marks und Kamins die Hypothese bestätigen.[188] Beispielhaft seien hier die Ergebnisse der Untersuchung von Fazio und Zanna wiedergegeben. Sie untersuchen die Einstellung zu psychologischen Experimenten und die Bereitschaft, an weiteren Experimenten teilzunehmen (Verhaltensintention). Nach ihrer Erfahrung mit psychologischen Experimenten werden die Versuchspersonen in drei Gruppen unterteilt:

- Versuchspersonen, die schon oft an Experimenten teilgenommen haben,

---

[185] Vgl. Fazio, Russell H./Williams, Carol J.: Attitude Accessibility as a Moderator of the Attitude-Perception and Attitude-Behavior Relations: An Investigation of the 1984 Presidential Election, in: Journal of Personality and Social Psychology, 51. Jg. (1986), S. 505-514; Fazio, Russell H./Powell, Martha C./Williams, Carol J.: The Role of Attitude Accessibility in the Attitude-to-Behavior Process, in: Journal of Consumer Research, 16. Jg. (1989), S. 280-288.

[186] Vgl. Regan, Dennis T./Fazio, Russell: On the Consistency Between Attitudes and Behavior: Look to the Method of Attitude Formation, in: Journal of Experimental Social Psychology, 13. Jg. (1977), S. 28-45.

[187] Kroeber-Riel, W./Weinberg, P., 1999, S. 177; vgl. auch Fazio, Russell H./Zanna, Mark P.: Direct Experience and Attitude-Behavior Consistency, in: Advances in Experimental Social Psychology, 14. Jg. (1981), S. 184 f.

[188] Vgl. Fazio, Russell H./Zanna, Mark P.: Attitudinal Qualities Relating to the Strength of the Attitude-Behavior Relationship, in: Journal of Experimental Social Psychology, 14. Jg. (1978), S. 398-408; Marks, Lawrence J./Kamins, Michael A.: The Use of Product Sampling and Advertising: Effects of Sequence of Exposure and Degree of Advertising Claim Exaggeration on Consumers′ Belief Strength, Belief Confidence, and Attitudes, in: Journal of Marketing Research, 25. Jg. (1988), S. 266-281.

- Versuchspersonen, die manchmal an Experimenten teilgenommen haben und
- Versuchspersonen, die sehr selten teilgenommen haben.

Es zeigt sich, dass bei der dritten Gruppe (geringe Erfahrung) Einstellung und Verhaltensintention unkorreliert sind, während bei der Gruppe 1 und 2 Korrelationswerte von 0,42 (viel Erfahrung) und 0,36 (mittlere Erfahrung) ermittelt werden. Regan und Fazio vermuten, dass Einstellungen, die aufgrund direkter persönlicher Erfahrung gewonnen wurden, deshalb relativ hoch mit dem Verhalten korrelieren, weil die Personen die Meinungen über das Einstellungsobjekt mit großer subjektiver Gewissheit für richtig halten.[189] Die Ergebnisse sind mit Konsequenzen für die Anwendung von Einstellungsmodellen verbunden. So sollte nach Möglichkeit vermieden werden, Verhalten von solchen Konsumenten zu erklären, die keine persönlichen Erfahrungen mit einem Einstellungsobjekt gesammelt haben. Da bei der vorliegenden Untersuchung zur Meta-Betriebsformenwahl nur Konsumenten befragt werden, die schon einmal online eingekauft haben, verfügen alle Probanden über eine persönliche Erfahrung mit den beiden Einstellungsobjekten „Stationärer Handel" und „Internet Shopping". Von einer fehlenden Erfahrung mit dem Einstellungsobjekt ist daher keine Beeinträchtigung des Einstellung-Verhalten-Zusammenhang zu befürchten.

3.2.1.9 Subjektives Wissen über ein Einstellungsobjekt

Auch das subjektive Wissen über ein Einstellungsobjekt kann als Moderatorvariable wirken, welche die Stärke des Zusammenhangs zwischen Einstellung und Verhalten bestimmt.[190] Subjektives Wissen stellt auf die Kenntnis ab, über die ein Individuum zu verfügen glaubt, und nicht auf das, was es tatsächlich weiß. Es wird davon ausgegangen, dass der Zusammenhang zwischen Einstellung und Verhalten umso stärker ist, je mehr ein Individuum über ein Einstellungsobjekt zu wissen glaubt. Inhaltlich scheint die Größe „subjektives Wissen" nicht weit von der im vorausgegangenen Abschnitt behandelten Variable „persönliche Erfahrung" entfernt zu sein, weil vermutet werden darf, dass mit zunehmender persönlicher Erfahrung auch das subjektive Wissen zunimmt. Davidson, Yantis, Norwood et al. konnten jedoch in zwei Studien zum politischen Wahlverhalten und zu Grippeimpfungen einen unabhängigen Einfluss der beiden Variablen auf die Einstellung-Verhalten-Beziehung nachweisen.[191]

---

[189] Vgl. Regan, D. T./Fazio, R., 1977, S. 41.

[190] Vgl. Berger, Ida E./Ratchford, Brian T./Haines Jr., George H.: Subjective product knowledge as a moderator of the relationship between attitudes and purchase intentions for a durable product, in: Journal of Economic Psychology, 15. Jg. (1994), S. 301-314.

[191] Vgl. Davidson, Andrew R./Yantis, Steven/Norwood, Marel et al.: Amount of Information About the Attitude Object and Attitude-Behavior Consistency, in: Journal of Personality and Social Psychology, 49. Jg. (1985), S. 1184-1198.

Bei der Wahl zwischen Alternativen wird ein starker Einfluss des subjektiven Wissens auf das Verhältnis zwischen Einstellung und Verhalten dann vermutet, wenn das Individuum ein hohes Risiko mit der Wahlentscheidung verbindet und relativ unbekannte Alternativen zur Auswahl stehen. In solchen Situationen ist es möglich, dass bekannte Alternativen relativ unbekannten vorgezogen werden, auch wenn die Einstellung gegenüber den unbekannten Alternativen genauso positiv oder sogar positiver ausgeprägt ist. In einer Studie untersuchen Berger, Ratchford und Haines Jr. die Einstellungen und Kaufabsichten von Konsumenten gegenüber verschiedenen Heizsystemen. Da Heizsysteme recht teuer sind, kann davon ausgegangen werden, dass die Konsumenten ein recht hohes Risiko mit dieser Wahlentscheidung verbinden. Neben traditionellen Heizsystemen wie Gas-, Öl- und Elektroheizungen präsentieren die Autoren ihren Probanden mit der Solaranlage und der „heat pump" auch zwei neue, alternative Heizsysteme. Obgleich die Konsumenten gegenüber diesen eher unbekannten Alternativen recht positive Einstellungen ausdrücken, fallen die Kaufabsichten geringer als erwartet aus. „Those who know a great deal about gas, possibly because they use it, will tend to buy it again, even though they may not rate it more highly than some alternatives."[192] Die Autoren können die Hypothese stützen, dass mit Einstellungswerten zu bekannten Produkten die entsprechenden Kaufabsichten besser vorhergesagt werden können. Aber auch bei den unbekannten Produkten wird der Zusammenhang zwischen Einstellung und Verhalten nicht völlig ausgehebelt, wenngleich er schwächer ausfällt als bei den bekannten Alternativen.

Die Ergebnisse der Studie lassen sich dahingehend interpretieren, dass in Wahlsituationen, in denen Konsumenten einem hohen Risiko und neuen, unbekannten Alternativen gegenüberstehen, ein Einstellungsmodell nur eingeschränkt zur Erklärung des Wahlverhaltens eingesetzt werden kann. Da für die befragten Online-Shopper sowohl das Internet Shopping als auch der stationäre Handel bekannte Einkaufsalternativen darstellen, ist eine der beiden Bedingungen für einen Einfluss des subjektiven Wissens auf den Einstellung-Verhalten-Zusammenhang nicht erfüllt. Auf eine Kontrolle des subjektiven Wissens wird daher verzichtet.

3.2.1.10 Messprobleme durch Reaktionsstile

Schwache Einstellung-Verhalten-Beziehungen können auch daher rühren, dass die betrachteten Einstellungs- und Verhaltensdaten ungenau gemessen werden.[193] Wenn man davon ausgeht, dass in einer Untersuchung zwischen den „wahren" Einstellungswerten der Versuchspersonen und ihrem tatsächlichen Verhalten ein bestimmter Zusammenhang besteht, können Messfehler dazuführen, dass ein falscher Wert für den Zusammenhang ermittelt oder der Zusammenhang nicht erkannt wird. Die Qualität eines Messergebnisses wird insbesondere mit dem Kriterium der Validität (Gültigkeit) festgestellt.[194] Die **Validität** zeigt an, in

[192] Berger, I. E./Ratchford, B. T./Haines Jr., G. H., 1994, S. 310.

[193] Vgl. Benninghaus, H., 1976, S. 279.

[194] Vgl. Trommsdorff, V., 1998, S. 39-41.

welchem Ausmaß wirklich Größen des zu messenden Konstrukts erfasst werden, d. h. inwieweit genau das gemessen wird, was gemessen werden soll.[195] So definieren Cannell und Kahn Validität als „the extent to which an instrument and the rules for its use in fact measure what they purport to measure."[196] Inwieweit ein echter Zusammenhang zwischen Einstellung und Verhalten besteht, kann nur beurteilt werden, wenn sowohl die Einstellungs- als auch die Verhaltensdaten valide gemessen werden.

Als besonders problematisch erweist sich die **valide Messung von Einstellungen**. Wie bereits erwähnt wurde, können Einstellungen als hypothetische Konstrukte des Insystems nicht unmittelbar beobachtet werden und müssen daher mittelbar über Indikatoren im Rahmen von Befragungen gemessen werden. Dabei können **Reaktionsstile** (response sets) der Befragten zu Verzerrungen führen. Reaktionsstile werden als Tendenz definiert, in einer bestimmten Richtung zu reagieren, und können bspw. in den folgenden Formen auftreten:[197]

- mechanische Antworttendenz,
- Tendenz, Mittel- oder Extremwertkategorien zu bevorzugen,
- Neigung zum Raten,
- langsame und genaue oder schnelle und ungenaue Bearbeitung von Fragebögen.

Benninghaus hebt zwei Reaktionsstile hervor, die er bei Einstellungsmessungen als besonders problematisch ansieht. Zum einen handelt es sich dabei um die Bejahungstendenz, zum anderen um die Neigung, im Sinne der **sozialen Erwünschtheit** zu reagieren. „Social desirability" wird von Phillips und Clancy definiert als „the tendency of people to deny socially undesirable traits and to ‚admit' socially desirable ones".[198] Wenn die Statements von Einstellungsskalen sozial erwünschte Werte repräsentieren, kann ein großer Teil der Varianz der Einstellungsmesswerte mit der generellen Tendenz der Individuen zu sozial erwünschten Reaktionen erklärt werden.[199] Das Messinstrument ist in dem Fall nicht oder nur zum Teil in der Lage, die „wahren" Einstellungswerte der Probanden zu erfassen. Das Problem der „Social Desirability" wird mit Maßnahmen angegangen, die darauf abzielen, den Zweck des Einstellungsinstruments und die Implikationen der Reaktionen zu verschleiern sowie sozial erwünschte

---

[195] Vgl. Berekoven, Ludwig/Eckert, Werner/Ellenrieder, Peter: Marktforschung: Methodische Grundlagen und praktische Anwendung, 7. Auflage, Wiesbaden 1996, S. 88.

[196] Cannell, Charles F./Kahn, Robert L.: Interviewing, in: Lindzey, Gardner/Aronson, Elliot (Hrsg.): Handbook of Social Psychology, 2. Aufl., Bd. 2, Reading/Mass. 1968, S. 532.

[197] Vgl. Cronbach, Lee J.: Response Sets and Test Validity, in: Educational and Psychological Measurement, 6. Jg. (1946), S. 475-494.

[198] Phillips, Derek L./Clancy, Kevin J.: Response Biases in Field Studies of Mental Illness, in: American Sociological Review, 35. Jg. (1970), S. 504.

[199] Vgl. Taylor, James Bentley: What Do Attitude Scales Measure: The Problem of Social Desirability, in: Journal of Abnormal and Social Psychology, 62. Jg. (1961), S. 386-390.

Reaktionen zu erschweren und sozial unerwünschte zu erleichtern.[200] Zu solchen Maßnahmen gehören bspw. der Einschluss irrelevanter Statements, die Zusicherung der Anonymität, die Beteuerung, es gebe keine richtigen oder falschen Antworten und die Betonung der Bedeutung „wahrer" Antworten. Wie effektiv solche Bemühungen sind, ist zumindest in der Einstellung-Verhalten-Forschung unbekannt.[201] Mit dem Einkaufsverhalten liegt ein Untersuchungsgegenstand vor, bei dem der soziale Druck, in eine bestimmte Richtung zu antworten, gering ausfallen dürfte. Da eventuelle Verzerrungen im vornherein nicht gänzlich ausgeschlossen werden können, sollte im Rahmen der empirischen Untersuchung eine anonyme Befragungsmethode gewählt werden.

Der zweite Reaktionsstil, mit dem Einstellungsmessungen behaftet sein können, betrifft die **Bejahungstendenz**, das heißt die inhaltsunabhängige Bejahung von Statements. So konfrontiert z. B. Carr in einer Untersuchung zur Anomie einen Teil seines Samples armer, schwarzer Südstaatenbewohner mit positiv formulierten Items und einen anderen Teil mit negativ formulierten, das heißt gedrehten Items.[202] Als Ergebnis stellt er eine überaus starke Einwilligungstendenz fest, die sich in einer unerwartet häufigen Bejahung beider Formen der Items ausdrückt, obgleich die beiden Formen inhaltlich genau das Gegenteil zum Ausdruck bringen.[203] Bejahungstendenzen werden vor allem in solchen Untersuchungen beobachtet, in denen Angehörige unterer Schichten einem statushöheren Interviewer gegenüberstehen. Lenski und Leggett erklären dieses Verhalten mit der Ergebenheit der Befragten, die sich in der Erhebungssituation dem Interviewer unterwerfen.[204] Bejahungstendenzen dürften folglich dann gering sein, wenn die Einstellungsdaten ohne Interviewer im Rahmen einer schriftlichen Befragung oder einer Internet-Befragung erhoben werden.

Nicht nur die Messung von Einstellungsdaten, sondern auch die **Messung von Verhaltensdaten** kann problembehaftet sein, wenn das Verhalten nicht direkt beobachtet, sondern mit Hilfe retrospektiver verbaler Angaben der Probanden („self-reports of past behavior") gemessen wird.[205] In dem Fall liegt der Verdacht nahe, dass die Angaben ähnlich wie die Einstellungsdaten im Sinne der sozialen Erwünschtheit verzerrt sind. Sowohl Tittle und Hill als auch Sample und Warland vergleichen in ihren Untersuchungen die „self-reports" über die Stimmabgabe bei

---

[200] Vgl. Cook, Stuart W./Selltiz, Claire: A Multiple-Indicator Approach to Attitude Measurement, in: Psychological Bulletin, 62. Jg. (1964), H. 1, S. 40 f.

[201] Vgl. Benninghaus, H., 1976, S. 303.

[202] Vgl. Carr, Leslie G.: The Srole Items and Acquiescence, in: American Sociological Review, 36. Jg. (1971), S. 287-293.

[203] Ähnliche Ergebnisse ermittelt Laing in einer Untersuchung zur Einstellung gegenüber Verhütung auf den Philippinen. Vgl. Laing, John E.: The Relationship between Attitudes and Behavior: The Case of Family Planning, in: Bogue, Donald J. (Hrsg.): Further Sociological Contributions to Family Planning Research, Chicago 1970, S. 294-297.

[204] Vgl. Lenski, Gerhard E./Leggett, John C.: Caste, Class, and Deference in the Reasearch Interview, in: American Journal of Sociology, 65. Jg. (1960), S. 463-467.

[205] Vgl. Benninghaus, H., 1976, S. 315-319.

einer Studentenparlamentswahl mit den Stimmlisten der Wahl.[206] In beiden Untersuchungen stimmen bei 11 % bzw. 12 % der Befragten die retrospektiven verbalen Angaben nicht mit dem tatsächlichen Verhalten überein. Erstaunlicherweise betreffen die Diskrepanzen fast ausschließlich den Fall, dass die Probanden fälschlicherweise behaupten gewählt zu haben. „Apparently, some social desirability factor operated in this instance. Those who inaccurately reported that they had voted were evidently under strong pressure to vote."[207] Retrospektive verbale Angaben können nur dann als Substitute für das tatsächliche Verhalten aufgefasst werden, wenn der „soziale Druck" bei den Inhalten der Befragung gering ist oder dieser Druck durch geeignete Maßnahmen entschärft wird (z. B. anonyme Befragung ohne Interviewer). Um die angesprochenen Verzerrungen bei der Messung der Einstellungsdaten gänzlich ausschließen zu können, sollte im Rahmen der empirischen Untersuchung eine anonyme Befragungsmethode gewählt werden. Wird eine solche Methode verwendet, können die Verhaltensdaten mit Hilfe retrospektiver verbaler Angaben gemessen werden.

Tabelle 3.6 gibt einen abschließenden Überblick über die Kritikpunkte, die in Abschnitt 3.2.1 behandelt wurden. Es hat sich gezeigt, dass drei Punkte vor dem Hintergrund der vorliegenden Problemstellung vernachlässigt werden können. Die verbleibenden Aspekte, die sich auf die weitere Modellbildung auswirken, sind mit einem Kreuz versehen.

Tabelle 3.7: Kritikpunkte mit Relevanz für die vorliegende Untersuchung

Gleicher Allgemeinheitsgrad von Einstellung und Verhalten (Kap. 3.2.1.1)	x
Private und soziale Normen (Kap. 3.2.1.2)	
Subjektive Verhaltenskontrolle (Kap. 3.2.1.3)	x
Alternativenvergleich (Kap. 3.2.1.4)	x
Awareness, Consideration und Evoked Set (Kap. 3.2.1.5)	x
Non-Attitudes (Kap. 3.2.1.6)	x
Automatische Prozesse – habituelles und impulsives Kaufverhalten (Kap. 3.2.1.7)	x
Persönliche Erfahrung mit dem Einstellungsobjekt (Kap. 3.2.1.8)	x
Subjektives Wissen über ein Einstellungsobjekt (Kap. 3.2.1.9)	
Messprobleme durch Reaktionsstile (Kap. 3.2.1.10)	

3.2.2 Modellierung unter Berücksichtigung der Kritik an der Einstellung-Verhalten-Hypothese

Wurde im vorausgegangenen Abschnitt die Kritik an der Einstellung-Verhalten-Hypothese wiedergegeben, wird in diesem Abschnitt ein Einstellungsmodell zur Erklärung der Meta-Betriebsformenwahl entwickelt, bei dem die einzelnen Kritik-

[206] Vgl. Tittle, Charles R./Hill, Richard J.: The Accuracy of Self-Reported Data and Prediction of Political Activity, in: Public Opinion Quarterly, 31. Jg. (1967), S. 103-106; Sample, J./Warland, R., 1973, S. 295.

[207] Tittle, Ch. R./Hill, R. J., 1967, S. 104 f.

punkte weitgehend berücksichtigt und entkräftet werden sollen. Das Kapitel ist in **einzelne Modellierungsschritte** unterteilt:

- Zunächst wird ein Modelltyp bestimmt, indem die Variablen gekennzeichnet werden, die als Einflussgrößen auf das Verhalten Berücksichtigung finden. Da die Einstellungen als zentrale Einflussgröße aufgefasst werden und somit im Mittelpunkt des Modells stehen, widmen sich die nächsten beiden Abschnitte der Definition und der Auswahl eines Messmodells für Einstellungen.
- Im Abschnitt „Begriffliche und konzeptionelle Grundlagen der Einstellung" wird aus dem Spektrum möglicher Einstellungsbegriffe einer für die vorliegende Untersuchung ausgewählt.
- So vielfältig sich die unterschiedlichen Definitionen des Einstellungsbegriffes in der Literatur präsentieren, so zahlreich sind auch die verschiedenen Modelle, mit denen Einstellungen gemessen werden können. Hier wird ein Modell aufgestellt, das dem gewählten Einstellungsbegriff gerecht wird und sich für die Lösung der Problemstellung eignet.
- In einem letzten Schritt werden die Grenzen des Modells aufgezeigt. Dabei werden Fälle des Meta-Betriebsformenwahlverhaltens gekennzeichnet, die sich unter Umständen nicht mit Hilfe des gewählten Modells erklären lassen.

Abschließend wird resümiert, inwieweit bei der Modellbildung der Kritik an der Einstellung-Verhalten-Hypothese Rechnung getragen wurde.

3.2.2.1 Modelltyp - Einflussgrößen auf das Verhalten

In diesem Abschnitt geht es darum, den Modelltyp festzulegen, mit dem das Meta-Betriebsformenwahlverhalten erklärt werden soll. Die Ausführungen zur Kritik an der Einstellung-Verhalten-Hypothese haben deutlich gemacht, dass zur Erklärung von Verhalten neben der Einstellung unter Umständen weitere Einflussgrößen betrachtet werden müssen. So werden nach der „theory of reasoned action" soziale Normen und nach der „theory of planned behavior" zusätzlich noch die subjektive Verhaltenskontrolle berücksichtigt. Beide Größen wirken zusammen mit der Einstellung auf die Verhaltensabsicht, die mit den nicht-antizipierten Handlungsrestriktionen das Verhalten bestimmt. In Abschnitt 3.2.1.2 wurde dargelegt, dass auf eine Berücksichtigung der sozialen Normen verzichtet werden kann. Hinsichtlich der subjektiven Verhaltenskontrolle wurde in Abschnitt 3.2.1.3 erörtert, dass ausschließlich nicht-antizipierte Handlungsrestriktionen beobachtet werden müssen, die direkt auf das Verhalten wirken. Abb. 3.8 verdeutlicht, welche Komponenten der „theory of planned behavior" für die vorliegende Untersuchung relevant sind und welche aus der Betrachtung ausgeschlossen wurden. Die verbleibenden Modellgrößen und Beziehungen bestimmen das angepasste Grundmodell (Abb. 3.9).

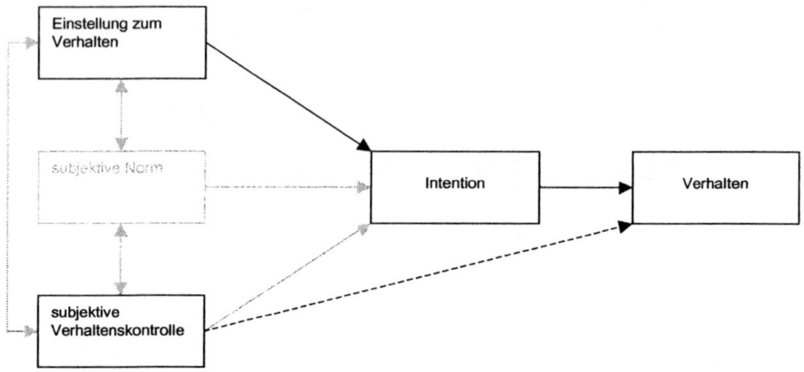

Anmerkung: Die grau schattierten Komponenten wurden aus der Betrachtung ausgeschlossen.

Abb. 3.8: Berücksichtigte und ausgeschlossene Komponenten aus der theory of planned behavior; Quelle: In Anlehnung an: Ajzen, I., 1993, S. 50

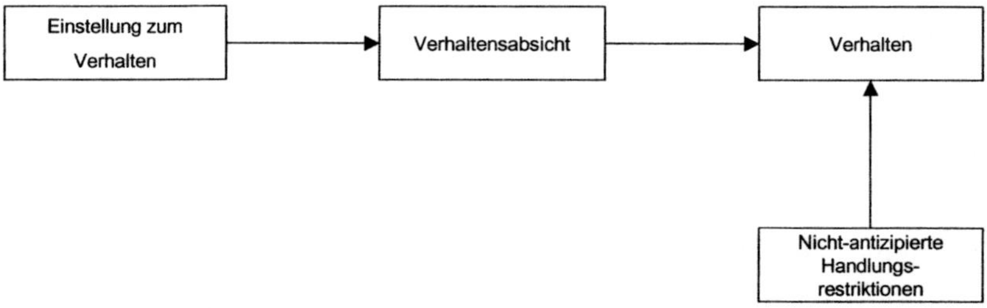

Anmerkung: Nicht-antizipierte Handlungsrestriktionen treten auf, wenn die subjektive Verhaltenskontrolle in Hinblick auf das tatsächlich beabsichtigte Verhalten fehlt. Der Pfeil zwischen nicht-antizipierten Handlungsrestriktionen und Verhalten entspricht dem gestrichelten Pfeil zwischen subjektiver Verhaltenskontrolle und Verhalten in Abb. 3.8.

Abb. 3.9: Angepasstes Grundmodell

Im Mittelpunkt des Modells steht die Einstellung zum Verhalten, die über die Verhaltensabsicht auf das Verhalten wirkt. Nicht-antizipierte Handlungsrestriktionen können in Ausnahmefällen zu einem Verhalten führen, das nicht mit der Einstellung und der resultierenden Verhaltensabsicht übereinstimmt. Dies kann mit Hilfe eines Beispiels verdeutlicht werden:

Ein Online-Shopper verbindet in einer bestimmten Kaufsituation mit dem Internet Shopping eine positivere Einstellung als mit dem stationären Handel und beabsichtigt, per Internet Shopping einzukaufen. Aufgrund unvorhergesehener Hemmnisse (z. B. gewünschtes Produkt wird nicht sofort gefunden) wird der Einkauf im Internet erschwert, so dass der Konsument unter Umständen doch auf den stationären Handel zurückgreift.

Da ein Einfluss nicht-antizipierter Handlungsrestriktionen vor allen Dingen beim Internet Shopping nicht ausgeschlossen werden kann, muss die Verhaltensabsicht als Größe berücksichtigt werden, die zwischen Einstellung und Verhalten geschaltet ist. Normalerweise würde sich eine explizite Erfassung der Verhaltensabsicht erübrigen, da die Korrelation zwischen Verhaltensabsicht und tatsächlichem Verhalten nahezu perfekt ist, wenn die Verhaltensabsicht genauso spezifisch gemessen wird wie das tatsächliche Verhalten.[208] Liegen jedoch nicht-antizipierte Handlungsrestriktionen vor, ist es möglich, dass Individuen wie in dem Beispiel veranschaulicht von ihrer Verhaltensabsicht abweichen. In dem Fall kann nicht mehr von einer perfekten Korrelation zwischen Verhalten und Verhaltensabsicht ausgegangen werden. Im restlichen Abschnitt fokussiert sich die Betrachtung auf die Einstellung, die nach wie vor als zentrale Modellgröße angesehen wird. Zunächst wird der Einstellungsbegriff bestimmt, bevor verschiedene Modelle diskutiert werden, mit denen die Einstellung zum Verhalten gemessen werden kann.

3.2.2.2 Begriffliche und konzeptionelle Grundlagen der Einstellung

In Abschnitt 3.1.7 (Einstellungsmodelle) wurde eine Definition des Einstellungsbegriffs eingeführt, die sich nach Ansicht von Trommsdorff gegenüber den zahlreichen alternativen Begriffsabgrenzungen durchsetzen konnte:

> „Einstellungen sind hypothetische Konstrukte (Intervenierende Variablen) – nämlich vom Individuum gelernte und relativ dauerhafte Bereitschaften, auf eine bestimmte Reizkonstellation der Umwelt konsistent positiv oder negativ zu reagieren."[209]

Auch Schnedlitz stellt fest, dass ein Großteil der Forscher darin übereinstimmt, „... daß es sich bei Einstellungen um gelernte Prädispositionen [handelt], auf einen bestimmten Stimulus positiv oder negativ zu reagieren ..".[210] Als die drei wesentlichen Merkmale dieses Begriffsverständnisses hebt der Autor hervor, dass

- Einstellungen gelernt werden,
- sich Einstellungen in konsistenten Reaktionen gegenüber einem bestimmten Stimulus manifestieren und
- Einstellungen das Verhalten prädisponieren.

Trommsdorff weist daraufhin, dass es sich bei dieser Begriffsabgrenzung um eine relativ abstrakte Definition handelt, die präzisiert werden muss, um sie in einer speziellen Theorie zu verwenden. Ohne das gesamte Spektrum möglicher Einstellungsdefinitionen aufzeigen zu wollen, beschränkt sich die folgende Dar-

---

[208] Vgl. Fishbein, M., 1967b, S. 488.

[209] Trommsdorff, V., 1975, S. 8; vgl. auch Schnedlitz, P., 1985, S. 51 sowie Müller-Hagedorn, Lothar: Das Konsumentenverhalten – Grundlagen für die Marktforschung, Wiesbaden 1986, S. 80.

[210] Schnedlitz, P., 1985, S. 51.

stellung auf die Diskussion zweier wesentlicher Gesichtspunkte, in denen sich gängige Einstellungsdefinitionen unterscheiden können, wenn sie in einer konkreten Untersuchung verwendet werden: die Dimensionen des Einstellungsbegriffs sowie den Konkretisierungsgrad der Einstellung.[211]

(1) Dimensionen des Einstellungsbegriffs

Der Einstellungsbegriff kann affektive, kognitive, motivationale und konative Komponenten umfassen. Nach der schon recht alten **Einkomponentenauffassung** schließt der Einstellungsbegriff lediglich die affektive Bewertung eines Objekts ein.[212] So definiert bspw. Thurstone Einstellungen als „... the amount of affect for or against a psychological object".[213] In dem Fall wird die Einstellung durch die Frage gemessen, was jemand von einem Gegenstand hält oder wie er ihn einschätzt.[214] Die Einkomponententheorie ist für die vorliegende Untersuchung ungeeignet, weil sie zwar valide allgemeine Einstellungswerte liefern kann, nicht aber dazu beiträgt, die emotionalen und kognitiven Vorgänge bzw. Ursachen aufzudecken, die hinter den Einstellungen stehen.[215]

Wesentlich umfassender präsentiert sich das Einstellungsverständnis nach der **Drei-Komponenten-Theorie**, bei der neben der affektiven Komponente auch eine kognitive und konative Dimension (Verhaltensabsicht bzw. Verhalten gegenüber einem Objekt) als Bestandteile der Einstellung zu einem Objekt aufgefasst werden (Abb. 3.10).[216]

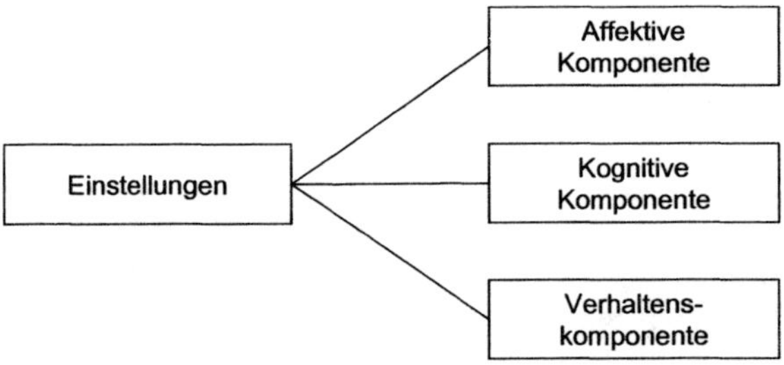

Abb. 3.10: Das Einstellungskonzept nach der Drei-Komponenten-Theorie; Quelle: In Anlehnung an: Rosenberg, M. J./Hovland, C. I., 1960, S. 3

[211] Zu einem Überblick über unterschiedliche Einstellungskonzepte vgl. Benninghaus, H., 1976, S. 22-41; Balderjahn, I., 1995, Sp. 542-544; Meinefeld, W., 1977, S. 11-45.

[212] Vgl. Balderjahn, I., 1995, Sp. 543; Thurstone, Louis L.: The Measurement of Social Attitudes, in: Journal of Abnormal and Social Psychology, 26. Jg. (1931), S. 249-269; Osgood, Charles E./Suci, George J./Tannenbaum, Percy H.: The Measurement of Meaning, Urbana-Chicago-London 1957, S. 189 f.

[213] Thurstone, L. L., 1931, S. 261.

[214] Vgl. Kroeber-Riel, W./Weinberg, P., 1999, S. 168.

[215] Vgl. Kroeber-Riel, W./Weinberg, P., 1999, S. 168.

[216] Vgl. bspw. McGuire, W. J., 1969, S. 155-157.

Ob das Verhalten als selbständige Größe oder als Bestandteil von Einstellungen angesehen wird, ist schon lange umstritten.[217] Da es Ziel dieser Untersuchung ist, Verhalten mit Hilfe von Einstellungen zu erklären, darf das Verhalten nicht in den Einstellungsbegriff eingeschlossen werden. Der Drei-Komponenten-Theorie wird daher nicht gefolgt.

Bei der auf Rosenberg zurückgehenden **Zweck-Mittel-Konzeption** werden Einstellungen als „... subjektiv wahrgenommene Eignung eines Gegenstands zur Befriedigung einer Motivation ..“[218] umschrieben.[219] Demnach ergibt sich die Einstellung als affektive Dimension aus einer kognitiven und einer motivationalen Komponente (Abb. 3.11).[220]

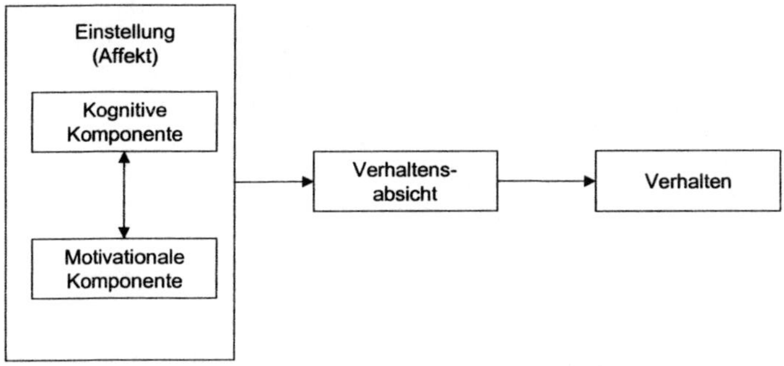

Abb. 3.11: Das Einstellungskonzept nach der Zweck-Mittel-Analyse

Die Zweck-Mittel-Analyse stimmt mit der Einkomponentenauffassung darin überein, dass die Einstellung als affektive Bewertung eines Objekts aufgefasst wird. Der entscheidende Unterschied besteht darin, dass die emotionalen und kognitiven Vorgänge bzw. Ursachen erfasst werden, die hinter den Einstellungen stehen. Um die Ursachen des Meta-Betriebsformenwahlverhaltens zu erkennen, erscheint das Einstellungsverständnis nach der Zweck-Mittel-Konzeption am ehesten geeignet.

---

217 Vgl. Roth, Erwin: Einstellung als Determination individuellen Verhaltens – Die Analyse eines Begriffes und seiner Bedeutung für die Persönlichkeitspsychologie, Göttingen 1967, S. 99f.

218 Kroeber-Riel, W./Weinberg, P., 1999, S. 168.

219 Vgl. Rosenberg, Milton J.: Cognitive Structure and Attitudinal Effect, in: Journal of Abnormal and Social Psychology, 53. Jg. (1956), S. 367-372. Einen Überblick über die historische Entwicklung der Zweck-Mittel-Konzeption gibt McGuire, William J.: The Nature of Attitudes and Attitude Change, in: Lindzey, Gardner/Aronson, Elliot (Hrsg.): Handbook of Social Psychology, Bd. 3, 2. Auflage, Reading/Mass. u. a. 1969, S. 153-155.

220 Vgl. Müller-Hagedorn, Lothar: Einstellung, in: Diller, Hermann (Hrsg.): Vahlens Großes Marketing Lexikon, München 1992, S. 253.

(2) Allgemeine vs. spezifische Einstellungen

In Abschnitt 3.2.1.1 (Gleicher Allgemeinheitsgrad von Einstellung und Verhalten) wurde darauf hingewiesen, dass Einstellung und Verhalten mehr oder weniger allgemein oder spezifisch gemessen werden können. Eine Konkretisierung der beiden Größen kann hinsichtlich vier verschiedener Dimensionen erfolgen:

- Handlung,
- Objekt, auf das sich die Handlung bezieht,
- Kontext und
- Zeit, in der die Handlung abläuft.[221]

In dieser Arbeit soll mit der „Meta-Betriebsformenwahl in einer konkreten Situation" ein sehr spezifisches Verhalten erklärt werden, das bezüglich aller vier Dimensionen konkretisiert ist:

- Handlung: Einkauf,
- Objekt, auf das sich die Handlung bezieht: Meta-Betriebsform,
- Kontext: spezifische Einkaufssituation,
- Zeit, in der die Handlung abläuft: spezifische Einkaufssituation.

Nach dem Korrespondenzprinzip sollten Einstellung und Verhalten, wenn sie zueinander in Beziehung gesetzt werden, einen möglichst ähnlichen Grad an Allgemeinheit bzw. Konkretisierung aufweisen. Dementsprechend muss das spezifische Verhalten „Meta-Betriebsformenwahl in einer konkreten Situation" mit einer ebenso spezifischen Einstellung erklärt werden. Situationsspezifische Einstellungen können erheblich von generellen Einstellungen (wie etwa der Einstellung gegenüber einem Objekt) abweichen, weil ein Individuum bei situationsspezifischen Einstellungen situative Gegebenheiten berücksichtigt, welche für generelle Einstellungen nicht von Belang sein müssen.[222] Wenn ein Konsument bspw. nach seiner Einstellung gefragt wird, Geschenke an einem Samstag vor Weihnachten in einem Geschäft in der Innenstadt einzukaufen, wird er die voraussichtlichen Verkehrsprobleme und die psychische Belastung, die mit dem Aufsuchen des Geschäfts verbunden sind, in dieser situationsspezifischen Einstellung berücksichtigen. Der Konsument würde hingegen bei seiner generellen Einstellung zum Einkauf in dem Geschäft die stark situationsabhängigen Handlungsrestriktionen vermutlich nicht erwägen. Generelle Einstellungen würden verwendet, wenn die Meta-Betriebsformenwahl situationsübergreifend erklärt werden sollte, d. h., wenn beispielsweise gefragt würde, welche Meta-Betriebsform Online-Shopper am häufigsten aufsuchen.

Berücksichtigt man die Ausführungen zu den Dimensionen des Einstellungsbegriffs sowie zum Konkretisierungsgrad der Einstellung, kann die über-

---

[221] Vgl. Ajzen, I./Fishbein, M., 1980, S. 160-165.

[222] Vgl. Herkner, W., 1991, S. 212 f.

geordnete Einstellungsdefinition von Trommsdorff folgendermaßen konkretisiert werden:

> **Einstellungen** sind hypothetische Konstrukte (Intervenierende Variablen) – nämlich vom Individuum gelernte und relativ dauerhafte Bereitschaften, auf eine bestimmte Reizkonstellation der Umwelt konsistent positiv oder negativ zu reagieren. Einstellungen bestehen aus einer motivationalen und einer kognitiven Komponente und beziehen sich auf das Verhalten in einer bestimmten Situation.

(3) Abgrenzung von verwandten Begriffen

In diesem Abschnitt soll das Begriffsverständnis präzisiert werden, indem der Einstellungsbegriff von verwandten Begriffen abgegrenzt wird. Aus der Vielzahl von Begriffen der Konsumentenverhaltenstheorie seien zwei Konstrukte herausgegriffen, die in der Marktforschung häufig verwendet werden und dem Einstellungsbegriff sehr nahe stehen: Qualität und Kundenzufriedenheit.[223] Die große Ähnlichkeit der drei Begriffe führt dazu, dass sich die Verfahren zu ihrer Messung teilweise sehr ähneln bzw. einzelne Methoden sowohl zur Messung von Einstellungen als auch zur Messung von Zufriedenheits- oder Qualitätsurteilen eingesetzt werden können.[224]

Kaas und Runow verstehen unter **Kundenzufriedenheit** das Ergebnis eines psychischen Soll-Ist-Vergleichs über Konsumerlebnisse.[225] Zufriedenheit mit einer Leistung kann sich nur einstellen, wenn die Leistung auch konkret in Anspruch genommen wurde.[226] Einstellungen zu einer Leistung können hingegen auch gebildet werden, wenn nicht auf eigene Erfahrungen zurückgegriffen werden kann. Während Zufriedenheiten als Ex-post-Beurteilungen zu verstehen sind, können Einstellungen als antizipative bzw. Ex-ante-Einschätzungen angesehen werden.

Die Abgrenzung von Einstellung und **Qualität** wird dadurch erschwert, dass sich nach Garvin fünf verschiedene Qualitätsbegriffe unterscheiden lassen:[227]

1. transzendente Qualitätsbegriffe, nach denen Qualität der absolut höchste Standard der Güte einer Leistung ist,
2. produktorientierte Qualitätsbegriffe, die Qualität anhand der Menge eines Bestandteils oder Attributs einer Leistung bestimmen,

---

223 Zur Abgrenzung des Einstellungsbegriffs von weiteren Begriffen der Konsumentenverhaltenstheorie vgl. Balderjahn, I., 1995, Sp. 544; McGuire, W. J., 1969, S. 150-153.

224 Vgl. Schuckel, Marcus/Hußmann, Christiane: Neue Instrumente zur Messung der Kundenzufriedenheit, in: Mitteilungen des Instituts für Handelsforschung an der Universität zu Köln, 52. Jg. (2000), S. 179.

225 Vgl. Kaas, Klaus P./Runow, Herbert: Wie befriedigend sind die Ergebnisse der Forschung zur Kundenzufriedenheit?, in: Die Betriebswirtschaft, 44. Jg. (1984), S. 452.

226 Vgl. Schuckel, M./Hußmann, Chr., 2000, S. 178.

227 Vgl. Garvin, David A.: Managing Quality. The Strategic and Competitive Edge, New York-London 1988, S. 39-48; Schuckel, Marcus: Bedienungsqualität im Einzelhandel, Stuttgart 1999, S. 23 f.

3. kundenorientierte Qualitätsbegriffe, die Qualität als den Grad der Eignung verstehen, Erwartungen bzw. Ansprüche des Verwenders, Nutzers bzw. Kunden zu erfüllen,
4. herstellungsorientierte Qualitätsbegriffe, die Qualität aus den Abweichungen von zuvor festgelegten, i. d. R. technischen Standards ableiten, und
5. wertorientierte Qualitätsbegriffe, nach denen ein Qualitätsurteil aus dem Abwägen von erwartetem oder erhaltenem Nutzen und zu erbringendem Opfer gebildet wird.

Von diesen fünf Begriffsverständnissen weisen vor allem der kunden- und wertorientierte Qualitätsbegriff Ähnlichkeiten zu den Begriffen Einstellung und Zufriedenheit auf. Qualitätsurteile basieren ähnlich wie Zufriedenheitsurteile auf Soll-Ist-Vergleichen.[228] Der kundenorientierte Qualitätsbegriff unterscheidet sich von der Einstellung dadurch, dass er in der Regel eigene Erfahrungen voraussetzt und das Qualitätsurteil unabhängig vom Preis gebildet wird. Beide Unterschiede sind beim wertorientierten Qualitätsbegriff nicht gegeben, weswegen er sich nur schwierig von der Einstellung abgrenzen lässt.[229] Diese Einschätzung findet sich auch in dem Begriffsverständnis von Hentschel wieder, der Qualität nicht als eigenständiges Konstrukt neben Kundenzufriedenheit und Einstellungen versteht, sondern zwischen einstellungsorientierter und zufriedenheitsorientierter Qualitätsmessung unterscheidet.[230] Auch wenn hier die Grenzen zwischen den beiden Begriffen verschwimmen, kann zumindest festgehalten werden, dass bei Einstellungen im Gegensatz zum wertorientierten Qualitätsbegriff nicht zwischen Nutzen und Opfer unterschieden wird und Einstellungen nicht auf einem Soll-Ist-Vergleich beruhen müssen.

3.2.2.3 Messmodell für Einstellungen

Nachdem im vorausgegangenen Abschnitt der Einstellungsbegriff für die vorliegende Untersuchung konkretisiert wurde, ist es Aufgabe dieses Abschnitts, verschiedene Modelltypen der Einstellungsmessung zu diskutieren und einen geeigneten Ansatz auszuwählen. Abb. 3.12 liefert einen Überblick über die Vielfalt der verschiedenen Messmodelle.

---

[228] Vgl. Schuckel, M./Hußmann, Chr., 2000, S. 178 f.

[229] Vgl. Schuckel, M., 1999, S. 24.

[230] Vgl. Hentschel, Bert: Multiattributive Messung von Dienstleistungsqualität, in: Bruhn, Manfred/Stauss, Bernd (Hrsg.): Dienstleistungsqualität: Konzepte, Methoden, Erfahrungen, Wiesbaden 1991, S. 320-325.

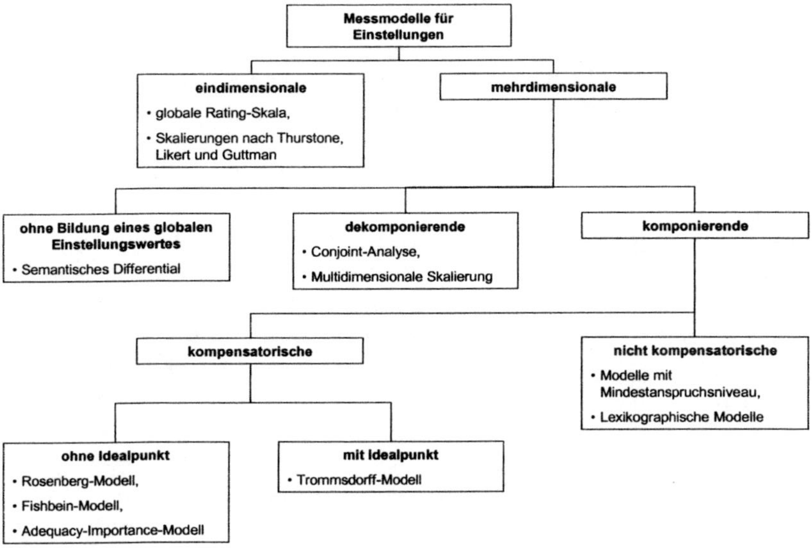

Abb. 3.12: Überblick über verschiedene Messmodelle für Einstellungen

Die **eindimensionalen Messmodelle**, zu denen globale Einstellungsmessungen mit Hilfe von Rating-Skalen sowie Skalierungen nach Thurstone, Likert und Guttman zählen, beschränken sich meistens auf den affektiven Aspekt der Einstellung.[231] Da im vorausgegangenen Abschnitt ein Einstellungsbegriff gewählt wurde, nach dem Einstellungen auf eine motivationale und eine kognitive Komponente zurückgeführt werden, scheiden diese Messverfahren für die vorliegende Untersuchung aus.

Die **mehrdimensionalen Messmodelle**, die sowohl eine kognitive als auch eine motivationale oder affektive Komponente erfassen, lassen sich danach einteilen, ob sie ein komponierendes oder dekomponierendes Prinzip verfolgen oder gänzlich auf die Bildung eines globalen Einstellungswertes verzichten. Im Folgenden werden die verschiedenen Modelltypen vorgestellt. Besondere Beachtung wird dabei den kompensatorischen Modellen ohne Idealpunkt geschenkt, weil diese Modelle sehr häufig und in unterschiedlichen Varianten in Untersuchungen eingesetzt werden. Modelle mit Idealpunkt oder nicht-kompensatorischen Elementen stellen häufig eine Erweiterung von nicht-kompensatorischen Modellen ohne Idealpunkt dar. Abschließend wird in diesem Kapitel ein eigenes Einstellungsmessmodell aufgestellt, das Charakteristika einzelner Modelltypen verbindet.

(1) Semantisches Differential

Zur Gruppe der mehrdimensionalen Einstellungsmessmodelle, die **gänzlich auf die Bildung eines globalen Einstellungswertes** verzichten, zählt das Semantische Differential. Bei diesem Messmodell werden die Probanden gebeten, ein

[231] Vgl. Balderjahn, I., 1995, Sp. 550.

Einstellungsobjekt anhand von Rating-Skalen einzuschätzen, an deren Ende sich gegensätzliche Eigenschaftswörter befinden. Dabei können sich die Eigenschaften sowohl auf bewertende bzw. affektive (z. B. schön – hässlich) als auch auf kognitive Aspekte (z. B. erlebnisreich – nüchtern) beziehen.[232] Verbindet man die Mittelwerte der Rating-Skalen in einer graphischen Darstellung, entsteht ein Einstellungsprofil. Aus den Einzelbeurteilungen anhand der verschiedenen Eigenschaftspaare wird jedoch kein globaler Einstellungswert errechnet.[233] Ohne die Ermittlung eines globalen Einstellungswerts fällt jedoch ein wichtiger Teil der Erklärung des Meta-Betriebsformenwahlverhaltens weg. Mit Hilfe eines Semantischen Differentials ließe sich zwar die Wahrnehmung des stationären Handels und des Internet Shoppings in einzelnen Dimensionen feststellen, es bliebe aber unklar, welche Meta-Betriebsform ein Online-Shopper in einer bestimmten Einkaufssituation insgesamt „besser findet".[234]

(2) Dekomponierende Modelle

Die dekomponierenden mehrdimensionalen Messmodelle zeichnen sich dadurch aus, dass bei ihnen ein globaler Einstellungswert erfasst wird, der in die motivationale und kognitive Beurteilung einzelner Aspekte des Einstellungsobjekts heruntergebrochen wird. Zu dieser Modellkategorie gehören die Multidimensionale Skalierung (MDS) und die Conjoint-Analyse. Beide Verfahren sind mit erheblichen Schwächen verbunden, die sie für die vorliegende Untersuchung ungeeignet erscheinen lassen. So ist die **MDS** insbesondere mit folgenden beiden Problemen behaftet:

- Das Ergebnis der MDS zeigt, wie Einstellungsobjekte in einem n-dimensionalen Raum im Verhältnis zueinander positioniert sind. Die Dimensionen stellen einzelne Aspekte der Einstellungsobjekte dar, die für die Gesamtbeurteilung bedeutend sind. Anhand der Methode kann allerdings nicht unmittelbar festgestellt werden, was sich inhaltlich hinter den Dimensionen verbirgt.[235] Hier müssen entweder spekulativ oder über den Einsatz analytischer Interpretationsverfahren Verknüpfungen zu Eigenschaften der Einstellungsobjekte hergestellt werden.[236]

---

[232] Vgl. Balderjahn, I., 1995, Sp. 551.

[233] Vgl. Amirani, Shahrzad/Gates, Roger: An Attribute-anchored Conjoint Approach to Measuring Store Image, in: International Journal of Retail and Distribution Management, 21. Jg. (1993), H. 5, S. 31; Zu einem Versuch, ein semantisches Differential mit der Erhebung globaler Einstellungswerte zu verbinden, vgl. Müller, Stefan/Beeskow, Werner: Einkaufsstättenimage und Einkaufsstättenwahl, in: Jahrbuch der Absatz- und Verbrauchsforschung, 28. Jg. (1982), H. 4, S. 400-426.

[234] Zu einer Kritik des Semantischen Differentials vgl. auch Trommsdorff, V., 1975, S. 81; Doyle, P./Fenwick, I., 1974-75, S. 41 f.

[235] Vgl. Doyle, P./Fenwick, I., 1974-75, S. 45 f.

[236] Vgl. Dichtl, Erwin/Schobert, Rudolf: Mehrdimensionale Skalierung - Methodische Grundlagen und betriebswirtschaftliche Anwendungen, München 1979, S. 50-53.

- Das Ergebnis der MDS kann nur dann anschaulich interpretiert werden, wenn die globalen Einstellungswerte in nicht mehr als drei Einzeldimensionen zerlegt werden.[237] Es ist aber wahrscheinlich, dass für die Gesamtheit einer Stichprobe mehr als drei Aspekte das Gesamturteil über ein Einstellungsobjekt beeinflussen.

Auch bei der **Conjoint-Analyse** sind der Zahl der erfassten Einzeldimensionen und sogar der Zahl der Merkmalsausprägungen enge Grenzen gesetzt. So zeigen Erfahrungen, dass schon die Berücksichtigung von mehr als 20 Merkmalsausprägungen zu einer Informationsüberlastung der Auskunftspersonen führen kann.[238] Swoboda zieht daraus den Schluss, dass eine Conjoint-Analyse die situativen objekt- und personenspezifischen Determinanten einer realen Kaufsituation stets nur unzureichend erfasst.[239] Die Conjoint-Analyse scheidet daher als Verfahren aus, um die situativen Bestimmungsfaktoren der Meta-Betriebsformenwahl zu analysieren.

(3) Kompensatorische Modelle ohne Idealpunkt

Da die dekomponierenden Verfahren und das Semantische Differential als Messmodelle für die vorliegende Arbeit nicht in Frage kommen, konzentriert sich die folgende Betrachtung auf die **komponierenden Messmodelle**. Für die komponierenden Messmodelle, die auch als kognitive oder multiattributive Einstellungsmodelle bezeichnet werden, ist charakteristisch, dass aus der motivationalen und kognitiven Beurteilung einzelner Aspekte des Einstellungsobjekts ein globaler Einstellungswert abgeleitet wird.

Aufgrund der Berücksichtigung kognitiver und motivationaler Elemente ist die Modellgruppe konsistent mit dem Einstellungsverständnis der Zweck-Mittel-Konzeption. Die Modelle werden danach unterteilt, ob die Zusammenfassung der Einzelbeurteilungen kompensatorisch erfolgt oder nicht. Ein kompensatorisches Modell geht davon aus, dass die negative Beurteilung eines Aspekts durch die positive Einschätzung eines anderen Aspekts ausgeglichen bzw. kompensiert werden kann. In diesem Abschnitt werden zunächst die bedeutendsten kompensatorischen Modelle ohne Idealpunkt vorgestellt, zu denen insbesondere die Ansätze von Rosenberg und Fishbein sowie das Adequacy-Importance-Modell

---

[237] Vgl. Nieschlag, Robert/Dichtl, Erwin/Hörschgen, Hans: Marketing, 18. Auflage, Berlin 1997, S. 719.

[238] Vgl. Weiber, Rolf/Rosendahl, Thomas: Anwendungsprobleme der Conjoint-Analyse – Die Eignung conjointanalytischer Untersuchungsansätze zur Abbildung realer Entscheidungsprozesse, in: Marketing ZFP, 19. Jg. (1997), H. 2, S. 112.

[239] Vgl. Swoboda, B., 2000, S. 160.

zählen.[240] In ihrer grundlegenden mathematischen Struktur stimmen die drei Modelle überein:[241]

$$EINST_j = \sum_{i=1}^{n} BED_i * EINDRUCK_{ij}$$

wobei:

j	=	Einstellungsobjekt
i	=	Eigenschaft des Objekts oder Ziel
n	=	Anzahl der Ziele oder Eigenschaften
$EINST_j$	=	Gesamteinstellung gegenüber einem Objekt
BED_i	=	Bedeutung/Gewicht einer Eigenschaft i bzw. eines Ziels i (= motivationale Komponente)
$EINDRUCK_{ij}$	=	Eindruck, Vorstellung, Wahrscheinlichkeit, inwieweit das Objekt j eine Eigenschaft(-ausprägung) i besitzt (= kognitive Komponente)

Die Modelle unterscheiden sich in der Modellierung der motivationalen und der kognitiven Komponente. Beim **Rosenberg-Modell** wird die motivationale Komponente durch allgemeine Ziele ausgedrückt, denen ein Bedeutungsgewicht zugeordnet wird.[242] Die Ziele beziehen sich dabei nicht auf konkrete Eigenschaften des Einstellungsobjekts. Als kognitive Modellkomponente wird die empfundene Instrumentalität eines Objekts zur Erreichung der Ziele berücksichtigt. Das Grundprinzip der Zweck-Mittel-Konzeption kommt in dem Rosenberg-Modell insofern zum Ausdruck, als dass eine Einstellung davon abhängig ist, wie gut oder schlecht ein Einstellungsobjekt Ziele der Individuen erfüllen kann. Probleme bei der Ermittlung relevanter Ziele und die nur indirekte Bezugnahme des Modells auf einzelne Produkt- oder Einkaufsstättenmerkmale haben dazu geführt, dass das Rosenberg-Modell in der Marktforschung kaum eingesetzt wurde.[243]

Beim **Fishbein-Modell** werden die motivationale und kognitive Modellkomponente anders interpretiert.[244] Im Gegensatz zum Rosenberg-Modell werden nicht allgemeine Ziele, sondern konkrete Produkt- bzw. Einkaufsstätteneigenschaften betrachtet, denen im Rahmen der motivationalen Komponente ein

---

240 Vgl. Müller-Hagedorn, L., 1992, S. 253. Zu weiteren Varianten kognitiver Einstellungsmodelle vgl. bspw. die Übersicht bei Wilkie, William L./Pessemier, Edgar D.: Issues in Marketing's Use of Multi-Attribute Attitude Models, in: Journal of Marketing Research, 10. Jg. (1973), S. 428-441.

241 Vgl. Freter, Hermann: Interpretation und Aussagewert mehrdimensionaler Modelle im Marketing, in: Meffert, Heribert/Steffenhagen, Hartwig/Freter, Hermann (Hrsg.): Konsumentenverhalten und Information, Wiesbaden 1979, S. 164.

242 Vgl. Rosenberg, M. J., 1956, S. 367-372.

243 Vgl. Balderjahn, I., 1995, Sp. 551; Nieschlag, R./Dichtl, E./Hörschgen, H., 1997, S. 214 f.

244 Vgl. Fishbein, Martin: A Behavior Theory Approach to the Relations Between Beliefs About an Object and the Attitude Toward the Object, in: Fishbein, Martin (Hrsg.): Readings in Attitude Theory and Measurement, New York-London-Sydney 1967a, S. 389-400; Fishbein, Martin: An Investigation of the Relationships Between Beliefs About an Object and the Attitude Toward That Object, in: Human Relations, 16. Jg. (1963), S. 233-240.

Bedeutungsgewicht zugewiesen wird. Die Wahrscheinlichkeit, mit der das Einstellungsobjekt mit einer bestimmten Eigenschaft verbunden ist, repräsentiert die kognitive Komponente. Kritisiert wird am Fishbein-Modell vor allem, dass die Wahrscheinlichkeit über das Vorhandensein von Objektmerkmalen gemessen wird, nicht aber direkt das Ausmaß wahrgenommener Merkmalsausprägungen.[245] Da kategorial ausgeprägte Merkmale (die Eigenschaft ist vorhanden/nicht vorhanden) vorausgesetzt werden, führt das Vorhandensein von graduell ausgeprägten Merkmalen zu einem untragbaren Befragungsaufwand.[246]

Dieses Problem ist beim **Adequacy-Importance-Modell** behoben, bei dem als kognitive Komponente das Ausmaß bzw. die mengenmäßige Ausprägung erhoben wird, in dem einzelne Eigenschaften bei einem Einstellungsobjekt vorhanden sind.[247] Der motivationale Part des Modells erfasst die Bedeutung der einzelnen Eigenschaften, so dass sich folgende Modellalgebra ergibt:

$$EINST_j = \sum_{i=1}^{n} BED_i * EINDRUCK_{ij}$$

wobei:

j	=	Einstellungsobjekt
i	=	Eigenschaft des Objekts
n	=	Anzahl der Eigenschaften
$EINST_j$	=	Gesamteinstellung gegenüber einem Objekt
BED_i	=	Bedeutung/Gewicht einer Eigenschaft i (= motivationale Komponente)
$EINDRUCK_{ij}$	=	wahrgenommenes Ausmaß (mengenmäßige Ausprägung), in dem die Eigenschaft i beim Objekt j vorhanden ist (= kognitive Komponente)

Heemeyer kommt zu dem Schluss, dass dieses Modell die „... Vorteile der beiden Modelle von Rosenberg und Fishbein [verbindet], ohne die Nachteile beider Modelle dafür in Kauf nehmen zu müssen."[248] Zudem kommen Mazis et al. anhand von Korrelationsanalysen zu dem Ergebnis, dass das Adequacy-Importance-Modell dem Fishbein- und Rosenberg-Modell überlegen ist.[249] Zu

[245] Vgl. Ahtola, Olli T.: The Vector Model of Preferences: An Alternative to the Fishbein Model, in: Journal of Marketing Research, 12. Jg. (1975), H. 1, S. 52-59; Hammann, Peter/Erichson, Bernd: Marktforschung, 2. Auflage, Stuttgart-New York 1990, S. 273; Freter, H., 1979, S. 173.

[246] Vgl. Kroeber-Riel, W./Weinberg, P., 1999, S. 201 sowie Theis, Hans-Joachim: Einkaufsstätten-Positionierung – Grundlage der strategischen Marketingplanung, Wiesbaden 1992, S. 267 f.

[247] Vgl. Bettman, James R./Capon, Noel/Lutz, Richard J.: Cognitive Algebra in Multi-Attribute Attitude Models, in: Journal of Marketing Research, 12. Jg. (1975), S. 151; Freter, H., 1979, S. 165 f.

[248] Heemeyer, H., 1981, S. 112.

[249] Vgl. Mazis, Michael B./Ahtola, Olli T./Klippel, R. Eugene: A Comparison of Four Multi-Attribute Models in the Prediction of Consumer Attitudes, in: Journal of Consumer Research, 2. Jg. (1975), H. 1, S. 38-52.

einem anderen Ergebnis gelangt allerdings eine Untersuchung von Bettman et al., die prüfen, inwiefern die Modellalgebra des Fishbein- und Adequacy-Importance-Modells der tatsächlichen „kognitiven Algebra“ von Individuen entspricht.[250] Dazu untersuchen die Autoren, wie sich alle denkbaren Konstellationen von BED_i und $EINDRUCK_{ij}$ bezüglich einer einzelnen Eigenschaft auf die Gesamteinstellung $EINST_j$ gegenüber einer Marke auswirken. Die Autoren kommen zu dem Schluss, dass das Fishbein-Modell die „kognitive Algebra“ der Individuen besser als das Adequacy-Importance-Modell abbildet. Aufgrund der widersprüchlichen Ergebnisse lässt sich aus den empirischen Untersuchungen keine eindeutige Überlegenheit des Fishbein- oder Adequacy-Importance-Modells ableiten. In dieser Arbeit wird das Adequacy-Importance-Modell vorgezogen, da das Fishbein-Modell mit einem vertretbaren Aufwand nur für kategorial ausgeprägte Merkmale angewendet werden kann. Zwar stehen die relevanten Einstellungsmerkmale an dieser Stelle noch nicht fest, es kann aber davon ausgegangen werden, dass zumindest ein Teil der Merkmale graduell ausgeprägt sein wird.

Auch wenn das Adequacy-Importance-Modell den anderen kompensatorischen Einstellungsmodellen ohne Idealpunkt für die vorliegende Untersuchung überlegen scheint, darf nicht über **grundsätzliche Probleme der Modellkategorie** hinweggesehen werden, die sich aus **verschiedenen Prämissen** ergeben:[251]

1. **Prämisse der Multiattributivität der Einstellungsmessung:** Bei multiattributiven Einstellungsmodellen werden den Befragten einzelne Meta-Betriebsformeneigenschaften vorgegeben. Für eine valide Einstellungsmessung müssen den Befragten diese Eigenschaften bei der Urteilsbildung in einer realen Entscheidungssituation tatsächlich bewusst sein.[252]

2. **Multiplikativitätsprämisse:** Die Multiplikation von motivationaler und kognitiver Komponente setzt die Unabhängigkeit dieser beiden Elemente voraus, da es sonst zu Verzerrungen kommt.

3. **Additivitätsprämisse:** Die Addition der Einstellungswerte für die verschiedenen Eigenschaften ist an die Voraussetzung geknüpft, dass die Beurteilung der Eigenschaften unabhängig voneinander erfolgt.

4. **Kompensationsprämisse:** Die niedrige Ausprägung einer Eigenschaft kann durch eine hohe Ausprägung einer anderen Eigenschaft ausgeglichen werden.

---

250 Vgl. Bettman, J. R./Capon, N./Lutz, R. J., 1975, S. 151-164.

251 Vgl. Freter, H., 1979, S. 166-168; Schuckel, M., 1999, S. 39; Henneking, Karl-Michael: Marketingcontrolling im Einzelhandel, Wiesbaden 1998, S. 52-55.

252 Vgl. Thelen, Eva M./Woodside, Arch G.: Ein gedächtnispsychologischer Ansatz zur Erklärung des Geschäftswahlverhaltens des Konsumenten, in: Trommsdorff, Volker (Hrsg.): Handelsforschung 1996/97 – Positionierung des Handels, Wiesbaden 1996, S. 339 f.; Grunert, Klaus: Research in consumer behavior: Beyond attitudes and decision-making, in: European Research, 16. Jg. (1988), H. 5, S. 173.

5. **Maximierungsprämisse:** Je höher eine Eigenschaftsausprägung ist, umso positiver wird die Eigenschaft beurteilt und umso positiver fällt ceteris paribus die Einstellung bzw. das Gesamturteil aus.

1. **Zur Prämisse der Multiattributivität der Einstellungsmessung:**

Wenn diese Prämisse nicht erfüllt ist, kann ein Befragungseffekt ausgelöst werden, weil die Auskunftspersonen mehr oder weniger Meta-Betriebsformeneigenschaften beurteilen, als ihnen bei der Urteilsbildung in einer realen Entscheidungssituation tatsächlich bewusst sind.[253] Das Problem kann dadurch behoben werden, dass der Auswahl der Eigenschaften besondere Beachtung geschenkt wird und nur solche Eigenschaften vorgegeben werden, die für die meisten Online-Shopper relevant sind.[254]

2. **Zur Multiplikativitätsprämisse:**

In zahlreichen Beiträgen wird untersucht, ob das multiplikative Gewichtungsverfahren der tatsächlichen „kognitiven Algebra" bei der Einstellungsbildung von Individuen entspricht. Sheth und Perry stellen der multiplikativen Verknüpfung von Eindrucksausprägung und Eindruckswichtigkeit eine additive Verknüpfung gegenüber, ohne zu eindeutigen Ergebnissen zu gelangen.[255] Trommsdorff analysiert verschiedene Untersuchungen zur so genannten Gewichtungskontroverse und kommt zu dem Ergebnis, dass bei Modellen mit mengenmäßigen Eindrucksausprägungen, zu denen das Adequacy-Importance-Modell gehört, die subjektive Eindruckswichtigkeit als unabhängige Variable keinen signifikanten Beitrag zur Erklärung von Einstellungen leistet.[256] Dieses Ergebnis kann dadurch begründet sein, dass die motivationale Komponente zum Teil das kognitive Urteilen beeinflusst und damit die Unabhängigkeit der beiden Komponenten nicht gewährleistet ist.[257] Trommsdorff verzichtet in seinem Modell daher auf die Berücksichtigung der Eindruckswichtigkeit.[258] Doch selbst bei einer fehlenden prognostischen Relevanz der Gewichtungswerte kann ihre Einbeziehung damit

---

253 Vgl. Dichtl, E./Schobert, R., 1979, S. 40 f.

254 Vgl. Henneking, K.-M., 1998, S. 53.

255 Vgl. Sheth, Jagdish N.: Brand Profiles From Beliefs and Importances, in: Journal of Advertising Research, 13. Jg. (1973), H. 1, S. 37-42; Perry, Michael: The Conceptualisation Problem of Multi-Attribute Attitude Models, in: European Research, 3. Jg. (1975), S. 105-110.

256 Vgl. Trommsdorff, V., 1975, S. 63-66; vgl. auch Bass, Frank M./Wilkie, William L.: A Comparative Analysis of Attitudinal Predictions of Brand Preference, in: Journal of Marketing Research, 10. Jg. (1973), S. 262-265; Howell, Roy D./Rogers, Jerry D.: The Estimation of Patronage Models in the Presence of Interindividual Heterogeneity and Nongeneric Attributes, in: Darden, William R./Lusch, Robert F. (Hrsg.): Patronage Behavior and Retail Management, New York u. a. 1983, S. 311.

257 Vgl. Klauer, Karl Christoph: Einstellungen – Der Einfluß der affektiven Komponente auf das kognitive Urteilen, Göttingen-Toronto-Zürich 1991.

258 Vgl. Trommsdorff, V., 1975, S. 72-77. Ein Überblick über die Literatur zu der sog. „Gewichtungskontroverse" findet sich bei Freter, H., 1979, S. 174-177.

gerechtfertigt werden, dass die relative Bedeutung der einzelnen Meta-Betriebsformeneigenschaften zusätzliche Informationen für die strategische Ausrichtung der Meta-Betriebsformen liefert.[259]

Zudem stellen Bettman, Capon und Lutz in einer Untersuchung zur individuellen Einstellungsbildung fest, dass bei 66 % der Probanden ihrer Stichprobe die multiplikative Verknüpfung beim Adequacy-Importance-Modell der tatsächlichen Verknüpfung der kognitiven und motivationalen Komponente entspricht.[260] Dieses Ergebnis kann als Hinweis gewertet werden, dass die Multiplikation von Eindrucksausprägung und Eindruckswichtigkeit die „kognitive Algebra" bei einem Großteil der Konsumenten realitätsgetreu abbildet.

Trommsdorff weist auf ein anderes Problem hin, welches die Multiplikation der Modellkomponenten mit sich bringt.[261] Meist werden sowohl die kognitive als auch die motivationale Komponente anhand von Rating-Skalen gemessen, die mit Antworttendenzen behaftet sein können. Antworttendenzen wurden bereits in Abschnitt 3.2.1.10 (Messprobleme durch Reaktionsstile) angesprochen. Man versteht darunter die inhaltlich irrelevanten Neigungen von Befragten, bestimmte Skalenintervalle bevorzugt anzukreuzen. Insbesondere ist hier die individuelle Tendenz zu nennen, gleichbleibend entweder mehr oder weniger extreme Positionen anzukreuzen (Extremtendenz).[262] Problematisch ist dabei, dass Befragte mit Antworttendenzen bei allen beantworteten Skalen in die gleiche Richtung tendieren, so dass die Fehler der Daten miteinander korreliert sind. „Wenn Daten mit korrelierten Fehlern multipliziert werden, wird die Fehlervarianz des Produkts überhöht. Entsprechend wird die Validität der komplexen Variablen ... vermindert."[263] Werden Rating-Skalen verwendet, ist zu vermeiden, dass Antworttendenzen bei den Skalen zur kognitiven Modellkomponente mit Tendenzen bei der motivationalen Komponente korrelieren.

3. **Zur Additivitätsprämisse:**

Das Produkt von Eindrucksausprägung und Eindruckswichtigkeit bei einer Eigenschaft des Einstellungsobjekts wird auch als Eindruckswert bezeichnet. Beim Adequacy-Importance-Modell werden die einzelnen Eindruckswerte zur Ermittlung des Gesamteinstellungswerts addiert. Eine solche Addition ist dann nicht gerechtfertigt, wenn die Eindruckswerte nicht unabhängig voneinander sind bzw. das Ganze mehr als die Summe seiner Teile darstellt.[264] Kroeber-Riel und Weinberg ziehen die vorliegenden Untersuchungen zur Validierung der additiven

---

[259] Vgl. McCann, J. M./Reibstein, D. J./Wittink, D. R.: Market Segmentation Via Derived Importance Weights, Purdue University, Paper No. 518, June 1975, zitiert nach: Freter, Hermann: Interpretation und Aussagewert mehrdimensionaler Modelle im Marketing, in: Meffert, Heribert/Steffenhagen, Hartwig/Freter, Hermann (Hrsg.): Konsumentenverhalten und Information, Wiesbaden 1979, S. 176.

[260] Vgl. Bettman, J. R./Capon, N./Lutz, R. J., 1975, S. 162.

[261] Vgl. Trommsdorff, V., 1975, S. 64 f.; vgl. auch Theis, H.-J., 1992, S. 263.

[262] Vgl. Kroeber-Riel, W./Weinberg, P., 1999, S. 193.

[263] Trommsdorff, V., 1975, S. 64 f.

[264] Vgl. Freter, H., 1979, S. 171.

Modelle heran und kommen zu dem Schluss, dass die Additivitätsannahme beibehalten werden kann.[265]

4. **Zur Kompensationsprämisse:**
Bei der Kompensationsprämisse wird unterstellt, dass die positive Beurteilung einer Objekteigenschaft in gleichem Ausmaß zur Einstellungsbildung herangezogen wird wie die negative Einschätzung einer anderen Eigenschaft.[266] Es ist denkbar, dass Konsumenten in der Realität andere Entscheidungsmuster verwenden. Solche Muster versuchen, die nicht-kompensatorischen Modelle abzubilden, auf die im übernächsten Abschnitt eingegangen wird.

5. **Zur Maximierungsprämisse:**
Die Annahme, dass mit zunehmender Höhe einer Eigenschaftsausprägung auch der Einstellungswert ansteigt, kann bei Modellen mit Idealpunkt aufgehoben werden, denen sich der folgende Abschnitt widmet.[267]

(4) Kompensatorische Modelle mit Idealpunkt

Bei dieser Modellklasse werden Idealpunkte eingeführt, welche die optimale Merkmalsausprägung der einzelnen Eigenschaften repräsentieren.[268] Je näher die Eindrucksausprägung eines Einstellungsobjekts an dem Idealpunkt liegt, umso positiver fällt der Eindrucks- bzw. Einstellungswert aus. Weicht die Ausprägung nach unten oder nach oben von dem Idealpunkt ab, wird das Einstellungsobjekt entsprechend schlechter beurteilt. So ist es bspw. denkbar, dass Konsumenten eine mittlere Sortimentsgröße bevorzugen, die ihnen Übersichtlichkeit und eine ausreichende Auswahl bietet. Ist das Sortiment einer Einkaufsstätte kleiner als die ideale Sortimentsgröße, wird die Auswahl als nicht groß genug empfunden, während ein zu großes Sortiment aufgrund seiner Unübersichtlichkeit ebenfalls negativ beurteilt wird. Fasst man die Idealpunkte zu allen relevanten Eigenschaften zusammen, ergibt sich eine subjektive, hypothetische Idealeinkaufsstätte. Die formale Struktur der Idealpunktmodelle kann nach Freter folgendermaßen dargestellt werden:[269]

---

[265] Vgl. Kroeber-Riel, W./Weinberg, P., 1999, S. 310 f.

[266] Vgl. Andritzky, Klaus: Die Operationalisierbarkeit von Theorien zum Konsumentenverhalten, Berlin 1976, S. 244.

[267] Vgl. Schuckel, M., 1999, S. 39.

[268] Vgl. Freter, H., 1979, S. 168 f.

[269] Trommsdorff verzichtet in seinem Idealpunktmodell auf die Berücksichtigung der Bedeutungskomponente. Vgl. Trommsdorff, V., 1975, S. 72-77.

$$EINST_j = \sum_{i=1}^{n} BED_i \mid EINDRUCK_{ij} - IDEAL_i \mid$$

wobei:

j	=	Einstellungsobjekt
i	=	Eigenschaft des Objekts
n	=	Anzahl der Eigenschaften
$EINST_j$	=	Gesamteinstellung gegenüber einem Objekt
BED_i	=	Bedeutung/Gewicht einer Eigenschaft i
$EINDRUCK_{ij}$	=	Merkmalsausprägung des Objekts j in der Eigenschaft i
$IDEAL_i$	=	Idealpunkt in der Eigenschaft i

Es fällt auf, dass das Idealpunktmodell stark an das Adequacy-Importance-Modell erinnert. Der wesentliche Unterschied besteht darin, dass bei dem Idealpunktmodell die kognitive Komponente um den Idealpunkt erweitert wurde. Beim Adequacy-Importance-Modell wird wie bei allen kompensatorischen Modellen ohne Idealpunkt implizit davon ausgegangen, dass der Idealpunkt der Individuen bei allen Eigenschaften maximal ausfällt. Sobald diese Maximierungsprämisse für eine Eigenschaft nicht erfüllt ist, erscheint die Berücksichtigung von Idealpunkten gerechtfertigt. Das Beispiel zur Beurteilung des Sortiments hat gezeigt, dass bei der Beurteilung der Eigenschaften von Meta-Betriebsformen nicht per se von maximalen Idealpunkten ausgegangen werden kann.

(5) Nicht-kompensatorische Modelle

Während sich bei dem im vorausgegangenen Abschnitt vorgestellten Idealpunktmodell die Maximierungsprämisse erübrigt, wird bei den nicht-kompensatorischen Modellen die **Kompensationsprämisse aufgegeben**. Hier wird davon ausgegangen, dass ein Konsument eine negativ bewertete Eigenschaft einer Meta-Betriebsform nicht durch eine positiv bewertete andere Eigenschaft kompensiert sieht. Mit den lexikographischen Modellen und den Modellen mit Mindestanspruchsniveau können zwei Modelltypen unterschieden werden, die versuchen, Formen einer nicht-kompensatorischen Einstellungsbildung abzubilden.[270]

Bei den **lexikographischen Modellen** wird angenommen, dass der Konsument die einzelnen Objekte (Meta-Betriebsformen) zunächst nach der wichtigsten Eigenschaft beurteilt. Wenn bei der Eigenschaft zwei Alternativen gleich gut bewertet werden, wird die nächst wichtigste Eigenschaft herangezogen, bis sich eine Alternative als überlegen erweist. Bei einer solchen Einstellungsbildung müsste bei den meisten Konsumenten die Meta-Betriebsformenwahl von einer einzigen Eigenschaft (nämlich der wichtigsten) abhängen. Empirische Untersuchungen zeigen jedoch, dass die Einkaufsstättenwahl in der Regel von mehr als

[270] Vgl. Müller-Hagedorn, L., 1986, S. 207 f.; zu konkreten Beispielen nicht-kompensatorischer Modelle vgl. Einhorn, Hillel J.: The Use of Nonlinear, Noncompensatory Models in Decision Making, in: Psychological Bulletin, 73. Jg. (1970), H. 3, S. 221-230.

einer Eigenschaft bestimmt wird.[271] Daher erscheinen die lexikographischen Modelle ungeeignet, die Einstellungsbildung gegenüber dem Einkauf in Meta-Betriebsformen abzubilden.

Bei **Modellen mit Mindestanspruchsniveau** wird davon ausgegangen, dass die Konsumenten nur solche Alternativen in die engere Wahl ziehen, die bei allen relevanten Eigenschaften einen Mindestwert erreichen. Erfüllen mehr als eine Alternative die Mindestansprüche, kann die weitere Präferenzbildung mit Hilfe eines kompensatorischen Modells abgebildet werden. Es stellt sich die Frage, ob bei der Meta-Betriebsformenwahl Mindestanspruchsniveaus wirksam werden können. Mindestanspruchsniveaus, die aus der Sicht bestimmter Konsumenten von einer der beiden Meta-Betriebsformen generell unterschritten werden, kommen nicht in Betracht, da Online-Shopper betrachtet werden, die weder das Internet Shopping noch den stationären Handel generell ablehnen. Es ist allerdings denkbar, dass situative Mindestanpruchsniveaus die Meta-Betriebsformenwahl der Online-Shopper beeinflussen. So könnten bspw. die Lieferzeiten, die beim Internet Shopping in Kauf genommen werden müssen, in bestimmten Kaufsituationen dazu führen, dass die Online-Shopper das Internet Shopping als Einkaufsstätte nicht näher in Betracht ziehen. Es ist zweifelhaft, ob situative Mindestanspruchsniveaus bei allen relevanten Eigenschaften entscheidungswirksam werden können. Vielmehr wird vermutet, dass Mindestansprüche nur bei wenigen entscheidenden Eigenschaften gestellt werden.[272] Werden bei diesen sog. K.O.-Kriterien die Mindestansprüche von einer Meta-Betriebsform nicht erfüllt, wird sie von den Konsumenten nicht in die engere Wahl gezogen, auch wenn die Meta-Betriebsform hinsichtlich anderer Kriterien positiv beurteilt wird.

(6) Entwicklung eines eigenen Einstellungsmessmodells

In diesem Abschnitt geht es darum, ein Einstellungsmessmodell zu entwickeln, das für die vorliegende Untersuchung geeignet ist. Dazu werden Elemente der verschiedenen vorgestellten Modelle miteinander verbunden. Es konnte gezeigt werden, dass eindimensionale Modelle, das Semantische Differential und die dekomponierenden Modelle für die Untersuchung dieser Arbeit ungeeignet erscheinen. Von den komponierenden Modellen wird in der Literatur den kompensatorischen Modellen ohne Idealpunkt besondere Beachtung geschenkt. Da das **Adequacy-Importance-Modell** anderen Modellen dieser Modellklasse überlegen erscheint, dient es der vorliegenden Untersuchung **als Ausgangsmodell**. Als problematisch erweisen sich allerdings die zahlreichen Prämissen, die beim Adequacy-Importance-Modell wie bei allen kompensatorischen Modellen ohne Idealpunkt getroffen werden. Während die Multiplikativitätsprämisse relativ unproblematisch erscheint, gilt für die anderen Prämissen, dass sie nur unter bestimmten Bedingungen aufrecht erhalten werden können. Diese Voraussetzungen

---

[271] Vgl. Nakanishi, Masao/Bettman, James R.: Attitude Models Revisited: An Individual Level Analysis, in: Journal of Consumer Research, 1. Jg. (1974), H. 3, S. 17 f.

[272] Vgl. Haller, Sabine: Beurteilung von Dienstleistungsqualität – Dynamische Betrachtung des Qualitätsurteils im Weiterbildungsbereich, Wiesbaden 1995, S. 29 f.

werden im Folgenden noch einmal herausgestellt. Dabei wird zum Teil verdeutlicht, wie das Adequacy-Importance-Modell angepasst werden muss, falls eine Bedingung nicht erfüllt ist. Weiterhin wird dem Kritikpunkt eines mangelnden Alternativenvergleichs (siehe Kritik an der E-V-Hypothese aus Abschnitt 3.2.1.4) und dem Kritikpunkt einer eventuell überhöhten Fehlervarianz bei der Multiplikation von Daten (siehe Kritik von Trommsdorff in Abschnitt 3.2.2.3) begegnet.

- Die **Prämisse der Multiattributivität** erfordert, dass der Auswahl der Eigenschaften, die in das Einstellungsmodell einfließen, besondere Beachtung geschenkt wird. Die ausgewählten Eigenschaften sollten für einen Großteil der Online-Shopper einstellungsrelevant sein. Dieser Problematik widmet sich Abschnitt 3.3.1.
- Im Rahmen der Auswahl der Eigenschaften ist weiterhin zu beachten, dass die einzelnen Eigenschaften unabhängig voneinander sind **(Additivitätsprämisse).**
- Die **Kompensationsprämisse** wird bei nicht-kompensatorischen Modellen aufgegeben. Während die Einstellungsbildung nach lexikographischen Modellen für diese Untersuchung ausgeschlossen wurde, kommen **situative Mindestanspruchniveaus** als nicht-kompensatorische Elemente in Betracht. Es bleibt zu diskutieren, in welchen Situationen solche Mindestansprüche von Bedeutung sind (siehe Abschnitt 3.4). In derartigen Situationen wird angenommen, dass sich die Individuen unabhängig von der Beurteilung der anderen Einstellungsdimensionen für die Meta-Betriebsform entscheiden, die das jeweilige Mindestanspruchsniveau erfüllt. Festzuhalten ist, dass in den Situationen, in denen die Mindestanspruchsniveaus von beiden Meta-Betriebsformen erfüllt werden, davon ausgegangen werden kann, dass die Einstellungsbildung nach kompensatorischen Regeln erfolgt und das angepasste Adequacy-Importance-Modell angewendet werden kann. Somit liegt der Untersuchung ein kompensatorisches Modell zugrunde, das um nicht-kompensatorische Elemente ergänzt wird.[273]
- Die **Maximierungsprämisse** ist erfüllt, wenn der Idealpunkt der Online-Shopper bei allen Eigenschaften, die in das Einstellungsmodell zur Meta-Betriebsformenwahl einbezogen werden, maximal ausfällt. Liegen Eigenschaften vor, für die diese Bedingung nicht erfüllt ist, müssen zumindest bei diesen Eigenschaften Idealpunkte berücksichtigt werden. Damit sind allerdings Probleme bei der expliziten Erhebung von Idealpunkten verbunden.[274] Der Spezialfall, dass Individuen eine minimale Eigenschaftsausprägung präferieren, kann auch ohne die Einführung eines Idealpunkts behoben wer-

[273] Vgl. Balderjahn, I., 1995, Sp. 552.
[274] Vgl. Trommsdorff, V., 1975, S. 126-128; Freter, H., 1979, S. 177.

den.[275] Voraussetzung ist, dass die Eigenschaftsausprägungen mit einer entsprechenden Kodierung in das Einstellungsmodell eingehen (z. B.: sehr geringer Eigenschaftswert ➔ 4, geringer Wert ➔ 3, ..., sehr hoher Wert ➔ 0).

- In Abschnitt 3.2.1.4 **(Alternativenvergleich)** wurde darauf hingewiesen, dass ein häufiger Fehler, der zu niedrigen Korrelationswerten zwischen Einstellung und Verhalten führt, darin besteht, nicht die Einstellungen zu möglichen Alternativen zu berücksichtigen. Um die Einstellungsbildung der Online-Shopper realitätsgetreuer abzubilden, soll der Vergleich zwischen den beiden hier betrachteten Meta-Betriebsformen in die Einstellungsmessung integriert werden. Die Einstellungen der Probanden zu den beiden Meta-Betriebsformen sollen nicht isoliert, sondern bewusst im Vergleich erhoben werden. Das folgende Beispiel verdeutlicht, wie die kognitive Komponente des Modells entsprechend angepasst wird:

  1. Einstellungsmessung ohne integrierten Vergleich:
     - Wie beurteilen Sie das Einkaufsvergnügen im Online-Buchhandel?
       (gering – mittel – hoch)
     - Wie beurteilen Sie das Einkaufsvergnügen im stationären Handel?
       (gering – mittel – hoch)
  2. Einstellungsmessung mit integriertem Vergleich:
     - Wie beurteilen Sie das Einkaufsvergnügen im Online-Buchhandel im Vergleich zum stationären Handel?
       (größeres Vergnügen im Online-Buchhandel – beide gleich gut – größeres Vergnügen im stationären Handel)

  Durch den integrierten Vergleich muss auch die Modellalgebra des Adequacy-Importance-Modell entsprechend angepasst werden:

[275] Theis spricht daher auch nicht von einer Maximierungsprämisse, sondern von einer Linearitätsprämisse. Damit ist unter anderem die Annahme gemeint, dass die Individuen extremale, das heißt minimale oder maximale Eigenschaftsausprägungen bevorzugen. Vgl. Theis, H.-J., 1992, S. 265-267.

$$EINSTDIFF_{jk} = \sum_{i=1}^{n} BED_i * EINDRUCKDIFF_{ijk}$$

wobei:

j	=	Einstellungsobjekt j (hier: Einkauf im stationären Handel)
k	=	Einstellungsobjekt k (hier: Internet Shopping)
i	=	Eigenschaft des Objekts
n	=	Anzahl der Eigenschaften
$EINSTDIFF_{jk}$	=	Differenz aus der Gesamteinstellung gegenüber Objekt j und Objekt k
BED_i	=	Bedeutung/Gewicht einer Eigenschaft i (= motivationale Komponente)
$EINDRUCKDIFF_{ijk}$	=	Differenz aus dem wahrgenommenen Ausmaß, in dem die Eigenschaft i bei Objekt j vorhanden ist, und dem Ausmaß, in dem die Eigenschaft i bei Objekt k vorhanden ist (= kognitive Komponente)

Wie bereits an anderer Stelle erwähnt wurde, sind mit dem integrierten Vergleich folgende beiden Vorteile verbunden:

1. Durch den integrierten Alternativenvergleich misst man Einstellungen, die vermutlich einen stärkeren Zusammenhang zum Verhalten aufweisen.
2. Weiterhin zeigt das Beispiel, dass sich der Befragungsaufwand reduziert.

Hinzu kommt ein weiterer Vorteil. Verwendet man diese bipolare Skala zur Messung der kognitiven Komponente und erhebt gleichzeitig die motivationale Komponente auf einer unipolaren Skala (z. B. unwichtig – mittelmäßig wichtig – wichtig), wird vermutlich vermieden, dass Antworttendenzen bei der kognitiven und der motivationalen Komponente in die gleiche Richtung tendieren. Somit werden keine Daten mit korrelierten Fehlern multipliziert und der Kritik von Trommsdorff hinsichtlich der Multiplikation der Modellkomponenten Rechnung getragen (siehe Abschnitt 3.2.2.3).

Ein großer Vorteil des hier gewählten Einstellungsmodells ist in der **leichten Interpretierbarkeit der kognitiven und motivationalen Modellkomponente** zu sehen. Während die kognitive Komponente – z. B.: Wie beurteilen Sie das Einkaufsvergnügen beim Internet Shopping im Vergleich zum stationären Handel? (Größeres Vergnügen beim Internet Shopping – beide gleich gut – Größeres Vergnügen im stationären Handel) – einzelne Vor- und Nachteile der beiden Meta-Betriebsformen herausstellt, wird mit der motivationalen Komponente – z. B.: Was für eine Bedeutung spielt das Einkaufsvergnügen bei der Wahl zwischen Internet Shopping und stationärem Handel? (geringe – mittlere – große Bedeutung) -

gemessen, wie wichtig die Vor- und Nachteile für die Gesamtbeurteilung der Meta-Betriebsformen in einer konkreten Einkaufssituation sind.[276]

3.2.2.4 Grenzen des Modells

Das aufgestellte Einstellungsmodell ist vermutlich nicht in der Lage, alle Meta-Betriebsformenentscheidungen der Online-Shopper zu erklären. Das Modell stößt in den Fällen an seine Grenzen, in denen kein Zusammenhang zwischen Einstellung und Verhalten zu erwarten ist. In Abschnitt 3.2.1 wurden zahlreiche Kritikpunkte an der Einstellung-Verhalten-Hypothese angeführt. Es wurde dargelegt, dass einige Kritikpunkte vor dem Hintergrund der vorliegenden Problemstellung nicht von Belang sind. Andere Punkte konnten entkräftet werden, indem sie bei der Modellbildung berücksichtigt wurden. Messproblemen, die durch Reaktionsstile entstehen, kann begegnet werden, wenn die Befragung mit Hilfe einer anonymen Methode durchgeführt wird. Aufgabe dieses Abschnitts ist es, auf die verbleibenden Kritikpunkte einzugehen. Sie haben gemein, dass sie das Einstellungsmodell nicht grundsätzlich, sondern nur für bestimmte Fälle des Kaufverhaltens in Frage stellen. Entscheidend ist, diese Fälle mit Hilfe geeigneter Kontrollvariablen zu erkennen. Folgende Kritikpunkte konnten nicht vollständig entkräftet werden:

- **Alternativenvergleich** (Abschnitt 3.2.1.4): Individuen können nicht beliebig kleine Wertdifferenzen zwischen einzelnen Marktangeboten wahrnehmen.[277] Daher können unter Umständen diejenigen Einkaufsentscheidungen nicht mit Hilfe des Einstellungsmodells erklärt werden, bei denen nur eine **geringe Wertdifferenz** zwischen den errechneten Gesamteinstellungswerten der beiden Meta-Betriebsformen besteht.
- **Consideration Set** (Abschnitt 3.2.1.5): Nur die Fälle der Meta-Betriebsformenwahl können mit Hilfe des Einstellungsmodells erklärt werden, bei denen sich beide Meta-Betriebsformen im Consideration Set der Konsumenten befinden.
- **Non-Attitudes** (Abschnitt 3.2.1.6): Es können nur dann Einstellungen zur Erklärung der Meta-Betriebsformenwahl herangezogen werden, wenn die Probanden über Einstellungen zu beiden Meta-Betriebsformen verfügen. Die Befragten werden daher aufgefordert, nur die Fragen zu beantworten, zu denen sie eine Meinung gebildet haben. Außerdem gilt es, eine möglichst anonyme Befragungsmethode zu wählen, damit sich die Probanden nicht scheuen, die „weiß nicht"-Option zu wählen (siehe „Wahl der Untersuchungsmethode" in Abschnitt 4.1.2).
- **Automatische Prozesse – habituelles und impulsives Kaufverhalten** (Abschnitt 3.2.1.7): Fälle der automatischen Meta-Betriebsformenwahl

[276] Vgl. auch Doyle, P./Fenwick, I., 1974-75, S. 39.
[277] Vgl. Balderjahn, I., 1993, S. 87 f.

können dann nicht mittels eines Einstellungsmodells erklärt werden, wenn die Konsumenten nur schwache Einstellungen zu den Meta-Betriebsformen gebildet haben. Automatisches Verhalten liegt vor, falls die Meta-Betriebsformenwahl unter **geringer kognitiver Kontrolle** erfolgt. Die Stärke der Einstellungen kann festgestellt werden, indem die Zugänglichkeit der Einstellungen bzw. die **Antwortzeiten** gemessen werden.

In den Fällen, in denen die Befragten über keine Einstellung zum Einkauf per Internet Shopping oder stationärem Handel verfügen („Non-Attitudes“) und auf die Beantwortung der entsprechenden Einstellungsfragen verzichten, kann das Einstellungsmodell nicht zur Erklärung der Meta-Betriebsformenwahl herangezogen werden. Hinsichtlich der anderen Kritikpunkte sollen die entsprechenden Fälle nicht von vornherein ausgeschlossen werden, sondern nur dann, wenn bei ihnen nachweislich ein schwacher Zusammenhang zwischen Einstellung und Verhalten besteht. Bei einem Ausschluss von Fällen könnte nur ein Teil des empirisch zu beobachtenden Verhaltens mit Hilfe des hier entwickelten Modells erklärt werden.

Tabelle 3.8 zeigt abschließend, wie den verschiedenen Kritikpunkten an der Einstellung-Verhalten-Hypothese in der vorliegenden Untersuchung begegnet wird. Einige Punkte können bei der vorliegenden Problemstellung vernachlässigt werden, andere wurden bei der Modellbildung berücksichtigt. Um Messprobleme durch Reaktionsstile zu vermeiden, sollte im Rahmen der Anlage der Untersuchung eine anonyme Befragungsmethode gewählt werden. Bezüglich der verbliebenen Kritikpunkte wurden in diesem Abschnitt zusammenfassend die Fälle gekennzeichnet, die unter Umständen aus der Untersuchung ausgegrenzt werden müssen, da sie nicht mit Hilfe des entwickelten Einstellungsmodells erklärt werden können.

Tabelle 3.8: Berücksichtigung der Kritikpunkte an der Einstellung-Verhalten-Hypothese

Kritikpunkt an der E-V-Hypothese	Erklärung/Lösung
a) Kritikpunkte, die vor dem Hintergrund der vorliegenden Problemstellung vernachlässigt werden können	
Private und soziale Normen (Kap. 3.2.1.2)	Meta-Betriebsformenwahl mit geringem sozialen Verhaltensdruck verbunden
Persönliche Erfahrung mit dem Einstellungsobjekt (Kap. 3.2.1.8)	Bei Online-Shoppern persönliche Erfahrung mit beiden Meta-Betriebsformen gegeben
Subjektives Wissen über ein Einstellungsobjekt (Kap. 3.2.1.9)	Für Online-Shopper stellen beide Meta-Betriebsformen bekannte Einkaufsalternativen dar.
b) Kritikpunkte, die durch eine geeignete Modellbildung entkräftet werden konnten	
Gleicher Allgemeinheitsgrad von Einstellung und Verhalten (Kap. 3.2.1.1)	Messen von situationsspezifischen Einstellungen und Verhalten
Subjektive Verhaltenskontrolle (Kap. 3.2.1.3)	Berücksichtigung von nicht-antizipierten Handlungsrestriktionen
c) Kritikpunkte, denen im Rahmen der Anlage der empirischen Untersuchung begegnet werden kann	
Messprobleme durch Reaktionsstile (Kap. 3.2.1.10)	Anonyme Befragungsmethode
d) Kritikpunkte, die (unter Umständen) zu einem Ausschluss einzelner Fälle der Meta-Betriebsformenwahl führen	
Alternativenvergleich (Kap. 3.2.1.4)	Einstellungsmessung mit integriertem Alternativenvergleich; u. U. Ausschluss bei geringen Wertdifferenzen
Awareness, Consideration und Evoked Set (Kap. 3.2.1.5)	U. U. Ausschluss von Fällen, bei denen nicht beide Meta-Betriebsformen im consideration set berücksichtigt werden
Non-Attitudes (Kap. 3.2.1.6)	Anonyme Befragungsmethode Ausschluss von Fällen, bei denen keine Einstellung zu einer der beiden Meta-Betriebsformen vorliegt
Automatische Prozesse – habituelles und impulsives Kaufverhalten (Kap. 3.2.1.7)	U. U. Ausschluss von Fällen automatischen Kaufverhaltens, bei denen schwache Einstellungen gegeben sind

Abschließend sei die Hypothese formuliert, die an das in diesem Kapitel aufgestellte Modell anknüpft und im empirischen Teil der Arbeit überprüft werden soll.

Hypothese 1: Mit dem entwickelten Modell kann die Meta-Betriebsformenwahl von Online-Shoppern in einer konkreten Einkaufssituation erklärt werden. Folgende Fälle kann das Modell (unter Umständen) nicht erfassen:

- Fälle, bei denen keine Einstellung zu einer der beiden Meta-Betriebsformen vorliegt,
- Fälle mit geringen Wertdifferenzen zwischen den beiden Meta-Betriebsformen,
- Fälle, bei denen nicht beide Meta-Betriebsformen im consideration set berücksichtigt werden, sowie
- Fälle automatischen Kaufverhaltens, bei denen schwache Einstellungen gegeben sind.

Inwiefern das kompensatorische Modell in einzelnen Situationen um nicht-kompensatorische Elemente (situative Mindestanspruchniveaus) ergänzt werden muss, kann an dieser Stelle noch nicht beurteilt werden. Die Diskussion situativer Einflüsse erfolgt in Abschnitt 3.4.

3.3 Vor- und Nachteile von Internet Shopping und stationärem Handel aus Konsumentensicht

Im vorausgegangen Kapitel wurde ein Modell entwickelt, mit dem die Meta-Betriebsformenwahl erklärt werden soll. Das Kaufverhalten der Online-Shopper wird im Wesentlichen auf Einstellungen zurückgeführt, die aus einer kognitiven und einer motivationalen Komponente bestehen. Es wurde bereits darauf hingewiesen, dass die **kognitive Dimension als Vor- und Nachteile** von Internet Shopping und stationärem Handel interpretiert werden kann, während die motivationale Dimension die Bedeutung wiedergibt, welche die Online-Shopper einzelnen Vor- und Nachteilen beimessen.

Das Ausgangsproblem der vorliegenden Arbeit, das mit Hilfe des Einstellungsmodells erklärt werden soll, stellt das Phänomen dar, dass der einzelne Online-Shopper sich von Situation zu Situation für das Internet Shopping oder für den stationären Handel entscheidet. Wenn das Einstellungsmodell die Meta-Betriebsformenwahl zu erklären vermag, müssen auch die **Einstellungen zu den Meta-Betriebsformen in verschiedenen Situationen variieren**. Es stellt sich die Frage, ob sowohl die kognitive als auch die motivationale Dimension situationsabhängig sind. In einer Untersuchung versucht Miller, die Wahl von Fast Food Restaurants in bestimmten Situationen mit einem multiattributiven Einstellungsmodell zu erklären.[278] Dabei stellt er fest, **dass vor allem die motivationale Gewichtungskomponente mit den Situationen variiert**, während sich hinsichtlich der kognitiven Dimension nur die Beurteilung einer von sieben Eigenschaften, nämlich die Einschätzung der Convenience, in verschiedenen Situationen verändert. Miller und Ginter können dieses Ergebnis in einer weiteren Untersuchung bestätigen.[279] Sie erklären die situationsabhängige Beurteilung der Convenience damit, dass manche Fast Food-Ketten bestimmte Standorte bevorzugen (z. B. in der Nähe von Shopping Centern oder in der Nähe von Wohngegenden), die in einigen Situationen bequemer zu erreichen sind als in anderen Situationen. Sieht man von dieser Ausnahme ab, lässt sich die situationsabhängige Wahl von Fast Food-Restaurants in erster Linie durch Variationen der Bedeutung der verschiedenen Eigenschaften erklären.

Analog dazu wird auch bei der Meta-Betriebsformenwahl davon ausgegangen, dass situationsbedingte Änderungen der Einstellungen vor allem auf die motivationale Einstellungskomponente zurückzuführen sind. Es wird angenom-

---

[278] Vgl. Miller, K. E., 1975, S. 455-463.

[279] Vgl. Miller, Kenneth E./Ginter, James L.: An Investigation of Situational Variation in Brand Choice Behavior and Attitude, in: Journal of Marketing Research, 16. Jg. (1979), H. 2, S. 111-123.

men, dass die kognitive Beurteilung der Meta-Betriebsformen weitgehend unabhängig von der jeweiligen Kaufsituation ist. Wenn bspw. die Hypothese abgeleitet wird, dass die Online-Shopper den stationären Handel hinsichtlich des Einkaufsvergnügens besser beurteilen als das Internet Shopping, wird angenommen, dass diese Einschätzung situationsübergreifend gültig ist.

Ziel dieses Kapitels ist es, die **situationsübergreifenden Vor- und Nachteile** der Meta-Betriebsformen herauszustellen. Gesucht werden dabei übergreifende Leistungsunterschiede, das heißt Leistungsunterschiede über alle Einkaufsstätten hinweg, die von den Konsumenten trotz der verschiedenen strategischen Stoßrichtungen einzelner Einkaufsstätten wahrgenommen werden. So existieren bspw. im Online-Handel wie auch im stationären Handel sowohl Handelsunternehmen, die eine Discount-Strategie verfolgen, als auch Händler, die bestimmte Serviceleistungen besonders betonen. Dennoch ist es denkbar, dass über alle Einkaufsstätten hinweg der elektronische Einkauf prinzipiell preisgünstiger wahrgenommen wird als der stationäre Handel.

Bevor Hypothesen zu einzelnen Eigenschaften abgeleitet werden können, ist es zunächst erforderlich, die **Eigenschaften zu erkennen**, die aus Sicht der Online-Shopper die Meta-Betriebsformenwahl beeinflussen und in das multiattributive Modell einfließen sollten. Anschließend werden Internet Shopping und stationärer Handel hinsichtlich der relevanten Eigenschaften verglichen, um Hypothesen über die Vor- und Nachteile der beiden Meta-Betriebsformen abzuleiten. Da das Urteil der Konsumenten entscheidend ist, reicht es nicht aus, die Eigenschaften auf einer objektiven Ebene zu beurteilen. Es gilt vielmehr, die subjektive Sichtweise der Konsumenten darzulegen. Ausgehend von der Annahme, dass die kognitive Einstellungskomponente nicht situationsabhängig ist, werden die abgeleiteten Hypothesen nur in Ausnahmefällen nach verschiedenen Kaufsituationen differenziert.

3.3.1 Relevante Eigenschaften bei der Meta-Betriebsformenwahl

Wie schon bei den Ausführungen zur **Prämisse der Multiattributivität** der Einstellungsmessung (Abschnitt 3.2.2.3) deutlich wurde, kommt der Auswahl der relevanten Eigenschaften, die als Attribute in das Einstellungsmessmodell einfließen, eine bedeutende Rolle für die Aussagekraft des Modells zu.[280] In diesem Abschnitt sollen zunächst Anforderungen an die Generierung einstellungsrelevanter Eigenschaften aufgestellt werden, bevor verschiedene Eigenschaftslisten aus der Literatur vorgestellt und vor dem Hintergrund der Anforderungen beurteilt werden. Es wird darauf verzichtet, die Breite möglicher Methoden zur Generierung

---

[280] Vgl. auch Müller-Hagedorn, Lothar/Vornberger, Eva: Die Eignung der Grid-Methode für die Suche nach einstellungsrelevanten Dimensionen, in: Meffert, Heribert/Steffenhagen, Hartwig/Freter, Hermann (Hrsg.): Konsumentenverhalten und Information, Wiesbaden 1979, S. 187; Doyle, P./Fenwick, I., 1974-75, S. 39.

von Eigenschaften darzulegen.[281] Vielmehr wird sich darauf beschränkt, die Vorgehensweise bei der Studie von Keeney darzustellen, die für die vorliegende Untersuchung maßgeblich ist.

3.3.1.1 Anforderungen an die Generierung einstellungsrelevanter Eigenschaften

Freter fasst Anforderungen zusammen, welche bei der Auswahl der Eigenschaften für ein multiattributives Einstellungsmodell generell berücksichtigt werden sollten:[282]

- Die Eigenschaften sollen die **subjektiven Wahrnehmungsdimensionen** der Befragten abbilden und können daher in der Regel keine direkt messbaren, objektiven Eigenschaften der betrachteten Einstellungsobjekte darstellen. Diese Anforderung impliziert, dass die Konsumenten bei der Generierung der Eigenschaften einbezogen werden müssen.
- Die Additivitätsprämisse des gewählten Einstellungsmessmodells bedingt, dass die Eigenschaften **voneinander unabhängig** sind, um Verzerrungen bei der Summation der Eindruckswerte (z. B. Doppelzählungen) zu vermeiden. Vielfach wird daher eine Faktorenanalyse durchgeführt, um die Eigenschaften auf ein ihnen evtl. zugrundeliegendes System unabhängiger Faktoren zurückzuführen.
- Weiterhin sollen die ausgewählten Eigenschaften **einstellungsrelevant** sein, d. h. einen Einfluss auf die Einstellungsbildung ausüben. Diese Forderung ergibt sich aus der Prämisse der Multiattributivität. Bleibt die Forderung unbeachtet, besteht die Gefahr, dass die Auskunftspersonen mehr oder weniger Eigenschaften beurteilen, als ihnen bei der Urteilsbildung tatsächlich bewusst sind. Da es aus befragungsökonomischen und technischen Gründen in der Regel nicht möglich ist, individuelle Listen von einstellungsrelevanten Eigenschaften zu erstellen, begnügt man sich damit, die Eigenschaften einzubeziehen, die für einen Großteil der Befragten von Bedeutung sind.[283] Hackman und Anderson berichten darüber hinaus, dass Einstellungsprognosen aufgrund individueller Eindrucksitems keineswegs zu besseren Ergebnissen führen als aufgrund standardisierter Items.[284]

---

[281] Zu einem Überblick über verschiedene Methoden wie insbesondere die Repertory-Grid-Methode, die Elicitation-Technik sowie die Multidimensionale Skalierung vgl. Heemeyer, H., 1981, S. 148-152; Trommsdorff, V., 1975, S. 99-110.

[282] Vgl. Freter, H., 1979, S. 172 f.

[283] Vgl. Freter, H., 1979, S. 173; Trommsdorff, V., 1975, S. 57 f.

[284] Vgl. Hackmann, J. Richard/Anderson, Lynn R.: The Strength, Relevance, and Source of Beliefs About an Object in Fishbein's Attitude Theory, in: The Journal of Social Psychology, 76. Jg. (1968), S. 55-67.

Neben diesen allgemeinen Anforderungen ergibt sich aus der spezifischen Problemstellung der vorliegenden Arbeit eine weitere Bedingung, die bei der Auswahl der Eigenschaften beachtet werden muss:

- Die Eigenschaften müssen **für beide Meta-Betriebsformen einstellungsrelevant** sein. Während bspw. das Parkplatzangebot die Einstellungsbildung gegenüber stationären Einkaufsstätten beeinflusst, können Online-Shops hinsichtlich dieses Merkmals kaum beurteilt werden. Auf einer abstrakteren Ebene können die Online-Shopper jedoch die Convenience der beiden Meta-Betriebsformen vergleichen. Der Nachteil, der mit der Auswahl abstrakter Meta-Betriebsformeneigenschaften in Kauf genommen werden muss, sind Schwierigkeiten bei der Operationalisierung. Eindruckswerte zum Parkplatzangebot lassen sich wesentlich unmissverständlicher erheben als zur Convenience.

3.3.1.2 Relevante Eigenschaften bei der Wahl stationärer Einkaufsstätten

Die letztgenannte Bedingung ist bei solchen Studien nicht erfüllt, welche nur die Eigenschaften ermitteln, die entweder im stationären Handel oder beim Internet Shopping einstellungsrelevant sind. Insbesondere für den stationären Handel finden sich zahlreiche Untersuchungen. Deppisch führt die verschiedenen Eigenschaften, die sich in 20 verschiedenen Untersuchungen ergeben haben, auf acht grundlegende Dimensionen zurück:[285]

- Sortiment,
- Preisaspekte,
- Beratung/persönliche Interaktion,
- Erreichbarkeit,
- Tangibles Umfeld,
- Zuverlässigkeit,
- Zusatzleistungen und
- Werbung.

Es muss davon ausgegangen werden, dass bei der Wahl zwischen stationärem Handel und Internet Shopping andere Eigenschaften von Bedeutung sind. So spielen z. B. bei der Wahl zwischen Ladengeschäften Aspekte, welche die Sicherheit beim Zahlungsverkehr betreffen, keine Rolle. Wählen Konsumenten jedoch zwischen stationärem Handel und Internet Shopping, können solche Aspekte durchaus von Bedeutung sein.

---

[285] Die Dimensionen „Gesamtbeurteilung“ und „Sonstiges“ wurden aus der Liste herausgelassen. Vgl. Deppisch, Carl Georg: Dienstleistungsqualität im Handel, Wiesbaden 1997, S. 68-115. Eine vergleichende Betrachtung verschiedener Studien zur Generierung einstellungsrelevanter Eigenschaften im stationären Handel findet sich auch bei Lindquist, Jay D.: Meaning of Image, A Survey of Empirical and Hypothetical Evidence, in: Journal of Retailing, 50. Jg. (1974/75), H. 4, S. 29-38.

3.3.1.3 Relevante Eigenschaften bei der Wahl von Online-Shops

Zu kurz greifen auch Untersuchungen, welche bei der Ermittlung von Eigenschaften ausschließlich das Internet Shopping betrachten.[286] So versuchen etwa Szymanski und Hise, über Interviews mit Fokusgruppen von Online-Shoppern die Dimensionen zu eruieren, welche die Zufriedenheit mit Online-Shops bestimmen.[287] Dabei gelangen sie zu der folgenden Liste:

- Convenience,
- Sortiment,
- Produktinformationen,
- Design der Website und
- finanzielle Sicherheit.

Auch hier kann beispielhaft gezeigt werden, dass sich die Liste nicht für die Einstellungsbildung gegenüber Meta-Betriebsformen eignet. So mag das Design der Website ein gewichtiger Punkt für den Vergleich verschiedener Online-Shops sein. Anhand dieses Kriteriums können Online-Shopper aber kaum Online-Shops und Ladengeschäfte vergleichen.

3.3.1.4 Relevante Eigenschaften bei der Meta-Betriebsformenwahl nach Alba et al.

In nur wenigen Untersuchungen werden Eigenschaften ermittelt, welche die Einstellungsbildung bei der Meta-Betriebsformenwahl bestimmen. Eine Aufstellung relevanter Eigenschaften bei der Wahl zwischen stationärem Handel, Internet Shopping und Katalogversandhandel findet sich bei Alba et al. (Tabelle 3.9).

Tabelle 3.9: Relevante Eigenschaften nach Alba et al.

Providing Alternatives for Consideration
Number of Categories
Alternatives per Category
Screening Alternatives to Form Consideration Set
Selecting consideration set
Providing Information for Selecting from Consideration Set
Quantity
Quality
Comparing Alternatives
Ordering and Fulfillment: Transaction Costs
Delivery Time
Supplier Delivery Cost
Customer Transaction Cost
Supplier Facility Cost
Locations for Placing Orders
Other Benefits
Entertainment
Social Interaction
Personal Security

Quelle: Alba, J./Lynch, J./Weitz, B. et al., 1997, S. 40

[286] Vgl. auch Shim, S./Eastlick, M. A./Lotz, Sh. L. et al., 2001, S. 405 f.

[287] Vgl. Szymanski, David M./Hise, Richard T.: e-Satisfaction: An Initial Examination, in: Journal of Retailing, 76. Jg. (2000), S. 309-322.

Auch wenn sich die Eigenschaftsliste auf die Meta-Betriebsformenwahl bezieht und für die vorliegende Untersuchung eher geeignet erscheint als die Untersuchungen, die sich nur auf den stationären Handel oder das Internet Shopping beschränken, geben die Autoren leider keinen Hinweis, wie sie die Eigenschaften ermittelt haben. Die drei von Freter aufgeführten Anforderungen an die Generierung einstellungsrelevanter Eigenschaften können daher nicht überprüft werden. Insbesondere bleibt unklar, ob Konsumenten bei der Generierung der Eigenschaften einbezogen wurden und ob die Dimensionen voneinander unabhängig sind. Letzteres muss angezweifelt werden, da bspw. soziale Interaktionen („social interaction“) das Einkaufsvergnügen („entertainment“) beeinflussen können.

3.3.1.5 Relevante Eigenschaften bei der Meta-Betriebsformenwahl nach Keeney

Bei der Untersuchung von Keeney ist hingegen die nötige Transparenz gegeben, um die Anforderungen von Freter zu überprüfen.[288] Keeney ermittelt in seiner Studie die „values“ des Internet Commerce. Da der Autor unter „values“ die Vor- und Nachteile versteht, mit denen das Internet Shopping im Vergleich zu den traditionellen Meta-Betriebsformen verbunden ist, können die „values“ als einstellungsrelevante Eigenschaften der Meta-Betriebsformenwahl aufgefasst werden. Der Autor ermittelt die Eigenschaften anhand einer dreistufigen Vorgehensweise, die er in einer früheren Veröffentlichung entwickelt hat:[289]

- In einem **ersten Schritt** versucht Keeney, eine möglichst umfassende Liste von Vor- und Nachteilen beim Internet Shopping und traditionellen Einkauf zu erzeugen. Dazu führt er solange individuelle Interviews und Gruppendiskussionen durch, bis keine neuen „values“ bzw. Eigenschaften mehr aufgedeckt werden. Diese Vorgehensweise erinnert an die Ermittlung kritischer Ereignisse im Rahmen der Critical-Incident-Technique nach Flanagan.[290] Dabei handelt es sich um eine Methode der direkten Befragung, die erfordert, dass die Individuen die Eigenschaften verbalisieren können.[291]

  Insgesamt werden in der Untersuchung von Keeney über 100 Personen befragt, etwa je zur Hälfte in Gruppendiskussionen und Interviews. Bei der Auswahl der Personen wird darauf geachtet, eine möglichst heterogene Gruppe zusammenzustellen, um die Meinungsvielfalt zu erhöhen. So entstammen die Probanden aus über 20 Ländern. Das Altersspektrum reicht von 18 bis über 65 Jahren, wobei ein Schwerpunkt bei den unter 35 jährigen

[288] Vgl. Keeney, Ralph L.: The Value of Internet Commerce to the Customer, in: Management Science, 45. Jg. (1999), S. 533-542.

[289] Vgl. Keeney, Ralph L.: Value-Focused Thinking – A Path to Creative Decisionmaking, Cambridge/Massachusetts-London 1992, S. 55-98.

[290] Vgl. Flanagan, John C.: The Critical Incident Technique, in: Psychological Bulletin, 51. Jg. (1954), S. 327-358.

[291] Vgl. Trommsdorff, V., 1975, S. 102.

gesetzt wird. Zu den Befragten zählen sowohl Internet-Nutzer als auch Personen, die das neue Medium nicht nutzen. Unter den Internet-Nutzern befinden sich wiederum Online-Shopper und solche Nutzer, die nicht online einkaufen. Zunächst werden die Individuen gebeten, Listen aller Vor- und Nachteile des Internet Shoppings aufzustellen. Anschließend werden die Vor- und Nachteile diskutiert, um die Listen möglicherweise noch auszuweiten. Dabei werden die Befragten insbesondere angeregt, sich spezifische Situationen vorzustellen. So sollen die Individuen bspw. die Vor- und Nachteile abwägen, die mit dem Buchkauf in einem Online-Buchladen und in einem stationären Buchladen verbunden sind. Die individuellen Eigenschaftslisten werden schließlich zu einer Liste zusammengeführt, aus der doppelte Eigenschaften entfernt werden. So entsteht eine Liste von über 100 Eigenschaften.

- In einem **zweiten Schritt** werden die Eigenschaften oder „values", die von den Probanden auf unterschiedliche Art und Weise vorgetragen wurden, in eine gemeinsame Form überführt. Keeney wählt als gemeinsame Form Zielsetzungen, bei denen ein Substantiv das Ziel und ein Verb die Präferenzrichtung angibt (z. B. „Minimiere die Einkaufszeit!").
- In einem **dritten Schritt** werden die Zielsetzungen in eine Zielhierarchie eingeordnet, die Instrumental- und Fundamentalziele unterscheidet.[292] Instrumentalziele zeichnen sich dadurch aus, dass sie andere Ziele beeinflussen, während Fundamentalziele grundlegende Ursachen für den Einkauf im Internet oder im traditionellen Handel darstellen. Die Ziele werden eingeordnet, indem die Probanden gefragt werden, warum ein einzelnes Ziel für die Entscheidung, per Internet oder traditionell einzukaufen, bedeutend ist. Wenn die Befragten antworten, dass ein Ziel wichtig ist, weil es eines oder mehrere der anderen Ziele beeinflusst, handelt es sich um ein Instrumentalziel. Lautet die Antwort, dass das Ziel einen fundamentalen Grund für oder gegen den Einkauf im Internet darstellt, kann das Ziel als Fundamentalziel angesehen werden. So ergibt sich etwa, dass das Ziel „Minimiere den Missbrauch von Kreditkarten" instrumental auf die Fundamentalziele „Minimiere die Kosten", „Maximiere die Convenience" und „Minimiere die eingesetzte Zeit" wirkt. Die Untersuchung von Keeney führt schließlich zu einer Liste von Instrumental- und Fundamentalzielen (Tabelle 3.10 und Tabelle 3.11). Der Zusammenhang zwischen Instrumental- und Fundamentalzielen wird in dem Beitrag von Keeney nur beispielhaft erläutert. Daher muss größtenteils spekuliert werden, welche Instrumentalziele ein bestimmtes Fundamentalziel beeinflussen. Sowohl den Fundamental- als auch den Instrumentalzielen sind Unterziele zugeordnet,

292 Zur Unterscheidung von Fundamental- und Instrumentalzielen vgl. Eisenführ, Franz/Weber, Martin: Rationales Entscheiden, 3. Auflage, Berlin u. a. 1999, S. 56-60.

die einzelne Aspekte des jeweils übergeordneten Ziels anzeigen.[293] So wird etwa das Fundamentalziel „Minimiere die Kosten“ in die Unterziele „Minimiere den Produktpreis“, „Minimiere die Steuern“, „Minimiere die Versandkosten“, „Minimiere die Internetgebühren“ und „Minimiere die Reisekosten“ aufgespalten.

Tabelle 3.10: Instrumentalziele nach der Untersuchung von Keeney

Minimize Fraud Maximize fraud protection Discourage/prevent fraud Maximize seller legitimacy	**Maximize Accuracy of Transaction** Minimize product errors Minimize shipping errors Minimize charging errors
Assure System Security Maximize security of transaction Discourage hacking	**Enhance Comparison Shopping** Maximize products for comparison Provide comparison shopping Maximize ease of comparison shopping Maximize speed of comparison shopping
Maximize Access to Information Have many search possibilities Learn about specials efficiently Facilitate information gathering Get more focused profile of what is of interest to you Maximize transaction speed	**Make Better Purchase Choices** Minimize likelihood of disappointment Maximize confidence (right choice)
Maximize Product Information Maximize information about promotions Maximize available product information Be able to feel the product Be able to see the product Be able to try product on Be able to test product Maximize information about products Maximize accuracy of information	**Maximize Product Variety** Increase variety of products Maximize product selection Have broad choice of products
Minimize Misuse of Credit Card Minimize unauthorized use of credit card Maximize safety of credit card	**Maximize Product Availability** Have many products in stock Maximize range of quality options
Minimize Misuse of Personal Information Minimize receipt of unsolicited material Minimize transfer of personal information	**Minimize Personal Travel** Minimize travel distance Minimize driving effort
Assure Reliable Delivery Provide reliable delivery Assure arrival of purchase	**Maximize Ease of Use** Maximize ease of user interface Make access easy Make search process easy Maximize ease of the purchase Simplify finding desired product
Limit Impulse Buying Minimize "unwanted" purchases Control unreasonable buying	**Offer Personal Interaction** Provide human customer support Provide opportunity for personal interaction

Quelle: Keeney, R. L., 1999, S. 537

[293] Zur Abgrenzung von Unterzielen und Instrumentalzielen vgl. Eisenführ, F./Weber, M., 1999, S. 62-66.

Tabelle 3.11: Fundamentalziele nach der Untersuchung von Keeney

Maximize Product Quality Maximize product value (i. e., price/quality relationship) Ensure quality of product Get the best product for the buck Maximize functionality of purchased item	**Minimize Time Spent** Minimize purchase time MInimize processing time Minimize payment time Minimize queuing time Minimize time to find product Minimize communication time Minimize search time Minimize time to order product Minimize time to gather information Minimize time to select a product
Minimize Cost Minimize product cost Minimize tax cost Minimize shipping cost Minimize Internet cost Minimize travel cost	**Maximize Privacy** Avoid electronic mailing lists
Minimize Time to Receive Product Minimize delivery time Minimize shipping time' Minimize dispatch time	**Maximize Shopping Enjoyment** Make shopping a social event MInimize worry Inspire customers Enhance user productivity (i. e., get ideas that you would not have had otherwise) Minimize regret Minimize disappointment Maximize customer confidence Reduce demand for forced labor
Maximize Convenience Maximize purchasing convenience Maximize time flexibility in purchasing Provide quality after-sales service Assure an easy return process Minimize effort of shopping Minimze personal hassle Minimize ease of finding product	**Maximize Safety** Maximize driving safety MInimize risk of product use
	Minimize Environmental Impact Reduce environmental damages MInimize pollution

Anmerkung: Das Globalziel "Maximize customer satisfaction" wurde nicht mit abgebildet.

Quelle: Keeney, R. L., 1999, S. 538

Keeney weist darauf hin, dass die Entscheidung über die Meta-Betriebsformenwahl **allein von den Fundamentalzielen** abhängt:

„To a customer, the decision about whether to purchase over the Internet can be made with only a knowledge of how well the alternatives perform in terms of the fundamental objectives."[294]

Die Instrumentalziele sind lediglich dahingehend bedeutend, als dass sie Hinweise liefern, wie Unternehmen ihre Handelsleistung in Hinblick auf die Fundamentalziele verbessern können. Daher kommen nur die Fundamentalziele in Frage, um als Eigenschaften in das Einstellungsmodell einbezogen zu werden. Die sich so ergebende Eigenschaftsliste birgt Überraschungen, wenn man sie mit den Eigenschaftslisten für die Einkaufsstättenwahl innerhalb des stationären Handels oder mit der Liste von Alba et al. vergleicht. So finden sich die Produktinformationen beispielsweise nicht bei den Fundamentalzielen

[294] Keeney, R. L., 1999, S. 535.

wieder, da sie in Hinblick auf die Produktqualität lediglich ein Instrumentalziel darstellen. Das Sortiment bzw. die Produktauswahl wird ebenfalls nur als Instrumentalziel angesehen. Diese Einordnung kann nachvollzogen werden, wenn man sich bewusst macht, dass eine große Produktauswahl keinen Selbstzweck darstellt, sondern sie sich positiv auf die Convenience (in einer Einkaufsstätte sind alle gewünschten Produkte erhältlich), die Produktqualität (größere Wahrscheinlichkeit, ein ideales Produkt auszuwählen) oder das Einkaufsvergnügen auswirken kann.

Wie ist die Studie von Keeney vor dem Hintergrund der anfangs aufgestellten vier Anforderungen an die Generierung von Eigenschaften zu beurteilen?

- Die Ziele bzw. Eigenschaften werden über Interviews und Diskussionen mit Konsumenten ermittelt. Insofern handelt es sich um **subjektive Wahrnehmungsdimensionen**.
- Die **Unabhängigkeit der Eigenschaften** ist durch den Aufbau der Zielhierarchie gewährleistet. Als Fundamentalziele werden nur die Eigenschaften bzw. Ziele eingestuft, die keine anderen Ziele beeinflussen.
- Da die Vorgehensweise von Keeney darauf abzielt, eine möglichst umfassende Liste von Eigenschaften zu erstellen, besteht die Gefahr, dass einzelne Fundamentalziele enthalten sind, die nur wenigen Online-Shoppern bei der Urteilsbildung tatsächlich bewusst sind. Die übrigen Befragten würden somit **zu viele Eigenschaften** beurteilen. Kritisch ist in der Hinsicht insbesondere die „Auswirkung auf die Umwelt" zu betrachten. Es ist fraglich, ob ein Großteil der Online-Shopper bei einer trivialen Alltagsentscheidung solche komplexen Zusammenhänge berücksichtigt. Da die Erstellung individueller Listen jedoch, wie bereits angemerkt wurde, aufgrund befragungsökonomischer und technischer Gründe ausscheidet, muss dieses Problem in Kauf genommen werden.
- Die ermittelten Eigenschaften sind **für beide Meta-Betriebsformen einstellungsrelevant**. Zwar steht das Internet Shopping im Zentrum der Studie von Keeney. Bei der Generierung der Eigenschaften werden die Probanden aber explizit darauf hingewiesen, die Vor- und Nachteile des Online Einkaufs im Vergleich mit den traditionellen Einkaufsformen zu beurteilen.

Es kann festgehalten werden, dass die vorgegebenen Anforderungen bei der Ermittlung der Eigenschaften prinzipiell erfüllt werden. Daher wird der Katalog von Keeney für das vorliegende Einstellungsmodell herangezogen. Die Eigenschaften bzw. Fundamentalziele von Keeney zeichnen sich dadurch aus, dass die entsprechenden Präferenzrichtungen extremal ausgeprägt sind. Das bedeutet, dass die idealen Ausprägungen der Eigenschaften maximal oder minimal ausfallen. Daher kann bei dem Einstellungsmodell auf eine Berücksichtigung von Idealpunkten verzichtet werden. Die minimalen Eigenschaftsausprägungen müssen umgekehrt kodiert werden, bevor sie in das Modell einfließen (siehe Abschnitt 3.2.2.3).

Die Fundamentalziele werden nicht in die vorgegebenen Unterziele unterteilt, um die Zahl der Eigenschaften und damit das Ausmaß der Befragung in einem vertretbaren Rahmen zu halten. Die Unterziele können allerdings herangezogen werden, um die Operationalisierung der Eigenschaften zu erleichtern. Im Mittelpunkt der folgenden Abschnitte stehen die neun fundamentalen Meta-Betriebsformeneigenschaften, die in der Untersuchung von Keeney unterschieden werden:

- Qualität des ausgewählten Produkts,
- Kosten,
- Lieferzeit,
- Convenience,
- Zeiteinsatz,
- Schutz der Privatsphäre,
- Einkaufsvergnügen,
- Persönliche Sicherheit sowie
- Auswirkungen auf die Umwelt.

Die beiden Meta-Betriebsformen werden bezüglich der kognitiven Beurteilung dieser Eigenschaften verglichen, um die Vor- und Nachteile von Internet Shopping und stationärem Handel zu erkennen. Wie bereits erwähnt, steht dabei die subjektive Einschätzung der Konsumenten im Vordergrund.

3.3.2 Qualität des ausgewählten Produkts

Online-Shopper versuchen, durch die Wahl der Meta-Betriebsform sicherzustellen, dass sie ein Produkt erhalten, dessen Qualität ihren Wünschen entspricht. In Abschnitt 3.2.2.2 (Abgrenzung der Einstellung von verwandten Begriffen) wurde bereits darauf hingewiesen, dass der Begriff „Qualität" sehr unterschiedlich verstanden werden kann. Bei den Unterzielen, die in der Untersuchung von Keeney der Produktqualität zugewiesen werden, wird zum Teil die Preiskomponente mit einbezogen: „Maximize product value (i. e., price/quality relationship)" sowie „Get the best product for the buck". Dies deutet auf einen wertorientierten Qualitätsbegriff hin. Bei diesem Begriffsverständnis ergeben sich allerdings Abgrenzungsprobleme zu der Eigenschaft „Kosten", die vom Produktpreis maßgeblich bestimmt wird. Um eine klare Trennlinie zwischen den Eigenschaften „Produktqualität" und „Kosten" zu schaffen und der Bedingung der Unabhängigkeit zwischen den Eigenschaften gerecht zu werden, wird in der vorliegenden Untersuchung von einem kundenorientierten Qualitätsbegriff ausgegangen, welcher die Preiskomponente nicht mit einschließt. Qualität wird demnach als Grad der Eignung eines Produkts verstanden, Erwartungen bzw. Ansprüche der Kunden zu erfüllen.

Inwieweit erwarten die Online-Shopper Unterschiede bei der Produktqualität im stationären Handel und beim Internet Shopping? Grundsätzlich werden beim Internet Shopping und im stationären Handel die gleichen Produkte angeboten (siehe Abschnitt 3.3.2.1). Unterschiedliche Erwartungen hinsichtlich der Produktqualität sind insofern möglich, als dass die Meta-Betriebsformen die Online-Shopper unterschiedlich gut bei ihrer Produktwahl unterstützen.[295] Durch verschiedene Maßnahmen kann eine Einkaufsstätte einem Kunden dabei helfen, ein aus Kundensicht möglichst gutes Produkt auszuwählen. Unter den Instrumentalzielen von Keeney finden sich drei Eigenschaften, welche die erwartete Produktqualität beeinflussen können (Abb. 3.13):

- "Maximize Product Variety" ➔ **Produktauswahl**,
- "Maximize Access to Information" und "Maximize Product Information" ➔ **Qualität der bereitgestellten Produktinfomationen**,
- "Enhance Comparison Shopping" ➔ **Möglichkeiten des Produktvergleichs**.

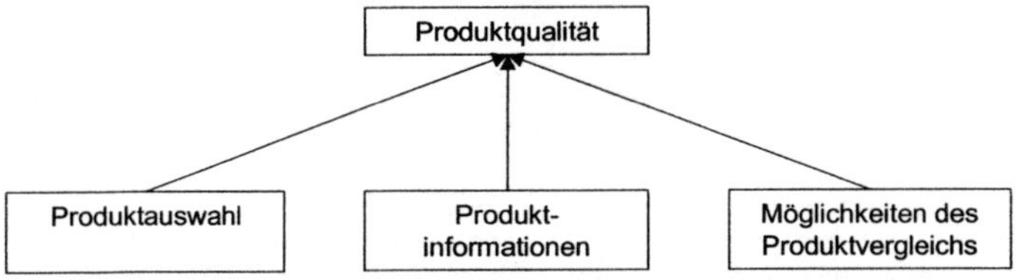

Abb. 3.13: Einflussgrößen auf die erwartete Qualität des ausgewählten Produkts

Ein Sonderfall ist dann gegeben, wenn sich ein Konsument vor dem Aufsuchen einer Einkaufsstätte bereits für ein bestimmtes Produkt (z. B. Levis 501, Größe 34) entschieden hat. Weil Produktinformationen und Möglichkeiten des Produktvergleichs für einen Online-Shopper in einer solchen Situation in den Hintergrund treten dürften, kommt der Produktauswahl eine entsprechend größere Bedeutung zu. Die Suche nach einem Produkt, das den qualitativen Ansprüchen genügt, reduziert sich im Wesentlichen auf die Frage, ob ein Konsument erwartet, das ausgewählte Produkt in den beiden Meta-Betriebsformen zu finden.

Im Folgenden wird für jede der drei Eigenschaften der Einfluss auf die Produktqualität erläutert und ein Vergleich zwischen den beiden Meta-Betriebsformen vollzogen. Dabei wird der Einsatz von interaktiven, multimedialen Kiosksystemen, mit denen der stationäre Handel Nachteile gegenüber dem Internet Shopping unter Umständen kompensieren kann, vernachlässigt, da solche Systeme im stationären Handel bislang nur vereinzelt eingesetzt werden.[296]

---

[295] Hauser, Urban und Weinberg zeigen in einer Untersuchung, dass verschiedene Informationsquellen mit unterschiedlichen Nutzen in Hinblick auf die Produktwahl verbunden sind. Vgl. Hauser, John R./Urban, Glen L./Weinberg, Bruce D.: How Consumers Allocate Their Time When Searching for Information, in: Journal of Marketing Reasearch, 30. Jg. (1993), S. 462.

[296] Vgl. Gatzke, M., 2002.

3.3.2.1 Produktauswahl

Konsumenten erwarten, dass sie in einer Einkaufsstätte mit einer **großen Produktauswahl** ein Produkt mit einer für sie **höheren Qualität** finden als in einer Einkaufsstätte mit einer kleinen Produktauswahl.[297] Wenn an dieser Stelle das Internet Shopping und der stationäre Handel hinsichtlich der Sortimentsgröße verglichen werden sollen, sei noch einmal daran erinnert, dass sich die Betrachtung in dieser Arbeit auf die Branchen fokussiert, in denen bereits ein umfassendes Online-Angebot besteht. Ausgeschlossen wurden die Branchen, in denen noch keine oder nur sehr wenige Internet-Anbieter auftreten, weil die Online-Shopper in diesen Branchen faktisch nicht zwischen den beiden Meta-Betriebsformen wählen können.

In den Branchen, in denen sich bereits ein breites Internet-Angebot etabliert hat, scheint der **stationäre Handel** dem elektronischen Handel **in puncto Sortimentsgröße unterlegen** zu sein, weil sein Warenangebot durch knappe Regalflächen begrenzt wird. Im Vergleich dazu wirken die virtuellen Regale eines Online-Shops nahezu grenzenlos. Der Ausdehnung eines Online-Sortiments werden allerdings durch die Lagerhaltung Grenzen gesetzt. Der Online-Shop muss die angebotenen Waren innerhalb einer angemessenen Lieferzeit dem Kunden zustellen können. Im Buchhandel lässt sich die Sortimentsgröße der beiden Meta-Betriebsformen besonders leicht vergleichen. Während die größten US-amerikanischen Superstores von Barnes & Noble ihren Kunden etwa 175.000 Bücher anbieten, bezeichnet sich der weltweit führende Internet-Buchhändler amazon.com mit einem Angebot von 4,7 Mio. Büchern nicht zu Unrecht als "the Earth´s Biggest Bookstore".[298] Auch deutsche Internet-Buchhändler bieten in der Regel das komplette Sortiment eines Grossisten an, welches etwa 300.000 Bücher umfasst, oder sogar das gesamte Verzeichnis lieferbarer Bücher (VLB) mit einem Umfang von etwa 1.000.000 Titeln.[299]

Zu einem uneinheitlichen Bild gelangt eine Untersuchung des E-Commerce-Center Handel, bei der Anfang 2000 knapp 100 traditionelle Einzelhandelsunternehmen zu ihrer Sortimentspolitik befragt wurden. Von den 56,1 % der Unternehmen, die Waren über das Internet vertreiben, bietet die Mehrheit (59,3 %) nur Teile des Sortiments (unter 100 %) online an (Abb. 3.14). Bei der Interpretation dieses Ergebnisses muss allerdings berücksichtigt werden, dass reine Online-Händler nicht berücksichtigt werden.

[297] Vgl. Szymanski, D. M./Hise, R. T., 2000, S. 312.

[298] Vgl. Breuer, Hubertus: Bücher ohne Ende, in: FOCUS, o. Jg. (1998), H. 43, S. 166 sowie www.amazon.com, Zugriff am 9.3.1999.

[299] Vgl. www.libri.de, www.kno.de und www.vlb.de, Zugriffe am 16.2.2002.

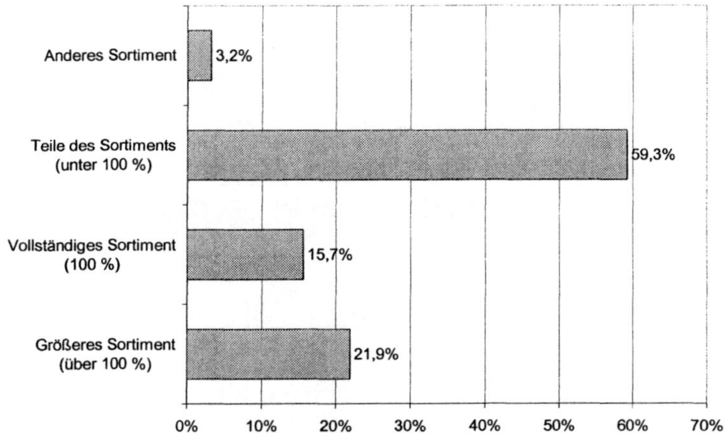

Abb. 3.14: Sortimentsgröße von stationären Einzelhändlern im Internet; Quelle: In Anlehnung an: Kaapke, A., 2000, S. 160

Dass ein Großteil der Online-Shopper die **Produktauswahl beim Internet Shopping größer empfindet** als im stationären Handel, lässt sich anhand von Zahlen aus verschiedenen Untersuchungen belegen. Nach einer GfK-Befragung geben 58 % der deutschen Online-Shopper an, dass sie unter anderem aufgrund des großen Warenangebots im Internet einkaufen.[300] Laut einer Studie von Ernst & Young erwarten 68 % der deutschen Online-Shopper online ein größeres Sortiment, während nur 2 % von einem kleineren Sortiment ausgehen (Abb. 3.15).[301]

[300] Vgl. Pringle, David: Just looking: Europeans avoid online shopping, in: convergence, 7. Jg. (2001), H. 2, S. 26.

[301] Vgl. Ernst & Young (Hrsg.): The Global Face of E-Tailing, 2001, S. 18.

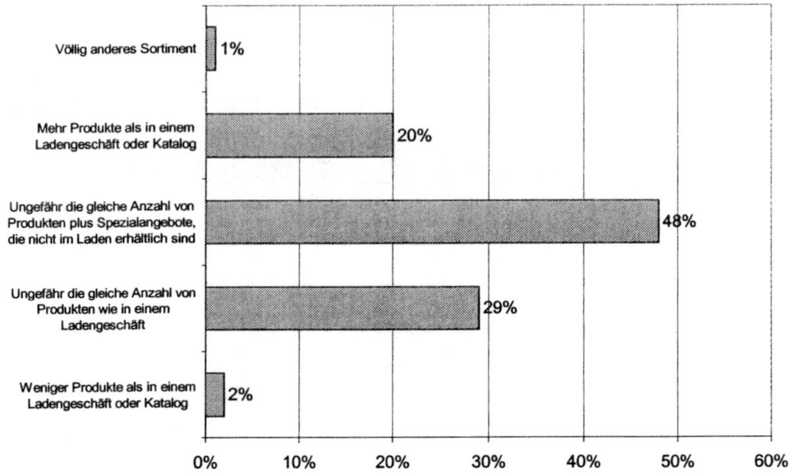

Abb. 3.15: Erwartungen von Online-Shoppern an das Sortiment von Online-Shops; Quelle: In Anlehnung an: Ernst & Young (Hrsg.), 2001, S. 18

3.3.2.2 Produktinformationen

Die Produktauswahl ist jedoch nicht der einzige Einflussfaktor auf die Qualität des ausgewählten Produkts. Eine unterschiedliche Produktqualität kann sich auch aus Unterschieden bei den Produktinformationen ergeben. Je höher die Qualität der Produktinformationen in einer Meta-Betriebsform ausfällt, desto besser kann ein Konsument die Produktqualität beurteilen. Mit besseren Produktinformationen steigt die Chance, ein Produkt mit einer höheren Qualität auszuwählen.

Wie sind die Produktinformationen beim Internet Shopping im Vergleich zum stationären Handel zu beurteilen? Online-Shops haben aufgrund des Distanzprinzips mit dem Problem zu kämpfen, dass sie die Ware nicht wie im stationären Handel materiell präsentieren können, sondern auf immaterielle Präsentationsformen zurückgreifen müssen.[302] Es stellt sich die Frage, wie gut sich bestimmte Produkteigenschaften über das Internet darstellen lassen. Nach einer auf Nelson und Darby/Karni zurückgehenden Unterteilung lassen sich Produkteigenschaften in Such-, Erfahrungs- und Vertrauenseigenschaften unterteilen.[303] **Sucheigenschaften** zeichnen sich dadurch aus, dass sie sich vor dem Kauf durch Inspektion des

[302] Vgl. Hansen, U., 1990, S. 275 f.

[303] Vgl. Nelson, Phillip: Information and Consumer Behavior, in: The Journal of Political Economy, 78. Jg. (1970), H. 2, S. 311-318; Darby, Michael R./Karni, Edi: Free Competition and the Optimal Amount of Fraud, in: The Journal of Law and Economics, 16. Jg. (1973), H. 2, S. 68 f.

Produkts vollständig beurteilen lassen.[304] Als typische Sucheigenschaften können bspw. Farbe, Form, Gewicht, Material angesehen werden.[305] Im Gegensatz dazu sind **Erfahrungseigenschaften** dadurch charakterisiert, dass sie erst durch Ge- oder Verbrauch des Produkts beurteilt werden können.[306] Als Beispiele können hier die Wirksamkeit eines Medikaments oder der Geschmack von Lebensmitteln angeführt werden.[307] **Vertrauenseigenschaften** können weder vor noch nach dem Kauf zweifelsfrei beurteilt werden.[308] Zu denken ist hier z. B. an den ökologischen Anbau von Lebensmitteln.[309]

Erfahrungs- und Vertrauenseigenschaften können die Konsumenten weder im stationären Handel noch über das Internet beurteilen. Problematisch für das Internet Shopping sind hingegen **Sucheigenschaften des stationären Handels**, die sich über das Internet nicht oder nur schlecht darstellen lassen.[310] Sucheigenschaften des stationären Handels können nach ihrer Darstellbarkeit im Internet in drei Gruppen unterteilt werden, in

- digitalisierbare,
- mediale und
- nicht-mediale Eigenschaften (Abb. 3.16).[311]

---

[304] Vgl. Weiber, Rolf/Adler, Jost: Informationsökonomisch begründete Typologisierung von Kaufprozessen, in: zfbf, 47. Jg. (1995), S. 53 f.

[305] Vgl. Kaas, Klaus Peter: Marketing als Bewältigung von Informations- und Unsicherheitsproblemen im Markt, in: Die Betriebswirtschaft, 50. Jg. (1990), S. 543.

[306] Vgl. Nelson, Ph., 1970, S. 312.

[307] Vgl. Rohrbach, Peter: Interaktives Teleshopping – Elektronisches Einkaufen auf dem Informationhighway, Wiesbaden 1997, S. 77.

[308] Vgl. Darby, M. R./Karni, E., 1973, S. 68 f.

[309] Vgl. Bech-Larsen, Tino/Grunert, Klaus G.: Konsumentscheidungen bei Vertrauenseigenschaften: Eine Untersuchung am Beispiel des Kaufes von ökologischen Lebensmitteln in Deutschland und Dänemark, in: Marketing ZFP, 23. Jg. (2001), H. 3, S. 188-197; Rohrbach, P., 1997, S. 77.

[310] Vgl. Baisch, Monika: Die Risikowahrnehmung in "Non Store"-Kaufsituationen – Eine Studie zu den Bestimmungsfaktoren und ihre Bedeutung für den effizienten Einsatz der Instrumente des Direktmarketing, Wien 1993, S. 42; Taylor, Edward: Web Skeptics – Many Europeans Say no to Buying Online, in: convergence, 7. Jg. (2001), H. 2, S. 27.

[311] Vgl. Wilke, Kai: Die Eignung des Internet für die Reduktion von Preis- und Qualitätsrisiken im Kaufentscheidungsprozeß des Konsumenten – Eine informationsökonomische Betrachtung, Köln 2000, S. 57-62.

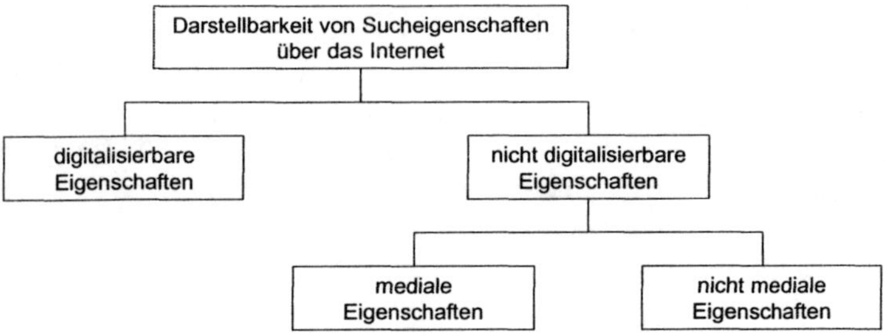

Abb. 3.16: System der Darstellbarkeit von Sucheigenschaften über das Internet; Quelle: In Anlehnung an: Wilke, K., 2000, S. 61

Digitalisierbare Produkteigenschaften lassen sich in digitale Daten umwandeln, über das Internet übertragen und beim Konsumenten wieder in die ursprüngliche Form zurückwandeln. Zu denken ist hier bspw. an Hörproben von Musik-CDs oder Klappentexte von Büchern. Derartige Produkteigenschaften sind beim Internet Shopping genauso gut zu beurteilen wie im stationären Handel. **Produkteigenschaften, die sich nicht digitalisieren lassen**, können danach unterschieden werden, ob sie sich medial über das Internet präsentieren lassen oder nicht. Produkteigenschaften können nach dem Sinnesorgan, mit dem eine Person sie wahrnimmt, folgendermaßen unterteilt werden:

- visuelle Eigenschaften ➔ Sehsinn,
- auditive Eigenschaften ➔ Hörsinn,
- haptische bzw. taktile Eigenschaften ➔ Tastsinn,
- olfaktorische Eigenschaften ➔ Geruchsinn,
- gustatorische Eigenschaften ➔ Geschmacksinn.

Über Text, Bild, Ton und Animation können **visuelle und auditive Produkteigenschaften (mediale Eigenschaften)** über das Internet in der Regel genauso gut dargestellt werden wie im stationären Handel.[312] Eine Ausnahme stellen hier unter Umständen Produkte dar, bei denen Konsumenten aus emotionalen Gründen nicht auf das reale Sehen und Hören verzichten möchten. Als Beispiel können das Motorgeräusch und das Aussehen eines Sportwagens angeführt werden. Problematisch sind weiterhin natürliche Produkte, deren Qualität unterschiedlich ausfallen kann, und bei denen es zu aufwändig wäre, jedes einzelne Produkt im Internet abzubilden (z. B. Obst).[313] Die mediale Präsentation im Internet kann sich schließlich auch dann als problematisch erweisen, wenn Online-Shopper befürchten müssen, dass Online-Anbieter bewusst die Stärken ihrer Produkte hervorheben und die Schwächen kaschieren.[314] Einer solchen Form des Opportunismus sind in

---

[312] Vgl. auch Zerdick, Axel/Picot, Arnold/Schrape, Klaus et al.: Die Internet-Ökonomie: Strategien für die digitale Wirtschaft, 3. Auflage, Berlin u. a. 2001, S. 235.

[313] Vgl. Dach, Chr., 1999, S. 52.

[314] Vgl. Rohrbach, P., 1997, S. 79 f.

Deutschland allerdings rechtliche Grenzen gesetzt. Täuscht ein Internet-Anbieter seine Kunden, können diese von dem 14-tägigen Rückgaberecht Gebrauch machen, das ihnen das Fernabsatzgesetz einräumt.[315] Eine Untersuchung in den USA ergab, dass 77,6 % der befragten Online-Shopper den Informationen auf den Webseiten von Online-Händlern vertrauen.[316]

Es wird davon ausgegangen, dass Konsumenten beim Internet Shopping von Produkten mit überwiegend medialen Eigenschaften die Beratung durch einen Verkäufer nicht vermissen. Ein Verkäufer kann zwar einen Kunden bspw. auf wichtige Produkteigenschaften oder Produktneuheiten aufmerksam machen. Für den Kunden ist es dabei jedoch schwierig, die Glaubwürdigkeit der Informationen einzustufen. Hier bietet das Internet die Möglichkeit, relativ schnell auf neutrale Informationen von unabhängigen Institutionen (bspw. Webseiten von Fachzeitschriften oder der Stiftung Warentest) oder von anderen Konsumenten zurückzugreifen (Meinungsplattformen wie z. B. ciao.com oder dooyoo.de).[317]

Nicht medial über das Internet präsentieren lassen sich **taktile, olfaktorische und gustatorische Eigenschaften.**[318] Sind solche Eigenschaften bei der Beurteilung eines Produkts von Bedeutung und können diese in einem Ladengeschäft tatsächlich inspiziert werden, dürften die Online-Shopper die Qualität der Produktinformationen im stationären Handel besser finden als im Internet. An welche Produkte ist hier in erster Linie zu denken?

- Eine starke Bedeutung olfaktorischer Eigenschaften kann vor allem bei **Kosmetika und Lebensmitteln** gegeben sein. Bei Lebensmitteln, bei denen zudem auch gustatorische Eigenschaften von Bedeutung sein können, muss einschränkend angemerkt werden, dass die Möglichkeit des Probierens von Geschmack und Geruch im Selbstbedienungsbereich eines Ladengeschäfts weitgehend entfällt.
- Taktile Eigenschaften spielen insbesondere bei **Textilien und Möbeln** eine große Rolle. Bei Textilien wollen Konsumenten die Passform überprüfen, während bei Möbeln an das Fühlen des Materials oder das Testen des Sitz- bzw. Liegekomforts zu denken ist.[319]

---

[315] Vgl. Hennemann, Alfred/Jahn, Andreas/Tost, Ronald et al.: Verlässlichkeit bei Electronic Commerce – Sicherheitstechnische, rechtliche und steuerliche Aspekte, Bonn 2001, S. 80 f.

[316] Dieses Vertrauen ist bei den Nicht-Shoppern wesentlich geringer ausgeprägt. Nur 43,3 % glauben den Informationen der Online-Anbieter. Vgl. Ben-Ur, Joseph/Winfield, Claire: Perceived Risk in the E-Commerce Environment, unter: www.sbaer.uca.edu/Research/2000/SWMA/00swma15.htm, Zugriff am 8.8.2001.

[317] Zu Meinungsplattformen vgl. Hennig-Thurau, Thorsten/Hansen, Ursula: Kundenartikulationen im Internet – Virtuelle Meinungsplattformen als Herausforderung für das Marketing, in: Die Betriebswirtschaft, 61. Jg. (2001), S. 560-580.

[318] Vgl. Wilke, K., 2000, S. 59; Anderson, Christopher: The Accidental Superhighway: A Survey of the Internet, in: The Economist v. 1.7.1995, S. 50-68; Coopers & Lybrand (Hrsg.): The Future for the Foodstore – Challenges and Alternatives, London 1996.

[319] Vgl. Dach, Chr, 1999, S. 52 f.

Dem Problem nicht-medialer Eigenschaften können Online-Anbieter begegnen, indem sie ihren Kunden anstatt der Möglichkeit, die Sucheigenschaft zu beurteilen, ein glaubwürdiges **Informationssubstitut** bieten.[320] So kann bspw. der Duft eines Parfums ähnlich wie in einem Fernsehspot mit Worten, Farben, Bildern und Musik umschrieben werden. Als Informationssubstitute können aber auch der Markenname oder Geld-Zurück-Garantien eingesetzt werden.[321] Hier wird die Auffassung vertreten, dass Online-Shopper Substitute nicht als gleichwertigen Ersatz für die Inspektion der entsprechenden Sucheigenschaften empfinden.[322] Diese Einschätzung lässt sich anhand empirischer Ergebnisse belegen. So betreffen die beiden größten Hindernisse beim Online-Einkauf von Textilien Produkteigenschaften, die nicht medial vermittelt werden können (Abb. 3.17).

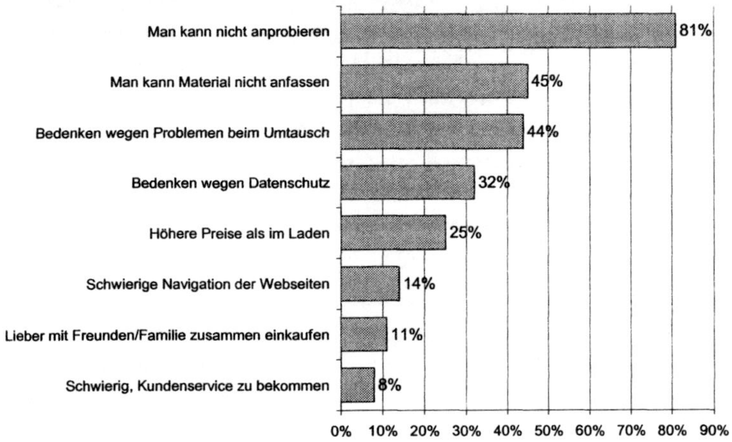

Abb. 3.17: Probleme beim Online-Einkauf von Textilien aus der Sicht von Internet-Nutzern; Quelle: PricewaterhouseCoopers 2000, zitiert in: o. V.: Problem-Commerce: Mode im Netz, in: Die Welt v. 9.5.2001, S. WW2

Bei einer Untersuchung zur Akzeptanz innovativer Distributionsservices für Lebensmittel zeigt sich, dass die Probanden, die sich generell vorstellen können, Lebensmittel von zuhause aus zu bestellen, nicht bei allen Warengruppen gleichermaßen zu einem Distanzkauf bereit sind (Abb. 3.18). Die Bereitschaft fällt bei den Produktgruppen am niedrigsten aus, bei denen die Produktqualität

---

320 Vgl. Wilke, K., 2000, S. 59 f.

321 Ein Überblick über verschiedene Formen von Informationssubstituten findet sich bei Kirmani, Amna/Rao, Akshay R.: No Pain, No Gain: A Critical Review of the Literature on Signaling Unobservable Product Quality, in: Journal of Marketing, 64. Jg. (2000), H. 4, S. 66-79. In diesem Zusammenhang ist auch an Meinungsplattformen (z. B. ciao.com oder dooyoo.de) zu denken. Vgl. Hennig-Thurau, Th./Hansen, U., 2001, S. 560-580.

322 Vgl. Peterson, Robert A./Balasubramanian, Sridhar/Bronnenberg, Bart J.: Exploring the Implications of the Internet for Consumer Marketing, in: Journal of the Academy of Marketing Science, 25. Jg. (1997), S. 334 f.

unterschiedlich ausfallen kann und bei denen olfaktorische und gustatorische Eigenschaften von besonderer Bedeutung sein dürften.

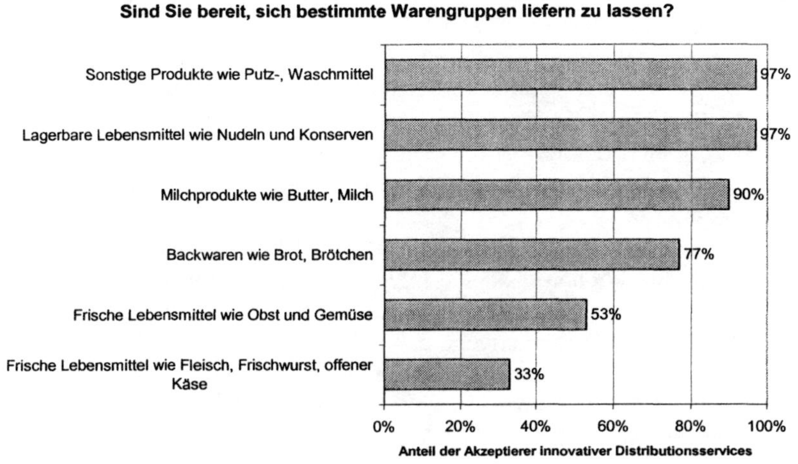

Abb. 3.18: Warengruppenakzeptanz von Akzeptierern innovativer Distributionsservices für Lebensmittel; Quelle: Diller, H./Gömann, St., 1999, S. 48 f.

Festgehalten werden kann, dass für das **Internet Shopping bei Gütern mit einem hohen Anteil nicht-medialer Eigenschaften ein klarer Nachteil** besteht. Überwiegen hingegen die Produkteigenschaften, die sich digitalisieren oder medial über das Internet darstellen lassen, wird von gleichwertigen Produktinformationen über das Internet ausgegangen. Diese Annahme impliziert, dass die Online-Shopper nicht glauben, dass die persönliche Beratung eines Verkäufers bei diesen Informationen zu einer besseren Produktentscheidung führt.

3.3.2.3 Möglichkeiten des Produktvergleichs

Wenn digitalisierbare und mediale Produktinformationen überwiegen, bietet das Internet Shopping gegenüber dem stationären Handel den Vorteil, dass sich die Vielzahl der Produkte im Sortiment eines Händlers einfacher nach vom Konsumenten vorgegebenen Kriterien vergleichen lässt.[323] Dieser Vorteil ergibt sich aus der hohen maschinellen Interaktivität des Internet Shoppings.[324] So kann sich ein Online-Shopper bspw. beim PC-Kauf in einem Online-Shop leicht eine Liste von

---

[323] Vgl. Alba, J./Lynch, J./Weitz, B. et al., 1997, S. 41 f.; O'Connor, Gina Colarelli/O'Keefe, Robert: The Internet as a New Marketplace: Implications for Consumer Behavior and Marketing Management, in: Shaw, Michael/Blanning, Robert/Strader, Troy et al. (Hrsg.): Handbook on Electronic Commerce, Berlin u. a. 2000, S. 128.

[324] Zum Begriff der maschinellen Interaktivität vgl. Riedl, Joachim/Busch, Mathias: Marketing-Kommunikation in Online-Medien – Anwendungsbedingungen, Vorteile und Restriktionen, in: Marketing ZFP, 19. Jg. (1997), H. 3, S. 164 f.

PCs zusammenstellen, die bestimmte Anforderungen erfüllen (z. B. Pentium IV-Prozessor, Markenprodukt, Festplattengröße mindestens 40 GB, Hauptspeichergröße mindestens 256 KB) und nach bestimmten Eigenschaften sortiert sind (z. B. nach dem Preis). Im stationären Handel kann den Kunden keine vergleichbare **Flexibilität beim Alternativenvergleich** geboten werden.[325] Hier beschränkt der Händler den Vergleich maßgeblich durch die Regalplatzierung der Produkte.

Neben der Flexibilität des Produktvergleichs dürfte die **Zahl der Alternativen**, die in den Vergleich einbezogen werden, ein große Rolle für das Ergebnis der Produktauswahl spielen. Verschiedene Autoren gehen davon aus, dass den Konsumenten beim Internet Shopping geringere Suchkosten (vor allem Zeitkosten, Fahrtkosten, Telefonkosten und Internetkosten) als im stationären Handel entstehen.[326] Die Online-Shopper können daher im Internet zu den gleichen Suchkosten mehr Produkte miteinander vergleichen. Ökonomischen Suchtheorien zufolge steigt mit der Anzahl der Produktalternativen, die ein Konsument bei der Produktwahl berücksichtigt, der Nutzen bzw. die Qualität der gewählten besten Alternative.[327] Ob die Konsumenten im Internet tatsächlich mehr Produkte in ihren Alternativenvergleich einbeziehen, ist noch nicht geklärt.

3.3.2.4 Zusammenfassung

Fasst man die obigen Ausführungen zusammen, gelangt man zu dem Schluss, dass das Internet Shopping bei der Produktauswahl und den Möglichkeiten des Produktvergleichs im Vorteil ist, während der stationäre Handel bei Produkten mit bedeutenden nicht-medialen Produktinformationen eine höhere Qualität der Produktinformationen vorzuweisen hat. Bei Produkten, die überwiegend anhand von digitalisierbaren und/oder medialen Informationen beurteilt werden, dürften die Online-Shopper daher beim Internet Shopping eine höhere Produktqualität erwarten. Beabsichtigen die Online-Shopper hingegen, Produkte zu kaufen, bei denen nicht-mediale Informationen kaufentscheidend sind, erscheint der stationäre Handel überlegen, da die Vorteile einer größeren Produktauswahl und besserer

[325] Vgl. Degeratu, Alexandru M./Rangaswamy, Arvind/Wu, Jianan: Consumer choice behavior in online and traditional supermarkets: The effects of brand name, price, and other search attributes, in: International Journal of Research in Marketing, 17. Jg. (2000), S. 59; Alba, J./Lynch, J./Weitz, B. et al., 1997, S. 44.

[326] Vgl. Bakos, J. Yannis: Reducing Buyer Search Costs: Implications for Electronic Marketplaces, in: Management Science, 43. Jg. (1997), S. 1677 f.; Bakos, J. Yannis: A Strategic Analysis of Electronic Marketplaces, in: Management Information Systems Quarterly, 15. Jg. (1991), H. 3, S. 297; Toporowski, W., 2000, S. 107.

[327] Vgl. Bakos, J. Y., 1997, S. 1678-1684; Hauser, John R./Wernerfelt, Birger: An Evaluation Cost Model of Consideration Sets, in: Journal of Consumer Research, 16. Jg. (1990), S. 396 f.; Ratchford, Brian T.: The Value of Information for Selected Appliances, in: Journal of Marketing Research, 17. Jg. (1980), H. 2, S. 16 f.; Swoboda, Bernhard S.: Conditions of consumer information seeking: theoretical foundations and empirical results of using interactive multimedia systems, in: The International Review of Retail, Distribution and Consumer Research, 8. Jg. (1998), S. 367 f.

Vergleichsmöglichkeiten beim Internet Shopping nicht zum Tragen kommen, wenn die Konsumenten die einzelnen Produkte nicht adäquat beurteilen können. Es wird vermutet, dass dieser Zusammenhang auch für den Sonderfall gültig ist, dass sich ein Online-Shopper bereits vor dem Aufsuchen einer Einkaufsstätte für ein konkretes Produkt entschieden hat.

Hypothese 2: Beim Kauf von Produkten, die von Online-Shoppern vor allem anhand von digitalisierbaren und/oder medialen Produktinformationen beurteilt werden können, finden die Online-Shopper die Meta-Betriebsformeneigenschaft „Qualität des ausgewählten Produkts" beim Internet Shopping besser als im stationären Handel.

Hypothese 3: Beim Kauf von Produkten, die von Online-Shoppern vor allem anhand von nicht-medialen Produktinformationen beurteilt werden müssen (insbesondere Kosmetika, Lebensmittel, Textilien, Schuhe, Möbel), finden die Online-Shopper die Meta-Betriebsformeneigenschaft „Qualität des ausgewählten Produkts" beim stationären Handel besser als beim Internet Shopping.

Bereits in der Problemstellung wurden die Online-Handelsbranchen in drei Gruppen unterteilt, von denen zwei in die Betrachtung der vorliegenden Untersuchung einfließen: die Vorreiterbranchen und die Branchen, bei denen ein umfassendes Online-Angebot auf eine nur sehr geringe Nachfrage der Online-Shopper trifft. In der Problematik der Übermittlung nicht-medialer Produktinformationen über das Internet könnte eine wesentliche Ursache liegen, warum bestimmte Warengruppen im Internet nicht akzeptiert werden.

3.3.3 Kosten

Nachdem im vorausgehenden Kapitel die Produktqualität behandelt wurde, widmet sich dieses Kapitel den Kosten, die einem Konsumenten bei einem Einkauf im stationären Handel oder beim Internet Shopping entstehen. Nach der Studie von Keeney können die Kosten in Steuern, Produktpreise, Versandkosten, Internetgebühren und Reisekosten unterteilt werden.[328] Im Folgenden wird, falls nicht explizit vom Produktpreis gesprochen wird, der Begriff „Preis" in einem weiten Begriffsverständnis verwendet und mit den Gesamtkosten gleichgesetzt. Nicht weiter berücksichtigt werden die Steuern, da ein Produkt in Deutschland unabhängig von dem Staat, von dem aus ein Händler operiert, mit demselben Umsatzsteuersatz belastet wird. Nicht alle der verbleibenden Kostenarten fallen bei beiden Meta-Betriebsformen an. Für den **Einkauf im stationären Handel** sind

[328] Nicht berücksichtigt werden psychische Kosten (z. B. hervorgerufen durch Angstgefühle oder unangenehme soziale Kontakte) und Zeitkosten der Konsumenten, wie sie etwa in den Beiträgen von Betancourt und Gautschi unterschieden werden. Diese Sachverhalte werden vielmehr im Rahmen der Eigenschaften „Convenience" und „Zeiteinsatz" erfasst. Vgl. Betancourt, R./Gautschi, D. A., 1986, S. 217-232; Betancourt, R./Gautschi, D. A., 1988, S. 133-144.

- Produktpreis und
- Reisekosten,

für den **Einkauf im Internet**

- Produktpreis,
- Versandkosten und
- Internet-Gebühren

relevant. Bei den beiden Meta-Betriebsformen entstehen folglich neben dem Produktpreis unterschiedliche Arten von Transaktionskosten für die Konsumenten.[329] Darüber hinaus können bei den Konsumenten auch Kosten durch Kreditkartenmissbrauch oder Betrug des Anbieters (instrumentale Eigenschaften nach Keeney) anfallen. Bei den aufgeführten Transaktionskosten fehlen konstruierte Kostengrößen (Opportunitätskosten der aufgewendeten Zeit und psychische Kosten), wie sie etwa von Balasubramanian, Betancourt/Gautschi, Baumol/Ide oder Ingene berücksichtigt werden (Abschnitte 3.1.3 und 3.1.4). Die entsprechenden Aspekte, Zeitaufwand und (Un-)Bequemlichkeit, werden als eigenständige Eigenschaften in den Abschnitten 3.3.5 und 3.3.6 behandelt.

Wenn im Weiteren die Kosten im stationären Handel mit denen beim Internet Shopping verglichen werden, ist zu beachten, dass nicht die tatsächlich anfallenden Kosten, sondern die Einschätzung der Kosten durch die Konsumenten entscheidend ist. Nach einem Vergleich der tatsächlichen bzw. objektiven Kosten wird daher anschließend auf mögliche Verzerrungen bei der subjektiven Einschätzung der Konsumenten eingegangen.

3.3.3.1 Objektive Kosten eines Käufers

Um die Höhe der tatsächlichen Gesamtkosten bei den beiden Meta-Betriebsformen zu beurteilen, wird zunächst auf den Produktpreis und seine Einflussgrößen eingegangen, bevor die Transaktionskosten der Konsumenten behandelt werden. Danach wendet sich die Betrachtung den Kosten zu, die einem Konsumenten durch Kreditkartenmissbrauch oder Betrug des Anbieters entstehen können. Anschließend werden Ergebnisse eines empirischen Vergleichs der Gesamtkosten beim Internet Shopping und beim Einkauf im stationären Handel präsentiert. Der letzte Abschnitt dieses Kapitels geht auf die unterschiedlichen Möglichkeiten von Preis- bzw. Kostenvergleichen in den beiden Meta-Betriebsformen ein.

---

[329] Zur Betrachtung von Transaktionskosten der Nachfrager vgl. auch Picot, A., 1986, S. 3 f.; Ernst, Mathias: Neue Informations- und Kommunikationstechnologien und marktwirtschaftliche Allokation: Eine informations- und transaktionstheoretische Analyse, München 1990, S. 34.

(1) Produktpreis

Bei den meisten Produkten dürfte der Produktpreis den mit Abstand bedeutendsten Anteil an den Gesamtkosten ausmachen. Der Preis beinhaltet im Handel die folgenden Komponenten:[330]

- Wareneinsatz,
- Umsatzsteuer,
- Handlungskosten,
- Betriebsergebnis.

Da der Umsatzsteuersatz wie schon erwähnt beide Meta-Betriebsformen im gleichen Maße belastet und auch beim Wareneinsatz keine generellen Unterschiede ersichtlich sind (zumal Online-Shops häufig von traditionellen Handelsunternehmen betrieben werden), dürften systematische Produktpreisunterschiede zwischen Internet Shopping und stationärem Handel auf Unterschiede bei den durchschnittlichen Handlungskosten und/oder dem durchschnittlichen Betriebsergebnis zurückzuführen sein.[331]

Einige Autoren gehen davon aus, dass die **Handlungskosten** beim Internet Shopping grundsätzlich niedriger ausfallen.[332] Bretzke nimmt eine differenziertere Betrachtung vor, indem er auf der einen Seite die Anbahnung und administrative Abwicklung und auf der anderen Seite die physische Auftragsabwicklung von Geschäften unterscheidet.[333] Bei der Anbahnung und administrativen Auftragsabwicklung vermutet der Autor einen generellen Kostenvorteil des Internet Shoppings, der wohl vor allem auf Einsparungen bei den Miet- und Personalkosten zurückzuführen sein dürfte.[334] Bei der physischen Auftragsabwicklung gelangt er hingegen zu keinem eindeutigen Ergebnis.[335] Der Autor geht wie Toporowski in

---

330 Vgl. Müller-Hagedorn, L., 1998, S. 596.

331 Loos geht ebenfalls davon aus, dass beim Wareneinsatz kein Unterschied zwischen Internet Shopping und stationärem Handel besteht. Vgl. Loos, Christoph: Online-Vertrieb von Konsumgütern, Wiesbaden 1998, S. 179.

332 Vgl. Pölert, Arnd: Eignung verschiedener Produkte und Leistungen für E-Commerce, in: Ringlstetter, Max J. (Hrsg.): Clicks in E-Business: Perspektiven von Start-Ups und etablierten Konzernen, München-Wien 2001, S. 51 f.; Hellwege, Johann D.: E-Commerce – Chancen und Risiken für den städtischen Handel, in: Forum, 50. Jg. (2000), H. 48, S. 1 f.

333 Vgl. Bretzke, W.-R., 1999, S. 223-238.

334 Die akquisitorischen Distributionskosten beim Verkauf von Computern werden bspw. beim Internet Shopping auf 20 bis 50 Cent pro Transaktion, im stationären Handel auf 15 US-Dollar geschätzt. Vgl. Phillips, Fred/Donoho, Andrew/Keep, William W. et al.: Electronically Connecting Retailers and Customers: Interim Summary of an Expert Roundtable, in: Peterson, Robert A. (Hrsg.): Electronic Marketing and the Consumer, Thousand Oaks-London-New Delhi 1997, S. 107.

335 Der Kostenvorteil bei der Anbahnung und der administrativen Abwicklung resultiert vor allem daraus, dass beim Internet Shopping Verkaufsprozesse automatisiert werden können, die im stationären Handel den Einsatz von Verkaufspersonal erfordern. Vgl. Dach, Christian/Hudetz, Kai: Internet und Handel, ein paar Überlegungen zum Gewinnpotential, in: Wochenbericht der Bank Julius Bär, o. Jg. (2000), Nr. 32, S. 2-6.

seinem Distributionskostenmodell (Abschnitt 3.1.3.2) davon aus, dass beim Internet Shopping in der Regel höhere Transportkosten niedrigeren Lagerhaltungskosten gegenüberstehen.[336] Höhere Transportkosten entstehen durch die aufwändige Hausanlieferung und die Retouren. Geringere Lagerhaltungskosten erklärt Bretzke mit dem wegfallenden Fehlverteilungsrisiko. Beim Internet Shopping werden die Produkte von Ausnahmen wie dem Online-Lebensmittelhandel abgesehen zentral gelagert, während im stationären Handel Produkte spekulativ über verschiedene Lager- und Handelsstufen in die jeweiligen Absatzgebiete verteilt werden. Durch die Eliminierung dezentraler Bestände entfällt das Risiko, die richtige Ware am falschen Ort gelagert zu haben. Dadurch, dass das Internet Shopping sowohl über Kostenvorteile als auch –nachteile verfügt, fällt es schwer, eine pauschale Aussage über die gesamten Handlungskosten abzuleiten.

Wie sieht es mit dem **Betriebsergebnis** in den beiden Meta-Betriebsformen aus? Zahlen aus dem Betriebsvergleich des Instituts für Handelsforschung deuten darauf hin, dass im stationären Handel zur Zeit in den meisten Branchen nur geringe Gewinne oder sogar Verluste erwirtschaftet werden.[337] Noch schlechter fällt das Ergebnis allerdings für den Online-Handel aus. Einer Untersuchung der Boston Consulting Group zufolge mussten die amerikanischen Online-Händler in den letzten beiden Jahren im Durchschnitt einen operativen Verlust von 19 % (1999) und 13 % (2000) hinnehmen.[338] In Deutschland scheint sich die wirtschaftliche Situation der Internet-Händler ähnlich darzustellen. Nach einer Studie des Börsenvereins des Deutschen Buchhandels verzeichnen alle größeren reinen Internet-Buchhandlungen Verluste.[339] Die hohen Verluste im Online-Handel können auf zwei Ursachen zurückgeführt werden. Zum einen wird vermutet, dass im Internet ein intensiverer Preiswettbewerb herrscht als im stationären Handel,

---

[336] Bei wenigen Warengruppen besteht kein Transportkostennachteil: bei besonders schweren oder sperrigen Gütern (z. B. Möbel), die auch im stationären Handel angeliefert werden müssen, sowie bei digitalisierbaren Gütern (z. B. Software), die unmittelbar über das Internet distribuiert werden können. Vgl. Dach, Chr., 1999, S. 53; zur digitalen Distribution vgl. Stelzer, Dirk: Digitale Güter und ihre Bedeutung in der Internet-Ökonomie, in: WISU, 29. Jg. (2000), S. 835-842; Luxem, Redmer: Digital Commerce: Electronic Commerce mit digitalen Produkten, Köln 2000; Schaber, Roland: Digitale Distribution von Musik im Internet, Köln 2000.

[337] Die Zahlen des Instituts weisen über alle Branchen hinweg für 1999 ein durchschnittliches betriebswirtschaftliches Betriebsergebnis von -2,4 % aus. Vgl. Kaapke, Andreas: Der Jahresbetriebsvergleich der Einzelhandelsfachgeschäfte 1999, in: Mitteilungen des Instituts für Handelsforschung an der Universität zu Köln, 52. Jg. (2000), S. 245.

[338] Vgl. o. V.: Boston Consulting Group: B2C not doing so badly in US, Nachricht von NUA Internet Surveys vom 8.5.2001, unter: http://www.nua.ie, Zugriff am 15.5.2001.

[339] Vgl. Börsenverein des Deutschen Buchhandels (Hrsg.): Umfrage Internet-Buchhandel 2001 – Ergebnisbericht, Frankfurt a. M. 2001, S. 16.

zum anderen nehmen zahlreiche Unternehmen Verluste in Kauf, um die aussichtsreiche Position des Marktführers zu erlangen.[340]

(2) Transaktionskosten der Konsumenten

Um die gesamten Kosten zu vergleichen, die bei einem Einkauf in einer der beiden Meta-Betriebsformen entstehen, müssen neben den Produktpreisen die Transaktionskosten der Konsumenten berücksichtigt werden. Beim Internet Shopping fallen **Gebühren für die Internet-Nutzung** und den **Versand** an, während beim stationären Einkauf **Reisekosten** hinzukommen. Anhand einer beispielhaften Rechnung kann gezeigt werden, welchen Transaktionskosten ein Konsument bei einem Kauf in den beiden Meta-Betriebsformen gegenübersteht (Tabelle 3.12).

Tabelle 3.12: Beispielhafter Vergleich der Gesamtkosten in den beiden Meta-Betriebsformen

	Kauf eines Produkts im stationären Handel	Kauf eines Produkts im Internet
Reisekosten		
Autofahrt in die Innenstadt (2 x 5 km x 0,30 €/km)	3,00 €	-
Parkgebühren	1,50 €	-
Internetgebühren (20 min x 2 Cent/min)	-	0,40 €
Versandgebühren	-	3,00 €
Summe Transaktionskosten	**4,50 €**	**3,40 €**

Ein pauschaler Vergleich der Transaktionskosten in den beiden Meta-Betriebsformen wird dadurch erschwert, dass die Reisekosten individuell stark variieren können. Sie hängen nicht nur von der Entfernung zur Einkaufsstätte und der Wahl des Verkehrsmittels, sondern auch davon ab, auf wie viele Produkte sie verteilt werden können.[341] Kauft der Konsument in dem Rechenbeispiel nicht nur ein, sondern zehn Produkte, fallen bei einer gleichmäßigen Verteilung der Reisekosten pro Produkt lediglich 0,45 € an. Doch auch beim Internet Shopping verringern sich die Transaktionskosten bei größeren Warenkörben, weil die Versandkostenpauschale in der Regel bei steigender Produktzahl konstant bleibt und somit ebenfalls auf mehrere Produkte verteilt werden kann. Viele Online-Anbieter verzichten ab einem bestimmten Warenkorbwert sogar auf die Berechnung von Versandgebühren.

340 Vgl. Ernst, Matthias/Giesler, Volker: Erhöhter Preiswettbewerb durch das Internet. Theoretische Analyse und empirischer Befund im Vergleich mit traditionellen Vertriebsformen, in: Jahrbuch der Absatz- und Verbrauchsforschung, 46. Jg. (2000), H. 2, S. 191-210; Porter, Michael E.: Strategy and the Internet, in: Harvard Business Review, 79. Jg. (2001), H. 3, S. 64; Baker, Walter/Marn, Mike/Zawada, Craig: Price Smarter on the Net, in: Harvard Business Review, 79. Jg. (2001), H. 2, S. 122.

341 Vgl. Bretzke, W.-R., 1999, S. 236-238.

(3) Kosten durch Kreditkartenmissbrauch und Betrug durch den Anbieter

Nach der Untersuchung von Keeney stellt das Risiko eines Kreditkartenmissbrauchs keine fundamentale, sondern eine instrumentale Eigenschaft dar, die sich auf die fundamentalen Eigenschaften „Zeitaufwand", „Convenience" und „Kosten" auswirkt.[342] Das bedeutet, dass die Online-Shopper bei ihrer Meta-Betriebsformenwahl nicht den Kreditkartenmissbrauch an sich fürchten, sondern die negativen Konsequenzen, die ein solcher Missbrauch mit sich bringt. So muss ein Online-Shopper im Betrugsfall unter Umständen einen Teil des entstandenen Schadens übernehmen. Weiterhin ist die anfallende Korrespondenz mit der Kreditkartengesellschaft mit Stress (Convenience) und Zeitaufwand für den Konsumenten verbunden. Ähnliche Konsequenzen zieht ein Betrug durch den Anbieter nach sich.[343] In diesem Kapitel, in dem die Kosten beim Einkauf per Internet und im stationären Handel verglichen werden, stellt sich die Frage, ob Kreditkartenmissbrauch und Betrug durch den Anbieter beim Internet Shopping häufiger auftreten und somit höhere Kosten für den Konsumenten verursachen.

Bei der **Zahlung per Kreditkarte**, die in Deutschland weitaus weniger beliebt ist als in den USA, besteht die Gefahr, dass Zahlungsdaten von einem Dritten abgefangen und missbraucht werden. Diese Gefahr ist beim Internet Shopping insbesondere dann gegeben, wenn der Datenverkehr zwischen Online-Shopper und Online-Shop unverschlüsselt erfolgt und von einem Hacker eingesehen werden kann. Der Hacker bestellt unter der Kreditkartennummer unter Angabe einer anderen Adresse und fängt die Ware bei Lieferung dort ab.[344] Für den Konsumenten, der den von seiner Kreditkarte abgebuchten Betrag widerruft, entstehen dadurch Kosten in einer Höhe von bis zu DM 100. Auf diese Höhe ist in Deutschland das Haftungsrisiko beschränkt, wenn der Karteninhaber seine Pflichten nicht grob fahrlässig verletzt.

Ein weiteres Risiko mit negativen Auswirkungen auf die Kosten stellt der **Betrug durch den traditionellen oder „elektronischen" Anbieter** dar.[345] Am ehesten kommt hier wohl die Betrugsform in Frage, dass ein Anbieter die bereits bezahlte Ware nicht liefert. Da die Konsumenten in einem Geschäft im Allgemeinen die Ware unmittelbar empfangen, erscheint das Betrugsrisiko beim Internet Shopping aufgrund der Distanz zwischen Kunde und Anbieter prinzipiell größer.[346] Ist das Internet Shopping für den Konsumenten tatsächlich mit einem höheren Betrugsrisiko verbunden? Auch wenn einer Untersuchung von Jupiter Media Metrix zufolge das Risiko eines Kreditkartenmissbrauchs beim Internet

---

342 Vgl. Keeney, R. L., 1999, S. 535.

343 Keeney geht nicht explizit auf die Auswirkungen eines Betrugs durch den Anbieter ein.

344 Vgl. Robben, Matthias: Bonus durch Bonitätsprüfung, unter: www.ecin.de/zahlungssysteme/bonitaet, Zugriff am 17.7.2001.

345 Dieser Zusammenhang wird nicht explizit von Keeney erwähnt, sondern stellt eine Vermutung dar, die in Analogie zu den Auswirkungen eines Kreditkartenmissbrauchs aufgestellt wird.

346 Vgl. Riemer, Kai/Klein, Stefan: E-Commerce erfordert Vertrauen, in: WISU, 30. Jg. (2001), S. 712 f.

Shopping in den USA drei- bis viermal so hoch ausfällt wie außerhalb des Internets, kann ein Konsument in Deutschland mit einem geeigneten Zahlungsverfahren beide hier behandelten Risikoarten (Kreditkartenmissbrauch und Betrug durch den Anbieter) vermeiden.[347] So besteht die Gefahr eines Kreditkartenmissbrauchs dann nicht, wenn ein Online-Shopper seine Kreditkartendaten verschlüsselt übermittelt oder per Rechnung, Lastschrift oder Nachnahme bezahlt.[348] Das Risiko, dass bezahlte Ware nicht geliefert wird, kann ein Online-Shopper umgehen, wenn er ein **Zahlungsverfahren ohne Vorauskasse** wählt. Bei Zahlung per Rechnung oder Nachnahme muss der Käufer erst nach Erhalt der Ware zahlen, bei Zahlung durch Kreditkarte oder Lastschrift kann er die Zahlung widerrufen. Die Ergebnisse einer Untersuchung des E-Commerce-Center Handel zeigen, dass ein Großteil der deutschen Online-Shops solche Zahlungsverfahren unterstützt (Abb. 3.19). Online-Shopper können daher in aller Regel zwischen mehreren Zahlungsverfahren wählen und sich für eine Methode entscheiden, die keine besonderen Risiken birgt.

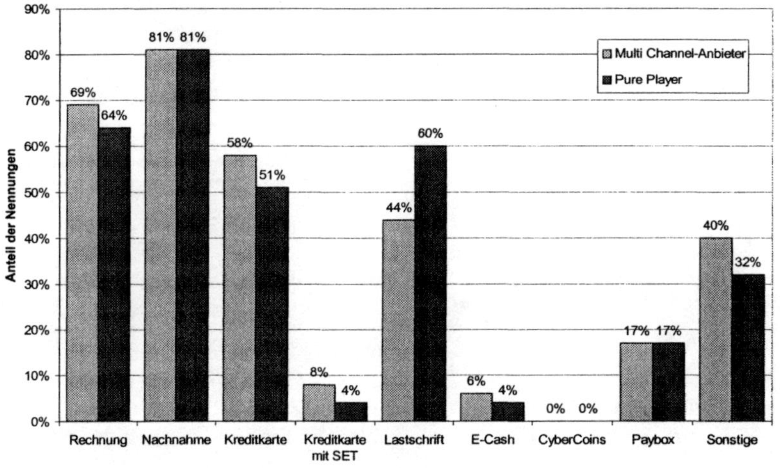

Abb. 3.19: Von Online-Shops angebotene Zahlungsverfahren; Quelle: Kolberg, B./Scharmacher, T., 2001, S. 108

So ist es auch nicht verwunderlich, dass die vier Zahlungsverfahren Rechnung, Nachnahme, Kreditkarte (verschlüsselt) sowie Lastschrift weitaus häufiger genutzt werden als unsichere Zahlungsverfahren (z. B. Kreditkarte unverschlüsselt) oder Verfahren mit Vorauskasse (Abb. 3.20). Weiterhin können Online-Shopper das Risiko eines Betrugs durch den Anbieter auch dadurch minimieren, dass sie einen

[347] Vgl. Enos, Lori: Report: E-Shopper Fears of Online Fraud Are Distorted, in: E-Commerce Times v. 14.6.2001, unter www.ecommercetimes.com, Zugriff am 6.8.2001.

[348] Lastschriften können ohne Begründung innerhalb von 6 Wochen widerrufen werden. Bei der Zahlung per Nachnahme muss ein Online Shopper in der Regel die Nachnahmegebühren übernehmen.

bekannten Anbieter (z. B. Anbieter, mit dem man bereits im traditionellen Handel oder beim Internet Shopping positive Erfahrungen gesammelt hat) oder einen unbekannten Anbieter wählen, dessen Seriosität durch ein Online-Prüfsiegel sichergestellt ist.[349] Letztendlich ist aus objektiver Sicht nicht davon auszugehen, dass für die Konsumenten beim Internet Shopping ein höheres Risiko durch Kreditkartenmissbrauch oder Betrug durch den Anbieter besteht.

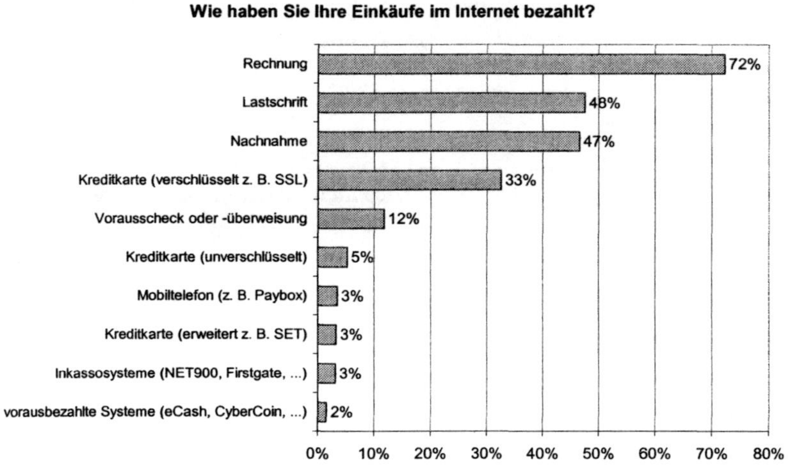

Anmerkung: Mehrfachnennungen möglich

Abb. 3.20: Präferierte Zahlungsverfahren beim Internet Shopping; Quelle: Stölzle, R./Leibold, K./Stroborn, K., 2001

(4) Empirischer Vergleich

Insbesondere auf die höheren Verluste, welche die Online-Shops zur Zeit in Kauf nehmen, dürfte es zurückzuführen sein, dass ein Einkauf per Internet Shopping zur Zeit durchschnittlich mit niedrigeren Gesamtkosten für den Käufer verbunden zu sein scheint als ein Einkauf im stationären Handel. Dies lässt sich zumindest anhand einer Studie belegen, die Brynjolfsson und Smith für den US-amerikanischen Markt durchgeführt haben.[350] Demnach fallen die Gesamtkosten beim Kauf von Büchern durchschnittlich um 9 %, beim Kauf von CDs sogar um 13 % günstiger aus als im stationären Handel. Bei ihrer Studie vergleichen die Autoren die beiden Meta-Betriebsformen anhand eines typischen Einkaufs. So gehen sie bspw. davon aus, dass ein Konsument drei Bücher oder CDs kauft, fünf Meilen zum Ladengeschäft fahren muss, die Fahrtkosten mit US-$ 0,32 pro Meile

[349] Zu Online-Prüfsiegeln vgl. E-Commerce-Center Handel (Hrsg.): EC-Report Handel 2000, Köln 2000, S. 78-82.

[350] Vgl. Brynjolfsson, Erik/Smith, Michael D.: Frictionless Commerce? A Comparison of Internet and Conventional Retailers, in: Management Science, 46. Jg. (2000), S. 568-572.

ansetzt und beim Internet Shopping die Versandkosten von amazon.com berechnet werden. Bei einer weiteren Studie für den US-amerikanischen Markt wurden Autopreise verglichen.[351] Dabei ergab sich für das Internet Shopping ein durchschnittlicher Preisvorteil von ungefähr 2 %, was bei einem gewöhnlichen Wagen immerhin 450 US-$ Preisunterschied ausmacht.

In dieser Arbeit wird angenommen, dass auch den deutschen Online-Shoppern **geringere Gesamtkosten beim Internet Shopping** entstehen. Dies lässt sich beispielhaft anhand des Buchhandels belegen. Ein Großteil der deutschsprachigen Bücher unterliegt im deutschen Buchhandel der vertikalen Preisbindung und muss daher sowohl beim Internet Shopping als auch in Ladengeschäften zum gleichen Preis angeboten werden.[352] Da deutsche Online-Buchläden nicht wie ihre amerikanischen Pendants die Preise der stationären Konkurrenz unterbieten können, sind nahezu alle bedeutenden deutschen Online-Buchhändler dazu übergegangen, auf die Berechnung von Versandkosten zu verzichten.[353] Aus Sicht der Konsumenten bedeutet dies, dass die Transaktionskosten im stationären Handel höher ausfallen als beim Internet Shopping. Den Reisekosten auf Seiten des stationären Handels stehen nämlich auf Seiten des Internet Shoppings lediglich die zu vernachlässigenden Internet-Gebühren gegenüber. Bei gleich hohen Produktpreisen bedeuten geringere Transaktionskosten gleichzeitig auch einen Vorteil bei den Gesamtkosten.

(5) Unterstützung bei Preisvergleichen

Brynjolfsson und Smith vergleichen in ihrer Studie die Gesamtkosten von 41 stationären und elektronischen Händlern und weisen als Ergebnis einen durchschnittlichen Kostenvorteil des Internet Shoppings aus. Bei dieser Durchschnittsbetrachtung werden allerdings die unterschiedlichen Möglichkeiten von Preis- bzw. Kostenvergleichen bei den beiden Meta-Betriebsformen vernachlässigt. So geht man davon aus, dass Konsumenten beim Internet Shopping Preise von verschiedenen Shops leichter und schneller vergleichen können als im stationären Handel.[354] Während die Konsumenten im stationären Handel für einen Preisvergleich mehrere Ladengeschäfte aufsuchen oder zumindest anrufen müssen, können sie im Internet relativ schnell die Webseiten verschiedener Online-Shops aufrufen oder sich sogar eines Preisagenten bzw. „Preisrobots" bedienen, der automatisch die Preise verschiedener Online-Shops für ein bestimmtes Produkt vergleicht. Eine beispielhafte Preissuche von Brynjolfsson und Smith ergibt, dass

---

[351] Vgl. Morton, Fiona Scott/Zettelmeyer, Florian/Risso, Jorge Silva: Internet Car Retailing, New Haven 2000, unter: www.nber.org/~confer/2001/ecomm01/morton.pdf, Zugriff am 12.1.2002

[352] Vgl. Antoni, Manfred: Verlagsmarketing, in: Tietz, Bruno (Hrsg.): Handwörterbuch des Marketing, 2. Auflage, Stuttgart 1995, Sp. 2582 f.

[353] Nachdem amazon.de lange Zeit auf die Berechnung von Versandkosten bei Buchbestellungen verzichtet hat, berechnet das Unternehmen neuerdings Versandkosten in Höhe von € 3 bei Bestellwerten unter € 20.

[354] Vgl. Wilke, K., 2000, S. 37-48; Bakos, J. Y., 1997, S. 1677 f.; Bakos, J. Y., 1991, S. 297.

die Suche im Internet 20 Sekunden (bei einem Preisagenten) oder eine Minute (beim Besuch der einzelnen Websites) pro Einkaufsstätte in Anspruch nimmt, während die telefonische Auskunft von stationären Geschäften drei Minuten pro Einkaufsstätte erfordert.[355]

Die Vermutung liegt nahe, dass die Konsumenten beim Internet Shopping mehr Preise miteinander vergleichen als im stationären Handel und dadurch aus der Bandbreite der Preise verschiedener Online-Händler einen vergleichsweise günstigen Preis finden.[356] Aus theoretischer Sicht kann diese Vermutung nicht unbedingt gestützt werden. Stigler bildet in seinem grundlegenden informationsökonomischen Modell die optimale Preissuche von Konsumenten bei einem homogenen Produkt auf einem unvollkommenen Markt ab.[357] Aus dem Modell kann geschlossen werden, dass die **Suchintensität eines Konsumenten** vor allem von den Suchkosten (z. B. Zeitkosten, Fahrtkosten, Telefonkosten) und der Preisstreuung abhängt:[358]

- Mit sinkenden **Suchkosten** nimmt die Suchintensität zu. Da in den vorausgehenden Ausführungen gezeigt werden konnte, dass die Suchkosten beim Internet Shopping niedriger ausfallen als im stationären Handel, lässt sich auf eine Zunahme der Suchintensität schließen.
- Mit sinkender **Preisstreuung** nimmt die Suchintensität ab. Es gibt empirische Hinweise, dass die Preise im Internet weniger streuen als in den Ladengeschäften.[359] Daraus folgt eine geringere Suchintensität beim Internet Shopping.

Weil die beiden Effekte gegenläufig sind, kann nach dem Ansatz von Stigler keine Aussage darüber getroffen werden, ob die Suchintensität per saldo zu- oder abnimmt.

---

[355] Vgl. Brynjolfsson, E./Smith, M. D., 2000, S. 568. Für den deutschen Online-Handel muss einschränkend festgestellt werden, dass zur Zeit noch keiner der am Markt befindlichen Preisagenten ausgereift funktioniert. Vgl. Dowideit, Martin: Preisagenten beim Online-Kauf – Suchmaschinen finden günstige Angebote, in: Klietmann, Markus (Hrsg.): Report Online Handel – Produkte verkaufen, Kunden binden, Preise gestalten, Düsseldorf 2001, S. 223-232.

[356] Vgl. Strader, Troy J./Shaw, Michael J.: Electronic Markets: Impact and Implications, in: Shaw, Michael/Blanning, Robert/Strader, Troy et al. (Hrsg.): Handbook on Electronic Commerce, Berlin u. a. 2000, S. 87.

[357] Vgl. Stigler, George J.: The Economics of Information, in: Journal of Political Economy, 69. Jg. (1961), H. 3, S. 213-225.

[358] Vgl. Wilke, K., 2000, S. 39; zu einer empirischen Bestätigung vgl. Urbany, Joel E.: An Experimental Examination of the Economics of Information, in: Journal of Consumer Research, 13. Jg. (1986), H. 2, S. 257-271.

[359] Bei der Untersuchung von Brynjolfsson und Smith ergibt sich beim Internet Shopping eine geringere Preisstreuung, wenn man die Preise mit den Marktanteilen der jeweiligen Händler gewichtet. Vgl. Brynjolfsson, E./Smith, M. D., 2000, S. 573-577.

3.3.3.2 Subjektive Einschätzung der Kosten durch die Online-Shopper

In dem vorausgegangenen Abschnitt wurden die tatsächlichen Gesamtkosten verglichen, die bei einem Einkauf in einer der beiden Meta-Betriebsformen anfallen. Hinsichtlich des hier verwendeten Einstellungsmodells interessiert jedoch letztendlich nur die subjektive Einschätzung der Gesamtkosten durch die Online-Shopper. In der Einleitung zu Abschnitt 3.3.3 wurde bereits darauf hingewiesen, dass die Einschätzung von Kosten nicht zwangsläufig mit den tatsächlichen Kosten übereinstimmen muss. Gröppel-Klein definiert dementsprechend Preisimage „...als die käuferindividuelle Beurteilung des Preisniveaus eines Handelsbetriebs ... unabhängig davon, ob das Geschäft tatsächlich Produkte zu objektiv günstigen Preisen verkauft oder nicht.“[360] Wie deutlich Preisimage und tatsächliches Preisniveau von Betriebsformen auseinanderliegen können, zeigen die Ergebnisse einer Untersuchung von Schnedlitz et al. (Abb. 3.21).[361]

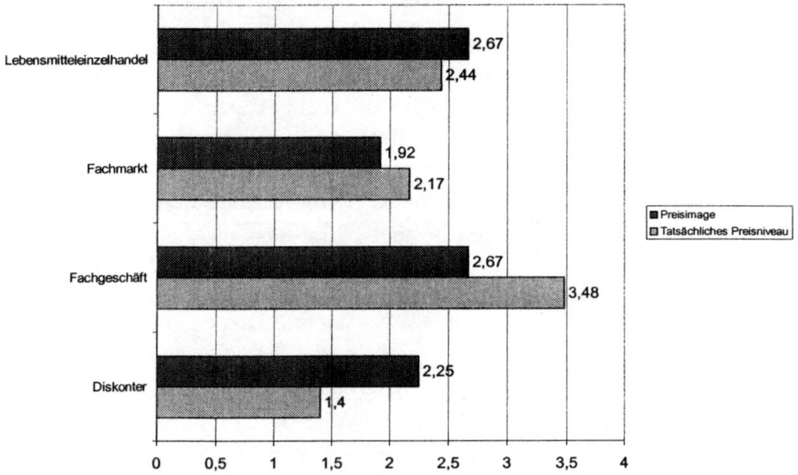

Abb. 3.21: Vergleich des tatsächlichen Preisniveaus mit dem vermuteten Preisimage beim Kauf von Kosmetikartikeln; Quelle: Schnedlitz, P./Kotzab, H./Cerha, C., 2000, S. 206

Solche Diskrepanzen können damit erklärt werden, dass das Preisimage einer Einkaufsstätte nicht nur von Preiskenntnissen der Konsumenten, sondern auch von der Art der Preisdarstellung und von Informationen nichtpreislicher Art, wie etwa der Art der Ladenausstattung, der Lage des Geschäfts etc. beeinflusst wird.[362] So stimmt bspw. in einer Untersuchung von Diller ein Großteil der Konsumenten dem Statement „In großen Geschäften kauft man im allgemeinen preisgünstig ein.“

[360] Gröppel-Klein, Andrea: Wettbewerbsstrategien im Einzelhandel – Chancen und Risiken von Preisführerschaft und Differenzierung, Wiesbaden 1998, S. 148.

[361] Vgl. Schnedlitz, P./Kotzab, H./Cerha, C., 2000, S. 206.

[362] Vgl. Müller-Hagedorn, L., 1998, S. 456 f.

zu.[363] Bevor auf eventuelle Verzerrungen zwischen dem Preisimage und dem tatsächlichen Preisniveau von Meta-Betriebsformen eingegangen wird, widmet sich der folgende Abschnitt der Frage, ob in der vorliegenden Untersuchung Preisgünstigkeits- oder Preiswürdigkeitsvorteile herangezogen werden sollen.

(1) Beurteilung von Preisgünstigkeit oder Preiswürdigkeit

Bei der Einschätzung von Preisen durch Konsumenten kann grundsätzlich die Beurteilung der Preisgünstigkeit und der Preiswürdigkeit unterschieden werden.[364] Preiswürdigkeitsurteile betreffen das Preis-Leistungs-Verhältnis eines Güter- oder Dienstleistungsangebots, während sich Preisgünstigkeitsurteile nur auf das monetäre Entgelt beziehen und die Leistungskomponente vernachlässigen.[365] Der Unterschied kann anhand einer gängigen Definition festgemacht werden, nach der ein Preis als Quotient aufgefasst wird:[366]

$$p = \frac{Entgelt}{Leistungsumfang}$$

Das Preiswürdigkeitsurteil bezieht sowohl den Zähler als auch den Nenner des Preisquotienten ein. Demgegenüber beschränkt sich das Preisgünstigkeitsurteil auf den Zähler. Preisgünstigkeitsurteile können herangezogen werden, „... wenn es um die Preisbeurteilung von (nahezu) identischen Produkten (konstanter Preisnenner) geht, die in verschiedenen Einkaufsstätten zu unterschiedlichen Preisen angeboten werden.“[367] Ein ähnlicher Fall scheint bei dem vorliegenden Einstellungsmodell gegeben zu sein. Der Unterschied besteht darin, dass nicht Produkte in verschiedenen Einkaufsstätten, sondern in verschiedenen Meta-Betriebsformen betrachtet werden. Das Preisgünstigkeitsurteil kann jedoch nur verwendet werden, wenn von einem konstanten Preisnenner ausgegangen werden kann. Diese Annahme erscheint problematisch, wenn man als Leistungsumfang nicht nur die Produktqualität auffasst, sondern auch die unterschiedlichen Leistungen der jeweiligen Meta-Betriebsform einschließt.[368] Ein solch weites Preisverständnis würde die Berücksichtigung von Preiswürdigkeitsurteilen erfordern. Dieses Vorgehen erweist sich jedoch als nicht praktikabel, weil sich in diesem Fall in der Meta-Betriebsformeneigenschaft „Kosten“ über den Preisnenner alle anderen acht Meta-Betriebsformeneigenschaften widerspiegeln würden. So wäre das Preiswürdigkeitsurteil bezüglich einer Meta-Betriebsform bspw. von der Beurteilung der Convenience abhängig. Weil die Anwendung des Einstellungsmodells die Unabhängigkeit der einzelnen Eigenschaften verlangt, wird von einem engen Preisverständnis ausgegangen, bei dem lediglich die Produktqualität in den Preisnenner

363 Vgl. Diller, Hermann: Das Preisimage als Wettbewerbsfaktor im Einzelhandel, Nürnberg 1991, S. 4-7.

364 Vgl. Gröppel-Klein, A., 1998, S. 151 f.

365 Vgl. Diller, Hermann: Preispolitik, Stuttgart u. a. 1985, S. 96-98 u. 110 f.

366 Vgl. Diller, H., 1985, S. 20.

367 Diller, H., 1985, S. 98.

368 Vgl. Müller-Hagedorn, L., 1998, S. 458.

einfließt.[369] Da bei diesem Verständnis die Bedingung eines konstanten Preisnenners erfüllt ist, genügt die Berücksichtigung des **Preisgünstigkeitsurteils.**[370]

(2) Subjektive Verzerrungen des tatsächlichen Kostenniveaus

Inwieweit sind bei der Beurteilung der Preisgünstigkeit von stationärem Handel und Internet Shopping Verzerrungen in Hinblick auf das tatsächliche Preis- bzw. Kostenniveau zu erwarten? Zum einen können Konsumenten Transaktionskosten oder Kosten durch Kreditkartenmissbrauch/Betrug durch den Anbieter verzerrt wahrnehmen, zum anderen könnte das Internet Shopping ein günstiges Preisimage genießen, weil es einfachere Preisvergleiche und neue Formen der Preisfindung ermöglicht.

- Hinsichtlich der **Transaktionskosten** muss in Frage gestellt werden, ob die Konsumenten die gesamten Reisekosten in ihr Preisgünstigkeitsurteil einschließen. Im Gegensatz zu den Versandkosten, dem größten Transaktionskostenblock auf Seiten des Internet Shoppings, führen Reisekosten oft nicht unmittelbar zu höheren Ausgaben. So bleibt z. B. fraglich, ob ein Konsument in sein Kalkül die tatsächlichen Kosten für eine PKW-Fahrt aufnimmt, die in der Regel schon zu früheren (Versicherungsgebühren und Steuern) oder erst zu späteren Zeitpunkten (Tanken, Wartung und Reparaturen) Ausgaben verursacht. Ein Hinweis für die **Vernachlässigung der Reisekosten** kann darin gesehen werden, dass die Konsumenten den Versandkosten des Internet Shoppings sehr ablehnend gegenüberstehen, obgleich die Reisekosten beim Kauf im stationären Handel oft sicherlich gleiche Höhen erreichen (siehe das Beispiel in Tabelle 3.12). So geben in einer Befragung über 70 % der Internet-Nutzer, die schon einmal einen Online-Einkauf abgebrochen haben, zu hohe Liefer- und Versandgebühren als einen Grund für den Abbruch an.[371] Abb. 3.22 zeigt, welche Liefergebühren die Akzeptierer von innovativen Distributionsservices für Lebens-

[369] Zu Problemen der Integration der Preiskomponente in Einstellungsmodelle vgl. auch Riepe, Claudia: Produkteigenschaften und das Nachfrageverhalten von Konsumenten. Eine vergleichende Analyse von Lancasters „Neuer Nachfragetheorie" und „Multi-Attribute Attitude"-Modellen, Thun-Frankfurt a. M. 1984, S. 219-229.

[370] Eine Untersuchung von Lenzen ergibt, dass die Preiswürdigkeit die Einkaufsstättenwahl besser erklärt als die Preisgünstigkeit. Dieses Ergebnis verwundert nicht, da Lenzen die Preiskomponente als einzigen Einflussfaktor auf die Einkaufsstättenwahl berücksichtigt. Während beim Preiswürdigkeitsurteil die Beurteilung der weiteren Einkaufsstätteneigenschaften in den Nenner einfließt, fehlt beim Preisgünstigkeitsurteil bei einer isolierten Betrachtung der Einfluss der weiteren Einkaufsstätteneigenschaften auf die Einkaufsstättenwahl. Vgl. Lenzen, Wolfgang: Die Beurteilung von Preisen durch Konsumenten – Eine empirische Studie zur Verarbeitung von Preisinformationen des Lebensmitteleinzelhandels, Thun-Frankfurt a. M. 1984.

[371] Bei der Frage waren Mehrfachnennungen möglich. Vgl. Fittkau & Maaß (Hrsg.): Ergebnisse für Teilnehmer der 12. W3B-Umfrage, unter www.w3b.de, Zugriff am 19.6.2001.

mittel maximal zu zahlen bereit sind.[372] Bei DM 5,- und DM 10,- bestehen deutliche Preisschwellen. 90 % der Akzeptierer würden maximal DM 5,- und 43 % maximal DM 10,- bezahlen.

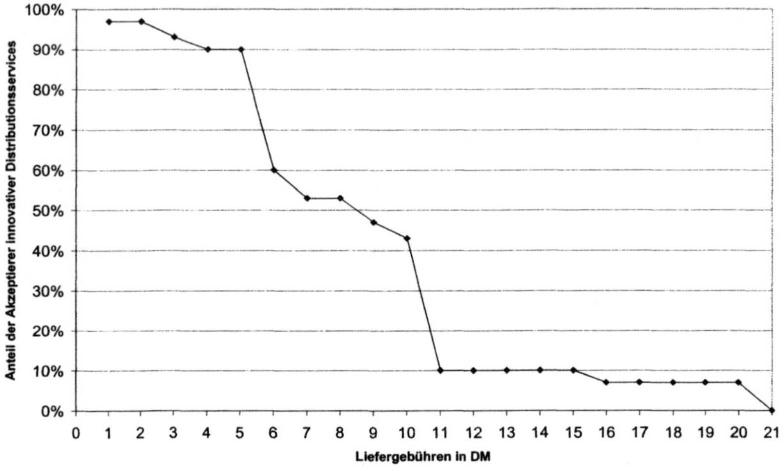

Abb. 3.22: Maximal akzeptierte Lieferkosten bei innovativen Distributionsservices für Lebensmittel; Quelle: Diller, H./Gömann, St., 1999, S. 50-52

- In Abschnitt 3.3.3.1 wurde dargelegt, warum im Internet aus objektiver Sicht kein höheres Risiko durch **Kreditkartenmissbrauch und Betrug durch den Anbieter** festzustellen ist. Es könnte allerdings sein, dass Konsumenten die Risiken aus Unwissenheit falsch einschätzen. Eine Untersuchung von Ben-Ur/Winfield belegt beispielsweise, dass 23,1 % der Nicht-Shopper befürchten, von Online-Anbietern betrogen zu werden.[373] Diese Gefahr sehen hingegen nur 2,4 % der befragten Online-Shopper. Diese Zahlen führen zu der Vermutung, dass Online-Shopper die Risiken aufgrund ihrer Erfahrung mit dem Internet Shopping richtig einschätzen können. Es ist daher nicht von negativen Auswirkungen auszugehen, die von Kreditkartenmissbrauch oder Betrug durch den Anbieter auf die fundamentalen Eigenschaften „Kosten“, „Convenience“ und „Zeitaufwand“ wirken.
- So wie das Preisimage des stationären Handels durch die Vernachlässigung von Reisekosten positiv verzerrt wird, ist eine positive Verzerrung zugunsten des Internet Shoppings durch die Möglichkeit einfacher Preisvergleiche und neuer Preisbildungsformen denkbar. In Abschnitt 3.3.3.1 wurde festgestellt, dass das Internet **einfachere Preisvergleiche** ermöglicht. Es könnte sein, dass die einfacheren Preisvergleiche die Preise günstiger

[372] Vgl. Diller, Hermann/Gömann, Steffen: Verbreitung und Akzeptanz innovativer Distributionsservices für Lebensmittel, Nürnberg 1999, S. 50-52.

[373] Vgl. Ben-Ur, J./Winfield, Cl., 2001.

erscheinen lassen als sie tatsächlich sind. Nach Ergebnissen einer Befragung des Allensbacher Instituts für Demoskopie sehen etwa 57 % der Online-Käufer als einen Vorteil des E-Commerce an, dass man Preise besser vergleichen kann.[374] Eine ähnliche Verzerrung könnten **neue Preisbildungsformen** auslösen, denen im stationären Handel keine oder allenfalls eine marginale Bedeutung zukommt.[375] Folgende Formen gehören dazu:[376]

- Auktionen: Obgleich diese Preisbildungsform schon aus dem stationären Handel bekannt ist, kommt ihr beim Internet Shopping eine weitaus größere Bedeutung zu.[377]
- Name-your-price-Modell: Bei dieser neuartigen Form können Nachfrager Festpreise setzen.
- Powershopping oder Co-Shopping: Hier gibt ein Online-Händler seinen Kunden eine feste Preisstaffel vor, nach welcher der Preis eines bestimmten Produkts mit steigender Käuferzahl sinkt.

Es liegen noch keine fundierten Erkenntnisse vor, inwieweit das Preisimage von Online-Shops durch solche neuartigen Preisbildungsformen positiv beeinflusst wird. Allerdings lassen empirische Untersuchungen Hinweise auf derartige Verzerrungen erkennen. So verbinden knapp 85 % der befragten Internet-Nutzer in einer Studie der Deutschen Post mit Online-Auktionen den Vorteil „günstigere Preise, Schnäppchen, Rabatte".[378] Eine Untersuchung von Streich zeigt jedoch, dass Online-Shopper zumindest bei sog. moderierten Liveauktionen häufig Zuschlagspreise zahlen, die über den Festpreisen von Katalogversendern liegen, die hier als Vergleichsmaßstab herangezogen werden.[379]

3.3.3.3 Zusammenfassung

Es liegen schwache Indizien vor, dass das tatsächliche Kostenniveau, das den Ausführungen in Abschnitt 3.3.3.1 zufolge beim Internet Shopping niedriger ausfällt, in zweierlei Hinsicht verzerrt werden könnte:

- Die Vernachlässigung von Reisekosten führt zu einer Verzerrung des Preisimages zugunsten des stationären Handels.

---

[374] Vgl. Müller, Anja: Unterschätzter Online-Handel, in: Handelsblatt v. 16.10.2000, S. N 8.

[375] Vgl. Sinha, Indrajit: Cost Transparency: The Net's Real Threat to Prices and Brands, in: Harvard Business Review, 78. Jg. (2000), H. 3, S. 47.

[376] Vgl. E-Commerce-Center Handel (Hrsg.), 2001, S. 63-66.

[377] Vgl. Reichwald, Ralf/Hermann, Michael/Bieberbach, Florian: Auktionen im Internet, in: WISU, 29. Jg. (2000), S. 542-552.

[378] Vgl. Deutsche Post AG (Hrsg.): eCommerce Facts 2.0, Bonn 2000, S. 19.

[379] Vgl. Streich, Michael: Online-Auktionen im Internet. Eine empirische Studie zur Evaluation von Preisvorteilen unter besonderer Berücksichtigung moderierter Liveauktionen, in: Jahrbuch der Absatz- und Verbrauchsforschung, 47. Jg. (2001), H. 2, S. 172-189.

- Einfachere Preisvergleiche und neue Preisbildungsformen lassen das Internet Shopping günstiger erscheinen als es tatsächlich ist.

Da das Preisimage sowohl zugunsten des stationären Handels als auch zugunsten des Internet Shoppings verzerrt werden könnte, kann keine Aussage getroffen werden, welche Meta-Betriebsform per saldo von einer systematischen Verzerrung des tatsächlichen Kostenniveaus profitiert. Empirische Untersuchungen deuten darauf hin, dass die Einschätzung der Preise bzw. der Gesamtkosten durch die Online-Shopper dem tatsächlichen Kostenniveau der beiden Meta-Betriebsformen entspricht. So geben in einer GfK-Studie 43 % der deutschen Online-Shopper als einen Grund für den Online-Kauf an, dass Internet Shopping billiger sei als der Einkauf in normalen Geschäften.[380] In einer Untersuchung von Ernst & Young wird die Einschätzung der Kosten nach verschiedenen Branchen differenziert.[381] Je nach Branche erwarten 50-83 % der deutschen Online-Shopper, dass die Kosten beim Internet Shopping geringer ausfallen als beim stationären Einkauf.

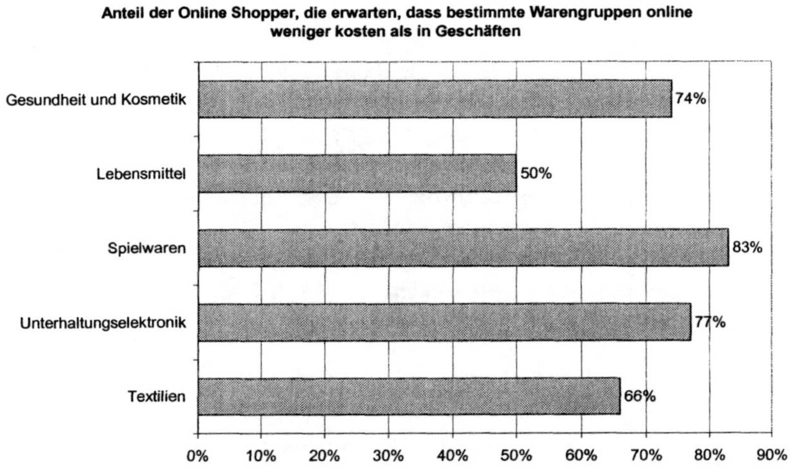

Abb. 3.23: Kostenvorteile des Internet Shoppings in verschiedenen Branchen; Quelle: Ernst & Young (Hrsg.), 2001, S. 36

Demzufolge wird die folgende Hypothese hinsichtlich der Meta-Betriebsformeneigenschaft „Kosten" aufgestellt:

Hypothese 4: Online-Shopper finden die Gesamtkosten beim Internet Shopping günstiger als im stationären Handel.

[380] Vgl. Pringle, D., 2001, S. 26.
[381] Vgl. Ernst & Young (Hrsg.), 2001, S. 36.

3.3.4 Lieferzeit

Während Online-Shopper gekaufte Produkte im stationären Handel in der Regel unmittelbar mitnehmen können (Ausnahmen: z. B. Möbel oder Autos), müssen sie **beim Internet Shopping bei fast allen Waren eine Lieferzeit** in Kauf nehmen. Nach einer Untersuchung des E-Commerce-Center Handel beträgt die Wartefrist üblicherweise ein bis drei Werktage.[382] Ein Test der Wirtschaftswoche ergab, dass bei der überwiegenden Zahl der 36 getesteten deutschen Online-Händler die angegebene Lieferfrist auch eingehalten wurde.[383] Eine Wartefrist entfällt lediglich bei den Produkten, die digitalisierbar sind und über das Internet versendet werden können. Für eine solche Form der **digitalen Distribution** kommen bspw. Computer-Software, Musik, Bücher oder Zeitschriften in Frage.[384] Allerdings wird diese Form der Distribution bislang nur bei einem kleinen Teil der Online-Verkäufe in diesen Branchen tatsächlich genutzt. Beispielsweise wurden nach Aussagen von amerikanischen Software-Händlern 1999 nur sieben Prozent aller über das Web verkauften Software auch über das Netz geliefert.[385] Deutsche Software-Verkäufer bestätigen die Zahlen. Bei den meisten liegt der Anteil der digitalen Distribution im einstelligen Prozentbereich. Dass die Online-Shopper momentan nicht häufiger von der Möglichkeit der digitalen Distribution Gebrauch machen, kann auf mehrere Ursachen zurückgeführt werden:

- Bei schmalbandigen Internet-Anbindungen (64 Kbit/s und weniger) über ISDN oder Modem kann die Übertragung der erforderlichen Datenmengen oft mehrere Stunden dauern.
- Bei Musik-Alben und Büchern müssen die Konsumenten über neuartige Endgeräte (elektronische Bücher) bzw. Zusatzgeräte (z. B. CD-Brenner) verfügen, um die digital empfangenen Produkte genauso wie ihre physisch ausgelieferten Pendants nutzen zu können.[386]
- Die Online-Händler bieten häufig erst bei einem kleinen Teil ihres Sortiments die Möglichkeit der digitalen Distribution an.

---

[382] Knapp zwei Drittel der befragten Shopbetreiber geben an, dass sie beim Eingang einer Bestellung nach 16:00 Uhr ihren Kunden eine Lieferfrist von 1-3 Werktagen garantieren. Vgl. Kolberg, B./Scharmacher, T., 2001, S. 115.

[383] Vgl. Gutowski, Katja/Gorgs, Claus: Onlineshopping – Wie komfortabel und sicher ist das Kaufhaus Internet?, in: Wirtschaftswoche, Nr. 20 v. 10.5.2001, S. 149 u. 156.

[384] Vgl. Simon, Hermann: The Call of Reality and the Future of E-Business – How Established Organizations Have to Change, Presentation to Siemens-Deutsche Bank-Volkswagen „Inventing the Organization of the 21st Century"-Conference, Schloss Elmau, 17. März 2001, unter www.competence-site.de, Zugriff am 14.8.2001.

[385] Vgl. Koll, Sabine: Der Glaube ist ungebrochen, in: <e>Market, o. Jg. (2001), H. 13, S. 38-40.

[386] Vgl. o. V.: Elektronische Bücher und das Internet werden die Textverteilung revolutionieren, in: Computer Zeitung, Nr. 39 v. 24.9.1998, S. 24.

Aufgrund der geringen Bedeutung der digitalen Distribution erreicht der überwiegende Teil der online bestellten Waren die Konsumenten mit einer zeitlichen Verzögerung. Daher ist in der Lieferzeit eine klare Stärke des stationären Handels zu sehen:

> **Hypothese 5:** Online-Shopper finden die Lieferzeit beim Einkauf im stationären Handel kürzer als beim Internet Shopping.

3.3.5 Convenience

Convenience stellt eine Meta-Betriebsformeneigenschaft dar, die verschiedene Einkaufsaspekte umfasst. So steht Convenience sowohl für den Zeitaufwand („speed“) als auch für die Bequemlichkeit, Leichtigkeit bzw. Mühelosigkeit („ease“), die ein Konsument mit einem Einkaufsvorgang in einer bestimmten Einkaufsstätte verbindet.[387] Nach verschiedenen Einkaufsphasen werden vier Formen der Convenience unterschieden:[388]

- “access convenience“: Bequemlichkeit und Zeiteinsatz, um eine Einkaufsstätte zu erreichen,
- “search convenience”: Bequemlichkeit und Zeiteinsatz bei Suche und Auswahl der gewünschten Produkte,
- “possession convenience”: Zeitdauer, bis ein Konsument die gewünschten Produkte erhält (Lieferzeit),
- “transaction convenience”: Bequemlichkeit und Zeiteinsatz beim Kaufabschluss und der eventuellen Rückgabe von Produkten.

Um Überschneidungen mit Punkten zu vermeiden, die nach dem hier verwendeten Katalog von Meta-Betriebsformeneigenschaften nach Keeney als eigenständige Eigenschaften Berücksichtigung finden, muss der Convenience-Begriff für die vorliegende Untersuchung entsprechend angepasst werden. So wurde die „possession convenience“ bereits im vorausgegangen Abschnitt „Lieferzeit“ isoliert behandelt. Weiterhin wird der Zeiteinsatz im Katalog von Keeney getrennt berücksichtigt (siehe Abschnitt 3.3.6). Schließt man die beiden Aspekte aus, beinhaltet die Eigenschaft „Convenience“ folgende Punkte:

- **“access convenience**“: Bequemlichkeit, eine Einkaufsstätte zu erreichen,
- **“search convenience**”: Bequemlichkeit bei Suche und Auswahl der gewünschten Produkte,

---

387 Vgl. E-Commerce-Center Handel (Hrsg.), 2001, S. 34; Seiders, Kathleen/Berry, Leonard L./Gresham, Larry G.: Attention, Retailers! How Convenient Is Your Convenience Strategy?, in: Sloan Management Review, 41. Jg. (2000), H. 3, S. 80.

388 Vgl. Berry, Leonard L.: The Old Pillars of New Retailing, in: Harvard Business Review, 79. Jg. (2001), S. 136 f.; Seiders, K./Berry, L. L./Gresham, L. G., 2000, S. 80; Schnedlitz, P./Kotzab, H./Cerha, C., 2000, S. 198.

- "**transaction convenience**": Bequemlichkeit beim Kaufabschluss und der eventuellen Rückgabe von Produkten.

Die Unterziele, die in der Untersuchung von Keeney der Eigenschaft „Convenience" untergeordnet sind (Tabelle 3.11), lassen sich diesen drei Punkten zuweisen:

- „purchasing convenience" → "transaction convenience"
- "time flexibility in purchasing" → "access convenience"
- "quality after-sales service" → "transaction convenience"
- "easy return process" → "transaction convenience"
- "effort of shopping" → "access, search, transaction convenience"
- "personal hassle" → "access, search, transaction convenience"
- "ease of finding product" → "search convenience"

Wie beurteilen die Online-Shopper das Internet Shopping und den Einkauf im stationären Handel hinsichtlich der drei Formen der Convenience? Bei der **„access convenience"** ist ein eindeutiger Vorteil des Internet Shoppings zu verbuchen.[389] Ein Konsument kann einen Online-Shop von zuhause oder vom Arbeitsplatz aus ganztägig erreichen, während im stationären Handel die räumliche Distanz zum Geschäft überwunden und beschränkte Öffnungszeiten beachtet werden müssen.[390] Da offenbar nahezu alle deutschen Online-Shops derzeit eine Hausanlieferung der bestellten Waren anbieten, müssen Online-Besteller auch bei der Warenübergabe keinen eigenen Weg in Kauf nehmen.[391] Hinsichtlich der **„search convenience"** wurde bereits in den Abschnitten 3.3.2 (Qualität des ausgewählten Produkts) und 3.3.3 (Kosten) auf die Vorteile des Internet Shoppings bei der Produktsuche hingewiesen.[392] Bei der **„transaction convenience"** bleibt unklar, welche Meta-Betriebsform der anderen überlegen ist. Hier stehen Warteschlangen an Kassen Formulare gegenüber, in die Online-Shopper ihre Lieferanschrift und Daten zur Zahlungsabwicklung eintragen müssen, wenn sie bei einem Online-Shop noch nicht als Kunde registriert sind. Bei Retouren müssen Konsumenten im stationären

---

[389] Vgl. Seiders, K./Berry, L. L./Gresham, L. G., 2000, S. 82 f.

[390] Der Service der Heimlieferung wird im stationären Handel eher selten angeboten und auch dann muss der Kunde zunächst das Ladengeschäft aufsuchen und seine Auswahl treffen. Vgl. Dorner, Babette: Versandhandelsmarketing: Ansätze zur Kundengewinnung und Kundenbindung, Wiesbaden 1999, S. 12.

[391] Vgl. Kolberg, B./Scharmacher, T., 2001, S. 116 f.

[392] Es wird deutlich, dass die „search convenience" als Teilaspekt der Eigenschaft „convenience" offenbar mit Teilaspekten der Produktqualität und der Kosten korreliert. Dieser Zusammenhang belegt, dass die Eigenschaften aus dem Katalog von Keeney nicht völlig unabhängig voneinander sind.

Handel das Ladengeschäft noch einmal aufsuchen, während sie beim Internet Shopping meist gezwungen sind, die Ware per Paket zurückzusenden.

Auch wenn bei der „transaction convenience“ keine eindeutige Aussage möglich ist, erscheint die **Convenience insgesamt** aufgrund der Vorteile bei der „access“ und „search convenience“ als eine **Stärke des Internet Shoppings**.[393] Dies spiegelt sich auch in Ergebnissen verschiedener empirischer Untersuchungen wider. So sieht die überwiegende Zahl der Online-Käufer bei einer Befragung des Allensbacher Instituts für Demoskopie folgende Vorteile des Internet Shoppings:[394]

- „Man kann vieles ganz einfach von zu Hause aus erledigen.“ (76,4 %)
- „Man kann rund um die Uhr bestellen, ist nicht mehr von Ladenzeiten abhängig.“ (76,0 %)

Ähnliche Ergebnisse resultieren aus einer GfK-Untersuchung, bei der ein Großteil der deutschen Online-Shopper Convenience-Aspekte als Grund für einen Einkauf im Internet angeben:[395]

- “I am independent from opening hours.“ (73 %)
- “It´s more convenient for me.” (69 %)

Demzufolge wird folgende Hypothese zur Convenience aufgestellt:

> **Hypothese 6:** Online-Shopper finden die Convenience beim Internet Shopping besser als beim Einkauf im stationären Handel.

3.3.6 Zeiteinsatz

Die Eigenschaft „Convenience“ wurde im vorausgehenden Abschnitt bewusst auf den Aspekt der Bequemlichkeit bzw. Mühelosigkeit beschränkt, da in dem Eigenschaftskatalog von Keeney der Zeiteinsatz gesondert berücksichtigt wird. Analog zur Convenience kann der Zeiteinsatz in die Phasen Aufsuchen der

---

[393] Vgl. Szymanski, D. M./Hise, R. T., 2000, S. 310-312; Balasubramanian, Sridar: Two Essays in Direct Marketing, Ph.D. Dissertation, Yale University, New Haven 1997, zitiert nach: Szymanski, David M./Hise, Richard T.: e-Satisfaction: An Initial Examination, in: Journal of Retailing, 76. Jg. (2000), S. 309-322. Selbst bei den traditionellen Formen des Home Shoppings wie etwa dem Katalogversandhandel oder dem Telefon Shopping, die dem Internet Shopping insbesondere bei der „transaction convenience“ deutlich unterlegen sein dürften, empfinden Konsumenten die Convenience als einen Vorteil gegenüber dem stationären Handel. Vgl. Eastlick, Mary Ann/Feinberg, Richard A.: Gender Differences in Mail-Catalog Patronage Motives, in: Journal of Direct Marketing, 8. Jg. (1994), H. 2, S. 41; Gillett, Peter L.: In-Home Shoppers – An Overview, in: Journal of Marketing, 40. Jg. (1976), H. 10, S. 84 f.; Cox, Donald F./Rich, Stuart U.: Perceived Risk and Consumer Decision-Making - The Case of Telephone Shopping, in: Journal of Marketing Research, 1. Jg. (1964), S. 32 u. 35; Kelley, Eugene J.: The Importance of Convenience in Consumer Purchasing, in: Journal of Marketing, 23. Jg. (1958), H. 1, S. 37.

[394] Vgl. Müller, A., 2000, S. N 8.

[395] Vgl. Pringle, D., 2001, S. 26.

Einkaufsstätte („access"), Produktsuche („search") sowie Kaufabschluss und eventuelle Rückgabe des Produkts („transaction") unterteilt werden. Ebenso lassen sich die Unterziele aus dem Katalog von Keeney (Tabelle 3.11) diesen drei Phasen zuordnen.

Der Vergleich des Zeiteinsatzes bei den beiden Meta-Betriebsformen fällt ähnlich zu den Vor- und Nachteilen bei der Convenience aus. So ist davon auszugehen, dass den Konsumenten beim Internet Shopping hinsichtlich des **Aufsuchens der Einkaufsstätte** und der **Produktsuche** ein geringerer Zeitaufwand entsteht, da der oft zeitintensive Weg zur Einkaufsstätte entfällt und das Internet die Produktsuche beschleunigt. Beispielhaft sei an dieser Stelle noch einmal an den exemplarischen Preisvergleich von Brynjolfsson und Smith erinnert, bei dem die Suche im Internet 20 Sekunden (bei einem Preisagenten) oder eine Minute (beim Besuch der einzelnen Websites) pro Einkaufsstätte in Anspruch nimmt, während die telefonische Auskunft von stationären Geschäften drei Minuten pro Einkaufsstätte erfordert.[396] Bei **Kaufabschlüssen und Retouren** lässt sich wie bei der Convenience kein eindeutiger Vorteil einer der beiden Meta-Betriebsformen erkennen. Insgesamt scheint das **Internet Shopping einen geringeren Zeiteinsatz** zu erfordern.[397] Diese Einschätzung kann anhand von Ergebnissen einer GfK-Studie bestätigt werden, in der 45 % der befragten Online-Shopper die Schnelligkeit als einen Grund für Online-Käufe nannten.[398] Bei einer Untersuchung von Diller und Gömann sehen 67 % der Befragten, die an innovativen Distributionsservices für Lebensmittel interessiert sind, die Zeitersparnis als einen Vorteil des Distanzkaufs.[399] Dementsprechend wird vermutet, dass Online-Shopper den Zeiteinsatz als einen Vorteil des Internet Shoppings ansehen:

> **Hypothese 7:** Online-Shopper finden den Zeiteinsatz beim Internet Shopping geringer als beim Einkauf im stationären Handel.

3.3.7 Schutz der Privatsphäre

Während ein Käufer im stationären Handel in der Regel anonym bleibt, muss ein Kunde beim Internet Shopping seine Identität spätestens bei der Angabe seiner Lieferanschrift preisgeben. Verknüpft ein Anbieter die Identität mit Daten zum Nutzungs- und Kaufverhalten eines einzelnen Kunden, entstehen sensible persönliche Daten. Diese Daten können sowohl vom Anbieter als auch von einem Dritten, der die Daten abfängt, missbräuchlich verwendet werden.[400] Zu denken ist hier insbesondere daran,

---

[396] Vgl. Brynjolfsson, E./Smith, M. D., 2000, S. 568.
[397] Vgl. Balasubramanian, S., 1997.
[398] Vgl. Pringle, D., 2001, S. 26.
[399] Vgl. Diller, H./Gömann, St., 1999, S. 44.
[400] Vgl. Müller-Hagedorn, L./Dach, Chr./Hudetz, K./Kaapke, A., 2000, S. 38-40.

- dass persönliche Daten ohne Zustimmung des Kunden gesammelt und an Dritte veräußert werden[401] und
- Online-Shopper in Folge durch unaufgefordert zugesendete Briefe oder E-Mails belästigt werden („Mail Spamming").

Die Gefahr, dass **Dritte an persönliche Daten** gelangen, ist in erster Linie von der technischen Sicherheit abhängig. Daten können entweder während der Kommunikation zwischen Kunde und Anbieter oder durch unerlaubten Zugriff auf die beim Anbieter gespeicherten Daten abgefangen werden.[402] Durch geeignete technische Maßnahmen kann ein Online-Anbieter die Daten gegen den Zugriff von Dritten schützen:[403]

- Durch die Verwendung von Sicherheitsprotokollen (z. B. SSL, SET) wird die Sicherheit des Datentransports,[404]
- durch den Einsatz von Firewalls die Sicherheit der Datenspeicherung gewährleistet.[405]

Einer Untersuchung der Stiftung Warentest zufolge ist die Datensicherheit bei vielen deutschen Online-Shops unzureichend.[406] Nur bei vier der 16 untersuchten umsatzstarken Internethändler waren die Computersysteme so sicher, dass die Kundendaten kaum ausspioniert werden könnten. Hinsichtlich des Datentransports wurde immerhin bei sechs Händlern eine schwächere Verschlüsselung als die empfohlenen 128 Bit eingesetzt.

Wie groß die Gefahr ist, dass ein **Online-Anbieter selbst die persönlichen Daten seiner Kunden missbräuchlich verwendet**, lässt sich nur schwer einschätzen. Gesetzlich werden der Speicherung und Verwendung personenbezogener Daten über das Internet durch zahlreiche Regelungen (insbesondere dem Teledienstdatenschutzgesetz) enge Grenzen gesetzt.[407] „Die Verarbeitung und Nutzung der Daten, z. B. zur Beratung und Werbung der Nutzer gegenüber Dritten oder zur Markt- und Meinungsforschung, ist den Teledienstanbietern [Anmerkung

---

401 Vgl. Saliba, Clare: Report: E-Biz Needs to Foster Online Privacy, in: E-Commerce Times v. 11.7.2001, unter www.ecommercetimes.com, Zugriff am 6.8.2001; Greenberg, Paul A.: Coming Together on E-Privacy, in: E-Commerce Times v. 3.8.2001, unter www.ecommercetimes.com, Zugriff am 6.8.2001.

402 Vgl. o. V.: Kreditkarten akzeptieren im Online-Shop, unter: www.ecin.de/zahlungssysteme/kreditset, Zugriff am 17.7.2001.

403 Zur technischen Sicherheit des Internets vgl. Eckert, Claudia: IT-Sicherheit: Konzepte – Verfahren – Protokolle, München 2001, S. 39-80.

404 Zu verschiedenen Sicherheitsprotokollen bzw. Sicherungsverfahren vgl. E-Commerce-Center Handel (Hrsg.), 2001, S. 74 f.

405 Vgl. Hennemann, A./Jahn, A./Tost, R. et al., 2001, S. 70-72.

406 Vgl. o. V.: Leichtes Spiel für Datendiebe – Die Sicherheit beim Cyber-Shopping lässt einiges zu wünschen übrig, in: Finanztest, o. Jg. (2000), H. 5, S. 22-25.

407 Vgl. Georg, Björn: Sicherheit, Recht und Steuern, in: Thome, Rainer/Schinzer, Heiko (Hrsg.): Electronic Commerce: Anwendungsbereiche und Potentiale der digitalen Geschäftsabwicklung, 2. Auflage, München 2000, S. 265-269.

des Verfassers: hierzu zählen u. a. die Online-Shops] nur mit der ausdrücklichen Einwilligung der Nutzer erlaubt."[408] Ein Verstoß gegen datenschutzrechtliche Vorschriften wird entweder als Straftat oder als Ordnungswidrigkeit geahndet.[409] Allerdings wurden Verstöße in der Regel bislang erst nach einem Strafantrag des Betroffenen verfolgt, der meist gar nicht weiß, wer welche Daten über ihn sammelt. Der Untersuchung der Stiftung Warentest zufolge sammeln einige der großen deutschen Online-Shops heimlich Daten über ihre Kunden.[410] Weiterhin wurde in Einzelfällen aufgedeckt, dass Online-Shops ihre Kundendaten verkaufen.[411]

Da ein Missbrauch persönlicher Daten sowohl von Dritten als auch von den Anbietern selbst droht, wundert es nicht, dass viele Online-Shopper Bedenken hinsichtlich des Schutzes ihrer Privatsphäre beim Internet Shopping hegen. Diese Bedenken werden vermutlich vor allem durch negative Beispiele in den Medien geschürt.[412] Eine Studie der Deutschen Post ergibt, dass 68,1 % der befragten Online-Shopper die Verwendung der persönlichen Daten durch Online-Shops bedenklich finden.[413] Es wird angenommen, dass Online-Shopper den mangelnden Schutz der Privatsphäre als **Nachteil des Internet Shoppings** ansehen:

Hypothese 8: Online-Shopper finden den Schutz der Privatsphäre beim Einkauf im stationären Handel besser als beim Internet Shopping.

3.3.8 Einkaufsvergnügen

Bereits 1958 weist Martineau darauf hin, wie bedeutend es für die Einkaufsstättenwahl ist, dass Konsumenten den Einkauf in einem Geschäft als angenehmes Erlebnis empfinden.[414] Ziehe gibt einen Überblick über verschiedene Varianten des Erlebnisbegriffes und definiert ein (positives) Einkaufserlebnis als „... die während des Einkaufens subjektiv wahrgenommenen tiefen angenehmen Empfindungen, die über den reinen Versorgungsaspekt mit Waren hinausgehen, und die dazu führen,

[408] Georg, B., 2000, S. 267.

[409] Vgl. Hennemann, A./Jahn, A./Tost, R. et al., 2001, S. 102 f.

[410] Vgl. o. V.: Leichtes Spiel für Datendiebe – Die Sicherheit beim Cyber-Shopping lässt einiges zu wünschen übrig, in: Finanztest, o. Jg. (2000), H. 5, S. 22-25.

[411] Vgl. Tessler, Joelle: Bankrupt dot-coms ask to sell user data, unter: www.siliconvalley.com, Zugriff am 24.1.2002.

[412] Vgl. bspw. Greenberg, Paul A.: 'E' Stands for Exposure, in: E-Commerce Times v. 21.6.2001, unter www.ecommercetimes.com, Zugriff am 6.8.2001.

[413] Vgl. Deutsche Post AG (Hrsg.), 2000, S. 25.

[414] Vgl. Martineau, P., 1958, S. 47-55.

dass zusätzliche Bedürfnisse befriedigt werden."[415] Ein positives Einkaufserlebnis kann mit den Empfindungen „Spaß haben", „Einkaufsvergnügen" oder „Etwas Neues erleben" umschrieben werden.[416] Die Unterziele, die in der Untersuchung von Keeney der fundamentalen Eigenschaft „Einkaufsvergnügen" untergeordnet werden, sind zu allgemein gehalten, als dass sich Schlüsse ableiten ließen, welche Faktoren für das Einkaufsvergnügen beim Internet Shopping und im stationären Handel maßgeblich sind. Empirische Untersuchungen ergeben, dass verschiedene absatzpolitische Instrumente eines Handelsbetriebs das Einkaufserlebnis bzw. -vergnügen eines Konsumenten bestimmen: Ladenatmosphäre, Verkaufspersonal, Preise bzw. das Preis-Leistungsverhältnis, Produktauswahl und Convenience-Aspekte.[417] Da die letzten drei Punkte bereits im Rahmen von anderen Meta-Betriebsformeneigenschaften behandelt wurden, konzentriert sich die Betrachtung in diesem Abschnitt ausschließlich auf die Ladenatmosphäre und das Verkaufspersonal, um die Überschneidungsfreiheit der Eigenschaften zu gewährleisten und Doppelzählungen zu vermeiden. Insbesondere die Ladenatmosphäre bzw. -gestaltung wird von zahlreichen Autoren als das wichtigste Element angesehen, um Kunden ein positives Einkaufserlebnis zu vermitteln.[418]

Wie schneiden die beiden Meta-Betriebsformen hinsichtlich des Einkaufsvergnügens ab? Da ein Kunde beim Internet Shopping allenfalls per Telefon, Online-Chat oder E-Mail mit **Verkaufspersonal** in Kontakt treten kann, erscheint der stationäre Handel, bei dem sich dem Kunden die Möglichkeit eines realen Verkaufgesprächs bietet, dem Internet Shopping in diesem Punkt klar überlegen. In Hinblick auf die **Ladenatmosphäre** konkurrieren die auditiven, visuellen, taktilen, olfaktorischen und evtl. auch gustatorischen Reize einer realen Einkaufsumwelt

---

[415] Ziehe, Nikola: Gibt es einen Trend zur Erlebnisorientierung?, in: Müller-Hagedorn, Lothar (Hrsg.): Trends im Handel: Analysen und Fakten zur aktuellen Situation im Handel, Frankfurt a.M. 1997, S. 56. Nach einem weiten Begriffsverständnis werden unter „Einkaufserlebnissen" auch negative Erlebnisse wie bspw. Angst, Schrecken oder Ekel verstanden. Vgl. Hennings, Gerd: Erlebnis- und Konsumwelten: Steuerungsfaktoren – Akteure – Planung, in: Steinecke, Albrecht (Hrsg.): Erlebnis- und Konsumwelten, München–Wien 2000, S. 60.

[416] Vgl. Schuckel, Marcus: Einkaufen in der City – ein Erlebnis? – Ergebnisse einer Sonderauswertung der BAG-Untersuchung Kundenverkehr 2000, in: Mitteilungen des Instituts für Handelsforschung an der Universität zu Köln, 53. Jg. (2001), S. 113 f.

[417] Vgl. Yoo, Changjo/Park, Jonghee/MacInnis, Deborah J.: Effects of Store Characteristics and In-Store Emotional Experiences on Store Attitude, in: Journal of Business Research, 42. Jg. (1998), S. 253-263; Jones, M. A.: Entertaining Shopping Experiences: An Exploratory Investigation, in: Journal of Retailing and Consumer Services, 6. Jg. (1999), S. 129-139.

[418] Vgl. Diller, Hermann/Kusterer, Marion: Die Erfolgsträchtigkeit der erlebnisbetonten Ladengestaltung im Einzelhandel –Eine empirische Studie -, Hamburg 1986, S. 7; Donovan, Robert J./Rossiter, John R.: Store Atmosphere: An Environmental Psychology Approach, in: Journal of Retailing, 58. Jg. (1982), H. 1, S. 34-57; Weinberg, Peter: Erlebnisorientierte Einkaufsstättengestaltung im Einzelhandel, in: Marketing ZFP, 8. Jg. (1986), H. 2, S. 97-102; Kotler, Philip: Atmospherics as a Marketing Tool, in: Journal of Retailing, 49. Jg. (1973-1974), H. 4, S. 48-65; Bost, Erhard: Ladenatmosphäre und Konsumentenverhalten, Heidelberg 1987.

mit den auditiven und visuellen Pendants auf einer Website. Hier scheinen sich Experten weitgehend darüber einig zu sein, dass Konsumenten das Erleben von realen Einkaufsumwelten höher schätzen als das von virtuellen Umgebungen.[419] Selbst Jeffrey Bezos, Gründer und CEO von amazon.com, erwartet nicht, dass ein virtueller Buchladen jemals das sinnliche Erlebnis eines Besuchs in einem Buchladen wird ersetzen können.[420] Überraschend erscheinen empirische Ergebnisse, nach denen selbst der Katalogversandhandel seine Kunden besser unterhält und visuell anspricht als das Internet Shopping.[421] Demnach wird die Vermittlung eines Einkaufsvergnügens als **Vorteil des stationären Handels** gesehen:

> **Hypothese 9:** Online-Shopper finden das Einkaufsvergnügen hinsichtlich der Ladengestaltung und des Verkaufspersonals beim Einkauf im stationären Handel größer als beim Internet Shopping.

3.3.9 Persönliche Sicherheit

Die Unterziele „Maximize driving safety" und „Minimize risk of product use", die Keeney der fundamentalen Eigenschaft „Persönliche Sicherheit" zuweist, machen deutlich, dass das aus der traditionellen Konsumentenverhaltenstheorie bekannte sog. physische Risiko gemeint ist, welches die negativen Auswirkungen einer Kaufentscheidung auf Körper und Gesundheit umfasst.[422] Die bisherigen Ausführungen haben verdeutlicht, dass das Internet mit zahlreichen Risiken verbunden sein kann (Qualitätsrisiko, Risiken durch Kreditkartenmissbrauch oder Betrug

---

[419] Vgl. Nilsson, Ragnar: Retailing: Confronting the Challenges That Face Bricks-And-Mortar Stores, in: Harvard Business Review, 77. Jg. (1999), H. 4, S. 168; Esch, Franz-Rudolf/Langner, Tobias/Fuchs, Marcus: Gestaltung von Electronic Malls, in: Trommsdorff, Volker (Hrsg.): Handelsforschung 1998/99, Wiesbaden 1998, S. 186; Dichtl, Erwin: Electronic Shopping - Meilensteine der Entwicklung oder kostspieliger Irrtum?, in: Marktforschung & Management, 41. Jg. (1997), H. 5, S. 189; Hellwege, J. D., 2000, S. 2; Kotler, Ph., 1974, S. 52. Zu einer konträren Einschätzung vgl. Childers, Terry L./Carr, Christopher L./Peck, Joann et al.: Hedonic and utilitarian motivations for online retail shopping behavior, in: Journal of Retailing, 77. Jg. (2001), S. 511-535. Zu den Möglichkeiten, einen Erlebniswert beim Internet Shopping zu vermitteln vgl. bspw. Ernst & Young (Hrsg.), 2001, S. 22-24; Darnstädt, Claus: Cyberspace-Shopping: Entwicklungstrends im Erlebnishandel, Hannover 1995, S. 42-61.

[420] Vgl. Schwartz, Evan I.: Webonomie, Hamburg 1997, S. 138.

[421] Vgl. Mathwick, Charla/Malhotra, Naresh/Rigdon, Edward: Experiential value: conceptualization, measurement and application in the catalog and Internet shopping environment, in: Journal of Retailing, 77. Jg. (2001), S. 50 f. Dass Konsumenten beim Einkaufen über den Katalogversandhandel Spaß empfinden, hat sich auch in anderen Untersuchungen gezeigt. Vgl. Kubes, David: Mail Order: Why Do people buy?, in: Direct Marketing, 44. Jg. (1981), H. 10, S. 135.

[422] Vgl. Kaplan, Leon B./Szybillo, George J./Jacoby, Jacob: Components of Perceived Risk in Product Purchase: A Cross-Validation, in: Journal of Applied Psychology, 59. Jg. (1974), H. 3, S. 287.

durch den Anbieter, Eingriff in die Privatsphäre).[423] Eine gesundheitliche Gefährdung scheint jedoch nicht vorzuliegen, wenn man die eventuellen Risiken, die mit der Produktnutzung verbunden sind, vernachlässigt.[424] Beim Einkauf im **stationären Handel** ist eine **Gefährdung insbesondere durch die Teilnahme am Straßenverkehr** gegeben:

> **Hypothese 10:** Online-Shopper finden die persönliche Sicherheit beim Internet Shopping größer als beim Einkauf im stationären Handel.

Es scheint zweifelhaft, ob bei einem bedeutenden Teil der Online-Shopper die Meta-Betriebsformenwahl tatsächlich durch Überlegungen zur persönlichen Sicherheit beeinflusst wird. Da nach der Untersuchung von Keeney die persönliche Sicherheit zumindest für einzelne Konsumenten eine fundamentale Eigenschaft darstellt, kann ein Einfluss nicht von vornherein ausgeschlossen werden. Sollte der Einfluss auf die Meta-Betriebsformenwahl zu vernachlässigen sein, dürfte sich dies in einer entsprechend geringen Bedeutung niederschlagen, welche die Online-Shopper der persönlichen Sicherheit zuweisen.

3.3.10 Auswirkungen auf die Umwelt

Die Unterziele aus der Untersuchung von Keeney kennzeichnen die Auswirkungen auf die Umwelt als Umweltschäden und Umweltverschmutzung. In dem Zusammenhang stellt sich vor allem die Frage, ob das Internet Shopping aufgrund der Heimlieferung der bestellten Waren mit mehr Verkehr und den daraus resultierenden negativen Konsequenzen für die Umwelt verbunden ist. Während die Waren im stationären Handel nur bis zu den einzelnen Outlets transportiert werden müssen, ist beim Internet Shopping in der Regel eine Lieferung bis zu den einzelnen Haushalten erforderlich. Eine Ausnahme stellen lediglich digitalisierbare Waren wie Software oder Musik dar, bei denen überhaupt kein Transport erfolgt. In einer Untersuchung des niederländischen Verbandes „Transport en Logistiek Nederland" wird davon ausgegangen, dass das Internet Shopping bis zum Jahre 2005 eine Zunahme von 8 % des gesamten Güterverkehrs in den Niederlanden mit sich bringt.[425] Dabei wird angenommen, dass im Jahr 2005 15 % der Non-Food- und 10 % der Food-Artikel in Online-Shops gekauft werden. Nicht berücksichtigt wird bei dieser Rechnung, dass zwar auf der einen Seite zusätzlicher Güterverkehr durch die Heimlieferung entsteht, auf der anderen Seite aber der Personenverkehr

---

[423] Nach einer gängigen Definition versteht man unter (wahrgenommenen) Risiken die vom Konsumenten nachteilig aufgefassten Folgen seines Verhaltens, die er nicht vorhersehen kann. Vgl. Bauer, Raymond A.: Consumer Behavior as Risk Taking, in: Hancock, Robert S. (Hrsg.): Dynamic Marketing for Changing World, Proceedings of the 43rd National Conference of the American Marketing Association 1960, S. 389-398.

[424] Vgl. Alba, J./Lynch, J./Weitz, B. et al., 1997, H. 3, S. 40.

[425] Vgl. Transport en Logistiek Nederland (Hrsg.): Nieuwe wijn in oude zakken, Zoetermeer 2000, komplette Studie und deutsche Zusammenfassung unter: www.elog-center.de/fakten/ecommerce/, Zugriff am 9.8.2001.

zwischen Wohnort und stationärer Einkaufsstätte entfällt. So weist Martin Raab, Direktor E-Business der Deutschen Post, darauf hin, dass fraglich ist, ob ein Einkauf mit dem Auto von Geschäft zu Geschäft verkehrsmäßig weniger belastend ist als die gesamte Auslieferung der Pakete per Post.[426] „Der Paketfahrer bedient ja nicht nur den einen Haushalt, sondern viele Haushalte entlang der Straße."[427] Raab betont, dass in einer **populären Ansicht** davon ausgegangen wird, dass mit dem **Internet Shopping ein steigendes Verkehrsaufkommen** verbunden ist. Da in diesem Abschnitt nicht die faktischen Auswirkungen auf die Umwelt, sondern die Einschätzung der Konsumenten entscheidend ist, wird folgende Hypothese aufgestellt:

> **Hypothese 11:** Online-Shopper finden die Auswirkungen auf die Umwelt beim Einkauf im stationären Handel weniger gravierend als beim Internet Shopping.

Allerdings bleibt wie bei der persönlichen Sicherheit auch bei den Auswirkungen auf die Umwelt fraglich, ob ein bedeutender Teil der Online-Shopper diese Eigenschaft bei ihrer Meta-Betriebsformenwahl überhaupt berücksichtigt. Auch hier dürfte sich eine allgemein geringe Bedeutung in einer entsprechend niedrigen Gewichtung dieser Eigenschaft im Rahmen der empirischen Untersuchung widerspiegeln. Tabelle 3.13 gibt einen zusammenfassenden Überblick über die vermuteten Vor- und Nachteile der beiden Meta-Betriebsformen.

Tabelle 3.13: Übersicht über die vermuteten Vor- und Nachteile von Internet Shopping und stationärem Handel

Hypothese	Meta-Betriebsformeneigenschaft	Stationärer Handel	Internet Shopping
2 und 3	Qualität des ausgewählten Produkts	+/-	+/-
4	Kosten	-	+
5	Lieferzeit	+	-
6	Convenience	-	+
7	Zeiteinsatz	-	+
8	Schutz der Privatsphäre	+	-
9	Einkaufsvergnügen	+	-
10	Persönliche Sicherheit	-	+
11	Auswirkungen auf die Umwelt	+	-

[426] Vgl. Raab, Martin: Re-Bündelung ist die Lösung, in: netbusiness, 5. Jg. (2001), H. 7, S. 57.
[427] Raab, M., 2001, S. 57.

3.4 Bedeutung der Vor- und Nachteile in verschiedenen Einkaufssituationen

Das vorausgegangene Kapitel hat gezeigt, dass jede Meta-Betriebsform im Vergleich zur anderen über Vor- und Nachteile verfügt. Dabei wurde davon ausgegangen, dass diese Stärken und Schwächen situationsübergreifend gültig sind. Eine Ausnahme stellt lediglich die Produktqualität dar, bei der in Abhängigkeit von Produkteigenschaften entweder der stationäre Handel oder das Internet Shopping im Vorteil gesehen wird. Warum sich Online-Shopper von Situation zu Situation für eine andere Meta-Betriebsform entscheiden, kann daher kaum anhand der Vor- und Nachteile allein geklärt werden. Entscheidend ist vielmehr, welche Bedeutung die Online-Shopper in einzelnen Situationen den Vor- und Nachteilen bzw. den Meta-Betriebsformeneigenschaften beimessen (Abb. 3.24). Diese Vorgehensweise erfolgt in Anlehnung an den Ansatz von Miller und Ginter, welche die situative Wahl von Fast Food Restaurants in erster Linie damit erklären, dass die Bedeutung einzelner Eigenschaften der Restaurants von Situation zu Situation variiert.[428]

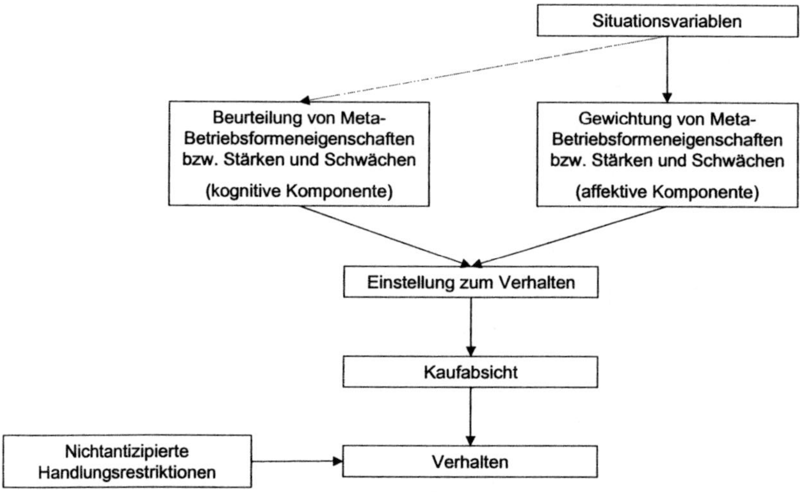

Abb. 3.24: Einfluss von Situationsvariablen auf die Meta-Betriebsformenwahl

Ziel dieses Kapitels ist es, die **Situationen zu kennzeichnen, in denen Online-Shopper vorrangig den stationären Handel oder das Internet Shopping wählen**. Dazu gilt es zunächst zu klären, was unter Einkaufssituationen verstanden wird und wie diese anhand verschiedener Variablen beschrieben werden können. Für die vorliegende Untersuchung interessieren nur die Situationsvariablen, die für

[428] Vgl. Miller, K. E./Ginter, J. L., 1979, S. 111-123.

die Meta-Betriebsformenwahl relevant sind. Da keine Studien bekannt sind, die sich explizit mit diesem Zusammenhang auseinandersetzen, werden im folgenden Abschnitt Untersuchungen zu situativen Einflüssen auf die Einkaufsstättenwahl näher betrachtet. Es wird vermutet, dass die hier erkannten Einflussfaktoren auch für die Meta-Betriebsformenwahl bedeutend sind. Im letzten Abschnitt dieses Kapitels werden Hypothesen aufgestellt, wie sich die ausgewählten Situationsvariablen auf die Gewichtung der Meta-Betriebsformeneigenschaften und die Meta-Betriebsformenwahl auswirken dürften. Dabei muss beachtet werden, dass situative Mindestanspruchsniveaus (siehe Abschnitt 3.2.2.3) in bestimmten Einkaufssituationen wirksam sein können.

3.4.1 Einkaufssituationen und Situationsvariablen

In der Literatur zur Konsumentenverhaltenstheorie finden sich zahlreiche Abgrenzungen des Begriffs Situation.[429] Mit den unterschiedlichen Begriffsabgrenzungen variiert auch die Auffassung, mit welchen Variablen Situationen beschrieben werden können. Ein grundlegender Ansatz geht auf **Belk** zurück:[430]

„...situation may .. be defined as all those factors particular to a time and place of observation which do not follow from a knowledge of personal (intra-individual) and stimulus (choice alternative) attributes which have a demonstrable and systematic effect on current behavior. It should be noted that this definition describes situation in terms of observable aggregate effects rather than in terms of similarities in individual perceptions of situations."[431]

Der Ansatz von Belk ist durch folgende Charakteristika gekennzeichnet:

- Situationen beziehen sich auf einen Punkt bzw. ein Intervall in Zeit und Raum.[432]
- Grundlegende, zeitstabile Merkmale der Individuen (z. B. ländlicher oder städtischer Wohnsitz) sowie das Stimulusobjekt (Produkt oder Marke, hier: Online-Shops und stationäre Geschäfte) werden nicht als Bestandteil einer Situation aufgefasst.[433]

[429] Zu einem Überblick vgl. Dickson, Peter R.: Person-Situation: Segmentation´s Missing Link, in: Journal of Marketing, 46. Jg. (1982), Fall, S. 58.

[430] Vgl. bspw. Leigh, James H./Martin, Claude R. Jr.: A Review of Situational Influence Paradigms and Research, in: Bush, R. F./Hunt, S. D. (Hrsg.):Marketing Theory, Philosophy of Sciences Perspectives, Chicago 1982, S. 57; Knappe, Hans-Joachim: Informations- und Kaufverhalten unter Zeitdruck, Frankfurt a. M.-Bern 1981, S. 20.

[431] Belk, Russell W.: An Exploratory Assessment of Situational Effects in Buyer Behavior, in: Journal of Marketing Research, 11. Jg. (1974), H. 2, S. 157.

[432] Belk geht davon aus, dass in diesem Punkt die meisten Wissenschaftler übereinstimmen. Vgl. Belk, Russell W.: Situational Variables and Consumer Behavior, in: Journal of Consumer Research, 2. Jg. (1975), H. 3, S. 157.

[433] Zu Problemen bei der Abgrenzung von Situationen und Stimuli vgl. Knappe, H.-J., 1981, S. 14-16.

- Situationen sind durch beobachtbare, objektiv messbare Variablen gekennzeichnet (**objektiver Ansatz**).
- Eine Variable wird nur dann als situative Variable angesehen, wenn sie das aktuelle Verhalten eines Individuums beeinflusst.[434]

Lutz und Kakkar modifizieren den Ansatz von Belk, indem sie von der Bedingung beobachtbarer, objektiv messbarer Situationsvariablen Abstand nehmen und betonen, dass für das Kaufverhalten entscheidend ist, wie ein Konsument die objektiven Umstände einer Situation **subjektiv wahrnimmt** und interpretiert.[435] Aufgrund der höheren Relevanz für das Kaufverhalten wird dieser Arbeit der subjektive Ansatz von Lutz und Kakkar zugrundegelegt.[436]

Wenn man davon ausgeht, dass sich ein einzelnes Individuum permanent in verschiedenen Situationen befindet, interessieren in der Konsumentenverhaltenstheorie nur diejenigen Situationen, in denen das situativ bedingte Verhalten von ökonomischer Relevanz ist. Folgende drei Situationstypen lassen sich unterscheiden:[437]

- Situationen, in denen der Konsument eine Einkaufsstätte wählt,
- Situationen, in denen der Konsument ein Produkt wählt,
- Situationen, in denen ein Konsument ein Produkt nutzt bzw. eine Dienstleistung in Anspruch nimmt.[438]

In der vorliegenden Untersuchung zur Meta-Betriebsformenwahl interessiert nur der erst genannte Situationstyp, der die Einkaufsstättenwahl betrifft. Die Begriffe „Situation" und „situative Variablen" seien hier folgendermaßen abgegrenzt:

> Eine **Situation** betrifft die konkrete Meta-Betriebsformenwahl eines Online-Shoppers. Sie kann mit Hilfe von situativen Variablen gekennzeichnet werden.
>
> Unter **situativen Variablen** werden alle Bedingungen verstanden, welche von einem Online-Shopper bei verschiedenen Wahlentscheidungen unterschiedlich wahrgenommen werden können und welche die Meta-Betriebsformenwahl beeinflussen.

---

[434] Zu einer Kritik dieser Bedingung vgl. Wicker, Allan W.: Commentaries on Belk, „Situational Variables and Consumer Behavior", in: Journal of Consumer Research, 2. Jg. (1975), H. 3, S. 166.

[435] Vgl. Lutz, Richard J./Kakkar, Pradeep: The Psychological Situation as a Determinant of Consumer Behavior, in: Advances in Consumer Research, 2. Jg. (1975), S. 441.

[436] Zu Nachteilen des subjektiven Ansatzes vgl. Belk, R. W., 1975, S. 161.

[437] Engel et al. unterscheiden Kommunikations-, Kauf- und Verwendungssituationen. Vgl. Engel, J. F./Blackwell, R. D./Miniard, P. W., 1995, S. 794-806; Zu einer komplexeren Systematisierung vgl. Hansen, Flemming: Consumer Choice Behavior – A Cognitive Theory, New York-London 1972, S. 52-55.

[438] Zu einer weiteren Untergliederung von Konsumsituationen vgl. Belk, Russell W.: A Free Response Approach to Developing Product-Specific Consumption Situation Taxonomies, in: Shocker, Allan D. (Hrsg.): Analytic Approaches to Product and Marketing Planning, Cambridge, Mass. 1979, S. 178.

Im Gegensatz zur Definition von Belk werden bei der hier gewählten Begriffsabgrenzung auch Produkte als situative Variablen angesehen: Das jeweils gewünschte Produkt kann von Einkaufssituation zu Einkaufssituation variieren und die Meta-Betriebsformenwahl beeinflussen. Dass ein solcher Einfluss denkbar ist, zeigt sich in den Hypothesen 2 und 3 zur „Qualität des ausgewählten Produkts“ (Abschnitt 3.3.2), bei denen die Beurteilung der Produktqualität nach verschiedenen Warengruppen differenziert wurde. Es ist für diese Untersuchung kein Grund ersichtlich, warum das gewünschte Produkt nicht als situative Variable aufgefasst werden sollte. Hingegen werden grundlegende, zeitstabile Merkmale der Individuen wie z. B. der Wohnsitz oder generelle Einstellungen zum Internet Shopping in Übereinstimmung mit der Definition von Belk nicht als Situationsvariablen aufgefasst, da diese Variablen bei derselben Person über alle Situationen hinweg unverändert bleiben.[439]

In verschiedenen Untersuchungen wird versucht, eine möglichst vollständige Liste aller denkbaren situativen Variablen zu entwickeln.[440] Solche Bemühungen scheitern daran, dass es prinzipiell eine unbegrenzte Anzahl situativer Faktoren gibt.[441] Belk versucht, die unüberschaubare Zahl zu systematisieren, indem er fünf verschiedene **Gruppen situativer Variablen** unterscheidet:[442]

1. physische Umgebung (z. B. geographischer Ort, Ladengestaltung, Geräusche, Gerüche, Beleuchtung, Wetter, Warenpräsentation),
2. soziale Umgebung (z. B. andere anwesende Personen, ihre Merkmale und Interaktionen mit diesen Personen),
3. zeitliche Aspekte (z. B. Tageszeit, Jahreszeit, Zeit, die seit dem letzten Kauf vergangen ist),

---

439 Es erscheint wahrscheinlich, dass mit solchen Variablen erklärt werden kann, warum einzelne Internet-Nutzer zu den Nicht-Shoppern oder den Online Shoppern zählen. Dieses Problem ist jedoch nicht Gegenstand der vorliegenden Arbeit.

440 Vgl. die Übersicht bei Belk, R. W., 1975, S. 158 f. Der umfassendste Katalog mit über 200 situativen Variablen geht auf Sells zurück. Vgl. Sells, Stephen B.: Dimensions of Stimulus Situations Which Accounts for Behavioral Variance, in: Sells, Stephen B. (Hrsg.): Stimulus Determinants of Behavior, New York 1963, S. 3-15; zu Kriterien, die bei einer Taxonomie von Situationen beachtet werden sollten, vgl. Belk, Russell W.: Entwicklung produktspezifischer Klassifikationen von Verbrauchssituationen, in: Meffert, Heribert/Steffenhagen, Hartwig/Freter, Hermann (Hrsg.): Konsumentenverhalten und Information, Wiesbaden 1979, S. 335-341.

441 Vgl. Knappe, H.-J., 1981, S. 20 f.; Belk, R. W., 1975, S. 162. Die Flut situativer Variablen rührt auch daher, dass prinzipiell alle Situationen, die ein Individuum umgeben, einzigartig sind. Vgl. Hansen, F., 1972, S. 46.

442 Vgl. Belk, R. W., 1975, S. 159. Obwohl diese Systematisierung auf dem objektiven Situationsverständnis aufbaut, kann sie auf den subjektiven Ansatz übertragen werden. Vgl. Knappe, H.-J., 1981, S. 28 f.

4. Zielsetzung bzw. Problemstellung des Konsumenten („task definition“, z. B. Einkaufsanlass)[443] sowie
5. momentane Stimmungen (z. B. Angst, Feindlichkeit, Aufregung) und Zustände (z. B. Bargeld im Portemonnaie, Müdigkeit, Krankheit).

3.4.2 Situative Variablen mit Relevanz für die Einkaufsstättenwahl

In zahlreichen Studien wird der Einfluss ausgewählter Situationsvariablen auf bestimmte Aspekte des Konsumentenverhaltens untersucht. Meist steht dabei die Produktwahl oder die Produktnutzung im Vordergrund, während sich nur wenige Autoren mit den situativen Bedingungen der Einkaufsstättenwahl auseinandersetzen.[444] Es sind keine Untersuchungen bekannt, welche sich mit situativen Einflüssen auf die Meta-Betriebsformenwahl befassen. Für die vorliegende Arbeit sind daher die **Studien zur Einkaufsstättenwahl** besonders interessant, da zu vermuten ist, dass situative Variablen mit Relevanz für die Einkaufsstättenwahl auch die Meta-Betriebsformenwahl beeinflussen. In diesem Abschnitt werden die Ergebnisse der situativen Studien zur Einkaufsstättenwahl präsentiert, bevor im nächsten Abschnitt versucht wird, die Erkenntnisse auf die Meta-Betriebsformenwahl zu übertragen. In den Studien zur Einkaufsstättenwahl stehen zwei Situationsvariablen im Mittelpunkt der Betrachtung:

- Einkaufsanlass und
- Zeitdruck.

Während der Zeitdruck nach der Systematik von Belk als zeitlicher Aspekt (Gruppe 3) einzuordnen ist, gehören die Einkaufsanlässe zur Gruppe 4 „Zielsetzung bzw. Problemstellung des Konsumenten“.

3.4.2.1 Einkaufsanlass

In Abschnitt 3.4.1 wurde die Systematisierung situativer Variablen von Belk eingeführt, nach der die „task definition“ als eine von fünf Gruppen angesehen wird. Der Autor beschreibt diese Gruppe als „... intent or requirement to select, shop for, or obtain information about a general or specific purchase. In addition task may reflect different buyer and user roles anticipated by the individual.“[445] Marshall beschreibt “task definitions” als “...goals or objectives ‘consumers’ have with respect to a particular situation.”[446] Dementsprechend wurde der Begriff ins

[443] Vgl. auch Marshall, David: Appropriate meal occasions: understanding conventions and exploring situational influences on food choice, in: The International Review of Retail, Distribution and Consumer Research, 3. Jg. (1993), H. 3, S. 297.

[444] Ein umfassender Überblick findet sich bei Leigh, J. H./Martin, Cl. R. Jr., 1982, S. 59-69.

[445] Belk, R. W., 1975, S. 159.

[446] Marshall, D., 1993, S. 297.

Deutsche übersetzt als „Zielsetzung bzw. Problemstellung des Konsumenten“.[447] Bezieht man diese Situationsvariable auf die Einkaufsstättenwahl, kann sie noch treffender als „Einkaufsanlass“ bezeichnet werden.

Van Kenhove et al. weisen auf die Schwierigkeit hin, eine universelle, branchenübergreifende Liste von Einkaufsanlässen aufzustellen.[448] Daher verwundert es nicht, dass sich die Studien, in denen der situative Einfluss von Einkaufsanlässen auf die Einkaufsstättenwahl untersucht wird, auf einzelne Branchen beziehen und dass zumeist branchenspezifische Einkaufsanlässe berücksichtigt werden (Tabelle 3.14).

Tabelle 3.14: Übersicht über Studien zum Einfluss von Einkaufsanlässen auf die Einkaufsstättenwahl

Autor und Jahr	Branche	Einkaufsanlässe
Miller (1975)[449]	Fast Food Restaurants	• Mittagessen an einem Werktag • Nach einem Einkaufsgang • Unter Zeitdruck • Mit der Familie ohne Zeitdruck
Ryans (1977)[450]	Haushaltsgeräte	• Geschenkkauf I (Geschenkempfänger lebt im selben Haushalt) • Geschenkkauf II (Geschenkempfänger lebt in einem anderen Haushalt) • kein Geschenkkauf
Miller und Ginter (1979)[451]	Fast Food Restaurants	• Mittagessen an einem Werktag • Abendessen unter Zeitdruck • Abendessen mit der Familie ohne Zeitdruck • Snack während eines Einkaufsgangs
Mattson (1982)[452]	Textilhandel	• Geschenkkauf • kein Geschenkkauf
Van Kenhove, De Wulf und Van Waterschoot (1999)[453]	Do-it-Yourself-Läden (Baumärkte)	• Dringender Kauf: Ich brauche etwas dringend, während ich eine Aufgabe erledige. • Große Mengen: Ich stehe vor einer größeren Aufgabe, für die ich eine große Menge Material benötige. • Schwierige Aufgabe: Ich stehe vor einer schwierigen Aufgabe, die Spezialmaterial und fortgeschrittenes technisches Know-How erfordert. • Normaler Einkauf: Dies ist eine Routine-Aufgabe für mich. • Ideen bekommen: Ich möchte wissen, was es an Neuigkeiten gibt. Ich möchte Ideen für mögliche Do-it-Yourself-Aufgaben bekommen.

447 Vgl. Knappe, H.-J., 1981, S. 22.
448 Vgl. Van Kenhove, Patrick/De Wulf, Kristof/Van Waterschoot, Walter: The Impact of Task Definition on Store Attribute Saliences and Store Choice, in: Journal of Retailing, 75. Jg. (1999), H. 1, S. 128.
449 Vgl. Miller, K. E., 1975, S. 455-463.
450 Vgl. Ryans, Adrian B.: Consumer Gift Buying: An Exploratory Analysis, in: Greenberg, Barnett A. (Hrsg.): Contemporary Marketing Thought, Chicago 1977, S. 99-115.
451 Vgl. Miller, K. E./Ginter, J. L., 1979, S. 111-123.
452 Vgl. Mattson, Bruce E.: Situational Influences on Store Choice, in: Journal of Retailing, 58. Jg. (1982), H. 3, S. 46-58.
453 Vgl. Van Kenhove, P./De Wulf, K./Van Waterschoot, W., 1999, S. 125-137.

Van Kenhove und De Wulf (2000)[454]	Lebensmittelhandel	• Wöchentlicher Vorratskauf • Täglicher Routineeinkauf • Auffüllkauf • Spezieller Anlass • Dringender Einkauf

In allen sechs Studien konnte ein Einfluss des Einkaufsanlasses auf die Einkaufsstätten- bzw. Betriebsformenwahl nachgewiesen werden. In den Untersuchungen von Miller/Ginter, Mattson sowie Van Kenhove, De Wulf und Van Waterschoot wird zudem eine Änderung der Bedeutung einzelner Einkaufsstätten- bzw. Betriebsformeneigenschaften in Abhängigkeit von dem Einkaufsanlass nachgewiesen. So legen bspw. die Probanden in der Studie von Mattson beim Geschenkkauf mehr Wert

- auf die Aufmerksamkeit des Verkaufspersonals,
- die Möglichkeiten der Warenrückgabe und
- das Führen von Prestigemarken,

während sie

- niedrigen Preisen,
- und der Auswahl an Konfektionsgrößen

eine geringere Bedeutung beimessen als beim Kauf für sich selbst.[455] Die geänderte Gewichtung dieser Einkaufsstättenleistungen kann vermutlich als Ursache dafür angesehen werden, dass Geschenkkäufe überdurchschnittlich oft in Warenhäusern stattfinden.[456]

3.4.2.2 Zeitdruck

Nach Steffenhagen sind Entscheidungen unter Zeitdruck dadurch gekennzeichnet, dass „...das verfügbare Zeitintervall zwischen dem Erkennen des Entscheidungsproblems und einem vorgegebenen letztmöglichen Entscheidungszeitpunkt vom Entscheidungsträger ... als nicht ausreichend lang empfunden wird, um gemäß der jeweils zugrundeliegenden Vorliebe für ein „rationales" Verhalten ein fundiertes Urteil zu fällen."[457] Bei dieser Definition wird deutlich, dass objektiv kaum festgelegt werden kann, wann eine Entscheidung unter Zeitdruck vorliegt.

---

454 Vgl. Van Kenhove, Patrick/De Wulf, Kristof: Income and time pressure: a person-situation grocery retail typology, in: International Review of Retail, Distirbution and Consumer Research, 10. Jg. (2000), H. 2, S. 149-166.

455 Vgl. Mattson, B. E., 1982, S. 50-54.

456 Vgl. auch Ryans, A. B., 1977, S. 100.

457 Steffenhagen, Hartwig: Entscheidungsverhalten unter Zeitdruck – Zur Problematik von Entscheidungshilfen aus entscheidungstheoretischer und verhaltenswissenschaftlicher Sicht, in: Die Betriebswirtschaft, 38. Jg. (1978), S. 595 f. Zu ähnlichen Definitionen vgl. Bronner, Rolf: Entscheidung unter Zeitdruck - Eine Experimentaluntersuchung zur empirischen Theorie der Unternehmung, Tübingen 1973, S. 25-28; Knappe, H.-J., 1981, S. 32.

Entscheidend ist vielmehr die **subjektive Wahrnehmung** eines Individuums. Wie ist das Konstrukt „Zeitdruck" vor dem Hintergrund von Entscheidungen zur Einkaufsstättenwahl zu verstehen? Zwei Sichtweisen können hier unterschieden werden:

(1) Die **Einkaufsstättenwahlentscheidung selbst wird unter Zeitdruck getroffen**. Beispiel: Ein Konsument überlegt, ob er beim CD-Kauf einen Online-Shop wählt oder ob er mit dem Bus zu einem Fachgeschäft in die Innenstadt fährt. Da der nächste Bus in fünf Minuten abfährt, muss er eine schnelle Entscheidung treffen.

(2) Bei der **Einkaufsstättenwahlentscheidung wird antizipiert, dass der Einkaufsvorgang unter Zeitdruck ablaufen wird**. Beispiel: Ein Konsument möchte nach Feierabend eine CD kaufen. Aufgrund einer Verabredung kann er schon morgens absehen, dass er für den Einkauf nur eine halbe Stunde zur Verfügung hat.

Vergleicht man die beiden unterschiedlichen Zeitdruck-Perspektiven, wird deutlich, dass sich die Gewichtung verschiedener Einkaufsstätteneigenschaften vor allem im zweiten Fall ändern dürfte. Hier besteht der (antizipierte) Zeitdruck während des Einkaufsvorgangs in der ausgewählten Einkaufsstätte, so dass ein unmittelbarer Zusammenhang zwischen Zeitdruck und Einkaufsstätte bzw. Einkaufsstätteneigenschaften besteht. Hingegen wird im ersten Fall die Einkaufsstättenwahlentscheidung zwangsläufig vor dem eigentlichen Besuch einer Einkaufsstätte getroffen. Herrscht dabei Zeitdruck, besteht zwischen dem Phänomen des Zeitdrucks und der Einkaufsstätte und ihren Eigenschaften keine direkte Beziehung. Auch wenn nicht ausgeschlossen werden kann, dass der Zeitdruck auch in diesem Fall die Gewichtung der Einkaufsstätteneigenschaften und die Einkaufsstättenwahl beeinflusst, wird doch ein geringerer Einfluss vermutet. Im Folgenden wird daher die situative Variable **„Zeitdruck" im Sinne der zweiten Perspektive** interpretiert, das heißt als Antizipation, dass der Einkaufsvorgang unter Zeitdruck ablaufen wird.

In einer Untersuchung lässt Mattson 120 Frauen befragen, welche Einkaufsstätten sie beim Kauf von Textilien in bestimmten Situationen aufsuchen und welche Bedeutung sie dabei bestimmten Einkaufsstätteneigenschaften beimessen.[458] Neben dem Geschenkkauf wird der subjektiv empfundene Zeitdruck beim Einkaufsvorgang (zweite Zeitdruck-Perspektive) als eine Situationsvariable berücksichtigt. Mattson kommt zu dem Ergebnis, dass der Zeitdruck die Betriebsformenwahl beeinflusst. So suchen die Probandinnen unter Zeitdruck häufiger Warenhäuser auf. Darüber hinaus kann der Autor nachweisen, dass die Bedeutung bestimmter Einkaufsstätteneigenschaften vom empfundenen Zeitdruck abhängt. So legen die Befragten unter Zeitdruck mehr Wert auf

- die Vertrautheit („familiarity") mit der Einkaufsstätte,
- die sofortige Aufmerksamkeit des Verkaufspersonals sowie

[458] Vgl. Mattson, B. E., 1982, S. 46-58.

- eine große Produktauswahl im Textilbereich.

In einer weiteren Studie untersuchen Van Kenhove und De Wulf den Einfluss von Zeitdruck (zweite Perspektive) und Einkommen (situationsunabhängige Variable) auf die Einkaufsstättenwahl beim Lebensmittelkauf.[459] Sie stellen heraus, dass Konsumenten unter Zeitdruck die folgenden beiden Eigenschaften besonders wichtig sind:

- schnelles Finden der gewünschten Produkte sowie
- schneller „Check-Out" an der Kasse.

Eine geringere Bedeutung kommt hingegen der Möglichkeit zu, durch das Geschäft zu schlendern.

In weiteren Studien wird die situative Variable „Zeitdruck" nicht isoliert, sondern im Zusammenhang mit anderen situativen Größen untersucht. So unterscheiden Miller und Ginter bei ihrer Studie zur Wahl von Fast-Food-Restaurants unter anderem die beiden Anlässe „Abendessen unter Zeitdruck" und „Abendessen mit der Familie ohne Zeitdruck".[460] Es zeigt sich, dass bei dem erstgenannten Anlass mit Zeitdruck (zweite Perspektive) die Eigenschaften „Schnelligkeit des Services" und „Convenience" (wohl im Sinne von Mühelosigkeit bzw. Bequemlichkeit) von größerer Bedeutung sind, während der „Auswahl an Menüs" eine geringere Wichtigkeit zukommt als bei dem Anlass ohne Zeitdruck.

Zusammenfassend kann festgehalten werden, dass verschiedenen Studien zufolge die Situationsvariablen „Zeitdruck" und „Einkaufsanlass" die Gewichtung einzelner Einkaufsstätteneigenschaften beeinflussen. Gleichzeitig zeigt sich, dass auch die Einkaufsstätten- bzw. Betriebsformenwahl diesen situativen Einflüssen unterliegt. Dieses Ergebnis verwundert nicht, da bei Gültigkeit multiattributiver Einstellungsmodelle zu erwarten ist, dass sich eine Änderung der motivationalen Komponente (Gewichte) über die Konstrukte „Einstellung" und „Kaufabsicht" auf die Einkaufsstättenwahl auswirkt.

3.4.3 Situative Einflüsse auf die Meta-Betriebsformenwahl

Dieser Abschnitt widmet sich situativen Einflussgrößen auf die Meta-Betriebsformenwahl. Damit sind die Faktoren gemeint, die bestimmen, ob ein Online-Shopper in einer konkreten Situation per Internet Shopping oder im stationärem Handel einkauft. Wie bereits in der Einführung zu diesem Kapitel unter Punkt 3.4 erwähnt wurde, wird davon ausgegangen, dass vor allem die Gewichtung einzelner Meta-Betriebsformeneigenschaften in bestimmten Situationen variiert. Werden bspw. Vorteile des Internet Shoppings in einer Situation überdurchschnittlich stark gewichtet, ist davon auszugehen, dass die Einstellung gegenüber dem Internet Shopping entsprechend positiv ausfällt und dass damit die Wahrscheinlichkeit

---

[459] Vgl. Van Kenhove, P./De Wulf, K., 2000, S. 149-166.

[460] Vgl. Miller, K. E./Ginter, J. L., 1979, S. 111-123.

wächst, dass sich ein Online-Shopper für das Internet Shopping entscheidet. Dementsprechend werden in diesem Abschnitt **zweierlei Hypothesen** aufgestellt:

(1) Zum einen wird hergeleitet, wie sich die betrachteten Situationsvariablen auf die Gewichtung von einzelnen Meta-Betriebsformenleistungen auswirken dürften,

(2) zum anderen wird aus den Hypothesen der ersten Art abgeleitet, welche Meta-Betriebsformenwahl der Online-Shopper aufgrund der Gewichtung zu erwarten ist.

Der vorausgegangene Abschnitt hat gezeigt, dass die Situationsvariablen **„Zeitdruck“** und **„Einkaufsanlass“** die Einkaufsstättenwahl beeinflussen. Es wird vermutet, dass diese Variablen auch auf die Meta-Betriebsformenwahl Einfluss nehmen. Über den **Einfluss weiterer Situationsvariablen** kann spekuliert werden. So ist es beispielsweise denkbar,

- dass Online-Shopper, die vorübergehend krank sind (momentaner Zustand nach Belk), den Convenience-Vorteil des Internet Shoppings höher gewichten und daher verstärkt auf das Internet Shopping zurückgreifen oder
- dass Online-Shopper, die zusammen mit anderen Personen einkaufen (soziale Umgebung nach Belk), den stationären Handel bevorzugen, weil ihnen in solchen Situationen das Einkaufsvergnügen als Stärke der Ladengeschäfte besonders wichtig ist.

Solche Spekulationen könnten aufgrund der unüberschaubaren Zahl potenzieller Situationsvariablen nahezu unbegrenzt weitergeführt werden, ohne dass alle Einflüsse im Rahmen dieser Untersuchung überprüft werden können. Um keine willkürliche Auswahl aus dieser unüberschaubaren Menge treffen zu müssen, wird die Betrachtung auf die Größen „Zeitdruck“ und „Einkaufsanlass“ beschränkt, bei denen bereits mehrfach ein situativer Einfluss auf die Einkaufsstättenwahl nachgewiesen werden konnte. Im weiteren Verlauf dieses Abschnitts werden Hypothesen aufgestellt, wie sich Zeitdruck und Einkaufsanlässe auf die Bedeutung einzelner Meta-Betriebsformeneigenschaften und damit auch auf die Meta-Betriebsformenwahl auswirken. Dabei muss beachtet werden, dass **situative Mindestanspruchniveaus** vorliegen können. Hinsichtlich der Einkaufsanlässe besteht das Problem, dass zunächst eine Systematisierung von Anlässen gefunden werden muss, die branchenübergreifend gültig ist.

3.4.3.1 Einkaufsanlass

Die Einkaufsanlässe, die in den verschiedenen Studien zur Einkaufsstättenwahl unterschieden werden, zeichnen sich dadurch aus, dass sie nur für die jeweils betrachtete Branche gültig sind. So ist bspw. der Anlass „Ich stehe vor einer schwierigen Aufgabe, die Spezialmaterial und fortgeschrittenes technisches Know-How erfordert.“ auf die Do-it-yourself-Branche zugeschnitten und für die meisten anderen Handelsbranchen ungeeignet.[461] Auch wenn Van Kenhove et al. auf die Schwierigkeit hinweisen, eine branchenübergreifende Liste von Einkaufsanlässen zu entwickeln, wird im folgenden Abschnitt ein solcher Versuch unternommen. Dem schließt sich eine Diskussion an, welche Meta-Betriebsformenleistungen bei den einzelnen Anlässen besonders stark gewichtet werden und welche Meta-Betriebsformenwahl demzufolge zu erwarten ist.

(1) Branchenübergreifende Systematisierung von Einkaufsanlässen

Als Ausgangspunkt für eine branchenübergreifende Systematisierung von Einkaufsanlässen dient eine branchenübergreifend gültige **Systematik von Einkaufsmotiven nach Westbrook und Black**, die in ihren Ansätzen auf Tauber zurückgeht.[462] Demnach führen Konsumenten Einkäufe durch,

- weil sie in erster Linie Produkte erwerben wollen, die sie benötigen,
- weil sie benötigte Produkte erwerben und gleichzeitig verschiedenartige Bedürfnisse befriedigen wollen, die nicht mit dem Produkterwerb zusammenhängen, oder
- weil sie in erster Linie Bedürfnissen nachgehen, die nicht mit dem Produkterwerb in Verbindung stehen.

Zwei Fragen sind an dieser Stelle zu klären:

1. Können Einkaufsmotive als Einkaufsanlässe bzw. „Task Definitions" verstanden werden?
2. Können die Einkaufsmotive, die (a) unmittelbar mit dem Wunsch, ein Produkt zu erwerben und diejenigen, die (b) nicht mit einem Produkterwerb zusammenhängen, weiter aufgeschlüsselt werden?

Zu 1: Schon der Titel des Beitrags von Tauber („Why Do People Shop?") macht deutlich, dass es bei den Einkaufsmotiven um die Gründe bzw. Ursachen geht, aus denen heraus, Konsumenten einen Einkauf tätigen. „Task Definitions" wurde übersetzt als Zielsetzung oder Problemstellung bei einem Kauf. Wenn ein Konsument einen Supermarkt aufsucht, um Milch zu kaufen, kann dies sowohl als Problemstellung bzw. Zielsetzung als auch als Grund bzw. Motiv für den Einkauf aufgefasst werden. Da nicht ersichtlich ist, wie die beiden Konstrukte „Einkaufsmotiv" und „Task Definition" bzw. „Einkaufsanlass" sinnvoll voneinander abzugrenzen sind, werden die Konstrukte in der vorliegenden Untersuchung gleichgesetzt.

---

[461] Vgl. Van Kenhove, P./De Wulf, K./Van Waterschoot, W. 1999, S. 128 f.

[462] Vgl. Westbrook, R. A./Black, W. C., 1985, S. 85; Tauber, Edward M.: Why Do People Shop?, in: Journal of Marketing, 36. Jg. (1972), H. 10, S. 46-49; Dawson, Scott/Bloch, Peter H./Ridgway, Nancy M.: Shopping Motives, Emotional States, and Retail Outcomes, in: Journal of Retailing, 66. Jg. (1990), S. 409 f.; Babin, Barry J./Darden, William R./Griffin, Mitch: Work and/or Fun: Measuring Hedonic and Utilitarian Shopping Value, in: Journal of Consumer Research, 20. Jg. (1994), S. 644-656; zu Einflüssen soziodemographischer Variablen auf die Motive vgl. Dawson, S./Bloch, P. H./Ridgway, N. M., 1990, S. 419 f.

Damit können die drei Einkaufsmotive nach Westbrook und Black als Einkaufsanlässe angesehen werden, die branchenübergreifend gültig sind.

Zu 2 (a): **Einkaufsanlässe, die unmittelbar mit einem Produktwunsch zusammenhängen**, können nach dem Konkretisierungsgrad des Produktwunsches, der Dringlichkeit des Produktbedarfs sowie der Art des Produkts differenziert werden. In Anlehnung an Kollat und Willett können nach dem **Konkretisierungsgrad des Produktwunsches** zwei Anlässe unterschieden werden, die unmittelbar mit einem Produktwunsch zusammenhängen:[463]

- Wunsch nach einem genau spezifizierten Produkt (z. B. eine Levi's 501, Größe 34),
- Wunsch nach einem Produkt, das noch nicht genau spezifiziert ist (z. B. eine Jeanshose oder ein Geschenk für die Schwester).

Daneben können Einkaufsanlässe mit einem Produktwunsch nach der **Dringlichkeit des Produktbedarfs** unterteilt werden. Der Einfluss dieser Situationsvariable auf die Produktwahl bei Fernsehern, Kühlschränken, Waschmaschinen und Öfen wird bereits 1955 von Mueller untersucht.[464] In der Studie wird darauf hingewiesen, dass es sich bei der Dringlichkeit um ein subjektives Konstrukt handelt, dessen Ausprägung sich auf einem Kontinuum zwischen einem sehr dringenden Kauf und einem überhaupt nicht pressierenden Kauf bewegt. Als Ursachen für einen dringenden Kauf der aufgeführten Gebrauchsgüter geben die meisten Probanden Ausfall eines alten Geräts, Umzug, Heirat oder Geburt eines Kindes an. Bei anderen Warengruppen, vor allem bei Verbrauchsgütern, sind andere Ursachen zu erwarten. Beispielsweise ergibt sich die Dringlichkeit bei einem Geschenkkauf meist aus der Tatsache heraus, dass der Zeitpunkt der Geschenkübergabe unmittelbar bevorsteht.

Einen weiteren Faktor, nach dem Einkaufsanlässe mit unmittelbarem Produktbedarf differenziert werden könnten, stellt die **Art des Produkts** (bzw. der Warengruppe) dar, das der Online-Shopper kaufen möchte. Ein Hinweis darauf, dass die Gewichtung von Einkaufsstättenleistungen von der Art des gewünschten Produkts abhängen könnte, findet sich in einer Übersicht von Tigert, die Ergebnisse aus Studien in vier verschiedenen Branchen zusammenfasst (Tabelle 3.15).[465]

---

[463] Vgl. Kollat, David/Willett, Ronald P.: Customer Impulse Purchasing Behavior, in: Journal of Marketing Research, 4. Jg. (1967), H. 1, S. 21; siehe auch Dach, Chr., 1999, S. 48.

[464] Vgl. Mueller, Eva: A Study of Purchase Decisions – The Sample Survey, in: Clark, Lincoln H. (Hrsg.): Consumer Behavior – The Dynamics of Consumer Reaction, New York 1955, S. 71-73.

[465] Vgl. Tigert, Douglas J.: Pushing the Hot Buttons for a Successful Retailing Strategy, in: Darden, William R./Lusch, Robert F. (Hrsg.): Patronage Behavior and Retail Management, New York 1983, S. 112.

Tabelle 3.15: Einfluss von Produkten auf die Gewichtung von Einkaufsstättenleistungen

Einkaufsstätteneigenschaft	Lebensmittelhandel		Fast Food Restaurants		Do-it-Yourself-Handel		Textilhandel	
	hoch	niedrig	hoch	niedrig	hoch	niedrig	hoch	niedrig
Convenience	66	46	51	20	59	58	32	19
Niedrige Preise	46	25	39	20	33	23	19	12
Sortiment/Auswahl	26	16	5	1	30	20	35	27
Höflicher/hilfreicher Service	20	11	13	6	17	15	19	12
Hohe Produktqualität	16	8	16	7	12	7	27	17
Qualität von frischem Fleisch	25	8	-	-	-	-	-	-
Schneller Checkout/schneller Service	5	3	35	27	-	-	-	-
Sauberkeit	18	4	22	4	-	-	-	-
Preis-Leistungs-Verhältnis („Value for the money")	-	-	11	5	3	3	63	43
Geschmack	-	-	43	35	-	-	-	-
Ladenatmosphäre	12	5	17	3	6	5	6	3
Vorrätigkeit der Ware	-	-	-	-	10	6	-	-
Aktuelle Mode	-	-	-	-	-	-	16	10

Anmerkung: Angaben in %

Lesebeispiel: In den Studien zum Lebensmittelhandel geben 46-66 % der Probanden an, dass die Convenience zu den beiden wichtigsten Gründen zählt, warum die präferierte Einkaufsstätte aufgesucht wird.

Quelle: Tigert, D. J., 1983, S. 112

Es zeigt sich bspw., dass Convenience und niedrige Preise im Textilhandel offenbar eine weniger wichtige Rolle bei der Einkaufsstättenwahl spielen als in anderen Branchen. Hingegen scheint der Produktauswahl eine überdurchschnittliche Bedeutung zuzukommen. Einige Einkaufsstätteneigenschaften wie etwa die Qualität von frischem Fleisch oder die Vorrätigkeit der Ware scheinen nur in einzelnen Branchen von großer Bedeutung zu sein. Aus den folgenden beiden Gründen werden die Einkaufsanlässe mit einem unmittelbaren Produktbedarf **nicht weitergehend nach der Produktart differenziert**:

- In den Studien, die in Tabelle 3.15 zusammengefasst sind, wurden die Probanden nur nach den zwei wichtigsten Einkaufsstätteneigenschaften befragt. Die Einkaufsstättenwahl wird im Sinne der multiattributiven Einstellungsmodelle aber von mehr als zwei Eigenschaften beeinflusst. Wenn einzelne Eigenschaften in manchen Branchen überhaupt nicht unter den beiden wichtigsten Einkaufsstätteneigenschaften auftauchen, kann es durchaus sein, dass sie dennoch z. B. als dritt- oder viertwichtigste Eigenschaft einen bedeutenden Einfluss auf die Einkaufsstättenwahl nehmen.
- Der wesentliche Grund, warum keine weitere Differenzierung der Einkaufsanlässe nach den jeweils gewünschten Produkten erfolgt, liegt jedoch darin, dass sich die **Ergebnisse nicht verallgemeinern lassen**. So liefert Tigert in seinem Beitrag keine Erklärungen, warum einzelnen Einkaufsstätten-

leistungen bei verschiedenen Produkten eine unterschiedliche Bedeutung zukommt. Daher lassen sich die Ergebnisse aus den vier untersuchten Branchen kaum auf andere Warengruppen übertragen.

Zu 2 (b): Für solche **Bedürfnisse, die nicht mit einem Produktwunsch verbunden sind**, hat Tauber als erster eine Systematik eingeführt.[466] Da sich in seiner Unterteilung mit den Motiven „Role Playing" und „Status and Authority" auch Bedürfnisse wiederfinden, die vermutlich nicht situationsspezifisch auftreten, sondern vielmehr bei bestimmten Konsumenten permanent im Unterbewusstsein mitspielen, wirkt die Systematik für die Zwecke der vorliegenden Untersuchung ungeeignet. Besser geeignet erscheint hingegen die folgende Aufteilung, die einzelne Bedürfnisse nach Tauber sowie nach Levy/Weitz aufgreift und ergänzt:[467]

- Wunsch nach einem Preiserlebnis („Schnäppchen"),
- Wunsch nach einem sinnlichen Erlebnis,
- Wunsch nach einer Selbstbelohnung,
- Wunsch nach sozialen Kontakten,
- Wunsch, neue Trends und Ideen kennen zu lernen.

Abb. 3.25 gibt einen Überblick, der die verschiedenen Einkaufsanlässe mit und ohne konkreten Produktwunsch zusammenfasst. Es sei noch einmal darauf hingewiesen, dass sich die einzelnen Anlässe im Sinne von Westbrook und Black nicht gegenseitig ausschließen müssen, sondern dass **ein einzelner Einkauf aus mehreren Anlässen heraus motiviert sein kann**.

---

466 Vgl. Tauber, E. M., 1972, S. 47 f.

467 Vgl. Dach, Chr., 1999, S. 48; Levy, M./Weitz, B. A., 1995, S. 100 f.; Tauber, E. M., 1972, S. 47 f.; vgl. auch Sheth, Jagdish N.: An Integrative Theory of Patronage Preference and Behavior, in: Darden, William R./Lusch, Robert F. (Hrsg.): Patronage Behavior and Retail Management, New York u. a. 1983, S. 16.

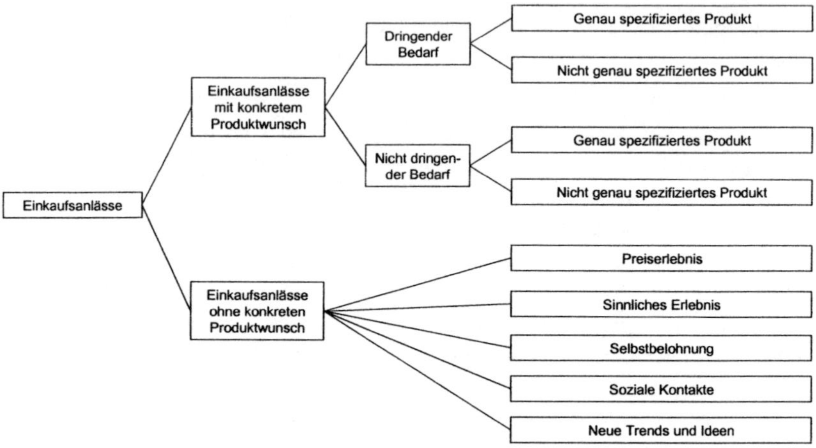

Abb. 3.25: Branchenübergreifende Systematisierung von Einkaufsanlässen

In den weiteren Abschnitten wird der Frage nachgegangen, wie die Online-Shopper die verschiedenen Meta-Betriebsformenleistungen bei den einzelnen Einkaufsanlässen gewichten. Werden Vorteile des Internet Shoppings überdurchschnittlich stark gewichtet, ist davon auszugehen, dass sich die Online-Shopper bei solchen Anlässen überdurchschnittlich oft für den Einkauf über das Internet entscheiden. Entsprechendes gilt für die Vorteile des stationären Handels.

(2) Dringender Produktbedarf

Suchen Online-Shopper eine Einkaufsstätte auf, weil sie ein Produkt dringend benötigen, ist zu vermuten, dass die **Lieferzeit**, die beim Internet Shopping in Kauf genommen werden muss, zum **K.O.-Kriterium** wird. Der Wunsch, das Produkt sofort zu bekommen, dürfte bei diesen Einkaufsanlässen so stark ausgeprägt sein, dass Vorteile des Internet Shoppings bei anderen Meta-Betriebsformeneigenschaften außer Acht bleiben. Es dürfte sich hierbei um ein **situatives Mindestanspruchsniveau** handeln, bei dem das kompensatorische Einstellungsmodell außer Kraft gesetzt ist (siehe Kapitel 3.2.2.3). Dementsprechend wird erwartet, dass die Lieferzeit sehr stark gewichtet wird und dass sich die Online-Shopper ausschließlich für den stationären Handel entscheiden. Dabei wird angenommen, dass die Dominanz der Lieferzeit unabhängig davon gültig ist, wie konkret der Produktwunsch ausgeprägt ist. Es erfolgt daher keine weitere Differenzierung der Hypothesen nach den Kategorien „Genau spezifiziertes Produkt" und „Nicht genau spezifiziertes Produkt".

Hypothese 12: Online-Shopper, die ein Produkt dringend benötigen, messen der Meta-Betriebsformeneigenschaft „Lieferzeit" eine größere Bedeutung bei als in anderen Situationen. Die Eigenschaft wird zum K.O.-Kriterium.

Hypothese 13: Online-Shopper, die ein Produkt dringend benötigen, entscheiden sich für die Meta-Betriebsform „stationärer Handel".

(3) Kein dringender Produktbedarf – Genau spezifiziertes Produkt

Während im Fall eines dringenden Produktbedarfs auf eine Unterteilung nach dem Konkretisierungsgrad des Produktwunsches verzichtet wurde, erscheint eine solche Differenzierung für den Fall eines nicht pressierenden Produktwunsches erforderlich. Bei beiden Unterfällen – genau spezifiziertes und nicht genau spezifiziertes Produkt – ist eine herausragende Bedeutung der Lieferzeit nicht zu erwarten, da kein dringender Produktbedarf gegeben ist. Hier wird zunächst der Anlass betrachtet, dass sich ein Online-Shopper **schon vor Aufsuchen der Einkaufsstätte für ein konkretes Produkt entschieden hat**. Es wird vermutet, dass bei dem geplanten Kauf eines bereits genau spezifizierten Produkts eher der Versorgungsaspekt und weniger das Einkaufserlebnis im Vordergrund steht.[468] Im Sinne des Versorgungsaspekts ist davon auszugehen, dass die Online-Shopper das gewünschte Produkt möglichst schnell, bequem und günstig einkaufen möchten. Während die Eigenschaften Zeiteinsatz, Convenience und Kosten demnach die Meta-Betriebsformenwahl dominieren dürften, spielt das Einkaufsvergnügen vermutlich eine untergeordnete Rolle. Bei den anderen Meta-Betriebsformeneigenschaften (Qualität des ausgewählten Produkts, Lieferzeit, Schutz der Privatsphäre, Persönliche Sicherheit, Auswirkungen auf die Umwelt) wird von einer durchschnittlichen Bedeutung ausgegangen.[469]

> **Hypothese 14:** Online-Shopper, die ein genau spezifiziertes Produkt kaufen möchten, das sie nicht dringend benötigen, messen den Meta-Betriebsformeneigenschaften „Zeiteinsatz", „Convenience" und „Kosten" eine größere und dem „Einkaufsvergnügen" eine geringere Bedeutung bei als in anderen Situationen.

Auf der Grundlage des entwickelten Meta-Betriebsformenwahlmodells lässt sich von dieser Gewichtungshypothese auf die Meta-Betriebsformenwahl in der betrachteten Situation schließen. Bei Gültigkeit von Hypothese 14 gewichten Online-Shopper in der Situation „nicht dringender Produktbedarf, genau spezifiziertes Produkt" drei vermutete Stärken des Internet Shoppings besonders stark. Gleichzeitig messen sie dem Einkaufsvergnügen, einer vermeintlichen Schwäche des Internet Shoppings, eine geringe Bedeutung bei. Wenn die weiteren Meta-Betriebsformeneigenschaften genauso wichtig bzw. unwichtig sind wie in den anderen Situationen, ist zu erwarten, dass sich die Online-Shopper in dieser Situation überdurchschnittlich oft für das Internet Shopping als Meta-Betriebsform entscheiden.

---

[468] Zur Unterscheidung von Versorgungs- und Erlebnisaspekt vgl. bspw. Bellenger, Danny N./Robertson, Dan H./Greenberg, Barnett A.: Shopping Center Patronage Motives, in: Journal of Retailing, 53. Jg. (1977), H. 2, S. 29-38; Ziehe, N., 1997, S. 72.

[469] In Abschnitt 3.3.2 wurde bereits darauf hingewiesen, dass sich die Suche nach einem Produkt, das den qualitativen Ansprüchen genügt, im Fall eines genau spezifizierten Produktwunsches im Wesentlichen auf die Frage reduziert, ob ein Konsument erwartet, das ausgewählte Produkt in den beiden Meta-Betriebsformen zu finden.

Hypothese 15: Online-Shopper, die ein genau spezifiziertes Produkt kaufen möchten, das sie nicht dringend benötigen, entscheiden sich häufiger für die Meta-Betriebsform „Internet Shopping" als in anderen Situationen.

(4) Kein dringender Produktbedarf – Nicht genau spezifiziertes Produkt

Im Gegensatz zum vorausgegangenen Einkaufsanlass verfügt der Online-Shopper bei diesem Einkaufsanlass zwar ebenfalls über einen nicht dringlichen Produktbedarf, er hat sich aber **noch nicht für ein konkretes Produkt entschieden**. Der Online-Shopper wird daher besonderen Wert darauf legen, eine Meta-Betriebsform zu wählen, bei der er aufgrund der Produktauswahl, der Produktinformationen und der Möglichkeiten von Produktvergleichen ein möglichst seinen Wünschen entsprechendes Produkt findet. Es ist daher davon auszugehen, dass die „Qualität des ausgewählten Produkts" besonders stark gewichtet wird. Bei allen anderen Eigenschaften wird eine durchschnittliche Bedeutung erwartet.

Hypothese 16: Online-Shopper, die ein nicht genau spezifiziertes Produkt kaufen möchten, das sie nicht dringend benötigen, messen der Meta-Betriebsformeneigenschaft „Qualität des ausgewählten Produkts" eine größere Bedeutung bei als in anderen Situationen.

Welche Meta-Betriebsform die Online-Shopper bei diesem Anlass wählen, hängt stark von der Art der interessierenden Warengruppe ab, da die Eigenschaft „Qualität des ausgewählten Produkts" in Abhängigkeit von den relevanten Produkteigenschaften sowohl als Stärke des stationären Handels als auch als Stärke des Internet Shoppings angesehen wird. Handelt es sich um Produkte, die von Online-Shoppern vor allem anhand von **nicht-medialen Produktinformationen** beurteilt werden, müsste bei Gültigkeit von Hypothese 3 der **stationäre Handel im Vorteil** sein. Wird diese Stärke im Rahmen des hier betrachteten Einkaufsanlasses überdurchschnittlich stark gewichtet, ist davon auszugehen, dass sich die Online-Shopper besonders oft für den stationären Handel entscheiden. Entsprechend dürfte bei Produkten, die von Online-Shoppern vor allem anhand von **digitalisierbaren und/oder medialen Produktinformationen** beurteilt werden, bei Gültigkeit von Hypothese 2 das **Internet Shopping** überdurchschnittlich oft zum Zuge kommen.

Hypothese 17: Wenn bei der in Frage kommenden Warengruppe nicht-mediale Produktinformationen dominieren, entscheiden sich Online-Shopper, die ein nicht genau spezifiziertes Produkt kaufen möchten, das sie nicht dringend benötigen, häufiger für die Meta-Betriebsform „stationärer Handel" als in anderen Situationen.

Hypothese 18: Wenn bei der in Frage kommenden Warengruppe digitalisierbare und/oder mediale Produktinformationen dominieren, entscheiden sich Online-Shopper, die ein nicht genau spezifiziertes Produkt kaufen möchten, das sie nicht dringend benötigen, häufiger für die Meta-Betriebsform „Internet Shopping" als in anderen Situationen.

(5) Preiserlebnis

Nach den Einkaufsanlässen, die unmittelbar mit einem Produktbedarf verbunden sind, folgt nun die Diskussion von **Anlässen, bei denen kein Produktbedarf im Vordergrund steht**. Bei dem Wunsch nach einem Preiserlebnis geht es Konsumenten darum, ein „Schnäppchen zu machen".[470] Es ist zu erwarten, dass bei diesem Anlass die Meta-Betriebsformeneigenschaft „Kosten" besonders stark gewichtet wird. Da vermutet wurde, dass Online-Shopper das Internet Shopping hinsichtlich dieser Eigenschaft besser beurteilen als den stationären Handel, ist davon auszugehen, dass Online-Shopper bei diesem Anlass überdurchschnittlich oft den Einkauf über das Internet präferieren. Dabei wird bei den anderen Meta-Betriebsformeneigenschaften von einer durchschnittlichen Bedeutung ausgegangen.

> **Hypothese 19:** Online-Shopper, die den Wunsch nach einem Preiserlebnis verspüren, messen der Meta-Betriebsformeneigenschaft „Kosten" eine größere Bedeutung bei als in anderen Situationen.

> **Hypothese 20:** Online-Shopper, die den Wunsch nach einem Preiserlebnis verspüren, entscheiden sich häufiger für die Meta-Betriebsform „Internet Shopping" als in anderen Situationen.

(6) Selbstbelohnung

In der Studie von Tauber zu den Einkaufsmotiven von Konsumenten geben einige Probanden an, dass sie häufig Geschäfte aufsuchen, um sich „etwas Schönes" zu kaufen, wenn sie sich bedrückt fühlen.[471] Bei diesem Anlass steht für die Konsumenten nicht das Produkt, sondern der Einkaufsvorgang selbst und das „Geld ausgeben" im Vordergrund. Um die eigene Stimmung zu heben, dürfte das Einkaufsvergnügen bei der Meta-Betriebsformenwahl eine große Bedeutung spielen.[472] Weiterhin wird vermutet, dass die Online-Shopper als Zeichen für die Selbstbelohnung und für einen erfolgreich abgeschlossenen Einkaufsvorgang gerne das gekaufte Produkt unmittelbar in ihren Händen halten wollen. Wenn diese Vermutung stimmt, kommt einer möglichst kurzen Lieferzeit eine große Bedeutung zu. Sowohl das Einkaufsvergnügen als auch die Lieferzeit stellen vermutete Vorteile des stationären Handels dar. Werden zwei Stärken des stationären Handels bei einem Einkaufsanlass stark gewichtet, dürften sich die Online-Shopper überdurchschnittlich oft gegen das Internet Shopping und für den

---

[470] Vgl. Schindler, Robert M.: The Excitement of Getting a Bargain: Some Hypotheses Concerning the Origins and Effects of Smart-Shopper Feelings, in: Advances in Consumer Research, 16. Jg. (1989), S. 447-453; Sherry, John F. Jr.: A Sociocultural Analysis of a Midwestern American Flea Market, in: Journal of Consumer Research, 17. Jg. (1990), S. 23; (13-30) Babin, B. J./Darden, W. R./Griffin, M., 1994, S. 647.

[471] Vgl. Tauber, E. M., 1972, S. 47.

[472] Vgl. Mick, David Glen/Demoss, Michelle: Self-Gifts: Phenomenological Insights from Four Contexts, in: Journal of Consumer Research, 17. Jg. (1990), S. 328; Mick, David Glen/Demoss, Michelle/Faber, Ronald J.: A Projective Study of Motivations and Meanings of Self-Gifts: Implications for Retail Management, in: Journal of Retailing, 68. Jg. (1992), H. 2, S. 133 f.

stationären Handel entscheiden. Voraussetzung ist auch hier, dass die anderen Meta-Betriebsformeneigenschaften durchschnittlich wichtig sind.

> **Hypothese 21:** Online-Shopper, die den Wunsch nach einer Selbstbelohnung verspüren, messen den Meta-Betriebsformeneigenschaften „Einkaufsvergnügen" und „Lieferzeit" eine größere Bedeutung bei als in anderen Situationen.

> **Hypothese 22:** Online-Shopper, die den Wunsch nach einer Selbstbelohnung verspüren, entscheiden sich häufiger für die Meta-Betriebsform „stationärer Handel" als in anderen Situationen.

(7) Sinnliches Erlebnis, soziale Kontakte, neue Trends und Ideen

Diesen verbleibenden drei Einkaufsanlässen ist gemein, dass die Online-Shopper auf der Suche nach „Einkaufsvergnügen" sind, auch wenn die Art des jeweils gewünschten Einkaufsvergnügens differiert.[473] Dementsprechend kann davon ausgegangen werden, dass die Online-Shopper die Meta-Betriebsformeneigenschaft „Einkaufsvergnügen" bei diesen Anlässen besonders stark gewichten.[474] In Abschnitt 3.3.8 wurde dargelegt, dass der stationäre Handel dem Internet Shopping hinsichtlich der Eigenschaft „Einkaufsvergnügen" überlegen erscheint, weil er die Sinne seiner Kunden mit realen Reizen anspricht und ihnen reale soziale Kontakte mit seinem Verkaufspersonal (oder auch mit anderen Kunden) bietet. Folglich dürften die Online-Shopper, wenn ihr Einkauf aus den drei hier betrachteten Anlässen heraus motiviert ist, den stationären Handel bei ihrer Meta-Betriebsformenwahl bevorzugen. Dieser Schluss impliziert die Prämisse, dass allen anderen Meta-Betriebsformeneigenschaften bei diesen Anlässen eine durchschnittliche Bedeutung zukommt.

> **Hypothese 23:** Online-Shopper, die den Wunsch nach einem sinnlichen Erlebnis oder nach sozialen Kontakten verspüren oder neue Trends und Ideen kennen lernen möchten, messen der Meta-Betriebsformeneigenschaft „Einkaufsvergnügen" eine größere Bedeutung bei als in anderen Situationen.

> **Hypothese 24:** Online-Shopper, die den Wunsch nach einem sinnlichen Erlebnis oder nach sozialen Kontakten verspüren oder neue Trends und Ideen kennen lernen möchten, entscheiden sich häufiger für die Meta-Betriebsform „stationärer Handel" als in anderen Situationen.

Zum Abschluss der Diskussion der situativen Einflüsse von Einkaufsanlässen sei noch einmal darauf hingewiesen, dass Einkäufe im Sinne von Westbrook und

---

[473] Zum generellen Wunsch von Konsumenten, neue Trends und Ideen kennenzulernen, vgl. Hirschman, Elizabeth C.: Innovativeness, Novelty Seeking, and Consumer Creativity, in: Journal of Consumer Research, 7. Jg. (1980), S. 283-295; zu sinnlichen Einkaufserlebnissen vgl. Babin, B. J./Darden, W. R./Griffin, M., 1994, S. 644-656.

[474] Vgl. Bellenger, Danny N./Korgaonkar, Pradeep K.: Profiling the Recreational Shopper, in: Journal of Retailing, 56. Jg. (1980), H. 3, S. 82 u. 90; Bellenger, D. N./Robertson, D. H./Greenberg, B. A., 1977, S. 35 f.

Black gleichzeitig von mehreren Anlässen motiviert sein können.[475] In solchen Fällen bestehen verschiedenartige Einflüsse auf die Gewichtung der Meta-Betriebsformeneigenschaften nebeneinander. Es muss damit gerechnet werden, dass die aufgestellten Hypothesen in diesen Fällen nur bedingt zutreffen, falls sich die verschiedenen Einflüsse gegenseitig kompensieren.

3.4.3.2 Zeitdruck

Bei den Studien von Mattson, Van Kenhove/De Wulf und Miller/Ginter sowie einer Untersuchung von Achabal et al. wird der Einfluss des Zeitdrucks auf die Gewichtung einzelner Einkaufsstätten- bzw. Betriebsformeneigenschaften herausgestellt.[476] Fasst man die Ergebnisse der einzelnen Studien zusammen, kommt folgenden Eigenschaften unter Zeitdruck eine überdurchschnittlich große Bedeutung zu:

- Vertrautheit („familiarity") mit der Einkaufsstätte,
- sofortige Aufmerksamkeit des Verkaufspersonals,
- große Produktauswahl,
- schnelles Finden der gewünschten Produkte,
- schneller „Check-Out" an der Kasse,
- schnelle An- und Abfahrt,
- schnelles Parken,
- Convenience sowie
- Schnelligkeit des Services.

Auf der anderen Seite gibt es offenbar Eigenschaften, denen die Konsumenten unter Zeitdruck eine geringere Bedeutung beimessen:

- Möglichkeit, durch das Geschäft zu schlendern, und
- Produktauswahl.

Hinsichtlich der **Produktauswahl** widersprechen sich die Untersuchungsergebnisse von Mattson und Miller/Ginter. Eine große Produktauswahl könnte unter Zeitdruck wichtig sein, damit man in der aufgesuchten Einkaufsstätte das gesuchte Produkt findet, ohne sich in ein weiteres Geschäft begeben zu müssen. Auf der anderen Seite trägt beispielsweise das begrenzte Sortiment eines Tankstellenshops dazu bei, dass ein Kunde seinen Einkauf wesentlich schneller durchführen kann als

---

475 Vgl. Westbrook, R. A./Black, W. C., 1985, S. 85.

476 Vgl. Mattson, B. E., 1982, S. 46-58; Van Kenhove, P./De Wulf, K., 2000, S. 149-166; Miller, K. E./Ginter, J. L., 1979, S. 111-123; Achabal, Dale D./Odegaard Kriewall, Mary Ann/McIntyre, Shelby H.: The Effect oft Time and Situational Factors on Food Store Patronage, in: Darden, William R./Lusch, Robert F. (Hrsg.): Patronage Behavior and Retail Management, New York u. a. 1983, S. 377-387.

in einem Verbrauchermarkt. Da sich die Auswirkungen des Zeitdrucks auf die Bedeutung der Produktauswahl schwierig abschätzen lassen, wird diese Eigenschaft, die nach der Untersuchung von Keeney keine eigenständige, sondern eine instrumentelle Meta-Betriebsformeneigenschaft darstellt, nicht weiter betrachtet. Alle verbleibenden Eigenschaften, denen unter Zeitdruck eine größere Bedeutung zukommt, betreffen den **Zeiteinsatz und die Convenience** (im Sinne von Bequemlichkeit bzw. Mühelosigkeit). Dabei wird an dieser Stelle vermutet, dass diese Eigenschaften unter Zeitdruck nicht nur bei der Einkaufsstättenwahl, sondern auch bei der Meta-Betriebsformenwahl von besonderer Bedeutung sind. Dieser Transfer erscheint plausibel, da davon auszugehen ist, dass sich Online-Shopper, die Zeitdruck bei ihrem Einkauf antizipieren, bei ihrer Meta-Betriebsformenwahl stärker von den Eigenschaften „Zeiteinsatz" und „Convenience" bzw. „Mühelosigkeit" leiten lassen, als wenn sie keinen Zeitdruck voraussehen. Dementsprechend wird folgende Hypothese aufgestellt:

> **Hypothese 25:** Online-Shopper, die antizipieren, dass ein geplanter Einkauf unter Zeitdruck ablaufen wird, messen den Meta-Betriebsformeneigenschaften „Zeiteinsatz" und „Convenience" eine größere Bedeutung bei als ohne Zeitdruck.

Die Studie von Van Kenhove und De Wulf ergibt, dass Konsumenten unter Zeitdruck die Möglichkeit, durch das Geschäft zu schlendern, weniger wichtig ist, als wenn sie nicht unter Zeitdruck stehen. Diese Eigenschaft kann mit der Meta-Betriebsformeneigenschaft **„Einkaufsvergnügen"** assoziiert werden. Es ist durchaus denkbar, dass Online-Shopper in Einkaufssituationen, in denen sie über wenig Zeit verfügen, den Einkauf eher als einen Versorgungskauf ansehen, bei dem die benötigten Produkte möglichst schnell gekauft werden, ohne dass das Bedürfnis nach einem Einkaufsvergnügen die Wahl der Meta-Betriebsform wesentlich lenkt. Viele Konsumenten können vermutlich einen Einkauf nur dann genießen, wenn ihnen relativ viel Zeit für den Einkauf zur Verfügung steht. Dementsprechend wird ein negativer Einfluss des Zeitdrucks auf die Meta-Betriebsformeneigenschaft „Einkaufsvergnügen" unterstellt:

> **Hypothese 26:** Online-Shopper, die antizipieren, dass ein geplanter Einkauf unter Zeitdruck ablaufen wird, messen der Meta-Betriebsformeneigenschaft „Einkaufsvergnügen" eine geringere Bedeutung bei als ohne Zeitdruck.

In Einkaufssituationen, die von Zeitdruck geprägt sind, müsste den Hypothesen 25 und 26 zufolge eigentlich das Internet Shopping im Vorteil sein. Zum einen wird das Einkaufsvergnügen als Stärke des stationären Handels weniger stark gewichtet, zum anderen kommt mit der Convenience und dem Zeiteinsatz zwei Vorteilen des Internet Shoppings eine überdurchschnittlich große Bedeutung zu. Diese Schlussfolgerung könnte jedoch dadurch beeinträchtigt werden, dass zwischen dem **Zeitdruck und der Dringlichkeit des Bedarfs ein Zusammenhang besteht**. So ist zu vermuten, dass sich Konsumenten auf einen Einkauf unter

Zeitdruck nur dann einlassen, wenn sie ein bestimmtes Produkt dringend benötigen.

Hypothese 27: Zwischen dem Zeitdruck, den ein Online-Shopper bei einem geplanten Einkauf antizipiert, und dem Einkaufsanlass „dringender Produktbedarf" besteht ein positiver Zusammenhang.

Wenn dem so ist, dürften Online-Shopper unter Zeitdruck im Sinne von Hypothese 12 der **Lieferzeit** eine sehr hohe Bedeutung beimessen.

Hypothese 28: Online-Shopper, die antizipieren, dass ein geplanter Einkauf unter Zeitdruck ablaufen wird, messen der Meta-Betriebsformeneigenschaft „Lieferzeit" eine größere Bedeutung bei als ohne Zeitdruck.

Wenn sich die Hypothesen im empirischen Teil erhärten lassen, würden die Online-Shopper

- zwei Vorteile des Internet Shoppings (Zeiteinsatz und Convenience) stark gewichten,
- einen Vorteil des stationären Handels (Einkaufsvergnügen) schwach gewichten und
- einen Vorteil des stationären Handels (Lieferzeit) stark gewichten.

Es lässt sich schwer abschätzen, wie sich diese Einflüsse per saldo auf die Verhaltensabsicht auswirken. Geht man allerdings davon aus, dass die Lieferzeit, wie bereits in Hypothese 13 unterstellt, den Charakter eines K.O.-Kriteriums annimmt, ist von einem **überdurchschnittlichen Zuspruch für den stationären Handel** auszugehen. Der Nachteil, dass Online-Shopper beim Internet Shopping eine Lieferzeit in Kauf nehmen müssen, dürfte so schwerwiegend sein, dass die Vorteile des Internet Shoppings bei Zeiteinsatz und Convenience nicht zum Tragen kommen.

Hypothese 29: Online-Shopper, die antizipieren, dass ein geplanter Einkauf unter Zeitdruck ablaufen wird, entscheiden sich häufiger für die Meta-Betriebsform „stationärer Handel" als ohne Zeitdruck.

Zum Abschluss dieses Kapitels fasst Tabelle 3.16 die Hypothesen zum Einfluss der ausgewählten Situationsvariablen auf die Gewichtung von Meta-Betriebsformeneigenschaften und auf die Meta-Betriebsformenwahl zusammen.

Tabelle 3.16: Hypothesen zum Einfluss von Situationsvariablen auf die Gewichtung von Meta-Betriebsformeneigenschaften und Meta-Betriebsformenwahl

Hypothesen	**Situationsvariable**	**besonders stark (+) oder schwach (-) gewichtete Meta-Betriebsformeneigenschaften bzw. K.O.-Kriterien (K.O.)**	**Bevorzugte Meta-Betriebsform**
	Einkaufsanlass		
12 und 13	Dringender Produktbedarf	Lieferzeit (K.O.)	ausschließlich stationärer Handel
14 und 15	Kein dringender Produktbedarf - genau spezifiziertes Produkt	Zeiteinsatz (+), Kosten (+), Convenience (+), Einkaufsvergnügen (-)	Internet Shopping
16, 17 und 18	Kein dringender Produktbedarf – nicht genau spezifiziertes Produkt	Qualität des ausgewählten Produkts (+)	Stationärer Handel/Internet Shopping
19 und 20	Preiserlebnis	Kosten (+)	Internet Shopping
21 und 22	Selbstbelohnung	Einkaufsvergnügen (+), Lieferzeit (+)	Stationärer Handel
23 und 24	Sinnliches Erlebnis, soziale Kontakte, neue Trends und Ideen	Einkaufsvergnügen (+)	Stationärer Handel
25, 26, 27, 28 und 29	***Zeitdruck***	Zeiteinsatz (+), Convenience (+), Einkaufsvergnügen (-), Lieferzeit (+)	Stationärer Handel

4 Empirische Analyse der Meta-Betriebsformenwahl

In der empirischen Analyse dieser Arbeit gilt es, die 29 in der theoretischen Analyse abgeleiteten **Hypothesen empirisch zu überprüfen.**[477] Dazu ist es in diesem Kapitel zunächst erforderlich, ein Untersuchungsdesign festzulegen. Anschließend werden die Hypothesen überprüft, indem die in der Untersuchung erhobenen Daten mit Hilfe statistischer Verfahren ausgewertet werden. Im abschließenden Gliederungspunkt wird die Güte des Erhebungsinstruments kontrolliert.

4.1 Untersuchungsdesign

Das Untersuchungsdesign wird in vier Schritten festgelegt. Auf die Auswahl der Untersuchungsbranchen folgt eine Diskussion, welche Untersuchungsmethode sich zur Prüfung der Hypothesen am besten eignet. Daraufhin werden die Variablen operationalisiert und schließlich die Durchführung der Untersuchung beschrieben.

4.1.1 Auswahl der Untersuchungsbranchen

In der Problemstellung wurden die Handelsbranchen hinsichtlich des Ausmaßes des Online-Angebots und der Online-Nachfrage in drei Gruppen unterteilt, von denen zwei in der vorliegenden Untersuchung berücksichtigt werden:

(1) Vorreiterbranchen, auf die sich der wesentliche Anteil der Umsätze des Internet Shoppings derzeit konzentriert, und

---

[477] Ein **Überblick über alle Hypothesen** findet sich im **Anhang A-1** auf den Seiten 254-256.

(2) Branchen, in denen zwar ein mehr oder weniger umfassendes Online-Angebot zu beobachten ist, dem aber offensichtlich nur eine geringe Nachfrage der Online-Shopper gegenübersteht.

Ausgeschlossen wurden Branchen, in denen noch kein umfassendes Online-Angebot zu erkennen ist. Bei diesen Warengruppen kann ein bedeutender Teil der Online-Shopper, selbst wenn er es wollte, nicht auf das Internet Shopping zurückgreifen. Als Beispiel für eine solche Branche wurde der Online-Lebensmittelhandel angeführt.

Anhand verschiedener aktueller Befragungen von Online-Shoppern lassen sich die folgenden Warengruppen als „**Vorreiter**" erkennen, die alle in die vorliegende Untersuchung einbezogen werden:[478]

- Bücher,
- CDs/Tonträger,
- Videokassetten/DVDs,
- Unterhaltungselektronik,
- Bekleidung,
- PC-Zubehör/Hardware,
- Software (auch PC-Spiele),
- Spielwaren (ohne PC-Spiele),
- Drogerie- und Kosmetikartikel.

Bei der **zweiten Gruppe** von Untersuchungsbranchen besteht die Problematik, dass sich relativ viele der verbleibenden Handelsbranchen dieser Gruppe zuordnen lassen und sich der Kreis der Branchen nicht eindeutig bestimmen lässt. Um den Befragungsaufwand zu begrenzen, werden aus dieser Gruppe stellvertretend die Branchen Möbel und Schuhe einbezogen. In beiden Branchen besteht ein umfassendes Online-Angebot, das offenbar auf noch keine entsprechende Nachfrage stößt.[479]

4.1.2 Wahl der Untersuchungsmethode

Die verschiedenen zur Auswahl stehenden Datenerhebungstechniken lassen sich grundsätzlich in drei Gruppen unterteilen:[480]

---

[478] Vgl. bspw. GfK (Hrsg.): GfK-Online-Monitor, 7. Untersuchungswelle, 2001 sowie Taylor Nelson Sofres Interactive (Hrsg.): Global eCommerce Report, 2001, beide zitiert nach: Graumann, Sabine/Köhne, Bärbel: Monitoring Informationswirtschaft – 3. Faktenbericht 2001, eine Sekundärstudie von NFO Infratest (Germany), München 2001; Gruner + Jahr (Hrsg.): E-Commerce, Stern Trendprofile 12/2000, unter: www.trendprofile.stern.de, Zugriff am 17.12.2001, S. 13.

[479] Vgl. die Brancheninformationen des E-Commerce-Center Handel unter www.ecc-handel.de/ecinfos/, Zugriff am 17.12.01. Zur Bedeutung des Internet Shoppings in den beiden Branchen vgl. Dach, Chr., 2002b, S. 36-40; Gruner + Jahr (Hrsg.), 2000, S. 13.

[480] Vgl. Schnell, R./Hill, P. B./Esser, E., 1999, S. 297-299.

- Befragung,
- Beobachtung und
- Inhaltsanalyse.

Die **Inhaltsanalyse**, bei der Texte, Bilder oder Filme einer quantifizierenden Analyse unterzogen werden, kommt für die vorliegende Untersuchung nicht in Frage.[481] Die **Beobachtung** scheidet ebenfalls aus, weil wesentliche Modellgrößen (Einstellung und Kaufabsicht) im Insystem der Konsumenten liegen und als hypothetische Konstrukte nicht unmittelbar beobachtet werden können. Die empirischen Daten können in dieser Arbeit nur mittels einer **Befragung** erhoben werden. Dabei lassen sich **vier grundlegende Befragungstypen** unterscheiden:[482]

- persönliches Face-to-Face-Interview bzw. mündliche Befragung,
- telefonisches Interview,
- schriftliche Befragung und
- Internet-Befragung bzw. Online-Befragung.

Es stellt sich die Frage, welche dieser Befragungsarten sich am besten zur Erhebung der benötigten Daten eignet. Theobald hat generelle Vor- und Nachteile der vier Befragungstypen gegenübergestellt (Tabelle 4.1).

---

[481] Vgl. Diekmann, Andreas: Empirische Sozialforschung – Grundlagen, Methoden, Anwendungen, 5. Auflage, Reinbek bei Hamburg 1995, S. 481-487.

[482] Vgl. Diekmann, A., 1995, S. 373-375.

Tabelle 4.1: Vor- und Nachteile verschiedener Befragungstypen

	schriftliche Befragung	telefonische Befragung	mündliche Befragung	WWW-Befragung
Antwortquote	-	+	+	-/o [a)]
einheitlicher Erhebungsstichtag	-	+	+	o/+ [b)]
Antwortzeit				
• Ausschluss unüberlegter Antworten	o	-	+	o
• Messung	-	+	o	o [c)]
Einfluss von dritter Seite	-	o	+	o [d)]
Umfang des Fragebogens	-	-	+	o [e)]
Gefahr von Missverständnissen	-	+	+	-/o [f)]
Komplexe Informationen	-	-	+	o/+ [g)]
Interviewereinfluss	+	o	-	+
Schwer erreichbare Berufskreise	+	o	-	o [h)]
Räumliche Repräsentation	+	+	-	+
Kosten	+	+	-	+

Anmerkungen: Es bedeuten: + = Vorteil; - = Nachteil; o = Indifferenz bzw. (noch) unklar
a) stark abhängig vom Befragungsthema
b) Erhebungszeitraum genau kontrollierbar, Antwortquote jedoch kaum determinierbar
c) nicht möglich, falls Bearbeitung unterbrochen wird
d) wird als geringer angenommen, da WWW-Nutzer häufig alleine am PC sitzen
e) durch Unterstützung mit graphischen und multimedialen Elementen kurzweiliger
f) bessere Erklärungsmöglichkeiten durch Hilfefenster
g) Bilder und Töne ohne weiteres einbindbar
h) prinzipiell gut erreichbar, jedoch abhängig von WWW-Zugang

Quelle: Theobald, A., 1999, S. 373; die Tabelle basiert auf einer Darstellung von Hüttner, M., 1989, S. 47

Die Gegenüberstellung macht deutlich, dass jede Befragungsform über spezifische Vor- und Nachteile verfügt und keine Methode den anderen generell überlegen erscheint. Die Auswahl einer Methode muss daher vor dem Hintergrund des konkreten Forschungsziels erfolgen. Hier müssen **zwei konkrete Anforderungen** berücksichtigt werden, die sich aus der theoretischen Analyse der Meta-Betriebsformenwahl ergeben:

- Einerseits kommt in dieser Arbeit der **Anonymität der Befragungsmethode** eine besondere Bedeutung zu. Die Anonymität ist eine wichtige Voraussetzung, um Messprobleme durch Reaktionsstile zu vermeiden und dem Kritikpunkt der Non-Attitudes zu begegnen (Abschnitte 3.2.1.6 und 3.2.1.10). Aus Tabelle 4.1 ist ersichtlich, dass die Anonymität bei der schriftlichen Befragung und der Internet-Befragung gegeben ist. Bei den beiden anderen Methoden liegen hingegen Interviewereinflüsse vor. Diese Einschätzung konnte in zwei Vergleichen zwischen Internet-Befragungen und mündlichen bzw. telefonischen Befragungen empirisch bestätigt werden.[483]

- Eine weitere Anforderung, die sich aus dem theoretischen Teil der Arbeit ergibt, ist die **Messung der Antwortzeit**. Die Antwortzeit bei den Einstellungsfragen ist ein wichtiger Indikator, um dem Kritikpunkt „Automatische Prozesse – habituelles und impulsives Kaufverhalten" begegnen zu können (Abschnitt 3.2.1.7). Die Antwortzeit kann am besten bei telefonischen Befragungen erhoben werden. Mit Einschränkungen ist die Messung jedoch auch bei mündlichen und Internet-Befragungen möglich.

Es zeigt sich, dass die **Internet-Befragung am ehesten beide Anforderungen erfüllt**. Eventuelle Nachteile bei den Punkten Antwortquote, Ausschluss unüberlegter Antworten, Einfluss von dritter Seite, Umfang des Fragebogens, Gefahr von Missverständnissen und schwer erreichbare Berufskreise erscheinen nicht schwerwiegend, so dass diese Befragungsform gewählt wird.

Couper differenziert zwischen **acht verschiedenen Formen von Internet-Befragungen**, die sich vor allem hinsichtlich der Auswahl der Befragungsteilnehmer unterscheiden (Tabelle 4.2).

Tabelle 4.2: Formen von Internet-Befragungen

Nonprobability Methods	Probability-Based Methods
1. Poll as entertainment	4. Intercept surveys
2. Unrestricted self-selected surveys	5. List-Based samples
3. Volunteer opt-in panels	6. Web option in mixed-mode surveys
	7. Pre-recruited panels of Internet users
	8. Pre-recruited panels of full population

Quelle: Couper, M. P., 2000, S. 477

Wie sind diese acht Formen für die geplante Untersuchung zu beurteilen? Entscheidend ist, ob die Verfahren die Auswahl einer Stichprobe garantieren, die als repräsentativ für die Grundgesamtheit der Online-Shopper angesehen werden kann.[484]

- **Poll as entertainment, unrestricted self-selected surveys, volunteer opt-in panels**: Bei den ersten drei Formen handelt es sich um Befragungen, bei denen die Auswahl der Befragungsteilnehmer nicht zufällig, sondern will-

---

[483] Vgl. Müller-Peters, Anke/Geissler, Holger/Kiell, Guido: Online or offline, active or passive: When do you get the same results from different methods?, in: planung & analyse, Sonderheft market research 2001, S. 28; Theobald, Axel: Determinanten des Online Research, in: planung & analyse, 27. Jg. (2000), H. 5, S. 75 f.

[484] Zur Vorstellung der einzelnen Verfahren vgl. Couper, Mick P.: Web Surveys – A Review of Issues and Approaches, in: Public Opinion Quarterly, 64. Jg. (2000), S. 484-490.

kürlich erfolgt.[485] Bei derartigen Stichproben lassen sich keine Schlüsse auf die Grundgesamtheit ableiten. „Da weder die Grundgesamtheit sinnvoll definiert ist, noch vor der Stichprobenziehung für jedes Element der Grundgesamtheit die Auswahlwahrscheinlichkeit angebbar ist, sind willkürliche Auswahlen für wissenschaftliche Zwecke fast immer wertlos."[486]

- **Intercept Surveys**: Bei diesem Verfahren wird jeweils der n-te Besucher einer Website über ein Pop-Up-Fenster aufgefordert, an der Befragung teilzunehmen. Dieses Verfahren ist dann sinnvoll, wenn als Grundgesamtheit alle Besucher der Website gelten. Für größere Grundgesamtheiten wie die der Internet-Nutzer oder der Online-Shopper erscheint das Verfahren ungeeignet, weil selbst bei der Schaltung auf bekannten, stark frequentierten Websites nicht jeder Internet-Nutzer bzw. Online-Shopper mit einer Wahrscheinlichkeit > 0 in die Stichprobe aufgenommen wird.[487]
- **List-based Samples**: Diese Methode setzt eine Adressliste bzw. E-Mail-Liste aller Elemente der Grundgesamtheit voraus. Liegt eine solchen Liste vor, lässt sich aus ihr eine Zufallsstichprobe ziehen. Für die Grundgesamtheit der Online-Shopper kann auf keine vollständige Liste zurückgegriffen werden.
- **Web option in mixed-mode surveys**: Die Methode zeichnet sich dadurch aus, dass den Befragungsteilnehmern die Internet-Befragung als Alternative zu anderen Befragungsformen (z. B. schriftliche Befragung) angeboten wird. Das Verfahren scheidet aus, da die Internet-Befragung den anderen Befragungsformen bewusst vorgezogen wurde.
- **Pre-recruited panels of Internet users (aktiv rekrutierte Online-Panel):**[488] Bei diesem Verfahren wird ein Pool von registrierten Personen gepflegt, die sich bereit erklärt haben, wiederholt an Online-Untersuchungen teilzunehmen.[489] Im Gegensatz zu selbstrekrutierten Online-Panels werden

---

[485] Die Auswahl erfolgt in der Regel über das Prinzip der Selbstselektion. So wird bspw. bei den „unrestricted self-selected surveys" ein offener Link auf eine Website gesetzt, den alle Besucher der Website anwählen können. Vgl. Buttler, Günter/Christian, Bernd: Repräsentativität von Online-Umfragen, in: Scheffler, Wolfram/Voigt, Kai-Ingo (Hrsg.): Entwicklungsperspektiven im Electronic Business – Grundlagen – Strukturen – Anwendungsfelder, Wiesbaden 2000, S. 211-214; zu einem Vergleich von selbstselektierten Stichproben und Zufallsstichproben vgl. Walsh, John P./Kiesler, Sara/Sproull, Lee S. et al.: Self-selected and randomly selected respondents in a computer network survey, in: Public Opinion Quarterly, 56. Jg. (1992), S. 241-244.

[486] Schnell, R./Hill, P. B./Esser, E., 1999, S. 277.

[487] Zu einer anderen Einschätzung vgl. Wildner, Raimund/Conklin, Michael: Stichprobenbildung für Marktforschung im Internet, in: planung & analyse, 28. Jg. (2001), H. 2, S. 20-22.

[488] „Die Benutzung des Begriffs *Panel* ist in diesem Zusammenhang nicht ganz korrekt, er hat sich jedoch in der wissenschaftlichen Gemeinde eingebürgert." Theobald, A., 2000, S. 73.

[489] Vgl. Göritz, Anja S./Reinhold, Nicole/Batinic, Bernad: Marktforschung mit Online-Panels: State of the Art, in: planung & analyse, 27. Jg. (2000), H. 3, S. 62.

die Panelteilnehmer hier aktiv per Telefon rekrutiert.[490] Es wird eine Zufallsstichprobe aus der Gesamtbevölkerung gezogen (bspw. per RDD = Random Digit Dialing), wobei nur Internet-Nutzer zur Teilnahme an dem Panel eingeladen werden. Durch diese Vorgehensweise ist eine Zufallsstichprobe aus der Grundgesamtheit der Internet-Nutzer gewährleistet. Die Repräsentativität für die Gesamtheit der Internet-Nutzer wird allerdings durch Ausfälle auf verschiedenen Stufen des Befragungsprozesses beeinträchtigt.[491] So wird sich ein Teil der angerufenen Personen nicht bereit erklären, wiederholt an Online-Untersuchungen teilzunehmen. Weiterhin werden nicht alle Panel-Teilnehmer der E-Mail-Einladung zu einer konkreten Internet-Befragung folgen.

- **Pre-recruited panels of full population**: Bei dieser Panel-Form werden die Teilnehmer ebenfalls anfangs per Telefon aktiv rekrutiert. Im Gegensatz zu den Online-Panels werden jedoch auch Nicht-Internet-Nutzer zur Teilnahme an dem Panel eingeladen. Damit diese Personen an Internet-Befragungen teilnehmen können, muss für sie ein Internet-Zugang eingerichtet werden. Solche Panels kommen in Frage, wenn man Internet-Befragungen durchführen möchte, bei denen die Grundgesamtheit die Gesamtbevölkerung darstellt. Für die vorliegende Untersuchung kommen solche Panels nicht weiter in Betracht.

Um eine Internet-Befragung durchzuführen, die möglichst repräsentativ für die Grundgesamtheit der Online-Shopper ist, bieten sich am ehesten **aktiv rekrutierte Online-Panels** an. Verschiedene Maßnahmen können ergriffen werden, um die Ausfallproblematik abzuschwächen:

(1) **Ausfälle bei der Rekrutierung des Online-Panels**: Wildner und Conklin berichten, dass die Verweigerungsquote bei Haushaltspanels, bei denen die Teilnehmer wöchentlich über ihre Einkäufe an täglichen Verbrauchsgütern berichten, bei 90 bis 98 % liegt.[492] Auch wenn die Verweigerungsquote bei Online-Panels, bei denen den Panel-Teilnehmern ein geringerer Aufwand entsteht, nicht ganz so groß ausfällt, ist doch mit Verzerrungen durch systematische Ausfälle zu rechnen. Eine Möglichkeit, diese Verzerrungen im Nachhinein zu korrigieren, stellen **Quota-Verfahren** dar.[493] Dabei wird aus dem Pool aller Panel-Teilnehmer eine Zufalls-Stichprobe derart gezogen, dass

---

[490] Ein Vergleich von Ergebnissen bei aktiv und passiv rekrutierten Online-Panels findet sich bei Zimmermann, Matthias/Gadeib, Andera/Lürken, Alexander: Marktforschung Online – Schöne neue Welt?, in: planung & analyse, 28. Jg. (2001), H. 2, S. 38-43; Hoppe, Michael/Lamp, Rainer: Die Qualität von Online Panel – Ein Methodentest, in: planung & analyse, 28. Jg. (2001), H. 3, S. 46-51.

[491] Zu verschiedenen Verweigerungsformen bei Internet-Befragungen vgl. Bosnjak, Michael/Tuten, Tracy L./Bandilla, Wolfgang: Participation in Web Surveys – A Typology, in: ZUMA-Nachrichten, 25. Jg. (2001), H. 48, S. 7-17.

[492] Wildner, R./Conklin, M., 2001, S. 20-22.

[493] Vgl. Wildner, R./Conklin, M., 2001, S. 19 f.

eine vorgegebene Verteilung soziodemographischer Daten eingehalten wird. Dieser Vorgehensweise liegt die Annahme zugrunde, dass durch einen Abgleich soziodemographischer Daten auch die eigentlich interessierenden nicht-quotierten Merkmale angeglichen werden. Die vorgegebenen soziodemographischen Daten werden breit angelegten telefonischen Befragungen wie bspw. dem GfK-Online-Monitor entnommen. Der Abgleich der sozidemographischen Daten wird bei der Stichprobenziehung dadurch ermöglicht, dass die Panel-Teilnehmer bei der Aufnahme in den Befragungs-Pool bestimmte Stammdaten hinterlegt haben.[494]

Bei der Verwendung von Quota-Verfahren in der traditionellen Marktforschung wird vor allem kritisiert, dass die Interviewer die Befragungsteilnehmer willkürlich auswählen und dadurch Verzerrungen entstehen können.[495] Auch wenn das Problem der willkürlichen Auswahl durch den Interviewer bei dem hier vorgestellten Quota-Verfahren nicht gegeben ist, bleibt ein anderer Kritikpunkt bestehen. So garantiert der Abgleich soziodemographischer Daten nicht, dass auch die eigentlich interessierenden nicht-quotierten Merkmale angeglichen werden. Dies würde einen starken Zusammenhang zwischen quotierten und nicht-quotierten Merkmalen voraussetzen, der in der Regel nicht gegeben ist.[496] Wahrscheinlich können die Verzerrungen, die durch Verweigerungen bei der Rekrutierung des Panels entstehen, nur teilweise durch Quota-Verfahren ausgeglichen werden.

(2) **Ausfälle bei den ausgewählten Panel-Teilnehmern**: Die Verweigerungsquote der Panel-Teilnehmer, die per E-Mail zur Internet-Befragung eingeladen werden, kann durch den Einsatz **monetärer Incentives** begrenzt werden.[497]

---

[494] Vgl. Göritz, Anja S./Batinic, Bernad/Moser, Klaus: Online-Marktfoschung, in: Scheffler, Wolfram/Voigt, Kai-Ingo (Hrsg.): Entwicklungsperspektiven im Electronic Business – Grundlagen – Strukturen – Anwendungsfelder, Wiesbaden 2000, S. 199.

[495] Vgl. Hammann, Peter/Erichson, Bernd: Marktforschung, 4. Auflage, Stuttgart 2000, S. 135 f.; Schnell, R./Hill, P. B./Esser, E., 1999, S. 280-284. Dennoch stellen Christof/Pepels fest: „In der Praxis haben sich Zufalls- und Quota-Auswahl als gleichwertig hinsichtlich der Qualität ihrer Ergebnisse erwiesen." Christof, Karin/Pepels, Werner: Praktische quantitative Marktforschung: Beispielauswertungen mit SPSS, München 1999, S. 20.

[496] Vgl. Schnell, Rainer: Homogenität sozialer Kategorien als Voraussetzung für „Repräsentativität" und Gewichtungsverfahren, in: Zeitschrift für Soziologie, 22. Jg. (1993), H. 1, S. 16-32.

[497] Zur positiven Wirkung von Incentives auf die Ausfallquote bei Online-Befragungen vgl. Frick, Andrea/Bächtiger, Marie-Thérèse/Reips, Ulf-Dietrich: Financial Incentives, Personal Infomation, and Drop Out in Online Studies, in: Reips, Ulf-Dietrich/Bosnjak, Michael (Hrsg.): Dimensions of Internet Science, Lengerich u. a. 2001, S. 214; (209-219) zur Auswirkung unterschiedlicher Anreizformen auf die Ausschöpfungsquote bei schriftlichen Befragungen vgl. Diekmann, Andreas/Jann, Ben: Anreizformen und Ausschöpfungsquoten bei postalischen Befragungen. Eine Prüfung der Reziprozitätshypothese, in: ZUMA-Nachrichten, 25. Jg. (2001), H. 48, S. 18-27. Ein Vergleich verschiedener Anreizformen bei Online-Befragungen findet sich bei Thun, Alexander/Untiedt, Bernd: Der Einfluss verschiedener Faktoren auf die Qualität von Online-Panel, in: planung & analyse, 28. Jg. (2001), H. 5, S. 47 f.

Dabei drängt sich der Verdacht auf, dass Personen aus den unteren Einkommensklassen eher auf solche Anreize reagieren und somit eine Verzerrung der Stichprobe entsteht. Dieser Verdacht hat sich bei schriftlichen Befragungen allerdings nicht bestätigt.[498] Auch im Rahmen von Online-Umgebungen scheint der Einsatz von geringwertigen Incentives unproblematisch zu sein.[499] Damit die Versuchspersonen die begonnene Befragung zu Ende führen und die Ausfallquote bei einzelnen Fragen (Item-Nonresponse) möglichst gering ausfällt, sind verschiedene Regeln bei der Gestaltung des Internet-Fragebogens zu beachten. So sollten bspw. Matrix-Fragen, Drop-Down-Menüs und Antwortzwänge (dabei gelangen die Befragten nur dann zur nächsten Frage, wenn sie die vorherige beantwortet haben) vermieden werden.[500]

Die vorgeschlagenen Maßnahmen können die Ausfallproblematik nur zum Teil lösen. Diekmann weist daraufhin, dass Ausfälle vor allem die Schätzung von Mittelwerten und Anteilswerten von Merkmalen einer Population beeinträchtigen.[501] Zusammenhänge zwischen Variablen – um die es in der vorliegenden Untersuchung primär geht – werden hingegen durch „Non-Response" weniger verzerrt.

4.1.3 Operationalisierung und Messung der Variablen

Im Rahmen der Operationalisierung geht es darum, Vorschriften festzulegen, wie die Variablen aus den einzelnen Hypothesen gemessen werden sollen. Die zu operationalisierenden Größen lassen sich im Wesentlichen in drei Gruppen unterteilen:

- die **grundlegenden Modellgrößen**: Einstellung, Verhaltensabsicht, nicht-antizipierte Handlungsrestriktionen und Verhalten,
- die Bedingungen, welche unter Umständen die **Grenzen des Modells** aufzeigen: Consideration Set, Non-Attitudes, automatisches Kaufverhalten sowie Stärke der Einstellungen und schließlich
- die **Situationsvariablen** Einkaufsanlass und Zeitdruck.

---

498 Vgl. Zikmund, William G.: Exploring Marketing Research, 6. Auflage, Fort Worth u. a. 1997, S. 232.

499 Vgl. Theobald, A., 2000, S. 73.

500 Zu Empfehlungen bei der Gestaltung von Internet-Fragebögen vgl. Knapp, Frank/Heidingsfelder, Martin: Drop-Out Analysis: Effects of the Survey Design, in: Reips, Ulf-Dietrich/Bosnjak, Michael (Hrsg.): Dimensions of Internet Science, Lengerich u. a. 2001, S. 221-230; Gräf, Lorenz: Optimierung von WWW-Umfragen: Das Online Pretest-Studio, in: Batinic, Bernad/Werner, Andreas/Gräf, Lorenz et al. (Hrsg.): Online Research – Methoden, Anwendungen und Ergebnisse, Göttingen 1999, S. 155-169; Dillman, Don A./Bowker, Dennis K.: The Web Questionnaire Challenge to Survey Methodologists, in: Reips, Ulf-Dietrich/Bosnjak, Michael (Hrsg.): Dimensions of Internet Science, Lengerich u. a. 2001, S. 159-178.

501 Vgl. Diekmann, A., 1995, S. 364.

Nach diesen Gruppen sind die sich anschließenden drei Abschnitte gegliedert. Inhaltlich werden Besonderheiten und Probleme vorgestellt, die bei der Messung der einzelnen Variablen zu beachten sind.

4.1.3.1 Grundlegende Modellgrößen

Das Meta-Betriebsformenwahlmodell, das im theoretischen Teil der Arbeit entwickelt wurde, besteht aus vier grundlegenden Modellgrößen. Zunächst wird die Messung des Meta-Betriebsformenwahlverhaltens, der Verhaltensabsicht und der nicht-antizipierten Handlungsrestriktionen erläutert. Anschließend wendet sich die Betrachtung der wesentlich aufwändigeren Messung der Einstellung zu. Dabei wird nach einer Darstellung genereller Aspekte auf die Messung der kognitiven und der motivationalen Einstellungskomponente eingegangen.

(1) Meta-Betriebsformenwahlverhalten, Verhaltensabsicht und nicht-antizipierte Handlungsrestriktionen

Das zu erklärende Verhalten stellt die **Meta-Betriebsformenwahl** dar. In der Problemstellung wurde bereits klargestellt, dass unter der Meta-Betriebsformenwahl nicht nur der Besuch, sondern auch der Kauf in einer der beiden Meta-Betriebsformen verstanden wird. Da als Untersuchungsmethode die Befragung gewählt wurde, kann das Verhalten nicht objektiv beobachtet, sondern nur über einen **subjektiven Selbstbericht** erfasst werden.[502] Solche Selbstberichte messen das Verhalten ziemlich genau, solange nicht die Gefahr besteht, dass die Versuchspersonen nicht ihr tatsächliches Verhalten angeben wollen.[503] Falsche Selbstberichte sind z. B. bei Fragen zum politischen Wahlverhalten oder zur Verwendung von Verhütungsmitteln zu erwarten. Das Verhalten der Meta-Betriebsformenwahl erscheint in dieser Hinsicht unproblematisch.[504] Um nicht nur die generelle Meta-Betriebsformenwahl, sondern die Wahl in einer bestimmten Situation zu erfassen, bietet es sich an, die Online-Shopper nach ihrem letzten Einkauf im Internet oder in einem Ladengeschäft zu befragen. Dabei werden nur Produkte aus den ausgewählten Untersuchungsbranchen berücksichtigt. Die Frage nach dem Verhalten in einer spezifischen Situation geht zudem mit dem Vorteil einher, dass sich die Konsumenten einfacher an ihr Kaufverhalten erinnern können.[505]

Die **Verhaltensabsicht** kann gemessen werden, indem die Online-Shopper gefragt werden, ob sie die tatsächliche Meta-Betriebsformenwahl (Kauf im Internet oder im Ladengeschäft) auch beabsichtigt hatten (Frage 6). Wenn Verhaltensabsicht und Verhalten übereinstimmen, liegen offenbar keine **nicht-antizipierten Handlungsrestriktionen** vor. Bei einer Diskrepanz muss hingegen geklärt werden, ob ein Kauf in der jeweils anderen Meta-Betriebsform beabsichtigt war

[502] Vgl. Eckes, Th./Six, B., 1994, S. 266 f.; Meinefeld, W., 1977, S. 118-120.

[503] Vgl. Ajzen, I./Fishbein, M., 1980, S. 37 f.; Cook, St. W./Selltiz, Cl., 1964, S. 40-43.

[504] Vgl. hierzu auch die Diskussion in den Abschnitten 3.2.1.2 und 3.2.1.10.

[505] Vgl. Schwartz McDonald, Susan/Goldman, Alfred E.: Strategies of Segmentation Research, in: Hafer, George B. (Hrsg.): A Look Back, A Look Ahead, Chicago 1980, S. 35.

und welche unerwarteten Restriktionen das Individuum von der Umsetzung seiner Absicht abgehalten haben. Für die Restriktionen beim Internet Shopping kann auf die Systematisierung zurückgegriffen werden, die von Infratest Burke und Symposion Publishing in der Studie „Internet Shopping Report 2001" verwendet und in Abschnitt 3.2.1.3 dargestellt wurde. Eventuelle Restriktionen beim Einkauf im stationären Handel werden hingegen mit einer offenen Frage erhoben, da hier keine bestehende Systematisierung vorliegt. Während die Messung von Verhalten, Verhaltensabsicht und nicht-antizipierten Handlungsrestriktionen relativ unproblematisch erscheint, erweist sich die Messung der Einstellung als wesentlich komplexer.

(2) Generelle Aspekte der Einstellung

In Abschnitt 3.2.2.3 wurde als Einstellungsmessmodell ein angepasstes Adequacy-Importance-Modell gewählt. Dieses Modell zeichnet sich dadurch aus, dass es Einstellungen mit Hilfe einer kognitiven (Vor- und Nachteile der beiden Meta-Betriebsformen) und einer motivationalen Komponente (Bedeutung der Vor- und Nachteile) misst. Nach der Untersuchung von Keeney werden **neun Einstellungsdimensionen** unterschieden. In einem Pretest zeigte sich, dass einige Versuchspersonen den Dimensionen **„Persönliche Sicherheit"** und **„Umweltauswirkungen"** eine gewisse Bedeutung einräumen. Bei genauem Nachfragen wird jedoch deutlich, dass beide Eigenschaften die eigentliche Meta-Betriebsformenwahl überhaupt nicht beeinflusst haben. Durch die Fragen zu den beiden Dimensionen wurden die Individuen offenbar angeregt, über die Eigenschaften nachzudenken. Dadurch messen die Personen den Dimensionen im Nachhinein eine Bedeutung bei, die in der Kaufsituation nicht gegeben war. Um derartige Verzerrungen zu vermeiden und der Prämisse der Multi-Attributivität der Einstellungsmessung (Abschnitt 3.2.2.3) zu entsprechen, werden beide Dimensionen **aus der Untersuchung ausgeschlossen**.

Bei den verbleibenden sieben Einstellungsdimensionen muss beachtet werden, dass sich die Einstellungsfragen genau auf die Sachverhalte beziehen, die unter die jeweilige Eigenschaft subsumiert werden. So müssen bspw. die Fragen zum Einkaufsvergnügen explizit auf die Ladenatmosphäre und das Verkaufspersonal hinweisen, um Überschneidungen mit den Dimensionen Qualität des ausgewählten Produkts, Kosten und Convenience zu vermeiden. Darüber hinaus müssen die Fragen konkret auf die jeweilige Einkaufssituation (letzter Kauf im Internet oder in einem Ladengeschäft) ausgerichtet sein, da sonst allgemeine, nicht situative Einstellungen gemessen werden könnten.

Die Eigenschaft **„Qualität des ausgewählten Produkts"** ist differenziert zu messen (Abschnitt 3.3.2). Online-Shopper, die sich bereits für ein genau spezifiziertes Produkt entschieden haben, sollen „das Finden des gewünschten Produkts" beurteilen. Bei den anderen Online-Shoppern wird die Eigenschaft als „die Auswahl eines möglichst idealen Produkts" bezeichnet. In dem Fragebogen ist durch Filterführung sicherzustellen, dass den einzelnen Probanden der jeweils richtige Fragetyp gestellt wird. Nach der Darstellung von übergreifenden Aspekten wendet sich die Betrachtung nun der konkreten Messung der kognitiven und motivationalen Einstellungskomponente zu.

(3) Kognitive Einstellungskomponente

Vor der Wahl bestimmter Messskalen stellt sich die Frage, auf welchem **Skalenniveau** die kognitive und motivationale Komponente gemessen werden sollen. Theis geht davon aus, dass die Komponenten multiattributiver Einstellungsmodelle aufgrund der additiven und multiplikativen Verknüpfungen auf Intervallskalenniveau gemessen werden müssen.[506] Orth versucht nachzuweisen, dass bei diesen Modellen sogar eine Messung auf Verhältnisskalenniveau erforderlich ist.[507] Für die Messung der kognitiven Einstellungskomponente scheinen bei einer Internet-Befragung grundsätzlich zwei alternative Messskalen zur Auswahl zu stehen: Rating-Skalen und quasi-kontinuierliche Skalen.[508]

- **Rating-Skalen** sind in der Regel in einzelne Kategorien unterteilt, die numerisch und/oder verbal beschrieben werden, wobei entweder alle Kategorien oder lediglich Rand- und eventuell noch Mittelkategorien verbal bezeichnet werden.[509] Eigentlich besitzen mit Ratingskalen gemessene Daten Ordinalskalenniveau.[510] Wenn die Versuchspersonen die Distanzen zwischen den Kategorien als äquidistant empfinden, ist allerdings die Annahme zu rechtfertigen, dass die Daten auf Intervallskalenniveau gemessen werden.[511]
- Bei **quasi-kontinuierlichen Skalen** wird den Probanden ein Kontinuum ohne Einteilung in Kategorien vorgegeben, bei dem nur die Endpunkte und eventuell noch der Mittelpunkt bezeichnet werden. Es handelt sich dabei um ein Quasi-Kontinuum, weil die Zahl der möglichen Antworten zwischen den beiden Endpunkten auf die Pixelzahl des PC-Bildschirms begrenzt ist. Das Marktforschungsunternehmen Globalpark hat die Praktikabilität solcher Skalen getestet.[512] Dabei wurde deutlich, dass die Probanden nicht gewohnt sind, mit solchen Skalen umzugehen. So ergab sich eine hohe Ausfallquote, weil die Versuchspersonen nicht verstanden haben, dass sie mit der Maus auf einen Punkt des Kontinuums klicken müssen. Dieses Problem kann

506 Vgl. Theis, H.-J., 1992, S. 262.

507 Vgl. Orth, Bernhard: Bedeutsamkeitsanalysen bilinearer Einstellungsmodelle, in: Zeitschrift für Sozialpsychologie, 16. Jg. (1985), S. 101-115.

508 Auf die klassischen Skalierungsverfahren von Thurstone, Likert, Guttman, Edwards u. a. wird nicht näher eingegangen, da sie aufgrund des hohen Aufwands Rating-Skalen klar unterlegen sind. Vgl. Trommsdorff, V., 1975, S. 84 f.

509 Vgl. Green, Paul E./Tull, Donald S.: Methoden und Techniken der Marketingforschung, 4. Auflage, Stuttgart 1982, S. 162 f.

510 Vgl. Müller, St./Beeskow, W., 1982, S. 406.

511 Vgl. Trommsdorff, V., 1975, S. 84 f.; Theis, H.-J., 1992, S. 262.

512 Vgl. Vortrag von Herrn Dr. Hemsing am 18.9.2001 im Institut für Handelsforschung an der Universität zu Köln sowie o. V.: Mehr als bunte Bilder – Flasheinsatz bei Online-Befragungen, in: Direkt Marketing, 37. Jg. (2001), H. 11, S. 45.

behoben werden, wenn man auf der Skala einen Schieberegler vorgibt. Dabei stellt sich allerdings die Frage, welche Ausgangsposition der Schieberegler einnehmen soll. Es kann nicht ausgeschlossen werden, dass die Position des Reglers das Antwortverhalten der Versuchspersonen beeinflusst.

Aufgrund dieser Umsetzungsprobleme werden in der vorliegenden Untersuchung Rating-Skalen verwendet. Folgende drei Maßregeln sind zu beachten, damit die **Abstände zwischen den Kategorien als gleich groß empfunden werden**:

- In dem Fragebogen sollten die tatsächlichen Abstände zwischen den Kategorien gleich groß sein.
- Nur die Randkategorien und allenfalls noch die Mittelkategorie dürfen verbal verankert werden.[513] Wenn man alle Kategorien einer Rating-Skala bspw. mit „völlig unwichtig", „unwichtig", „etwas wichtig", „wichtig", „sehr wichtig" bezeichnet, kann nicht davon ausgegangen werden, dass die Probanden den Abstand zwischen „unwichtig" und „etwas wichtig" als genauso groß empfinden wie zwischen „wichtig" und „sehr wichtig".
- Alle Kategorien sollten mit Zahlen versehen werden, die einen gleichen Abstand zwischen den Kategorien vorgeben (z. B.: -2, -1, 0, 1, 2 oder 1, 2, 3, 4, 5).

Um dem Kritikpunkt „Alternativenvergleich" zu begegnen, sollte die Rating-Skala die kognitive Komponente so messen, dass ein direkter Vergleich der beiden Meta-Betriebsformen erfolgt (Abschnitt 3.2.2.3). Dadurch ergibt sich eine **bipolare Skala**, an deren Endpunkten das Internet Shopping und der stationäre Handel verankert sind.[514] Für den Fall, dass die Probanden die beiden Meta-Betriebsformen hinsichtlich einer Dimension als gleich gut empfinden, müssen sie einen Mittelpunkt zwischen den beiden Polen wählen können (ungerade Anzahl von Kategorien). Damit eine solche Mittelkategorie nicht auch von den Probanden angegeben wird, die keine Meinung zu der jeweiligen Eigenschaft haben, muss bei jeder Frage eine **Ausweichkategorie („weiß nicht")** angeboten werden.[515] In der Literatur finden sich unterschiedliche Einschätzungen zur **optimalen Anzahl von Kategorien** in einer Rating-Skala.[516] Rohrmann plädiert für eine fünfstufige Skala, da er davon ausgeht, dass Skalen mit relativ vielen Kategorien die Befragungsteil-

[513] Vgl. Heemeyer, H., 1981, S. 176 f.; Wildt, Albert R./Mazis, Michael B.: Determinants of Scale Response: Label Versus Position, in: Journal of Marketing Research, 15. Jg. (1978), S. 261-267.

[514] Zu einer beispielhaften unipolaren Operationalisierung der kognitiven Einstellungskomponente in einem Adequacy-Importance-Modell vgl. Freter, H., 1979, S. 167.

[515] Vgl. Jäpel, Werner: Die Qualität alternativer Rating-Formen und ihre Einflußgrößen, Regensburg 1985, S. 155; Stier, Winfried: Empirische Forschungsmethoden, Berlin u. a. 1996, S. 71 f.

[516] Zu einem Überblick vgl. Jäpel, W., 1985, S. 141-152.

nehmer hinsichtlich ihres Differenzierungsvermögens überfordern.[517] Dieser Auffassung wird sich hier angeschlossen (Abb. 4.1).

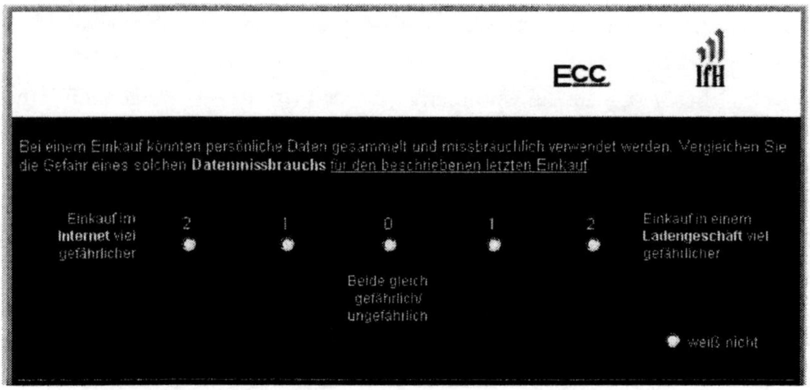

Abb. 4.1: Beispiel zur Messung der kognitiven Einstellungskomponente

(4) Motivationale Einstellungskomponente

Bei der Messung der motivationalen Einstellungskomponente können direkte und indirekte Messverfahren unterschieden werden (Tabelle 4.3).

Tabelle 4.3 Überblick über Verfahren zur Messung der motivationalen Einstellungskomponente

direkte Verfahren	indirekte Verfahren
Dual Questioning	Elicitation-Technik
Konstantsummenskala	Regressionsanalytischer Ansatz
Paarvergleich	Conjoint Measurement
Rangreihung	Eye Movement
Ratingskala	Think Aloud
	Information Display Board

Quelle: In Anlehnung an: Heemeyer, H., 1981, S. 165

Die meisten Messverfahren können von vornherein für die vorliegende Untersuchung ausgeschlossen werden, ohne dass sie an dieser Stelle im Detail vorgestellt werden müssten.[518]

- Die Verfahren **„Eye Movement"**, **„Think Aloud"** und **„Infomation Display Board"** können nur im Rahmen von Experimenten angewendet werden.

---

[517] Vgl. Rohrmann, Bernd: Empirische Studien zur Entwicklung von Antwortskalen für die sozialwissenschaftliche Forschung, in: Zeitschrift für Sozialpsychologie, 9. Jg. (1978), S. 230.

[518] Vgl. Heemeyer, H., 1981, S. 164-169.

- Bei den Verfahren „**Rangreihung**" und „**Elicitation-Technik**" werden die Daten lediglich auf Ordinalskalenniveau gemessen.
- Beim **regressionsanalytischen Ansatz** wird unterstellt, dass alle Befragten die einzelnen Eigenschaftsdimensionen gleich gewichten (Homogenitätsannahme).[519] Da die individuellen Gewichte in den jeweiligen Kaufsituationen nicht ermittelt werden können, kann mit diesem Ansatz nicht die situationsabhängige Meta-Betriebsformenwahl erklärt werden.
- Aufgrund der begrenzten Zahl möglicher Eigenschaftsdimensionen und Merkmalsausprägungen wurde die **Conjoint-Analyse** bereits in Abschnitt 3.2.2.3 als ungeeignet eingestuft.
- „**Dual Questioning**" und „**Paarvergleich**" sind mit einem hohen Befragungsaufwand verbunden, der bei sieben Einstellungsdimensionen kaum zu rechtfertigen ist.

Schließt man diese Methoden aus der Betrachtung aus, verbleiben die Konstantsummenskala und die Ratingskala als mögliche Messverfahren. Beim **Konstantsummenverfahren** sollen die Versuchspersonen die einzelnen Einstellungsdimensionen mit Punktwerten aus einem Punktekontingent versehen. Der Vorteil gegenüber der Rating-Skala ist darin zu sehen, dass die Probanden gezwungen werden, die Bedeutung einer Dimension im Verhältnis zur Wichtigkeit der anderen Dimensionen abzuschätzen. Damit wird das Problem der Anspruchsinflation behoben.[520] So besteht bei **Rating-Skalen** die Gefahr, dass die Befragungsteilnehmer alle Eigenschaften als „wichtig" oder „sehr wichtig" einstufen und nicht die ganze Bandbreite der Skala ausnutzen. Die Konstantsummenskala ist allerdings mit dem Nachteil verbunden, dass die Befragten in ihrer Urteilsfähigkeit überfordert werden können.[521] Im Rahmen einer breit angelegten schriftlichen Befragung des Instituts für Handelsforschung an der Universität Köln wurde die Bedeutung von Dimensionen der persönlichen Beratung in Apotheken erhoben.[522] Die Bedeutung wurde sowohl über Rating-Skalen als auch über eine Konstantsummenskala gemessen. Ein direkter Vergleich der beiden Methoden ergab, dass viele der Befragten bei der Konstantsummenskala überfordert schienen. Deshalb werden in dieser Untersuchung auch für die motivationale Komponente

---

[519] Vgl. Bass, F. M./Wilkie, W. L., 1973, S. 263 u. 266 f.

[520] Vgl. Dichtl, Erwin/Müller, Stefan: Anspruchsinflation und Nivellierungstendenz als meßtechnisches Problem in der Absatzforschung, in: Marketing ZFP, 8. Jg. (1986), H. 4, S. 233-236.

[521] Vgl. Heemeyer, H., 1981, S. 168; Berekoven, L./Eckert, W./Ellenrieder, P., 1996, S. 285.

[522] Vgl. Büchel, Daniela: Positionierung von Apotheken im apothekenpflichtigen Selbstmedikationsbereich, in Vorbereitung.

Rating-Skalen herangezogen.[523] Bei der Konstruktion der Skala werden die gleichen Maßregeln befolgt, die bei der Erstellung der Rating-Skala für die kognitive Komponente beachtet wurden (Abb. 4.2).[524] Hier wird im Gegensatz zur kognitiven Komponente eine **unipolare Skala** verwendet, um zu vermeiden, dass eventuelle Antworttendenzen bei der kognitiven und der motivationalen Komponente in die gleiche Richtung tendieren. Damit soll der Kritik von Trommsdorff hinsichtlich der Multiplikation von Daten mit korrelierten Fehlern begegnet werden (Abschnitt 3.2.2.3).

Abb. 4.2: Beispiel zur Messung der motivationalen Einstellungskomponente

Nachdem die grundlegenden Modellgrößen operationalisiert wurden, wendet sich die Betrachtung nun den Grenzen des Modells zu.

4.1.3.2 Grenzen des Modells

In Abschnitt 3.2.2.4 wurden verschiedene Grenzen des Meta-Betriebsformenwahlmodells herausgestellt. Um kontrollieren zu können, in welchen Fällen das Modell nicht angewendet werden sollte, müssen die Variablen gemessen werden, die sich auf die entsprechenden Kritikpunkte an der Einstellung-Verhalten-Hypothese beziehen.

- **Alternativenvergleich**: Um diesem Kritikpunkt gerecht zu werden, müssen unter Umständen Fälle ausgeschlossen werden, bei denen nur eine geringe Wertdifferenz zwischen den errechneten Gesamteinstellungswerten der

[523] Jaccard et al. vergleichen sechs verschiedene Verfahren zur Messung der motivationalen Einstellungskomponente und erkennen, dass die Messergebnisse nur wenig korreliert sind. Sie ziehen daraus den Schluss, dass die motivationale Komponente nach Möglichkeit mit Hilfe mehrerer Indikatoren gemessen werden sollte. Um den Fragebogenumfang im Rahmen zu halten, wird die Messung in dieser Untersuchung auf ein Verfahren beschränkt. Vgl. Jaccard, James/Brinberg, David/Ackerman, Lee J.: Assessing Attribute Importance: A Comparison of Six Methods, in: Journal of Consumer Research, 12. Jg. (1986), H. 3, S. 463-468.

[524] Zu einer ähnlichen Operationalisierung der motivationalen Einstellungskomponente in einem Adequacy-Importance-Modell vgl. Freter, H., 1979, S. 167.

beiden Meta-Betriebsformen besteht. Dazu muss keine weitere Variable erhoben werden.

- **Consideration Set**: Hier gilt es zu überprüfen, ob sich beide Meta-Betriebsformen im Consideration Set der Konsumenten befanden. Online-Shopper, die sich zu ihrem letzten Einkauf im Internet äußern, werden gefragt, ob sie vor dem Kauf auch an die Möglichkeit gedacht haben, das Produkt in einem Ladengeschäft zu kaufen. Analog werden die Online-Shopper, die zu ihrem letzten Einkauf in einem Ladengeschäft antworten, gefragt, ob sie an die Möglichkeit gedacht haben, das Produkt im Internet zu kaufen.
- **Non-Attitudes**: Es können nur dann Einstellungen zur Erklärung der Meta-Betriebsformenwahl herangezogen werden, wenn die Probanden über Einstellungen zu beiden Meta-Betriebsformen verfügen. Um möglichst viele Individuen mit Non-Attitudes herauszufiltern, werden die Befragungsteilnehmer aufgefordert, nur die Fragen zu beantworten, zu denen sie eine Meinung haben. Bei allen Einstellungsfragen wird neben der eigentlichen Skala die Antwortoption „weiß nicht" angeboten.
- **Automatische Prozesse – habituelles und impulsives Kaufverhalten**: Fälle der automatischen Meta-Betriebsformenwahl können nicht mittels eines Einstellungsmodells erklärt werden, wenn die Konsumenten nur schwache Einstellungen zum Einkauf in den beiden Meta-Betriebsformen gebildet haben. Um solche Fälle ausgrenzen zu können, muss erhoben werden,
    - wie stark die Einstellung der Online-Shopper ausgeprägt ist und
    - ob die Meta-Betriebsformenwahl automatisch erfolgte.

  Wie in Abschnitt 3.2.1.7 bereits dargelegt wurde, kann die **Antwortzeit auf Einstellungsfragen** als Indikator für die Zugänglichkeit bzw. Stärke von Einstellungen herangezogen werden. Mit Hilfe der verwendeten Online-Befragungssoftware Umfragecenter 2.0 der Firma Globalpark lässt sich die Antwortzeit pro Fragebogenseite messen.[525] Hier interessiert die Summe der Antwortzeiten auf den Seiten mit Einstellungsfragen. Um festzustellen, ob die **Meta-Betriebsformenwahl automatisch** erfolgt ist, werden die Probanden gefragt, ob sie das Internet-Geschäft bzw. das Ladengeschäft

    - ohne großes Nachdenken aus Gewohnheit,
    - spontan oder
    - bewusst aufgesucht haben.

  Die beiden erstgenannten Antwortoptionen kennzeichnen dabei die Fälle, in denen automatisches Kaufverhalten gegeben ist.

---

[525] Nähere Informationen zum Umfragecenter 2.0 unter www.globalpark.de, Zugriff am 15.2.2002.

4.1.3.3 Situationsvariablen

Abschließend muss geklärt werden, wie der Zeitdruck und die verschiedenen Einkaufsanlässe als situative Einflussgrößen auf die Meta-Betriebsformenwahl gemessen werden. Die sechs grundlegenden **Einkaufsanlässe** (konkreter Produktwunsch, Preiserlebnis, Selbstbelohnung, sinnliches Erlebnis, soziale Kontakte, Trends und Ideen) fließen in sechs Statements zu der Frage „Was war der Anlass für Ihren Einkauf?“ ein. Die Befragten können jedem einzelnen Statement zustimmen oder es ablehnen. Durch die Möglichkeit von Mehrfachantworten wird der Einschätzung von Westbrook und Black Rechnung getragen, dass ein Einkauf gleichzeitig von mehreren Anlässen motiviert sein kann.[526] Die Statements werden so formuliert, dass keine wissenschaftlichen, sondern allgemein verständliche Ausdrücke verwendet werden. So wird bspw. das Preiserlebnis über das Statement „Ich wollte ein Schnäppchen machen.“ erfasst. Teilnehmer, die über das Statement „Ich wollte ein Produkt kaufen.“ einen konkreten Produktwunsch signalisieren, werden weiterhin gefragt, ob sie das gekaufte Produkt dringend benötigen (Dringlichkeit des Bedarfs) und ob sie vor dem Kauf schon wussten, welches Produkt sie genau (z. B. Levis-Jeanshose 501, Größe 34) erwerben wollen (Spezifität des Produktwunsches).

Bei der Ermittlung des subjektiv empfundenen **Zeitdrucks** muss sichergestellt sein, dass die hier relevante Zeitdruckperspektive gemessen wird (Abschnitt 3.4.2.2). So soll nicht erfasst werden, ob die Einkaufsstättenwahlentscheidung unter Zeitdruck erfolgt ist, sondern ob der Konsument bei der Einkaufsstättenwahlentscheidung davon ausgegangen ist, dass der Einkaufsvorgang unter Zeitdruck ablaufen wird. Dementsprechend wird die Zeitdruck-Frage folgendermaßen formuliert: „Dachten Sie vor dem Einkauf, Sie hätten für den Einkauf nur wenig Zeit zur Verfügung?“.

4.1.4 Durchführung der Untersuchung

Dieser Abschnitt befasst sich zunächst mit dem Aufbau des Fragebogens. Im Anschluss wird dargestellt, wie die Stichprobe gezogen wurde und welche Stichprobenstruktur sich dabei ergeben hat.

4.1.4.1 Aufbau des Fragebogens

Der Internet-Fragebogen wird mit Hilfe der Software Umfragecenter 2.0 von Globalpark programmiert.[527] Anfangs werden Fragen zum bisherigen und zukünftigen Online-Kaufverhalten gestellt, um Nicht-Online-Shopper zu erkennen und aus der Befragung auszuschließen. **Per Zufallsprinzip** werden die Online-Shopper

---

526 Vgl. Westbrook, R. A./Black, W. C., 1985, S. 85.

527 Nähere Informationen zum Umfragecenter 2.0 unter www.globalpark.de, Zugriff am 15.2.2002.

anschließend mit einer Wahrscheinlichkeit von jeweils 50 % **entweder zu ihrem letzten Kauf im Internet oder zu ihrem letzten Kauf in einem Ladengeschäft befragt**. Dabei zielt die erste Frage auf das Produkt ab, das bei dem jeweils letzten Einkauf erworben wurde. Anschließend wird klargestellt, dass sich alle weiteren Fragen auf diesen letzten Einkauf beziehen. Durch entsprechende Filterführung durchlaufen die zu dem Einkauf im Ladengeschäft Befragten einen anderen Ast des Fragebogens als die Teilnehmer, die zum Einkauf im Internet Stellung nehmen. Die Filterführung garantiert, dass auch bei den folgenden Fragen immer wieder der Bezug zu der konkreten Einkaufssituation klargestellt werden kann, auch wenn die Fragen ansonsten identisch sind. So lautet z. B. die Frage zum Consideration Set im Internet-Ast:

- „Hatten Sie vor dem Kauf im Internet auch an die Möglichkeit gedacht, das Produkt in einem Ladengeschäft zu kaufen?",

während die Frage im anderen Ast folgendermaßen formuliert wird:

- „Hatten Sie vor dem Kauf im Ladengeschäft auch an die Möglichkeit gedacht, das Produkt im Internet zu kaufen?"

Am Ende des Fragebogens laufen beide Fragebogen-Äste wieder zusammen und münden in einen Frageblock zu soziodemographischen Angaben.

Darüber hinaus garantieren **weitere Filter**, dass der einzelne Teilnehmer keine für ihn irrelevanten Fragen lesen muss und den Fragebogen somit schneller beantworten kann.[528] So werden bspw. nur die Versuchspersonen nach der Dringlichkeit und Spezifität des Produktwunsches gefragt, die zuvor bei der Frage nach dem Einkaufsanlass die Antwortoption „Ich wollte ein Produkt kaufen." angegeben haben. Der **vollständige Fragebogen** ist **im Anhang** abgedruckt.[529]

4.1.4.2 Stichprobenauswahl

Mit dem Europanel des Skopos Institut für Markt- und Kommunikationsforschung wurde auf ein **telefonisch rekrutiertes Online-Panel** mit über 15.000 deutschen Teilnehmern zurückgegriffen, um eine möglichst repräsentative Stichprobe für die Gesamtheit aller Online-Shopper zu gewährleisten.[530] Da das Merkmal „Online Shopping" in den Stammdaten des Europanels hinterlegt ist, beschränkt sich die Stichprobenauswahl von vornherein auf die gut 13.000 Panel-Teilnehmer, die zu den Online-Shoppern zählen. Um Ausfälle bei der Rekrutierung des Online-Panels zumindest teilweise kompensieren zu können, werden für die Auswahl **Quoten vorgegeben**, die aus dem GfK-Online-Monitor, 6. Untersuchungswelle, stammen.

---

[528] Vgl. Gräf, L., 1999, S. 168.

[529] Vgl. Anhang A-2, S. 257-270.

[530] Nähere Informationen unter www.skopos.de sowie www.euro-panel.net, Zugriff am 15.2.2002.

Nach dieser telefonischen Befragung weisen die Online-Shopper folgende soziodemographische Struktur auf:[531]

- Geschlecht: 65 % männlich, 35 % weiblich,
- Alter: 14-29 Jahre: 40 %, 30-49 Jahre: 44 %, über 50 Jahre: 16 %,
- Schulbildung: Haupt-/Volksschule: 22 %, Mittlere Reife: 38 %, Abitur/Studium: 40 %,
- Berufstätigkeit: 67,5 % berufstätig, 32,5 % nicht berufstätig,
- Haushaltseinkommen: unter 3.000 DM: 14 %, 3.000 bis 6.000 DM 43 %, über 6.000 DM: 30 %.

Welcher **Stichprobenumfang** ist für die empirische Analyse der Meta-Betriebsformenwahl erforderlich? Eine **analytische Bestimmung** des Umfangs setzt voraus, dass bereits empirische Ergebnisse zur Streuung der untersuchten Variablen vorliegen.[532] Da nicht auf Ergebnisse aus bestehenden Studien zurückgegriffen werden kann, müsste zunächst eine Pilotstudie durchgeführt werden. Der damit verbundene Aufwand lässt sich vermeiden, wenn man „**Daumenregeln**" zur Schätzung des minimal erforderlichen Stichprobenumfangs anwendet. Solche Daumenregeln geben meist einen Wert für die Mindestbesetzung der zu analysierenden Zellen („subgroups") vor. Die Höhe der empfohlenen Mindestbesetzung reicht von 10 (Friedrichs) bis 100 (Sudman).[533] Die Zahl der zu analysierenden Zellen ergibt sich, indem man die Zahl der Merkmalsausprägungen von den Variablen multipliziert, die zur Prüfung einer Hypothese kombiniert werden:[534]

$$Z = K_{v_1} * \ldots * K_{v_n}$$

Z : Zahl der zu analysierenden Zellen
K_V : Zahl der Merkmalsausprägungen bei Variable V
$V_1 \ldots V_n$: Variablen, die gleichzeitig miteinander kombiniert werden

Dabei sollte zur Bestimmung des Stichprobenumfangs die Hypothese herangezogen werden, bei der sich die meisten Zellen ergeben.[535] Bei den vorliegenden Hypothesen müssen jeweils nur zwei Variablen zueinander in Beziehung gesetzt werden. Die meisten Merkmalsausprägungen liegen bei der Überprüfung der situativen Einflüsse auf die Gewichtung der Meta-Betriebsformenleistungen vor. Während die einzelnen Situationsvariablen (Einkaufsanlässe und Zeitdruck) binär ausgeprägt sind (Situation gegeben – Situation nicht gegeben), werden die Gewichte auf einer fünfstufigen Skala gemessen. Die Zahl der zu analysierenden Zellen beträgt somit:

$$Z = 2*5 = 10$$

---

[531] Auskunft von Herrn Laufer, Skopos Institut für Markt- und Kommunikationsforschung.

[532] Vgl. Zikmund, W. G., 1997, S. 462-466.

[533] Vgl. Friedrichs, Jürgen: Methoden empirischer Sozialforschung, 13. Auflage, Opladen 1980, S. 146 f.; Sudman, Seymour: Applied Sampling, New York 1976, S. 29 f.

[534] Vgl. Friedrichs, J., 1980, S. 146 f.

[535] Vgl. Zikmund, W. G., 1997, S. 467.

Wenn man davon ausgeht, dass sich die Antworten der Versuchspersonen gleichmäßig auf alle zehn Zellen verteilen, wäre ein minimaler Stichprobenumfang von 100 (nach Friedrichs) bis 1.000 (nach Sudman) erforderlich. Die Annahme einer gleichmäßigen Verteilung erscheint bei den Einkaufsanlässen unrealistisch. So ist davon auszugehen, dass einzelne Anlässe besonders häufig, andere hingegen eher selten auftreten. Daher ist es ratsam, sich an der höheren Vorgabe von Sudman zu orientieren. Demnach wird ein **minimaler Stichprobenumfang von 1.000** angestrebt.

Nach Erfahrungen des Skopos-Instituts beträgt die Ausschöpfungsquote bei einzelnen Internet-Befragungen durchschnittlich etwa 50 % der eingeladenen Panel-Teilnehmer. Die Quote kann allerdings vor allem in Abhängigkeit von dem Befragungsthema stark variieren. Um ein Erreichen der erforderlichen Stichprobengröße zu gewährleisten, werden 1.800 Panel-Teilnehmer eingeladen und eine Belohnung (Incentive) von einem Euro für den beendeten Fragebogen ausgelobt. Die ausgewählten Teilnehmer werden am 15.11.2001 per E-Mail auf die Befragung aufmerksam gemacht und haben bis zum 21.11.2001 Gelegenheit, den Fragebogen zu beantworten. In der E-Mail befindet sich ein Hyperlink, der die Teilnehmer direkt auf den Internet-Fragebogen führt.

4.1.4.3 Struktur der Stichprobe

Von den 1.800 eingeladenen Teilnehmern haben 1.025 die Befragung begonnen und **959 auch beendet**, womit die geforderte Stichprobengröße knapp verfehlt wird. Es ergibt sich eine Netto-Ausschöpfungsquote von 53,3 %, die leicht über dem Durchschnittswert von 50 % liegt. Die Fälle der „Item-Nonresponse" fallen bei nahezu allen Fragen recht gering aus. Lediglich bei der Frage zum Haushaltseinkommen verweigern 18,7 % der Befragten die Auskunft. Der **Männer- und Frauenanteil** sowie der **Anteil der Berufstätigen** stimmen in der Stichprobe fast völlig mit den Quotenvorgaben überein (Abb. 4.3 und Abb. 4.4).

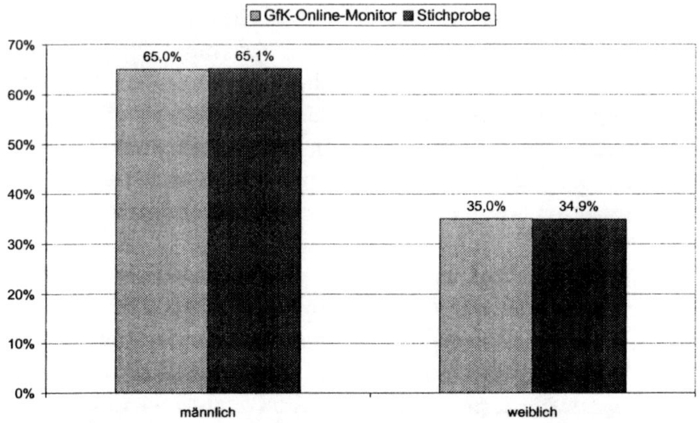

Anmerkung: Die Daten des GfK-Online-Monitors stammen aus der 6. Untersuchungswelle; Quelle: Auskunft von Herrn Laufer, Skopos Institut für Markt- und Kommunikationsforschung

Abb. 4.3: Männer- und Frauenanteil in der Stichprobe

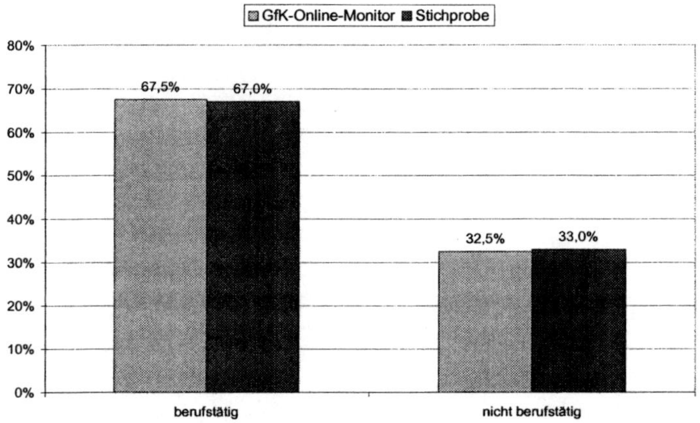

Anmerkung: Die Daten des GfK-Online-Monitors stammen aus der 6. Untersuchungswelle; Quelle: Auskunft von Herrn Laufer, Skopos Institut für Markt- und Kommunikationsforschung

Abb. 4.4: Berufstätigkeit der Befragungsteilnehmer

Leichte Unterschiede zeigen sich bei einem Vergleich der **Altersstruktur** (Abb. 4.5). Hier ist die Gruppe der 30 bis 49-jährigen in der Stichprobe überrepräsentiert, während zu wenig Befragte in die Gruppe der 14 bis 29-jährigen fallen.

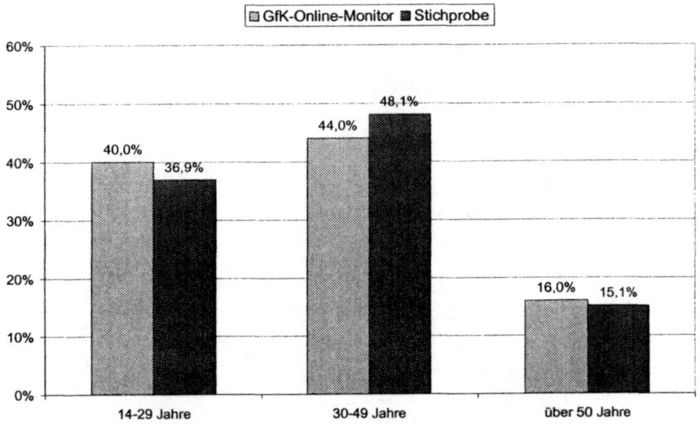

Anmerkung: Die Daten des GfK-Online-Monitors stammen aus der 6. Untersuchungswelle; Quelle: Auskunft von Herrn Laufer, Skopos Institut für Markt- und Kommunikationsforschung

Abb. 4.5: Altersstruktur der Stichprobe

Größere Unterschiede ergeben sich bei einem Vergleich der **Bildungs- und Einkommensstruktur**. So sind Online-Shopper mit Abitur bzw. Studium in der Stichprobe mit knapp 50 % um fast 10 Prozentpunkte stärker vertreten als beim GfK-Online-Monitor (Abb. 4.6). Personen mit niedrigeren Schulabschlüssen sind entsprechend unterrepräsentiert.

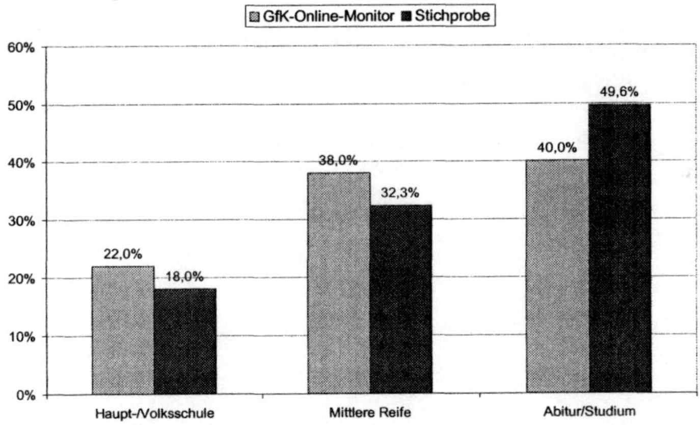

Anmerkung: Die Daten des GfK-Online-Monitors stammen aus der 6. Untersuchungswelle; Quelle: Auskunft von Herrn Laufer, Skopos Institut für Markt- und Kommunikationsforschung

Abb. 4.6: Schulbildung der Befragungsteilnehmer

Hinsichtlich des Haushaltseinkommens fällt der Anteil der Online-Shopper mit einem Einkommen über 6.000 DM in der Stichprobe deutlich geringer aus, als ihn die Quote vorgibt (Abb. 4.7).

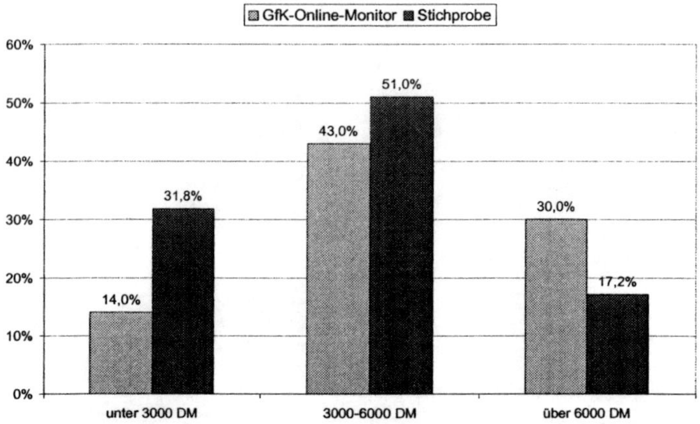

Anmerkung: Die Daten des GfK-Online-Monitors stammen aus der 6. Untersuchungswelle; Quelle: Auskunft von Herrn Laufer, Skopos Institut für Markt- und Kommunikationsforschung

Abb. 4.7: Haushaltseinkommen der Befragungsteilnehmer

Die zum Teil deutlichen Unterschiede sind auf Verweigerer zurückzuführen. Zu den etwa 43 % der eingeladenen Panel-Teilnehmer, die überhaupt nicht auf die Einladung zu der Befragung reagiert haben, kommen bei der Einkommensfrage noch einmal relativ viele Fälle der „Item-Nonresponse“ hinzu. So könnte es sein, dass gerade Personen mit einem hohen Einkommen die Antwort bei dieser Frage verweigert haben. Die Verzerrung könnte aber auch darauf zurückzuführen sein, dass der Anreiz von einem Euro auf die obere Einkommensklasse weniger attraktiv gewirkt hat als auf die mittlere und untere Klasse. Eine solche Verzerrung würde im Widerspruch zu Ergebnissen aus anderen Befragungen stehen.[536]

Der Vergleich der soziodemographischen Merkmale hat verdeutlicht, dass die Stichprobenstruktur in drei von fünf Merkmalen von den vorgegebenen Quoten abweicht. Es ist daher unwahrscheinlich, dass mit der Quotierung das **Problem von Ausfällen bei der Rekrutierung des Panels** behoben wurde. Im Sinne von Diekmann wird aber davon ausgegangen, dass die in dieser Arbeit interessierenden Zusammenhänge zwischen Variablen durch „Non-Response“ nur geringfügig verzerrt werden.[537]

[536] Vgl. Zikmund, W. G., 1997, S. 232; Theobald, A., 2000, S. 73.
[537] Vgl. Diekmann, A., 1995, S. 364.

4.2 Auswertung und Ergebnisse

In diesem Kapitel gilt es, die im theoretischen Teil der Arbeit aufgestellten Hypothesen durch geeignete statistische Verfahren empirisch zu testen. Die **Hypothesen lassen sich in drei Blöcke unterteilen**:

(1) Hypothese zur Gültigkeit des Gesamtmodells der Meta-Betriebsformenwahl,

(2) Hypothesen zu Vor- und Nachteilen der Meta-Betriebsformenwahl sowie

(3) Hypothesen zu den situativen Einflussgrößen auf die Meta-Betriebsformenwahl.

Die Gliederung des Kapitels folgt dieser Dreiteilung der Hypothesen. Vor der Datenanalyse wurden die erhobenen Werte auf Plausibilität überprüft. Von den 1.025 begonnenen Fragebögen konnten 1.016 in die Analyse einbezogen werden.

4.2.1 Überprüfung des Gesamtmodells der Meta-Betriebsformenwahl

Die Hypothese zur Gültigkeit des Gesamtmodells (Hypothese 1) lautete folgendermaßen:

> Mit dem entwickelten Modell kann die Meta-Betriebsformenwahl von Online-Shoppern in einer konkreten Einkaufssituation erklärt werden.
> Folgende Fälle kann das Modell (unter Umständen) nicht erfassen:
> - Fälle, bei denen keine Einstellung zu einer der beiden Meta-Betriebsformen vorliegt,
> - Fälle mit geringen Wertdifferenzen zwischen den beiden Meta-Betriebsformen,
> - Fälle, bei denen nicht beide Meta-Betriebsformen im consideration set berücksichtigt werden, sowie
> - Fälle automatischen Kaufverhaltens, bei denen schwache Einstellungen gegeben sind.

In diesem Abschnitt wird die Gültigkeit des Meta-Betriebsformenwahlmodells überprüft. Wie im theoretischen Teil wird der Schwerpunkt auf den Zusammenhang zwischen Einstellung und Verhaltensabsicht gelegt. Zunächst wird das kompensatorische Modell auf die gesamte Stichprobe angewendet,

- ohne dass die kritischen Fälle von vornherein ausgeschlossen werden und
- ohne dass eventuelle nicht-kompensatorische Elemente berücksichtigt werden.

Anschließend wird überprüft, ob die Lieferzeit bei dem Einkaufsanlass „Dringender Produktbedarf" tatsächlich ein K.O.-Kriterium darstellt und ob das Modell entsprechend modifiziert werden muss. Daraufhin widmen sich die folgenden Abschnitte den offen gebliebenen Kritikpunkten an der Einstellung-

Verhalten-Hypothese. Dabei wird die Stichprobe um die vermeintlichen Problemfälle bereinigt und geprüft, ob das Modell die Meta-Betriebsformenwahl so besser erklären kann.

4.2.1.1 Modell ohne Ausschluss von Problemfällen und ohne nicht-kompensatorische Elemente

An dieser Stelle sei noch einmal das angepasste Meta-Betriebsformenwahlmodell dargestellt (Abb. 3.9). Der Schwerpunkt des Modells wurde auf den Zusammenhang zwischen Einstellung und Verhaltensabsicht gelegt. Bevor der Einstellungswert berechnet und die Signifikanz und Stärke des Zusammenhangs überprüft werden, wird im folgenden Abschnitt zunächst auf die Beziehung zwischen Verhalten, Verhaltensabsicht und nicht-antizipierten Handlungsrestriktionen eingegangen.

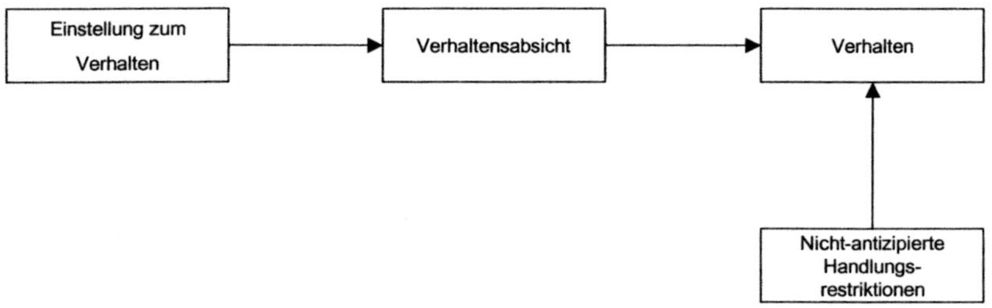

Abb. 4.8: Angepasstes Grundmodell

(1) Verhalten, Verhaltensabsicht und nicht-antizipierte Handlungsrestriktionen

Dadurch, dass die Online-Shopper zufällig entweder nach ihrem letzten Einkauf im Internet oder nach ihrem letzten Einkauf in einem Ladengeschäft (bezogen auf die Untersuchungsbranchen) befragt wurden, teilt sich die Variable **Verhalten bzw. Meta-Betriebsformenwahl** fast genau hälftig auf das Internet Shopping (509 Fälle bzw. 50,7 %) und den stationären Handel (494 Fälle bzw. 49,3 %) auf. Nach dem hier verwendeten Modell der Meta-Betriebsformenwahl stimmen Verhaltensabsicht und Verhalten dann nicht überein, wenn **nicht-antizipierte Handlungsrestriktionen** vorliegen. Die Befragungsteilnehmer wurden gefragt, ob sie den letzten Kauf im Internet bzw. im Ladengeschäft beabsichtigt hatten. Bei dem überwiegenden Teil der Befragten war dies der Fall (Abb. 4.9 und Abb. 4.10). In diesen Fällen wurde die Verhaltensabsicht in ein entsprechendes Verhalten umgesetzt.

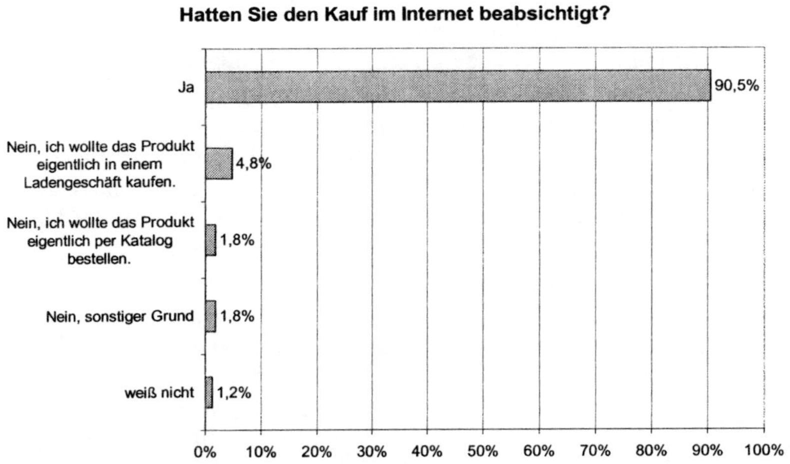

n = 503 Einkäufe von Online-Shoppern im Internet

Abb. 4.9: Kaufabsicht beim Internet Shopping

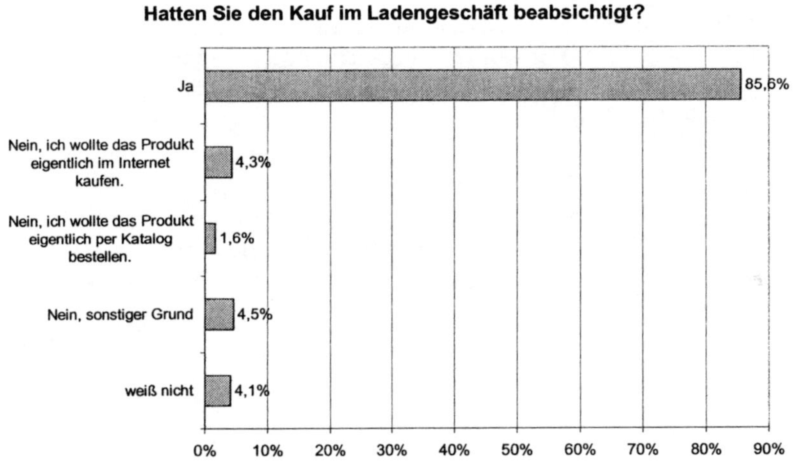

n = 492 Einkäufe von Online-Shoppern im Ladengeschäft

Abb. 4.10: Kaufabsicht beim Einkauf im Ladengeschäft

Bei 4,8 % der Käufe im Internet war eigentlich ein Kauf im stationären Handel geplant, bei 4,3 % der Käufe im Ladengeschäft hatten die Online-Shopper den Einkauf im Internet vorgehabt. In diesen Fällen lagen offenbar nicht-antizipierte Handlungsrestriktionen vor. Dass der Anteil dieser Fälle sehr gering ausfällt, könnte darauf zurückzuführen sein, dass nur wenig Zeit zwischen der Bildung der

Verhaltensabsicht und dem tatsächlichen Verhalten vergeht.[538] Je kürzer der zeitliche Abstand, desto mehr Handlungsrestriktionen sind bereits in der Verhaltensabsicht antizipiert. Das würde bedeuten, dass die Online-Shopper in der Regel bereits kurze Zeit, nachdem sie den Kauf in einer der beiden Meta-Betriebsformen geplant haben, versuchen, den Plan in die Tat umzusetzen.

Die **Art der Handlungsrestriktionen** wurde ebenfalls erhoben. Da sich die Ergebnisse aufgrund der geringen Fallzahlen (jeweils $n < 30$) kaum verallgemeinern lassen, wird auf ihre Darstellung verzichtet.[539] Die Fälle, in denen die Online-Shopper eigentlich per Katalog einkaufen wollten, wurden von vornherein aus der Untersuchung ausgeschlossen. Sie scheiden genauso aus der weiteren Betrachtung aus wie die sonstigen Gründe und die fehlenden Angaben („weiß nicht"), wodurch sich die **Fallzahl**, die in das Einstellungsmodell einbezogen werden kann, **auf 921 reduziert**.

Fasst man die Kaufabsicht beim Internet Shopping und beim Einkauf im Ladengeschäft zusammen, liegen nicht-antizipierte Handlungsrestriktionen bei insgesamt 4,9 % der verbleibenden Fälle vor. **In allen anderen Einkaufssituationen (95,1 %) stimmen Verhaltensabsicht und Verhalten überein**. Die geringe Bedeutung der nicht-antizipierten Handlungsrestriktionen rechtfertigt auch noch einmal aus empirischer Sicht, dass der Schwerpunkt der theoretischen Analyse auf den Zusammenhang zwischen Einstellung und Verhaltensabsicht gelegt wurde. Wenn die Verhaltensabsicht erklärt werden kann, lässt sich von der Verhaltensabsicht in über 95 % aller Fälle auch auf das Verhalten schließen. Die folgenden Abschnitte wenden sich daher vorrangig dem Zusammenhang zwischen Einstellung und Verhaltensabsicht zu.

(2) Berechnung der Einstellungswerte

Um den Zusammenhang zwischen Einstellung und Verhaltensabsicht überprüfen zu können, muss zunächst für jeden Probanden mit Hilfe des hier noch einmal abgebildeten Einstellungsmessmodells ein Einstellungswert berechnet werden.

---

[538] Vgl. Herkner, W., 1991, S. 217.

[539] Laut Belk lassen sich nicht-antizipierte Handlungsrestriktionen noch schwieriger systematisieren als Situationen. Vgl. Belk, R. W., 1979, S. 341.

$$\text{EINSTDIFF}_{jk} = \sum_{i=1}^{n} \text{BED}_i * \text{EINDRUCKDIFF}_{ijk}$$

wobei:

j	=	Einstellungsobjekt j (hier: Einkauf im stationären Handel)
k	=	Einstellungsobjekt k (hier: Internet Shopping)
i	=	Eigenschaft des Objekts
n	=	Anzahl der Eigenschaften
EINSTDIFF_{jk}	=	Differenz aus der Gesamteinstellung gegenüber Objekt j und Objekt k
BED_i	=	Bedeutung/Gewicht einer Eigenschaft i (= motivationale Komponente)
$\text{EINDRUCKDIFF}_{ijk}$	=	Differenz aus dem wahrgenommenen Ausmaß, in dem die Eigenschaft i bei Objekt j vorhanden ist, und dem Ausmaß, in dem die Eigenschaft i bei Objekt k vorhanden ist (= kognitive Komponente)

Nach Ausschluss der Eigenschaften „Persönliche Sicherheit“ und „Auswirkungen auf die Umwelt“ wurden die kognitive und motivationale Komponente für sieben Eigenschaften erhoben. Die **motivationale Komponente** wurde für die Berechnung folgendermaßen umkodiert:

„völlig unwichtig“ = 0, ..., „sehr wichtig“ = 4.

Der Wert „0“ für völlig unwichtige Eigenschaften bewirkt, dass diese Eigenschaften unabhängig von der Ausprägung der kognitiven Komponente keinen Einfluss auf die Differenz der Gesamteinstellungswerte nehmen. Auch die **kognitive Komponente** wurde umkodiert:

großer Vorteil des Internet Shoppings = -2, ..., beide gleich gut = 0, ..., großer Vorteil des stationären Handels = 2.

Wenn die beiden Meta-Betriebsformen hinsichtlich einer Eigenschaft gleich gut beurteilt werden, stellt der Wert „0“ sicher, dass sich die Differenz der Gesamteinstellungswerte unabhängig von der Ausprägung der motivationalen Komponente nicht verändert. Dadurch, dass Vorteile des Internet Shoppings mit negativen Werten eingehen, während Vorteile des stationären Handels positiv kodiert sind, bedeutet

- ein **negativer Modellwert**, dass der Proband mit dem **Internet Shopping insgesamt eine positivere Einstellung** verbindet, und

- ein **positiver Modellwert**, dass der Proband mit dem **Einkauf im stationären Handel insgesamt eine positivere Einstellung** verbindet.

Das Modell erklärt die Meta-Betriebsformenwahl in einer einzelnen Kaufsituation dann richtig, wenn ein negativer Modellwert mit der Verhaltensabsicht „Internet Shopping“ einhergeht und bei einem positiven Modellwert der Einkauf im stationären Handel beabsichtigt war. In der Stichprobe befinden sich **43 Fälle mit einem Modellwert von Null**, die nicht in die Analyse einbezogen werden können. Von den Abbrechern abgesehen liegt **ein Fall von „Non-Attitudes“ vor, in dem keine der vierzehn Einstellungsfragen beantwortet wurde**. Dieser Fall wird ebenfalls aus der Analyse ausgeschlossen, so dass das Modell insgesamt in 44 Fällen (4,8 %) nicht angewendet werden kann. Wenn einzelne der insgesamt vierzehn Einstellungsfragen fehlen, werden diese Fälle nicht völlig ausgegrenzt. Für den fehlenden kognitiven oder motivationalen Wert wird eine Null eingesetzt, so dass die entsprechende Eigenschaft den Modellwert nicht beeinflusst. Ob es sinnvoller ist, solche Fälle völlig aus der Stichprobe auszuschließen, ist Gegenstand von Abschnitt 4.2.1.3.

(3) Signifikanz des Zusammenhangs zwischen Einstellung und Verhaltensabsicht

Mit welcher **Auswertungsmethode** lässt sich der Zusammenhang zwischen Einstellung und Verhaltensabsicht überprüfen? Die Auswahl einer geeigneten Methode hängt stark von dem Skalenniveau der einbezogenen Variablen ab. Die Verhaltensabsicht besitzt mit den beiden Ausprägungen „Internet Shopping“ und „stationärer Handel“ nominales Skalenniveau. Für den Einstellungswert, der sich aus dem Einstellungsmessmodell ergibt und in der Stichprobe ganzzahlige Werte zwischen –44 und +56 annimmt, kann metrisches Skalenniveau angenommen werden.[540] Beziehungen zwischen einer nominalen und einer metrischen Variablen können mit dem Eta-Koeffizienten (auch Korrelationsverhältnis oder Korrelationsquotient) untersucht werden, falls die abhängige Variable metrisches Skalenniveau erreicht.[541] In dem vorliegenden Fall weist die abhängige Variable (Verhaltensabsicht) nur nominales Skalenniveau auf, während die unabhängige Variable (Einstellung) metrisch gemessen wurde. Da für diesen Fall kein Auswertungsverfahren bekannt ist,[542] wird auf Verfahren zurückgegriffen, die für beide Variablen nur nominales Skalenniveau voraussetzen. Die metrische Skala des Einstellungswerts wird auf nominales Skalenniveau reduziert, indem alle negativen Werte der Gruppe „Internet Shopping“ und alle positiven Werte der Gruppe „stationärer Handel“ zugeordnet werden.

Für die Untersuchung von Beziehungen zwischen zwei nominalskalierten Variablen stehen grundsätzlich Kontingenzanalysen oder log-lineare Modelle zur

---

[540] Ob der Einstellungswert streng genommen nur Ordinalskalenniveau erreicht, wird nicht weiter erörtert. Wenn viele Kategorien vorliegen, „... ist es meist sinnvoll so zu tun, als ob .. Ordinalskalen Intervallskalen wären.“ Weede, Erich: Hypothesen, Gleichungen und Daten, Kronberg 1977, S. 1.

[541] Vgl. Benninghaus, Hans: Einführung in die sozialwissenschaftliche Datenanalyse, 6. Auflage, München-Wien 2001, S. 344.

[542] Vgl. Bortz, Jürgen: Lehrbuch der Statistik: für Sozialwissenschaftler, 2. Auflage, Berlin u. a. 1985, S. 270.

Verfügung.[543] Die aufwändigen **log-linearen Modelle** sind Kontingenzanalysen vorzuziehen, wenn mehrdimensionale Beziehungen untersucht werden sollen.[544] Bei der hier vorliegenden bivariaten Beziehung kann ohne Nachteile auf die einfachere Kontingenzanalyse zurückgegriffen werden. Diese ist zudem mit dem Vorteil verbunden, dass mit dem Lambda-Koeffizienten ein Assoziationsmaß vorliegt, das inhaltlich interpretiert werden kann.[545] Den konkreten Werten der Parameter des log-linearen Modells kommt hingegen unmittelbar keine inhaltliche Bedeutung zu.[546]

Ausgangspunkt einer **Kontingenzanalyse** stellt eine Kreuztabelle dar, in der die abhängige (Verhaltensabsicht) und unabhängige Variable (Einstellung) einander gegenübergestellt werden (Tabelle 4.4). In der Diagonale von links oben nach rechts unten (fett hervorgehoben) befinden sich die Fälle, in denen das Modell die Verhaltensabsicht der Online-Shopper richtig erklärt. Bei 80,6 % der Einkaufssituationen, in denen die Einstellung für das Internet Shopping spricht, wird auch ein Einkauf im Internet beabsichtigt. Genießt der stationäre Handel einen höheren Einstellungswert, ist die Übereinstimmung mit der Verhaltensabsicht bei 83,0 % der Fälle zu beobachten.

Tabelle 4.4: Kreuztabelle für die Variablen Einstellung und Verhaltensabsicht

			Einstellung		
			Internet Shopping	Stationärer Handel	Gesamt
Verhaltensabsicht	Internet Shopping	Anzahl	**390**	67	457
		% von Einstellung	**80,6%**	17,0%	52,1%
	Stationärer Handel	Anzahl	94	**326**	420
		% von Einstellung	19,4%	**83,0%**	47,9%
Gesamt		Anzahl	484	393	877
		% von Einstellung	100,0%	100,0%	100,0%

Handelt es sich in der Stichprobe um einen zufälligen Zusammenhang zwischen den beiden Variablen? Um die **Signifikanz des Zusammenhangs** zu überprüfen,

[543] Vgl. Schnell, R./Hill, P. B./Esser, E., 1999, S. 418. Eine ausführliche Darstellung log-linearer Modelle findet sich bei Wickens, Thomas D.: Multiway Contingency Tables Analysis for the Social Sciences, Hillsdale 1989. Die log-lineare Analyse von Kontingenztafeln spielt in der angewandten Marktforschung bislang eine untergeordnete Rolle. Vgl. Decker, Reinhold/Wagner, Ralf: Log-lineare Modelle und Logit, in: Herrmann, Andreas/Homburg, Christian (Hrsg.): Marktforschung: Methoden, Anwendungen, Praxisbeispiele, Wiesbaden 1999, S. 555; Hildebrandt, Lutz: Log-Lineare Modelle, in: Diller, Hermann (Hrsg.): Vahlens Großes Marketing Lexikon, München 1994, Sp. 632 f.

[544] In solchen Fällen kann Simpsons Paradoxon bei bivariaten Kontingenzanalysen zu Scheinkorrelationen führen. Vgl. Stier, W., 1996, S. 351-353.

[545] Vgl. Benninghaus, H., 2001, S. 218-232.

[546] Vgl. Hartung, Joachim/Elpelt, Bärbel/Klösener, Karl-Heinz: Statistik: Lehr- und Handbuch der angewandten Statistik, 11. Auflage, München-Wien 1998, S. 429.

kann der Chi-Quadrat-Test herangezogen werden.[547] Bei einem Signifikanzniveau von 1 % kann die Nullhypothese, dass die beiden Variablen in der Grundgesamtheit unabhängig voneinander sind, verworfen werden (Tabelle 4.5).

Tabelle 4.5: Signifikanztest des Zusammenhangs zwischen Einstellung und Verhaltensabsicht

Chi-Quadrat-Tests

	Wert	df	Asymptotische Signifikanz (2-seitig)
Chi-Quadrat nach Pearson	350,778[b]	1	,000
Kontinuitätskorrektur[a]	348,237	1	,000
Anzahl der gültigen Fälle	877		

a. Wird nur für eine 2x2-Tabelle berechnet

b. 0 Zellen (,0%) haben eine erwartete Häufigkeit kleiner 5. Die minimale erwartete Häufigkeit ist 188,21.

Anmerkung: Zur Kontinuitätskorrektur nach Yates, die bei großen Stichproben nur zu geringfügigen Änderungen führt, vgl. Everitt, Brian S.: The analysis of contingency tables, London-New York 1977, S. 14

(4) Stärke des Zusammenhangs zwischen Einstellung und Verhaltensabsicht

Mit Hilfe von Assoziationstests lässt sich die Stärke des Zusammenhangs zwischen Einstellung und Verhaltensabsicht überprüfen. Dabei kann zwischen Maßen der prädiktiven Assoziation (insbesondere Lambda nach Goodman und Kruskal) und solchen Maßen unterschieden werden, die auf Chi-Quadrat basieren (insbesondere Phi-Koeffizient und Kontingenzkoeffizient). Das Lambda nach Goodman und Kruskal wird in der Regel als asymmetrisches Verfahren angewendet, während die Chi-Quadrat-Maße symmetrischer Natur sind.[548] Asymmetrische Verfahren berücksichtigen, welche der Variablen als abhängig und welche als unabhängig anzusehen ist. Bei den symmetrischen Verfahren beeinflusst hingegen die Richtung des Zusammenhangs zwischen den Variablen nicht das Testergebnis.

Zunächst wird auf die **symmetrischen Chi-Quadrat-Maße** eingegangen. Im Falle zweier dichotomer Variablen ist der Phi-Koeffizient weit verbreitet, der Werte zwischen –1 und +1 annehmen kann.[549] Bei einem Wert von –1 liegt ein perfekter negativer Zusammenhang vor, bei einem Wert von +1 ein perfekter positiver Zusammenhang. Für die Stärke des Zusammenhangs zwischen Einstellung und Verhaltensabsicht ergibt sich ein **Phi-Koeffizient von 0,632** (Tabelle

---

[547] Vgl. Brosius, Felix: SPSS 8 – Professionelle Statistik mit SPSS 8, Bonn 1998, S. 404-410; Backhaus, Klaus/Erichson, Bernd/Plinke, Wulff et al.: Multivariate Analysemethoden – Eine anwendungsorientierte Einführung, 8. Auflage, Berlin u. a. 1996, S. 175-178.

[548] Vgl. Green, P. E./Tull, D. S., 1982, S. 270.

[549] Vgl. Christof, K./Pepels, W., 1999, S. 71; Green, P. E./Tull, D. S., 1982, S. 268 f.

4.6). Der **Kontingenzkoeffizient**, der bei einer 2 x 2-Tabelle zwischen 0 und 0,707 liegen kann, beträgt **0,535**.[550]

Tabelle 4.6: Symmetrische Assoziationsmaße beim Zusammenhang zwischen Einstellung und Verhaltensabsicht

Symmetrische Maße

		Wert	Näherungsweise Signifikanz
Nominal- bzgl. Nominalmaß	Phi	,632	,000
	Kontingenzkoeffizient	,535	,000
Anzahl der gültigen Fälle		877	

Das **asymmetrische Lambda-Maß nach Goodman und Kruskal** gibt an, inwieweit die Kenntnis der Ausprägung der unabhängigen Variablen (Einstellung) die Prognose der abhängigen Variable (Verhaltensabsicht) verbessert.[551] Dabei wird gemessen, wie sich die Wahrscheinlichkeit einer falschen Vorhersage der abhängigen Variable verringert, wenn die Ausprägung der unabhängigen Variablen bekannt ist. Prinzipiell kann Lambda Werte zwischen 0 und 1 bzw. 0 % und 100 % annehmen.[552] Je näher der Wert an 100 % liegt, desto stärker verbessert sich die Prognosegenauigkeit.

Wenn nur die Verteilung der Verhaltensabsicht bekannt wäre und die Verhaltensabsicht in einer unbekannten Situation ohne Kenntnis der Einstellung vorhergesagt werden müsste, würde man prognostizieren, dass ein Einkauf über das Internet beabsichtigt ist. Die Wahrscheinlichkeit, dass man mit dieser Vorhersage richtig liegt, beträgt 52,1 % (im Gegensatz zu 47,9 %, wenn man auf den stationären Handel setzte), die Fehlerwahrscheinlichkeit entsprechend 47,9 % (Tabelle 4.4). Liegt die Kenntnis über die Einstellung vor, beträgt die Wahrscheinlichkeit einer falschen Vorhersage lediglich 18,3 %.[553] Somit reduziert sich die Fehlerwahrscheinlichkeit um 29,6 Prozentpunkte bzw. 61,7 % (Lambda-Wert). Dabei wurde allerdings noch nicht berücksichtigt, dass 44 der ursprünglich 921 Fälle (4,8 %) nicht in die Kontingenzanalyse einbezogen werden konnten. Wenn sich ein Modellwert von Null ergibt oder alle Antworten zu den vierzehn Einstellungsfragen fehlen, hilft das Einstellungsmodell nicht weiter. Will man in solchen Fällen die Verhaltensabsicht vorhersagen, bleibt einem nichts anderes übrig, als die Prognose auf die Verteilung der Verhaltensabsicht zu stützen (wie in dem Fall ohne Kenntnis der Einstellung). Da sich dadurch die Prognosegenauigkeit insgesamt reduziert, ist es erforderlich, den **Lambda-Wert nach unten zu korrigieren**. Um das korrigierte Lambda zu berechnen, wird die folgende Formel aufgestellt:

---

550 Vgl. Green, P. E./Tull, D. S., 1982, S. 270.

551 Vgl. Goodman, Leo A./Kruskal, William H.: Measures of Association for Cross Classifications, in: Journal of the American Statistical Association, 49. Jg. (1954), S. 732-764.

552 Vgl. Brosius, F., 1998, S. 414.

553 Berechnung: 17,0 % * (393/877) + 19,4 % * (484/877) = 18,3 %

Lambda unter Berücksichtigung ausgeschlossener Fälle

$$\lambda_{gesamt} = \frac{E_{ohne} - (a \times E_{ausgeschlossen} + (1-a) \times E_{reduziert})}{E_{ohne}}$$

λ_{gesamt} : Prozentuale Reduktion der Fehlerwahrscheinlichkeit für die gesamte Stichprobe

E_{ohne} : Fehlerwahrscheinlichkeit ohne Kenntnis der Einstellung

a : Anteil ausgeschlossener Fälle

$E_{ausgeschlossen}$: Fehlerwahrscheinlichkeit bei den ausgeschlossenen Fällen

$E_{reduziert}$: Fehlerwahrscheinlichkeit bei der reduzierten Stichprobe

Die Fehlerwahrscheinlichkeit bei den ausgeschlossenen Fällen ergibt sich, indem man die Häufigkeitsverteilung der Variablen Verhaltensabsicht bei den 44 Fällen betrachtet (Tabelle 4.7).

Tabelle 4.7: Häufigkeitsverteilung der Variablen Verhaltensabsicht bei 44 ausgeschlossenen Fällen

		Häufigkeit	Gültige Prozente
Gültig	Internet Shopping	19	43,2
	Stationärer Handel	25	56,8
	Gesamt	44	100,0

Analog zu dem Vorgehen bei der Prognose ohne Kenntnis des Einstellungswerts ergibt sich eine Fehlerwahrscheinlichkeit von 43,2 %. Für das korrigierte Lambda lässt sich somit folgender Wert berechnen:

$$\lambda_{gesamt} = \frac{47{,}9\% - (4{,}8\% \times 43{,}2\% + 95{,}2\% \times 18{,}3\%)}{47{,}9\%} = \frac{47{,}9\% - 19{,}5\%}{47{,}9\%} = 0{,}593$$

Das bedeutet, dass Fehler bei der Vorhersage der Verhaltensabsicht mit Hilfe des entwickelten Meta-Betriebsformenwahlmodells insgesamt um **59,3 %** verringert werden können. Die Wahrscheinlichkeit einer falschen Vorhersage der Verhaltensabsicht beträgt lediglich 19,5 %. Das bedeutet, dass das Modell die **Verhaltensabsicht in über vier von fünf Fällen (80,5 %) richtig prognostiziert** bzw. erklärt. In nur 2,4 % dieser richtig erklärten Fälle weicht das tatsächliche Verhalten aufgrund nicht-antizipierter Handlungsrestriktionen von der Verhaltensabsicht ab.[554] Daher lässt sich mit Hilfe des Einstellungsmodells auch das Verhalten gut erklären. So stimmen der Einstellungswert und das Verhalten in 78,6 % aller Stichprobenfälle überein. Aufgrund der nur geringen Abweichungen wird im Folgenden **nicht weiter auf das Verhalten eingegangen, sondern ausschließlich die Verhaltensabsicht betrachtet**.

Wie ist die Höhe der ermittelten Assoziationsmaße zu bewerten? Fleiss stellt die Daumenregel auf, dass ein Phi-Koeffizient größer 0,3 oder 0,35 eine Abhängigkeit

[554] Der Wert fällt für diese Fälle deutlich geringer aus als in der Gesamtstichprobe, wo bei 4,9 % der Fälle Verhaltensabsicht und Verhalten nicht übereinstimmen.

signalisiert, die mehr als trivial ist.[555] Der hier ermittelte Phi-Koeffizient von 0,632 liegt deutlich über diesem Wert. Für eine genauere Beurteilung der Stärke des Zusammenhangs bietet sich ein **Vergleich mit den Ergebnissen anderer Studien** an. Problematisch ist, dass in Untersuchungen der Einstellung-Verhalten-Beziehung eine Vielzahl von Assoziationsmaßen verwendet wird, die sich streng genommen nicht vergleichen lassen. Trotz dieser Problematik hat Benninghaus die Assoziationsmaße aus 102 Untersuchungen abgeglichen.[556] An dieser Stelle sei noch einmal das Ergebnis dargestellt, das bereits in Abschnitt 3.2.1 abgebildet wurde (Tabelle 4.8).

Tabelle 4.8: Klassifikation von 102 Untersuchungen nach der identifizierten Beziehung zwischen Einstellungs- und Verhaltensvariablen

E-V-Beziehung	N	%
Inverse Beziehung	7	7
Keine Beziehung	27	26
Sehr schwache Beziehung (Koeff. bis 0,30)	34	33
Schwache bis mäßige Beziehung	21	21
Starke Beziehung (Koeff. über 0,50)	13	13
Insgesamt	102	100

Quelle: In Anlehnung an: Benninghaus, H., 1976, S. 263

Alle für die vorliegende Studie ermittelten Assoziationsmaße (Phi-Koeffizient, Kontingenzkoeffizient, Lambda nach Goodman und Kruskal) weisen einen Wert größer 0,5 auf. Damit fällt die Studie in die höchste Kategorie, in der sich lediglich 13 % der von Benninghaus verglichenen Untersuchungen wiederfinden. Im Sinne von Benninghaus kann die Stärke des Zusammenhangs zwischen Einstellung und Verhaltensabsicht **als stark** bezeichnet werden. Eckes und Six berechnen im Rahmen einer Meta-Analyse von 501 Studien eine mittlere Korrelation zwischen Einstellung und Verhalten von 0,392.[557] Im Vergleich dazu ist der in der vorliegenden Studie ermittelte Zusammenhang ebenfalls als stark überdurchschnittlich zu bezeichnen. Die **Hypothese 1 zur Gültigkeit des Gesamtmodells kann als bestätigt angesehen werden.** Dies überrascht umso mehr, als dass dieses Ergebnis ohne Ausschluss der vermeintlich kritischen Fälle (Non-Attitudes, geringe Wertdifferenzen, unvollständiges Consideration Set, bestimmte Fälle des automatischen Kaufverhaltens) und ohne Berücksichtigung eventueller nichtkompensatorischer Elemente erzielt wurde.

In den folgenden Abschnitten gilt es zu überprüfen, inwieweit sich die Erklärungskraft des Modells durch einen Ausschluss dieser Fälle bzw. durch Berücksichtigung situativer Mindestanspruchniveaus noch erhöhen lässt. Für den

[555] Vgl. Fleiss, Joseph L.: Statistical Methods for Rates and Proportions, 2. Auflage, New York u. a. 1981, S. 60.

[556] Vgl. Benninghaus, H., 1976, S. 50-278.

[557] Vgl. Eckes, Th./Six, B., 1994, S. 253-271.

Vergleich der Erklärungskraft erweisen sich die Chi-Quadrat-Maße (Phi- und Kontingenzkoeffizient) als ungeeignet. Bei ihnen steht nur fest, dass sie den Wert Null bei Unabhängigkeit und den Maximalwert bei totaler Abhängigkeit annehmen.[558] „Es fehlt jedoch an einer wahrscheinlichkeitstheoretischen Interpretation der Zwischenwerte."[559] Daraus ergibt sich die Schwierigkeit, Werte aus verschiedenen Kontingenzanalysen miteinander zu vergleichen.[560] Die Interpretationsschwierigkeiten bereiten besondere Probleme, wenn kritische Fälle ausgeschlossen werden. Der Ausschluss der Fälle sollte in aller Regel dazu führen, dass sich der Zusammenhang zwischen Einstellung und Verhaltensabsicht und damit der Wert der Chi-Quadrat-Maße in der reduzierten Stichprobe erhöht. Wie ist es aber zu beurteilen, wenn man bspw. 30 % der Fälle ausschließt und damit nur eine geringfügige Erhöhung des Zusammenhangs erreicht? Ohne Ausschluss der Fälle lässt sich die Meta-Betriebsformenwahl in allen Einkaufssituationen recht gut erklären bzw. prognostizieren. Mit Ausschluss der Fälle können 70 % der Einkaufssituationen etwas besser erklärt werden, während sich die ausgeschlossenen 30 % ohne Modell nur relativ schlecht anhand der Verteilung der Verhaltensabsicht erklären lassen.

Hier zeigt sich die **Stärke des Lambda-Koeffizienten von Goodman und Kruskal**. So lässt sich mit Hilfe der oben aufgestellten Formel (Lambda unter Berücksichtigung ausgeschlossener Fälle) ermitteln, wie sich der Ausschluss von Fällen auf den Lambda-Koeffizienten auswirkt. Somit werden beide Effekte berücksichtigt, d. h.,

- wie sich der Zusammenhang in der reduzierten Stichprobe verändert und
- wie sich der Ausschluss der Fälle auf die Erklärungskraft für die gesamte Stichprobe auswirkt.

Im Gegensatz zu den Chi-Quadrat-Maßen ist das Lambda-Maß zudem mit dem Vorteil verbunden, dass es sich eindeutig interpretieren lässt.[561] In den folgenden Abschnitten wird für die einzelnen Problemfälle in der Regel ein Lambda-Wert unter Berücksichtigung ausgeschlossener Fälle berechnet und mit dem Lambda-Wert für das Modell ohne Ausschluss der kritischen Fälle verglichen.

4.2.1.2 Lieferzeit als K.O.-Kriterium bei dringendem Produktbedarf

Das kompensatorische Modell könnte dann außer Kraft gesetzt sein, wenn im Fall des Einkaufsanlasses „Dringender Produktbedarf" (Abschnitt 3.4.3.1) die Lieferzeit wie vermutet zum K.O.-Kriterium wird. Die negative Beurteilung der Lieferzeit beim Internet Shopping wäre in dem Fall so gravierend, dass sie durch eine positive Beurteilung der anderen Eigenschaften nicht kompensiert werden kann.

558 Vgl. Hartung, J./Elpelt, B./Klösener, K.-H., 1998, S. 455.
559 Hartung, J./Elpelt, B./Klösener, K.-H., 1998, S. 455.
560 Vgl. Goodman, L. A./Kruskal, W. H., 1954, S. 740; Backhaus, K./Erichson, B./Plinke, W. et al., 1996, S. 179.
561 Vgl. Benninghaus, H., 2001, S. 217 f.

Zwei Vorgehensweisen bieten sich an, um zu überprüfen, ob die Lieferzeit in solchen Situationen tatsächlich zum situativen K.O.-Kriterium wird. Bei den Einkaufssituationen, die durch einen dringenden Produktbedarf gekennzeichnet sind,

- müsste das kompensatorische Modell eine deutlich verminderte Erklärungskraft aufweisen und
- müsste der überwiegende Teil der Online-Shopper den Einkauf im stationären Handel beabsichtigen.

Ein dringender Produktbedarf lag bei 350 der 1.016 Stichprobenfälle vor. Wenn man eine Kontingenzanalyse ausschließlich für diese Fälle durchführt, ergibt sich überraschenderweise mit **61,5 %** ein Lamda-Wert (bereits um die 18 Fälle (5,4 %) korrigiert, die aufgrund eines Modellwerts von Null oder völlig fehlender Einstellungsangaben nicht in die Analyse einbezogen werden konnten), der leicht über dem Wert (59,3 %) für die gesamte Stichprobe liegt. Die Erklärungskraft des kompensatorischen Modells ist offenbar auch in Situationen mit einem dringenden Produktbedarf gegeben.

Betrachtet man die Verhaltensabsicht der Online-Shopper mit einem dringenden Produktbedarf, stellt man fest, dass immerhin in 42,9 % der Fälle das Internet Shopping gewählt wird (Tabelle 4.9).[562] Es kann nicht davon gesprochen werden, dass der überwiegende Teil der Online-Shopper in solchen Situationen den stationären Handel bevorzugt.

Tabelle 4.9: Kreuztabelle für die Variablen „dringender Produktbedarf" und „Verhaltensabsicht"

			Dringender Produktbedarf		
			nicht gegeben	gegeben	Gesamt
Verhaltensabsicht	Internet Shopping	Anzahl	332	144	476
		% von dringendem Produktbedarf	56,8%	42,9%	51,7%
	Stationärer Handel	Anzahl	253	192	445
		% von dringendem Produktbedarf	43,2%	57,1%	48,3%
Gesamt		Anzahl	585	336	921
		% von dringendem Produktbedarf	100,0%	100,0%	100,0%

Beide Vorgehensweisen belegen, dass die **Lieferzeit** beim Einkaufsanlass „dringender Produktbedarf" **nicht wie erwartet zum situativen K.O.-Kriterium wird**. Das kompensatorische Modell erweist sich auch in solchen Einkaufs-

562 Laut Chi-Quadrat-Test kann zwar von einem signifikanten Zusammenhang zwischen den beiden Variablen ausgegangen werden (Signifikanzniveau = 1 %). Die Assoziationsmaße deuten aber an, dass dieser Zusammenhang sehr schwach ausgeprägt ist: Lamba-Koeffizient = 10,8 %, Phi-Koeffizient = 0,134, Kontingenzkoeffizient = 0,133.

situationen als äußerst stabil. Diese Ergebnisse deuten bereits daraufhin, dass die Hypothesen 12 und 13 nicht zutreffen. Eine eingehende Prüfung der beiden Hypothesen folgt in Abschnitt 4.2.3.

4.2.1.3 Ausschluss von Fällen mit Non-Attitudes

Bei Einstellungsbefragungen besteht die Gefahr, dass „Non-Attitudes" für Einstellungen gehalten werden. Um „Non-Attitudes" in dieser Befragung auszufiltern, wurde bei jeder der vierzehn Einstellungsfragen (sieben kognitive, sieben motivationale) die Ausweichoption „weiß nicht" angeboten. Die Befragten wurden explizit darauf hingewiesen, dass sie nur die Fragen beantworten sollen, zu denen sie eine Meinung haben. Mit der Internet-Befragung wurde eine anonyme Befragungsmethode gewählt, damit die Probanden bereit sind, die Kategorie „weiß nicht" anzugeben, auch wenn sie dies eventuell als Eingeständnis der persönlichen Unwissenheit, Inkompetenz oder Uninteressiertheit auffassen.

Wie hoch ist der Anteil der Befragten, die über keine oder zumindest unvollständige Einstellungen zu dem Einkauf in den beiden Meta-Betriebsformen verfügen? Von Abbrechern abgesehen hat **nur in einem Fall** ein Proband **alle vierzehn Einstellungsfragen nicht beantwortet**. Dieser klare Fall von Non-Attitudes musste bereits in Abschnitt 4.2.1.1 aus der Untersuchung ausgeschlossen werden. Schwieriger sind die **169 Fälle** zu bewerten, bei denen **einzelne der vierzehn Fragen nicht beantwortet** wurden und somit unvollständige Einstellungen vorliegen. Sollte schon, wenn ein Proband eine Frage nicht beantwortet, von einem Fall von „Non-Attitudes" gesprochen werden? In Abschnitt 4.2.1.1 wurden diese Fälle mit unvollständigen Einstellungen in die Analyse einbezogen. Die Eigenschaften, bei denen entweder die kognitive und/oder die motivationale Einschätzung fehlte, wurden bei der Berechnung des Einstellungswerts neutral behandelt. Es ist nicht auszuschließen, dass das Gesamtmodell der Meta-Betriebsformenwahl in diesen Fällen versagt und dass die Fälle mit unvollständigen Einstellungen völlig aus der Analyse ausgegrenzt werden sollten.

Ein solcher Ausschluss wäre angezeigt, falls sich die Erklärungskraft des Modells erhöht, wenn man die Fälle mit unvollständigen Einstellungen ausschließt. Schon bei der Kontingenzanalyse für die reduzierte Stichprobe (708 Fälle mit vollständigen Angaben zu den Einstellungsfragen) ergibt sich ein Lambda-Wert von 55,1 % (unter Berücksichtigung von 24 Fällen (3,3 %) mit einem Einstellungswert von Null), der unter dem Wert für die gesamte Stichprobe ohne Ausschluss von Problemfällen (59,3 %) liegt. Beachtet man, dass für die 169 ausgeschlossenen Fälle nur eine Prognose auf der Grundlage der Häufigkeitsverteilung der Verhaltensabsicht möglich ist, reduziert sich der Lamba-Wert (unter Berücksichtigung ausgeschlossener Fälle) für die gesamte Stichprobe sogar auf **48,5 %**. Dieses Ergebnis zeigt an, dass es durchaus sinnvoll ist, das Einstellungsmodell auf die Fälle mit unvollständigen Einstellungen anzuwenden. Anscheinend beeinflussen die Eigenschaften, zu denen die Probanden keine Meinung haben, nicht die Meta-Betriebsformenwahl. Mit Hilfe der verbleibenden Eigenschaften, zu denen sich die Probanden äußern, lässt sich die Meta-Betriebsformenwahl gut erklären. Demnach sollten Fälle, in denen die Probanden **einzelne Einstellungsfragen nicht beantworten**, **nicht als „Non-Attitudes"** angesehen werden. Auf einen Ausschluss dieser Fälle wird verzicht.

4.2.1.4 Ausschluss von Fällen mit geringen Wertdifferenzen

In Abschnitt 3.2.1.4 (Alternativenvergleich) wurde auf einen Kritikpunkt hingewiesen, der von Balderjahn gegenüber deterministischen Einstellungsmodellen angeführt wird. In solchen Modellen würde vorausgesetzt, dass die Individuen beliebig kleine Wertdifferenzen zwischen den einzelnen Marktangeboten wahrnehmen können.[563] Daher müssen Fälle, in denen nur geringe Einstellungswertdifferenzen zwischen Internet Shopping und stationärem Handel bestehen, unter Umständen aus der Untersuchung ausgeschlossen werden. Da in der vorliegenden Untersuchung die Differenz der Einstellungswerte direkt erhoben wird, zeichnen sich solche Fälle durch einen **Modellwert** aus, der **nahe bei Null** liegt. In diesen Fällen bestehen nur geringe Unterschiede zwischen den Einstellungen für das Internet Shopping und für den Einkauf im stationären Handel. Abb. 4.11 verdeutlicht, dass sich relativ viele Fälle in der Stichprobe befinden, bei denen der Einstellungswert bzw. die Differenz der Einstellungswerte gar nicht oder nur geringfügig von Null abweicht.

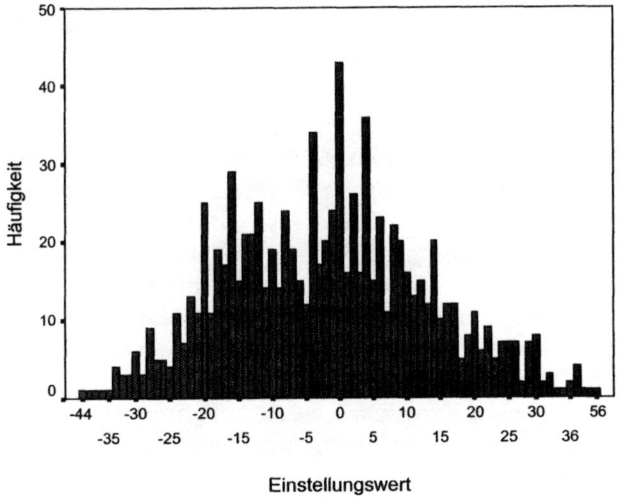

n = 920

Abb. 4.11: Häufigkeitsverteilung beim Einstellungswert

563 Vgl. Balderjahn, I., 1993, S. 87 f.

43 Fälle mit einem Einstellungswert von Null mussten bereits bei dem Modell ohne Ausschluss von Problemfällen (Abschnitt 4.2.1.1) ausgegrenzt werden. Es stellt sich die Frage, ob das Modell Fälle erklären kann, bei denen die Einstellungswerte in der Nähe von Null liegen. Für **verschiedene Intervalle von [-1;1] bis [-5;5]** wurde der Erklärungsgehalt des Modells isoliert überprüft. Tabelle 4.10 verdeutlicht, dass **kein oder allenfalls ein schwacher Zusammenhang** zwischen Einstellung und Verhaltensabsicht besteht, wenn man in eine Kontingenzanalyse ausschließlich Fälle mit Einstellungswerten in der Nähe von Null einbezieht. Dieses Ergebnis war zu erwarten, weil die Varianz der erklärenden Größe stark reduziert wird.

Tabelle 4.10: Erklärungskraft des Modells für Fälle mit geringen Wertdifferenzen

Intervall des Einstellungswerts	Zahl der Fälle	Lambda (ohne Fälle mit Wert = 0)
-1 bis 1	84 (9,1 %)	-[a]
-2 bis 2	130 (14,1 %)	-[a]
-3 bis 3	163 (17,7 %)	16,4 %[b]
-4 bis 4	233 (25,3 %)	22,1 %[c]
-5 bis 5	260 (28,2 %)	28,4 %[c]

Anmerkungen:

a : kein signifikanter Zusammenhang zwischen Einstellung und Verhaltensabsicht (Chi-Quadrat-Test)

b : signifikanter Zusammenhang nach Chi-Quadrat Test bei einem Signifikanzniveau von 5 %

c : signifikanter Zusammenhang nach Chi-Quadrat Test bei einem Signifikanzniveau von 1 %

Für die Wertebereiche -1 bis 1 und –2 bis 2 zeigt sich zwischen den beiden Modellgrößen kein signifikanter Zusammenhang nach dem Chi-Quadrat-Test. Weitet man das Intervall aus, ergeben sich zwar signifikante Zusammenhänge, die Stärke der Zusammenhänge erweist sich aber als relativ schwach. Dabei ist die Tendenz zu erkennen, dass die Stärke des Zusammenhangs mit der Größe des Intervalls zunimmt. Die These von Balderjahn lässt sich anhand dieser Ergebnisse bestätigen. Wenn die Individuen nur geringe Wertdifferenzen zwischen den beiden Einstellungsobjekten „Internet Shopping" und „Einkauf im Ladengeschäft" wahrnehmen, erklärt die Einstellung die Verhaltensabsicht wesentlich schlechter als bei größeren Wertdifferenzen.

Daraus könnte sich die Konsequenz ergeben, dass ein Ausschluss von Fällen mit geringen Wertdifferenzen die Erklärungskraft des Gesamtmodells erhöht. Als Entscheidungskriterium müssen für die einzelnen Intervalle die **Lambda-Werte unter Berücksichtigung ausgeschlossener Fälle** berechnet werden (Tabelle 4.11).

Tabelle 4.11: Erklärungskraft des Modells beim Ausschluss von Fällen mit geringen Wertdifferenzen

Ausgeschlossener Wertebereich (Einstellungswert)	Zahl der insgesamt ausgeschlossenen Fälle	Lambda (unter Berücksichtigung ausgeschlossener Fälle)
0 (Gesamtmodell ohne Ausschluss von Problemfällen)	*44 (4,8 %)*	*59,3 %*
-1 bis 1	84 (9,1 %)	59,2 %
-2 bis 2	130 (14,1 %)	58,3 %
-3 bis 3	163 (17,7 %)	57,2 %
-4 bis 4	233 (25,3 %)	54,9 %
-5 bis 5	260 (28,2 %)	52,6 %

Anmerkung: In der zweiten Zeile befinden sich zum Vergleich die Werte des Gesamtmodells ohne Ausschluss von Problemfällen.

Schon beim Ausschluss des **kleinsten Intervalls von –1 bis 1** liegt der Lamba-Wert mit **59,2 %** geringfügig unter dem Wert von 59,3 %, der für das Modell ohne Ausschluss von Problemfällen ermittelt wurde. Schließt man weitere Fälle aus, fällt der Lambda-Wert deutlich niedriger aus. Wie ist dieses Ergebnis zu deuten? Das Einstellungsmodell besitzt zwar bei den Fällen mit geringen Wertdifferenzen nur eine schwache Erklärungs- bzw. Prognosekraft. Die Verhaltensabsicht lässt sich in diesen Fällen mit dem Modell aber immer noch besser vorhersagen, als wenn man die Prognose auf die Häufigkeitsverteilung der Verhaltensabsicht stützt. Um die Erklärungskraft des Meta-Betriebsformenwahlmodells nicht zu schwächen, wird auf einen **Ausschluss von Fällen mit geringen Wertdifferenzen verzichtet**.

4.2.1.5 Ausschluss von Fällen mit unvollständigem Consideration Set

In Abschnitt 3.2.1.5 wurde darauf hingewiesen, dass ein starker Zusammenhang zwischen Einstellung und Verhalten bzw. Verhaltensabsicht nur dann zu erwarten ist, wenn sich in einer konkreten Einkaufssituation sowohl der stationäre Handel als auch das Internet Shopping im consideration set eines Individuums befinden. Es wurde vermutet, dass die Online-Shopper vor allem bei Käufen im stationären Handel nicht immer an die Alternative des relativ neuen Internet Shoppings denken. Diese Vermutung wurde bestätigt. Bei 61,8 % der Käufe im stationären Handel haben die Online-Shopper vor dem Kauf nicht an die Möglichkeit gedacht, das Produkt über das Internet zu bestellen (Abb. 4.12).

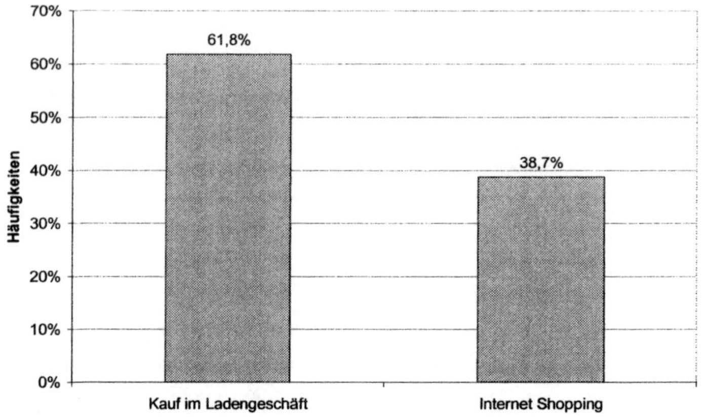

Abb. 4.12: Anteil der Käufe mit unvollständigem Consideration Set

Überraschend ist, dass auch bei 38,7 % der Käufe im Internet die Einkaufsalternative „Ladengeschäft" nicht bewusst erwogen wird. Hier scheinen sich in relativ kurzer Zeit Einkaufssituationen etabliert zu haben, in denen für die Online-Shopper per se nur das Internet Shopping in Frage kommt.

Es könnte sein, dass das Einstellungsmodell in den Fällen mit einem unvollständigen consideration set versagt, weil die Online-Shopper offenbar nicht bewusst zwischen den beiden Meta-Betriebsformen wählen. Um dies zu überprüfen, werden diese Fälle ausgeschlossen und der Erklärungsgehalt des Modells ermittelt. Berechnet man Lambda zunächst allein für **420 Fälle mit vollständigem consideration set**, ohne die ausgeschlossenen Fälle zu berücksichtigen, ergibt sich nicht wie erwartet ein höherer Erklärungsgehalt, sondern mit **28,9 %** ein deutlich niedrigerer. Eine isolierte Kontingenzanalyse für **455 Fälle mit unvollständigem consideration set** ergibt hingegen ein wesentlich höheres Lambda von **70,8 %.** Damit wird die These von Laroche und Brisoux nicht nur nicht bestätigt, sondern völlig widerlegt.[564] Das Einstellungsmodell bildet die Fälle mit unvollständigem consideration set wesentlich besser ab als die Fälle mit vollständigem consideration set.

Worauf ist dieses **überraschende Ergebnis** zurückzuführen? Es könnte sein, dass die Konsumenten unterbewusst eine Meta-Betriebsform von vornherein aus dem consideration set ausschließen, wenn diese Meta-Betriebsform in einer bestimmten Einkaufssituation der anderen deutlich unterlegen ist. Werden hingegen beide Alternativen in das consideration set einbezogen, ist keine der beiden Meta-Betriebsformen deutlich schlechter als die andere. Die Entscheidung dürfte dann nicht so eindeutig ausfallen.[565] Wenn dieser Erklärungsansatz stimmt,

[564] Vgl. Laroche, M./Brisoux; J. E., 1989, S. 345 f.

[565] Im vorausgegangenen Abschnitt wurde gezeigt, dass der Erklärungsgehalt des Einstellungsmodells bei Fällen mit geringen Einstellungswertdifferenzen eher gering ausfällt.

müsste der Einstellungswert bei Fällen mit unvollständigem consideration set eher extreme Werte annehmen als bei Fällen mit vollständigem consideration set. Es bietet sich an, die **Streuung der Einstellungswerte** in beiden Gruppen zu vergleichen (Tabelle 4.12).

Tabelle 4.12: Streuungsparameter für Fälle mit vollständigem und unvollständigem consideration set

	Consideration Set	
	vollständig	unvollständig
Anzahl der Fälle	439	477
Mittelwert	-5,10	1,52
Standardabweichung	13,00	16,30
Varianz	168,92	265,83
Spannweite	74	95
Minimum	-44	-39
Maximum	30	56

Dabei ergibt sich, dass die Streuung in der Gruppe mit vollständigem consideration set wie vermutet geringer ausfällt als in der anderen Gruppe. Sowohl die Spannweite als auch Varianz und Standardabweichung weisen niedrigere Werte aus. Ob aus den Stichprobenwerten geschlossen werden kann, dass die Varianzen auch in der Grundgesamtheit voneinander abweichen, lässt sich anhand des **Levene-Tests der Varianzgleichheit (F-Test)** überprüfen.[566] Bei einem Signifikanzniveau von 1 % ist davon auszugehen, dass sich die Varianzen auch in der Grundgesamtheit unterscheiden.

Für einen **Ausschluss aus dem Einstellungsmodell** kommen nicht, wie im theoretischen Teil vermutet, die Einkaufssituationen mit unvollständigem, sondern die mit **vollständigem consideration set** in Betracht. Auch wenn der Erklärungsgehalt des Einstellungsmodells für diese Fälle eher gering ausfällt, lassen sich die Fälle anhand des Modells allerdings immer noch besser vorhersagen als auf der Grundlage der Verteilung der Verhaltensabsicht. So reduziert sich der Lambda-Wert unter Berücksichtigung ausgeschlossener Fälle auf **49,6 %**, wenn man die Fälle mit vollständigem consideration set nur auf der Grundlage der Verteilung der Verhaltensabsicht vorhersagt. Von einem Ausschluss der Fälle wird daher abgesehen.

4.2.1.6 Ausschluss von Fällen automatischen Kaufverhaltens mit schwachen Einstellungen

In Abschnitt 3.2.1.7 wurde vermutet, dass Formen der automatischen Meta-Betriebsformenwahl (ohne kognitive Kontrolle) nur dann mit Einstellungen erklärt werden können, wenn die Individuen über starke Einstellungen verfügen, die sie unmittelbar aus dem Gedächtnis abrufen können. Abb. 4.13 verdeutlicht, dass die kognitiv kontrollierte Meta-Betriebsformenwahl dominiert, während die beiden

566 Vgl. Bortz, J., 1985, S. 176 f.; Brosius, F., 1998, S. 466.

automatischen Formen der Meta-Betriebsformenwahl (aus Gewohnheit oder Spontanität) nur in insgesamt **22,6 % der Einkaufssituationen** vorkommen.

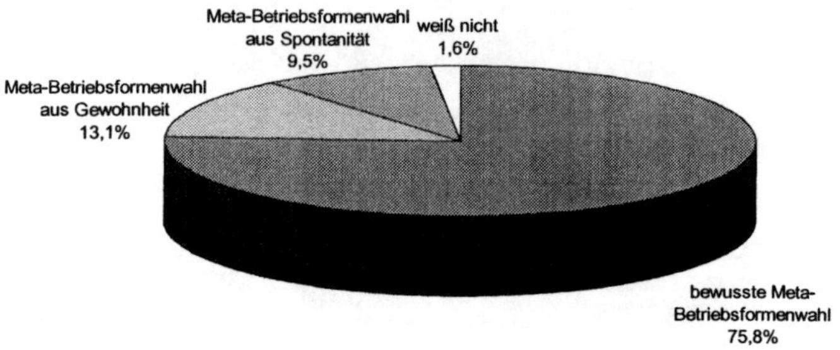

Abb. 4.13: Bedeutung automatischer Kaufprozesse

Die **Stärke der Einstellungen** wurde über die **Antwortzeit** bei den vierzehn Einstellungsfragen gemessen. Abb. 4.14 zeigt die Verteilung der Antwortzeit in den 205 Fällen der automatischen Meta-Betriebsformenwahl.

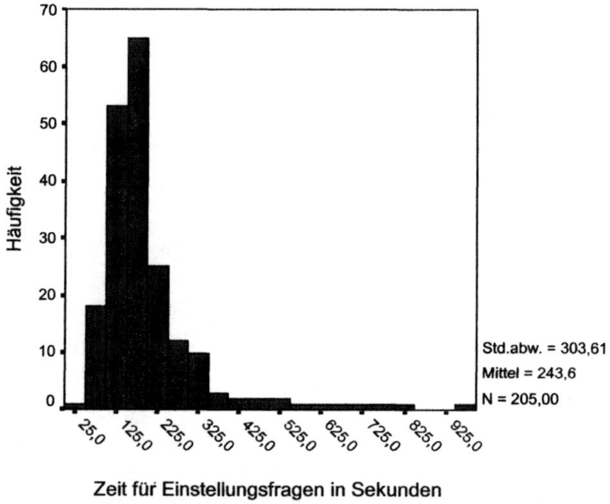

Anmerkungen: Die Intervalle reichen von 0 bis 50, 50 bis 100 usw. Die Achsenbeschriftungen bezeichnen die Mittelpunkte einzelner Intervalle.

5 Werte über 1.000 Sekunden wurden aus Gründen der Übersichtlichkeit in dem Histogramm nicht berücksichtigt.

Abb. 4.14: Histogramm der Antwortzeit bei den Einstellungsfragen für Fälle der automatischen Meta-Betriebsformenwahl

Kurze Antwortzeiten sprechen für starke, sofort abrufbare Einstellungen, während lange Antwortzeiten auf schwächer ausgeprägte Einstellungen schließen lassen. Da keine zweigipflige Verteilung der Antwortzeiten vorliegt, ist es schwierig, eine Grenze zwischen kurzen und langen Antwortzeiten zu ziehen. Hier bietet sich der Median an, der die Teilstichprobe genau halbiert. Demnach werden **bei 103 Fällen mit Antwortzeiten über 174 Sekunden schwach ausgeprägte Einstellungen vermutet**. Nach der theoretischen Analyse kann nicht davon ausgegangen werden, dass das Kaufverhalten in diesen Einkaufssituationen von Einstellungen geleitet war. Führt man eine isolierte Kontingenzanalyse für die Fälle durch, ergibt sich ein Lambda von 47,4 %.[567] Dieser Wert liegt zwar unter dem Lambda-Wert für die Gesamtstichprobe ohne Ausschluss von Problemfällen (59,3 %). Von einem schwachen Zusammenhang zwischen Einstellung und Verhaltensabsicht kann dennoch nicht gesprochen werden, da sich die Prognose der Verhaltensabsicht um immerhin noch knapp 50 % verbessert. Dieses Ergebnis deutet bereits an, dass ein **Ausschluss der Fälle** aus der Gesamtstichprobe **nicht sinnvoll** erscheint. Diese Vermutung wird bestätigt, wenn man die Fälle ausschließt und den Lambda-Wert unter Berücksichtigung ausgeschlossener Fälle berechnet. Durch den Ausschluss würde sich die Vorhersagekraft für die Gesamtstichprobe von 59,3 % auf 55,0 % verringern.

4.2.1.7 Zusammenfassung der Ergebnisse

In diesem Abschnitt wurde der Erklärungsgehalt des Gesamtmodells überprüft. Es hat sich gezeigt, dass die nicht-antizipierten Handlungsrestriktionen wie vermutet keine große Rolle bei der Meta-Betriebsformenwahl spielen. Der Zusammenhang zwischen Einstellung und Verhaltensabsicht wurde zunächst für die Gesamtstichprobe untersucht, ohne dass eventuelle Problemfälle und nicht-kompensatorische Elemente berücksichtigt wurden. Dabei hat sich ein im Vergleich mit anderen Studien hoher Erklärungsgehalt ergeben, so dass Hypothese 1 als bestätigt angesehen werden konnte.

Im Folgenden wurde geprüft, ob sich der Erklärungsgehalt des Modells durch eine Berücksichtigung von nicht-kompensatorischen Elementen und Problemfällen weiter erhöhen lässt. Die Lieferzeit hat sich bei dringendem Produktbedarf wider Erwarten nicht als K.O.-Kriterium erwiesen. Das kompensatorische Einstellungsmodell ist auch in diesen Situationen nicht außer Kraft gesetzt. Bei den vier Kritikpunkten an der Einstellung-Verhalten-Hypothese, die gesondert untersucht wurden, zeigt sich ein uneinheitliches Bild. Fälle mit unvollständigen Einstellungen und unvollständigem consideration set erklärt das Einstellungsmodell überraschenderweise überdurchschnittlich gut. Liegen geringe Wertdifferenzen vor oder geht automatisches Kaufverhalten mit eher schwach ausgeprägten Einstellungen einher, verringert sich der Erklärungsgehalt des Einstellungsmodells wie erwartet.

---

[567] Eine isolierte Kontingenzanalyse für die Fälle automatischen Kaufverhaltens mit kurzen Antwortzeiten ergibt ein Lambda von 58,1 %, das fast identisch mit dem Wert für die Gesamtstichprobe ist.

Allerdings versagt das Einstellungsmodell auch in diesen beiden Fällen nicht völlig, so dass ein Ausschluss der Fälle nicht angezeigt ist. Insgesamt kann von einer recht hohen Stabilität des Einstellungsmodells gesprochen werden. Es konnten **keine Einkaufssituationen** erkannt werden, **in denen von einer Anwendung des Modells abgesehen werden sollte**. Tabelle 4.13 fasst die Ergebnisse, die bei der Überprüfung der Problemfälle ermittelt wurden, abschließend zusammen.

Tabelle 4.13: Erklärungsgehalt des Einstellungsmodells bei Problemfällen

Problemfälle	**Isolierter Erklärungsgehalt des Modells bei den Problemfällen**	**Anpassung des Einstellungsmodells bzw. Ausschluss von Fällen**
Lieferzeit als K.O.-Kriterium in Situationen mit dringendem Produktbedarf	überdurchschnittlich	nein
Unvollständige Einstellungen (Non-Attitudes)	überdurchschnittlich	nein
Geringe Differenzen beim Einstellungswert (Alternativenvergleich)	unterdurchschnittlich	nein
Unvollständiges Consideration Set	überdurchschnittlich	nein
Automatisches Kaufverhalten mit schwach ausgeprägten Einstellungen	unterdurchschnittlich	nein

4.2.2 Vor- und Nachteile von Internet Shopping und stationärem Handel aus Konsumentensicht

Das im vorausgegangenen Abschnitt überprüfte Einstellungsmodell basiert auf der kognitiven und motivationalen Einschätzung von sieben Meta-Betriebsformeneigenschaften. In Kapitel 3.3 wurde die **kognitive Einstellungskomponente** näher betrachtet. Indem diskutiert wurde, ob die Online-Shopper das Internet Shopping oder den stationären Handel bei den einzelnen Eigenschaften besser beurteilen, wurden **Hypothesen zu den Vor- und Nachteilen** der beiden Meta-Betriebsformen aufgestellt. Tabelle 3.13 gibt noch einmal einen Überblick über die Hypothesen. Dabei sind die beiden Eigenschaften „Persönliche Sicherheit" und „Umweltauswirkungen", die nach dem Pretest aus der Untersuchung ausgeschlossen wurden, grau hinterlegt. Die Hypothesen 10 und 11, die sich auf diese beiden Eigenschaften beziehen, konnten nicht empirisch getestet werden.

Tabelle 4.14: Hypothesen zu Vor- und Nachteilen von Internet Shopping und stationärem Handel

Hypothese	Meta-Betriebsformeneigenschaft	Stationärer Handel	Internet Shopping
2 und 3	Qualität des ausgewählten Produkts	+/-	+/-
4	Kosten	-	+
5	Lieferzeit	+	-
6	Convenience	-	+
7	Zeiteinsatz	-	+
8	Schutz der Privatsphäre	+	-
9	Einkaufsvergnügen	+	-
10	Persönliche Sicherheit	-	+
11	Auswirkungen auf die Umwelt	+	-

Bei der Qualität des ausgewählten Produkts wurde die Einschätzung von Vor- und Nachteilen nach bestimmten Warengruppen differenziert. Nach der theoretischen Analyse ist diese Eigenschaft je nach Warengruppe als Vorteil des stationären Handels oder des Internet Shoppings anzusehen. Bevor sich die Analyse dieser Eigenschaft zuwendet, werden die **sechs Hypothesen** getestet, bei denen **kein besonderer Einfluss der Branchen** vermutet wurde.

Wie lassen sich diese Hypothesen empirisch überprüfen? Nach der Umkodierung der kognitiven Komponente (großer Vorteil des Internet Shoppings = -2, ..., beide gleich gut = 0, …, großer Vorteil des stationären Handels = 2) bedeutet ein **negativer Wert** bei einer Eigenschaft eine **Stärke des Internet Shoppings**, während ein **positiver Wert** als **Vorteil des stationären Handels** aufzufassen ist. Der Wert Null drückt aus, dass beide Meta-Betriebsformen hinsichtlich einer Eigenschaft gleich bewertet werden. Um zu beurteilen, wie die Eigenschaften über alle Probanden hinweg beurteilt werden, bietet sich die Bildung des arithmetischen Mittelwerts an. Tabelle 4.15 verdeutlicht, dass alle Mittelwerte in die vermutete Richtung tendieren.

Tabelle 4.15: Mittelwerte der kognitiven Komponente bei einzelnen Meta-Betriebsformeneigenschaften

	N	Mittelwert	Standardabweichung
Kosten	1016	-,23	1,05
Lieferzeit	1016	,87	1,21
Zeiteinsatz	1016	-,83	1,23
Convenience	1016	-1,32	,98
Schutz der Privatsphäre	1016	,96	,87
Einkaufsvergnügen	1016	,18	1,10

Bei Kosten, Zeiteinsatz und Convenience sehen die Befragten im Durchschnitt das Internet Shopping im Vorteil, während Lieferzeit, Schutz der Privatsphäre und Einkaufsvergnügen Stärken des stationären Handels darstellen. Lassen die Stichprobenergebnisse den Schluss zu, dass die Grundgesamtheit der Online-Shopper die Vor- und Nachteile genauso beurteilt? Zur Überprüfung bietet sich ein **t-Test** an, der auf der Nullhypothese basiert, dass die Mittelwerte in der Grundgesamtheit den Wert Null annehmen. Tabelle 4.16 belegt, dass diese Nullhypothese bei einem Signifikanzniveau von 1 % bei allen Eigenschaften verworfen werden muss. Daher kann davon ausgegangen werden, dass die vermuteten Vor- und Nachteile auch für die Grundgesamtheit gelten. Die **Hypothesen 4 bis 9** werden somit durch die empirischen Ergebnisse **gestützt**.

Tabelle 4.16: t-Test für die kognitive Komponente bei einzelnen Meta-Betriebsformeneigenschaften

	Testwert = 0					
					99% Konfidenzintervall der Differenz	
	T	df	Sig. (2-seitig)	Mittlere Differenz	Untere	Obere
Kosten	-7,038	1015	,000	-,23	-,32	-,15
Lieferzeit	23,024	1015	,000	,87	,77	,97
Zeiteinsatz	-21,430	1015	,000	-,83	-,93	-,73
Bequemlichkeit	-42,784	1015	,000	-1,32	-1,40	-1,24
Schutz der Privatsphäre	35,032	1015	,000	,96	,89	1,03
Einkaufsvergnügen	5,161	1015	,000	,18	8,91E-02	,27

Bei der **Qualität des ausgewählten Produkts** wurde in der theoretischen Analyse je nach Warengruppe das Internet Shopping oder der stationäre Handel im Vorteil gesehen (Hypothesen 2 und 3). Als entscheidend wurde angesehen, ob die Konsumenten das jeweilige Produkt vorrangig anhand von medialen Produktinformationen beurteilen können oder aber nicht-mediale Informationen relevant sind. Unter nicht-medialen Eigenschaften wurden Produktmerkmale verstanden, die sich kaum über das Internet einschätzen lassen. Solche Eigenschaften wurden insbesondere bei Kosmetika, Lebensmitteln, Textilien, Schuhen und Möbeln erwartet. Bis auf Lebensmittel wurden alle diese Warengruppen in die Befragung einbezogen (Tabelle 4.17). Bei den anderen Warengruppen, die in die Untersuchung eingeflossen sind, dürften vorrangig mediale Produktinformationen vorliegen.

Tabelle 4.17: Unterteilung der Untersuchungsbranchen nach der Art der Produktinformationen

Warengruppen mit vorrangig **medialen** Produktinformationen	Warengruppen mit vorrangig **nicht-medialen** Produktinformationen
Buch	Bekleidung
CD/Tonträger	Möbel
Videokassette/DVD	Schuhe
PC-Zubehör/Hardware	Drogerie-, Kosmetikartikel
Software (auch PC-Spiele)	
Spielwaren (ohne PC-Spiele)	
Unterhaltungselektronik	
→ Internet Shopping im Vorteil (**Hypothese 2**)	→ Stationärer Handel im Vorteil (**Hypothese 3**)

Wie beurteilen die Online-Shopper die Qualität des ausgewählten Produkts bei diesen Warengruppen? Tabelle 4.18 verdeutlicht, dass die Art der

Produktinformationen die Beurteilung der Produktqualität erwartungsgemäß beeinflusst.

Tabelle 4.18: Mittelwert der kognitiven Dimension der Qualität des ausgewählten Produkts

	N	Mittelwert	Standardabweichung
Produktqualität (Warengruppen mit nicht-medialen Produktinformationen)	373	,35	,98

	N	Mittelwert	Standardabweichung
Produktqualität (Warengruppen mit medialen Produktinformationen)	569	-,48	,92

Anmerkung: 63 Fälle, bei denen bei der Frage nach dem letzten über das Internet gekaufte Produkt „Sonstiges" angegeben wurde, wurden nicht berücksichtigt.

Bei den Warengruppen mit vorrangig nicht-medialen Produktinformationen beurteilen die Online-Shopper die Qualität des ausgewählten Produkts im stationären Handel besser, während die Produktqualität bei den anderen Warengruppen einen Vorteil des Internet Shoppings darstellt. Anhand von t-Tests lässt sich feststellen, dass diese differenzierte Beurteilung der Produktqualität mit sehr großer Wahrscheinlichkeit auch für die Grundgesamtheit gilt (Tabelle 4.19). Damit können auch die **Hypothesen 2 und 3 als bestätigt** angesehen werden.

Tabelle 4.19: t-Tests für die kognitive Dimension der Qualität des ausgewählten Produkts

	Testwert = 0					
					99% Konfidenzintervall der Differenz	
	T	df	Sig. (2-seitig)	Mittlere Differenz	Untere	Obere
Produktqualität (Warengruppen mit nicht-medialen Produktinformationen)	6,994	372	,000	,35	,22	,48

	Testwert = 0					
					99% Konfidenzintervall der Differenz	
	T	df	Sig. (2-seitig)	Mittlere Differenz	Untere	Obere
Produktqualität (Warengruppen mit medialen Produktinformationen)	-12,424	568	,000	-,48	-,58	-,38

Anmerkung: 63 Fälle, bei denen bei der Frage nach dem letzten über das Internet gekaufte Produkt „Sonstiges" angegeben wurde, wurden nicht berücksichtigt.

Die Ergebnisse bringen zum Ausdruck, dass die Art der vorherrschenden Produktinformationen (medial oder nicht-medial) einen relativ starken situativen

Einfluss auf die Beurteilung der Produktqualität ausübt. Da die Variable „Art der Produktinformationen“ als unabhängige Variable nominal skaliert ist und die Beurteilung der Produktqualität als abhängige Variable metrisches Skalenniveau aufweist, lässt sich die Stärke des Zusammenhangs zwischen den beiden Variablen mit Hilfe des **Eta-Koeffizienten** messen.[568] Die Berechnung ergibt einen Wert von 0,397, der bedeutet, dass 39,7 % der Variation der Variablen „Beurteilung der Qualität des ausgewählten Produkts“ mit der Variablen „Art der Produktinformationen“ erklärt werden kann.

Die situationsabhängige Beurteilung der Qualität des ausgewählten Produkts wirkt sich auch auf die Meta-Betriebsformenwahl aus. Bei den Warengruppen mit vorrangig medialen Produktinformationen dominiert das Internet Shopping (66,7 % der Verhaltensabsicht), bei den anderen Warengruppen wird der Kauf im Ladengeschäft überdurchschnittlich oft bevorzugt (76,7 % der Verhaltensabsicht). Der hier aufgezeigte Einfluss der Art der Produktinformationen dürfte zu einem großen Teil dafür verantwortlich sein, dass gerade Warengruppen mit vorrangig medialen Produktinformationen zu den Vorreiterbranchen des Internet Shoppings zählen.

Abb. 4.15 fasst die Ergebnisse dieses Abschnitts zusammen. In dem Profil soll vor allen Dingen das **Ausmaß der Vor- und Nachteile** der beiden Meta-Betriebsformen zum Ausdruck gebracht werden. Dabei werden Vorteile mit einer mittleren Einstellungswertdifferenz größer 0,5 als bedeutend eingestuft. Das Internet Shopping verfügt nach dieser Einteilung mit der Convenience und dem Zeiteinsatz über zwei bedeutende Stärken. Dem stehen auf Seiten des stationären Handels die Lieferzeit und der Schutz der Privatsphäre gegenüber. Überraschenderweise stellt das Einkaufsvergnügen nur einen mäßigen Vorteil des stationären Handels dar. Die Online-Shopper beurteilen diese Meta-Betriebsformeneigenschaft im stationären Handel im Durchschnitt nur geringfügig besser als beim Internet Shopping.

---

568 Vgl. Benninghaus, H., 2001, S. 344-367.

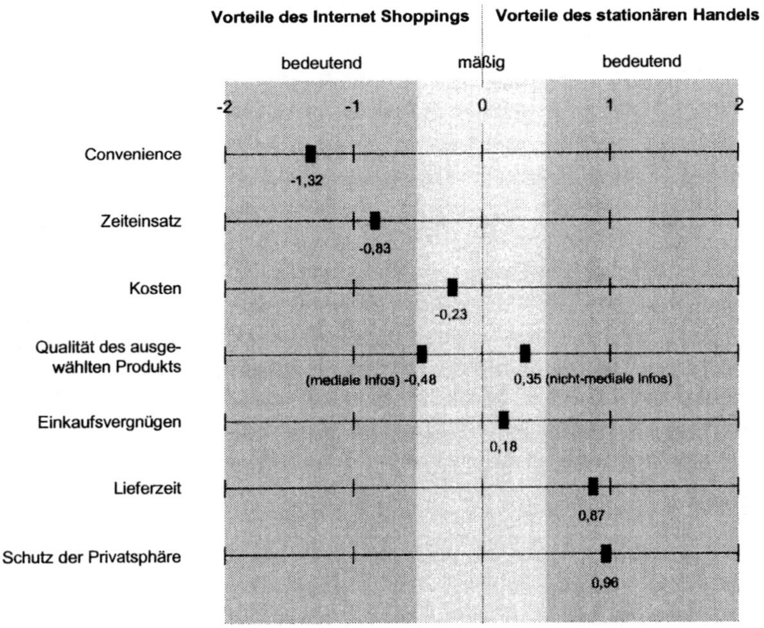

Abb. 4.15: Profil der Vor- und Nachteile der beiden Meta-Betriebsformen

4.2.3 Bedeutung der Vor- und Nachteile in verschiedenen Einkaufssituationen

Während im vorangegangenen Abschnitt mit den Vor- und Nachteilen die kognitive Komponente des Einstellungsmodells näher untersucht wurde, richtet sich die Betrachtung nun schwerpunktmäßig auf die Bedeutungskomponente bzw. **motivationale Dimension**. Dabei gilt es, den Einfluss der in Abschnitt 3.4 unterschiedenen Einkaufssituationen auf die Gewichtung der Meta-Betriebsformeneigenschaften und auf die Meta-Betriebsformenwahl zu untersuchen. An dieser Stelle wird aus Gründen der Übersichtlichkeit noch einmal der Überblick über die einzelnen Hypothesen wiederholt (Tabelle 4.20).

Tabelle 4.20: Hypothesen zum Einfluss von Situationsvariablen auf die Gewichtung von Meta-Betriebsformeneigenschaften und Meta-Betriebsformenwahl

Hypothesen	**Situationsvariable**	**besonders stark (+) oder schwach (-) gewichtete Meta-Betriebsformeneigenschaften bzw. K.O.-Kriterien (K.O.)**	**Bevorzugte Meta-Betriebsform**
	Einkaufsanlass		
12 und 13	Dringender Produktbedarf	Lieferzeit (K.O.)	ausschließlich stationärer Handel
14 und 15	Kein dringender Produktbedarf - genau spezifiziertes Produkt	Zeiteinsatz (+), Kosten (+), Convenience (+), Einkaufsvergnügen (-)	Internet Shopping
16, 17 und 18	Kein dringender Produktbedarf – nicht genau spezifiziertes Produkt	Qualität des ausgewählten Produkts (+)	Stationärer Handel/Internet Shopping
19 und 20	Preiserlebnis	Kosten (+)	Internet Shopping
21 und 22	Selbstbelohnung	Einkaufsvergnügen (+), Lieferzeit (+)	Stationärer Handel
23 und 24	Sinnliches Erlebnis, soziale Kontakte, neue Trends und Ideen	Einkaufsvergnügen (+)	Stationärer Handel
25, 26, 27, 28 und 29	***Zeitdruck***	Zeiteinsatz (+), Convenience (+), Einkaufsvergnügen (-), Lieferzeit (+)	Stationärer Handel

Die Hypothesen, die den Zusammenhang zwischen Situationsvariablen und Gewichtungskomponente betreffen, vermuten bei einzelnen Eigenschaften eine über- oder unterdurchschnittliche Bedeutung. Abb. 4.16 zeigt, welche Bedeutung den sieben Meta-Betriebsformeneigenschaften im Durchschnitt über alle Situationen zukommt. Dabei stechen die Produktqualität als wichtigstes und das Einkaufsvergnügen als mit Abstand unwichtigstes Merkmal hervor.

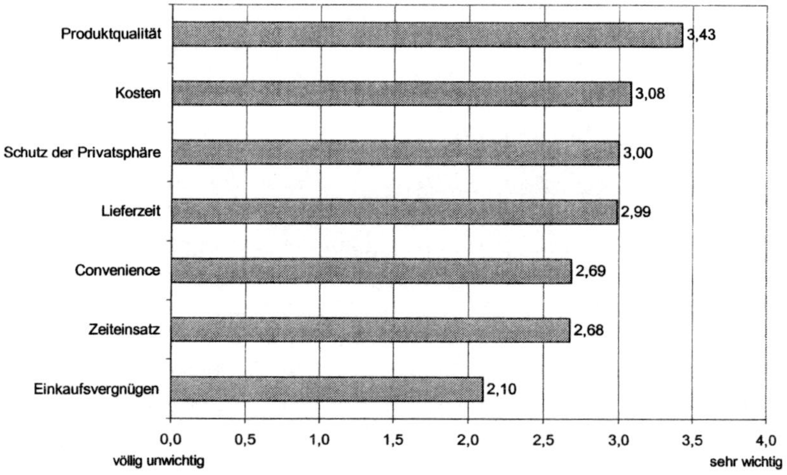

n = 953 bis 972

Abb. 4.16: Durchschnittliche Bedeutung der sieben Meta-Betriebsformeneigenschaften

Betrachtet man beispielhaft die Häufigkeitsverteilung der Bedeutung des Einkaufsvergnügens, wird deutlich, dass die Beobachtungswerte relativ stark streuen und auch die unteren Kategorien 0 („völlig unwichtig“) und 1 relativ oft gewählt werden (Abb. 4.17). Das Problem der Anspruchsinflation scheint demnach nicht gegeben zu sein.

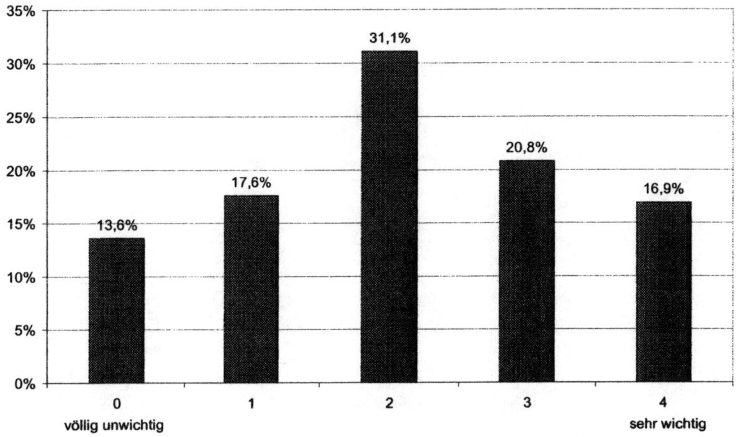

n = 958

Abb. 4.17: Häufigkeitsverteilung der Bedeutung des Einkaufsvergnügens

In Abschnitt 3.4 wurde vermutet, dass sich die situationsabhängige Meta-Betriebsformenwahl vorrangig damit erklären lässt, dass die **Bedeutung der Vor- und Nachteile von Situation zu Situation variiert**. Demnach dürfte in Situationen, in denen Online-Shopper diejenigen Meta-Betriebsformeneigenschaften überdurchschnittlich stark gewichten, bei denen das Internet Shopping einen Vorteil aufweist, die Meta-Betriebsformenwahl zu Gunsten des Internet Shoppings ausfallen. Diese Einschätzung wird durch die empirischen Ergebnisse bestätigt. So gewichten Online-Shopper mit der Absicht, über das Internet zu kaufen, Convenience (2,93), Zeiteinsatz (2,89) und Kosten (3,12) (alle drei Vorteile des Internet Shoppings) stärker als Online-Shopper, die den Einkauf in einem Ladengeschäft beabsichtigen (Abb. 4.18). Umgekehrt sind bei den Online-Shoppern mit der Verhaltensabsicht „stationärer Handel“ Einkaufsvergnügen (2,17) und Lieferzeit (3,36) (Vorteile des stationären Handels) von überdurchschnittlich großer Bedeutung. Lediglich die Ergebnisse zum Schutz der Privatsphäre fallen unerwartet aus.

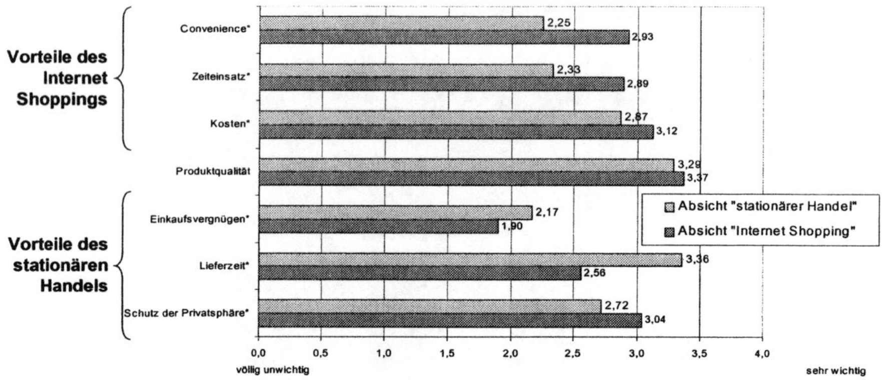

Anmerkungen: n = 476 (Internet Shopping) bzw. n = 445 (stationärer Handel)
* : signifikanter Unterschied nach t-Test (Signifikanzniveau 1 %)

Abb. 4.18: Gewichtung der Meta-Betriebsformenleistungen von Online-Shoppern mit der Verhaltensabsicht „stationärer Handel" und „Internet Shopping"

Im Folgenden gilt es, die Situationen, in denen der stationäre Handel oder das Internet Shopping bevorzugt werden, näher zu kennzeichnen. Die **Hypothesen zu den situativen Einflüssen** werden untersucht, indem die Mittelwerte der Gewichte in den einzelnen Situationen berechnet. Ob eventuelle Unterschiede in der Stichprobe auch für die Grundgesamtheit gelten, lässt sich anhand von **t-Tests bei unabhängigen Stichproben** überprüfen.[569] Dabei wird die Stichprobe in die Fälle, die zu der jeweiligen Situation gehören, und alle anderen Fälle bzw. Situationen getrennt. Zunächst werden die Hypothesen zu den verschiedenen Einkaufsanlässen überprüft, bevor auf den Einfluss des Zeitdrucks eingegangen wird.

Im Sinne von Westbrook und Black wurde davon ausgegangen, dass sich die verschiedenen hier beobachteten **Einkaufsanlässe** nicht gegenseitig ausschließen müssen.[570] Tabelle 4.21 verdeutlicht das **Ausmaß der Überschneidungen zwischen den einzelnen Anlässen**. Dabei ist auch angegeben, wie oft die Anlässe in der Stichprobe überhaupt vorkommen. Im Folgenden werden die Überschneidungen nicht weiter beachtet, sondern die einzelnen Anlässe der Reihe nach analysiert.

[569] Vgl. Brosius, F., 1998, S. 460-466.
[570] Vgl. Westbrook, R. A./Black, W. C., 1985, S. 85.

Tabelle 4.21: Überschneidungen zwischen den Einkaufsanlässen

	Zahl der Fälle	Anteil in der gesamten Stichprobe	Anteil der Überschneidungen mit					
			Dringender Produktbedarf	spezifscher, nicht dringender Produktbedarf	nicht spezifischer, nicht dringender Produktbedarf	Preis-erlebnis	Selbst-belohnung	Sinnliches Erlebnis, soziale Kontakte, Trends und Ideen
Dringender Produktbedarf	350	34,4 %	-	-	-	25,4 %	8,9 %	7,7 %
spezifscher, nicht dringender Produktbedarf	224	22,0 %	-	-	-	27,7 %	14,3 %	6,3 %
nicht spezifischer, nicht dringender Produktbedarf	86	8,5 %	-	-	-	37,2 %	43,0 %	18,6 %
Preiserlebnis	363	35,7 %	24,5 %	17,1 %	8,8 %	-	20,1 %	11,6 %
Selbst-belohnung	201	19,8 %	15,4 %	15,9 %	18,4 %	36,3 %	-	14,9 %
Sinnliches Erlebnis, soziale Kontakte, Trends und Ideen	92	9,1 %	29,3 %	15,2 %	17,4 %	45,7 %	32,6 %	-

Lesebeispiel: In 34,4 % aller Stichprobenfälle lag ein dringender Produktbedarf vor. Bei 25,4 % aller Fälle mit einem dringenden Produktbedarf war gleichzeitig auch der Wunsch nach einem Preiserlebnis gegeben.

Beim **Einkaufsanlass „Dringender Produktbedarf"** war vermutet worden, dass der Eigenschaft „Lieferzeit" eine solche Bedeutung zukommt, dass sie zum K.O.-Kriterium der Meta-Betriebsformenwahl wird. In Abschnitt 4.2.1.2 wurde gezeigt, dass dies nicht der Fall ist und das kompensatorische Einstellungsmodell seine Gültigkeit auch in solchen Einkaufssituationen nicht verliert. Nichtsdestotrotz messen Online-Shopper der Lieferzeit bei einem dringenden Produktbedarf eine größere Bedeutung bei als in anderen Einkaufssituationen (Abb. 4.19). Die durchschnittliche Bedeutung nimmt einen Wert von 3,34 an, der 0,55 Punkte über dem Durchschnitt in den anderen Situationen (2,79) liegt. Auf der Grundlage eines t-Tests lässt sich schließen, dass dieser Unterschied bei einem Signifikanzniveau von 1 % auch in der Grundgesamtheit besteht. In **Hypothese 12** wurde vermutet, dass der Lieferzeit eine größere Bedeutung als in anderen Situationen zukommt und die Eigenschaft zum K.O.-Kriterium wird. Während der **zweite Teil** der Hypothese in Abschnitt 4.2.1.2 **widerlegt** wurde, konnte der **erste Teil** hier **bestätigt** werden.

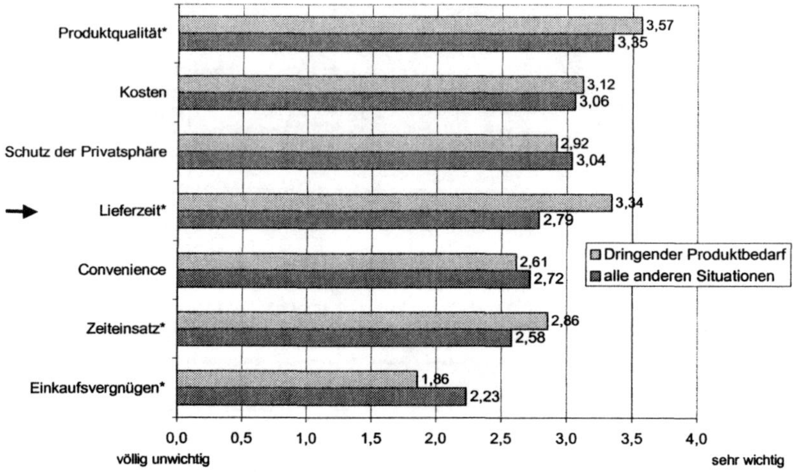

Anmerkungen: n = 335 bis 342 (dringender Produktbedarf)
➔ : Meta-Betriebsformeneigenschaft, zu der eine Hypothese aufgestellt wurde
* : signifikanter Unterschied nach t-Test (Signifikanzniveau 1 %)

Abb. 4.19: Gewichtung der Meta-Betriebsformenleistungen bei dringendem Produktbedarf im Vergleich zu anderen Situationen

Aus exploratorischen Gründen wird in Abb. 4.19 auch die Gewichtung der anderen sechs Meta-Betriebsformenleistungen verglichen, zu denen keine Hypothesen aufgestellt wurden. Es zeigt sich, dass den Merkmalen Produktqualität und Zeiteinsatz eine signifikant überdurchschnittliche Bedeutung zukommt, während das Einkaufsvergnügen den Online-Shoppern mit dringendem Produktbedarf weniger wichtig ist.

In Hypothese 13 wurde vermutet, dass sich Online-Shopper mit dringendem Produktbedarf ausschließlich für den stationären Handel entscheiden. Diese Erwartung wurde nicht erfüllt, da die Lieferzeit nicht als K.O.-Kriterium anzusehen ist. In Abschnitt 4.2.1.2 wurde bereits darauf hingewiesen, dass immerhin 42,9 % der Online-Shopper mit dringendem Produktbedarf den Einkauf im Internet beabsichtigen. Demnach muss **Hypothese 13 verworfen** werden. Zumindest beabsichtigen Online-Shopper in dieser Einkaufssituation häufiger einen Einkauf im stationären Handel (57,1 %) als in anderen Situationen (43,2 %). Dieser Zusammenhang ist nach einer Kontingenzanalyse bzw. einem Chi-Quadrat-Test mit sehr großer Wahrscheinlichkeit auch in der Grundgesamtheit gegeben.

Für Online-Shopper, die einen konkreten Produktwunsch hegen, der **nicht mit einem dringenden Produktbedarf** verbunden ist, wurden die Hypothesen danach unterschieden, ob der Produktwunsch genau spezifiziert ist oder nicht. Für den Fall, dass die Online-Shopper bereits **genau wissen, welches Produkt sie kaufen wollen**, wurde eine überdurchschnittliche Gewichtung von Zeiteinsatz, Kosten und Convenience und eine unterdurchschnittliche Bedeutung des Einkaufsvergnügens erwartet. Abb. 4.20 macht deutlich, dass nur bei der Convenience ein signifikanter Unterschied im Vergleich zu den anderen Einkaufssituationen besteht. Beim Zeiteinsatz und beim Einkaufsvergnügen tendieren die Mittelwerte zwar in die vermutete Richtung, die Unterschiede zu den anderen Situationen sind aber sehr gering. Bei den Kosten fällt die mittlere Bedeutung sogar geringer aus als in den anderen Einkaufssituationen. **Hypothese 14 trifft daher nur teilweise zu.**

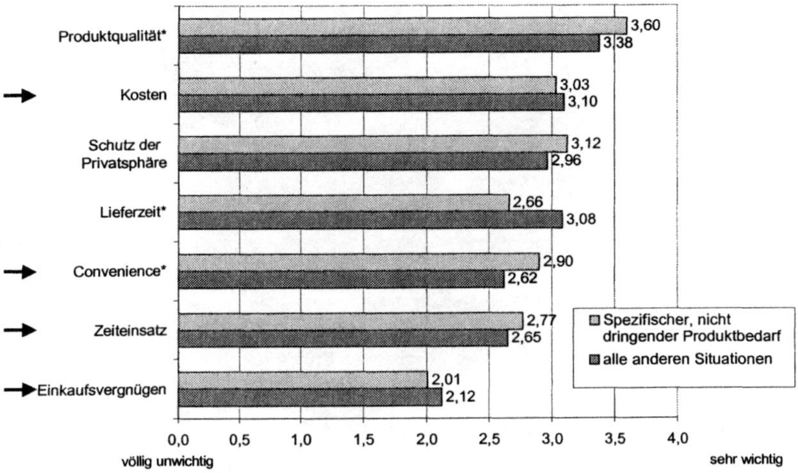

Anmerkungen: n = 213 bis 219 (spezifischer, nicht dringender Produktbedarf)
➔ : Meta-Betriebsformeneigenschaft, zu der eine Hypothese aufgestellt wurde
* : signifikanter Unterschied nach t-Test (Signifikanzniveau 1 %)

Abb. 4.20: Gewichtung der Meta-Betriebsformenleistungen bei spezifischem, nicht dringendem Produktbedarf im Vergleich zu anderen Situationen

Bei den Merkmalen Produktqualität und Lieferzeit, die in Hypothese 14 nicht berücksichtigt wurden, zeigen sich signifikante Unterschiede. So kommt der Produktqualität in der hier betrachteten Einkaufssituation eine überdurchschnittliche Bedeutung zu, während die Bedeutung der Lieferzeit unterdurchschnittlich ausgeprägt ist. In Hinblick auf die Verhaltensabsicht wurde in **Hypothese 15** vermutet, dass sich in dieser Situation besonders viele Online-Shopper für das Internet Shopping entscheiden. Diese Hypothese **wird gestützt**, da sich 73,5 % der Online-Shopper mit einem spezifischen, nicht dringenden Produktbedarf für das Internet Shopping entscheiden. Die Ergebnisse eines Chi-Quadrat-Tests zeigen an, dass dieser Zusammenhang auch in der Grundgesamtheit gilt.

Die nächste Situation, die es zu betrachten gilt, betrifft **nicht dringende Produktwünsche**, bei denen sich die Online-Shopper **noch nicht auf ein bestimmtes Produkt festgelegt** haben. Für diesen Fall wurde in Hypothese 16 eine überdurchschnittliche Bedeutung der Qualität des ausgewählten Produkts vermutet. Überraschenderweise fällt die Bedeutung der Produktqualität in dieser Situation geringer aus als in den anderen Einkaufssituationen (Abb. 4.21). Es fällt schwer, dieses Ergebnis zu erklären. Konsumenten, die ein Produkt kaufen wollen, das noch nicht näher bestimmt ist, müssten eigentlich der Eigenschaft „Qualität des ausgewählten Produkts" eine besonders hohe Bedeutung beimessen. **Hypothese 16 muss verworfen werden**. Ein signifikanter Unterschied zeigt sich lediglich bei dem Zeiteinsatz, dem in dieser Einkaufssituation eine unterdurchschnittliche Bedeutung zukommt.

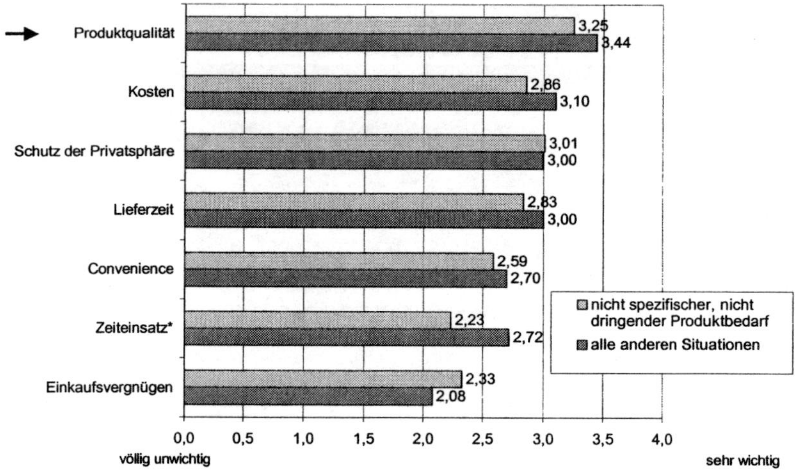

Anmerkungen: n = 79 bis 85 (nicht spezifischer, nicht dringender Produktbedarf)
➔ : Meta-Betriebsformeneigenschaft, zu der eine Hypothese aufgestellt wurde
* : signifikanter Unterschied nach t-Test (Signifikanzniveau 1 %)

Abb. 4.21: Gewichtung der Meta-Betriebsformenleistungen bei nicht spezifischem, nicht dringendem Produktbedarf im Vergleich zu anderen Situationen

Die Hypothesen 17 und 18, die den Einfluss auf die Verhaltensabsicht betreffen, bauen auf der Annahme auf, dass Hypothese 16 zutrifft. Da diese Hypothese verworfen werden muss, verwundert es nicht, dass **auch die Hypothesen 17 und 18 hinfällig** sind. Die Verhaltensabsicht weicht in dieser Einkaufssituation nicht signifikant von den anderen Situationen ab.

Wenn die Online-Shopper ein **Preiserlebnis** suchen, sollte die Bedeutung der Eigenschaft „Kosten" besonders hoch ausfallen (**Hypothese 19**). Ein t-Test ergibt, dass diese Hypothese **bestätigt** werden kann (Abb. 4.22). Außerdem zeigt sich, dass die Lieferzeit eine signifikant unterdurchschnittliche Bedeutung einnimmt.

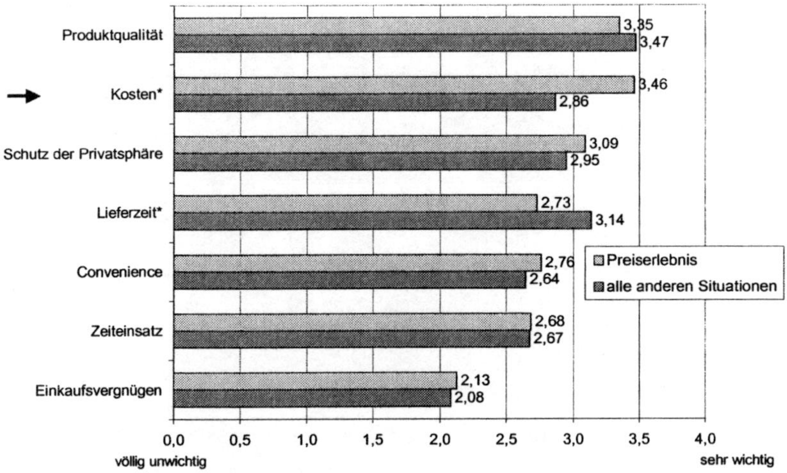

Anmerkungen: n = 347 bis 356 (Preiserlebnis)
➔ : Meta-Betriebsformeneigenschaft, zu der eine Hypothese aufgestellt wurde
* : signifikanter Unterschied nach t-Test (Signifikanzniveau 1 %)

Abb. 4.22: Gewichtung der Meta-Betriebsformenleistungen bei Wunsch nach einem Preiserlebnis im Vergleich zu anderen Situationen

Die hohe Bedeutung der Kosten wirkt sich wie erwartet auf die Verhaltensabsicht aus. 63,6 % der Online-Shopper, die aus dem Wunsch nach einem Preiserlebnis heraus einkaufen, beabsichtigen, im Internet einzukaufen. Da dieser Zusammenhang nach einem Chi-Quadrat-Test auch in der Grundgesamtheit gilt, kann **Hypothese 20** als **bestätigt** angesehen werden.

Welche Gewichtung und welche Verhaltensabsicht lassen sich bei den Online-Shoppern beobachten, die den Einkaufsanlass „**Selbstbelohnung**" verfolgen? Den beiden Meta-Betriebsformeneigenschaften „Lieferzeit" und „Einkaufsvergnügen" kommt wie erwartet eine überdurchschnittliche Bedeutung zu (Abb. 4.23). Der Unterschied erweist sich allerdings nur beim Einkaufsvergnügen als signifikant. Demnach lässt sich **Hypothese 21 nur zum Teil erhärten**. Abgesehen von den beiden in der Hypothese berücksichtigten Merkmalen fallen signifikante Unterschiede beim Zeiteinsatz und den Kosten auf. Beide Eigenschaften sind den Online-Shoppern, die eine Selbstbelohnung suchen, weniger wichtig als in anderen Einkaufssituationen.

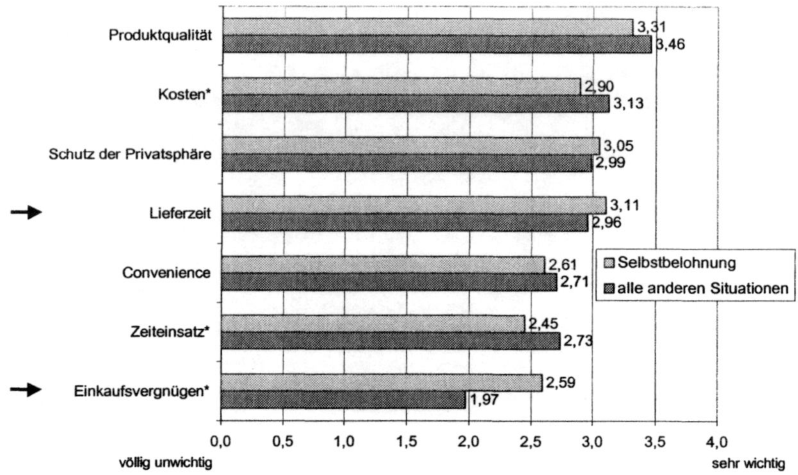

Anmerkungen: n = 192 bis 196 (Selbstbelohnung)
➔ : Meta-Betriebsformeneigenschaft, zu der eine Hypothese aufgestellt wurde
* : signifikanter Unterschied nach t-Test (Signifikanzniveau 1 %)

Abb. 4.23: Gewichtung der Meta-Betriebsformenleistungen bei Wunsch nach einer Selbstbelohnung im Vergleich zu anderen Situationen

Aufgrund der vermuteten hohen Bedeutung von Lieferzeit und Einkaufsvergnügen wurde in **Hypothese 22** ein überdurchschnittlicher Zuspruch für den stationären Handel erwartet. Auch diese Hypothese **trifft zu.** 58,7 % der Online-Shopper suchen die Selbstbelohnung in einem Ladengeschäft. Die Absicht, im stationären Handel einzukaufen, fällt bei dieser Einkaufssituation nach einem Chi-Quadrat-Test signifikant höher aus als in anderen Einkaufssituationen.

Als letzte Einkaufsanlässe werden **„sinnliches Erlebnis"**, **„soziale Kontakte"** und **„neue Trends und Ideen"** betrachtet. Aufgrund geringer Fallzahlen (sinnliches Erlebnis: 26, soziale Kontakte: 6, Trends und Ideen: 67) werden die drei Anlässe integriert untersucht. Auf eine getrennte Analyse der einzelnen Anlässe wird verzichtet. Bei allen drei Anlässen wurde eine besondere Betonung des Einkaufsvergnügens erwartet (**Hypothese 23**). Diese Erwartung lässt sich anhand der Stichprobenergebnisse **bestätigen** (Abb. 4.24). Online-Shopper weisen dem Einkaufsvergnügen bei diesen Anlässen durchschnittlich eine Bedeutung von 2,61 zu. Dieser Wert liegt 0,56 Punkte über dem Durchschnitt in anderen Einkaufssituationen. Neben dem Einkaufsvergnügen kommt auch dem Merkmal „Schutz der Privatsphäre" eine signifikant überdurchschnittliche Bedeutung zu. Die Kosten sind den Online-Shoppern in diesen Einkaufssituationen hingegen weniger wichtig.

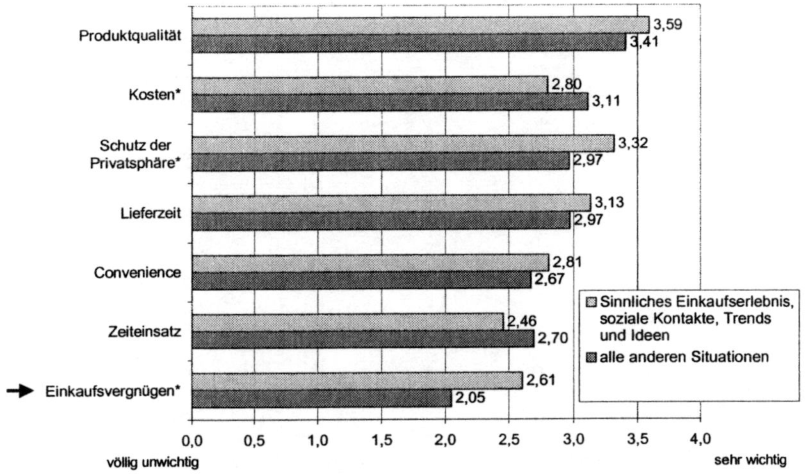

Anmerkungen: n = 88 bis 91 (sinnliches Erlebnis, soziale Kontakte und/oder Trends und Ideen)
➔ : Meta-Betriebsformeneigenschaft, zu der eine Hypothese aufgestellt wurde
* : signifikanter Unterschied nach t-Test (Signifikanzniveau 1 %)

Abb. 4.24: Gewichtung der Meta-Betriebsformenleistungen bei den Anlässen „sinnliches Erlebnis“, „soziale Kontakte“, „Trends und Ideen“ im Vergleich zu anderen Situationen

Die erhöhte Bedeutung des Einkaufsvergnügens wirkt sich kaum auf die Verhaltensabsicht aus. Mit 50,0 % fällt der Zuspruch für den stationären Handel in diesen Situationen nur geringfügig höher aus als in den anderen Situationen (48,1 %). Anhand des Chi-Quadrat-Tests kann nicht auf einen Zusammenhang in der Grundgesamtheit geschlossen werden. **Hypothese 24 wird demnach verworfen.** Dieses Ergebnis überrascht insofern nicht, als dass in Abschnitt 4.2.2 gezeigt wurde, dass der stationäre Handel bei dem Merkmal „Einkaufsvergnügen“ nur über einen schwachen Vorteil verfügt.

Neben den Einkaufsanlässen wurde der **Zeitdruck** als weitere Situationsvariable berücksichtigt. In Hypothese 25 wurde vermutet, dass die Online-Shopper, die Zeitdruck bei ihrem Einkauf antizipieren, besonderen Wert auf die Merkmale „Convenience“ und „Zeiteinsatz“ legen. Während sich beim Zeiteinsatz tatsächlich eine deutlich höhere Bedeutung zeigt, kann bei der Convenience keine signifikant höhere Wichtigkeit nachgewiesen werden (Abb. 4.25). **Hypothese 25** kann somit **nur teilweise bestätigt** werden. **Gänzlich bestätigen** lassen sich hingegen die **Hypothesen 26 und 28**. Das Einkaufsvergnügen spielt unter Zeitdruck eine geringere Rolle, während der Lieferzeit eine signifikant größere Bedeutung zukommt.

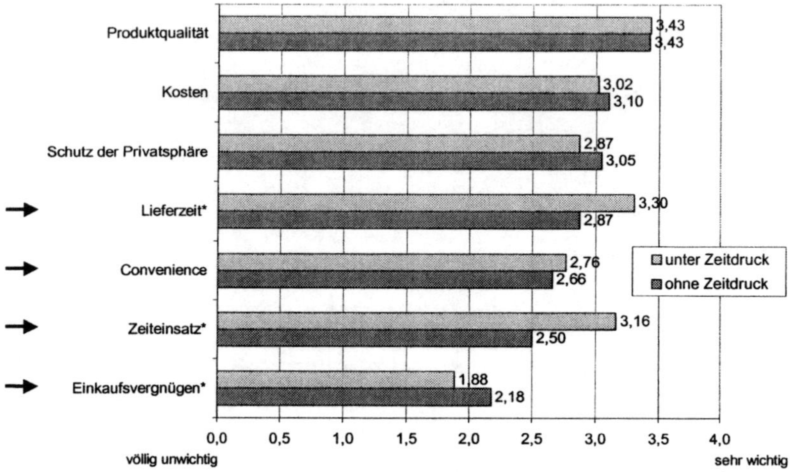

Anmerkungen: n = 249 bis 257 (Zeitdruck)
➔ : Meta-Betriebsformeneigenschaft, zu der eine Hypothese aufgestellt wurde
* : signifikanter Unterschied nach t-Test (Signifikanzniveau 1 %)

Abb. 4.25: Gewichtung der Meta-Betriebsformenleistungen unter Zeitdruck im Vergleich zu Situationen ohne Zeitdruck

Die überdurchschnittliche Bedeutung der Lieferzeit wurde aus der Vermutung hergeleitet, dass zwischen dem Zeitdruck, den ein Online-Shopper bei einem Einkauf antizipiert, und dem Einkaufsanlass „dringender Produktbedarf" ein positiver Zusammenhang besteht (**Hypothese 27**). Auch diese Hypothese **lässt sich erhärten**. 48,1 % der Online-Shopper, die Zeitdruck bei ihrem Einkauf vorhersehen, geben als Einkaufsanlass einen dringenden Produktbedarf an. Insgesamt kommt der Einkaufsanlass „dringender Produktbedarf" nur in 34,4 % aller Stichprobenfälle vor.[571]

Wo beabsichtigen Online-Shopper unter Zeitdruck den Großteil ihrer Käufe? Es wurde angenommen, dass die Lieferzeit den Charakter eines K.O.-Kriteriums annimmt und somit die Betonung der Vorteile des Internet Shoppings (Convenience und Zeiteinsatz) nicht zum Tragen kommt. Demzufolge wurde ein überdurchschnittlicher Zuspruch für den stationären Handel erwartet (Hypothese 29). Zwar wurde in Abschnitt 4.2.1.2 gezeigt, dass die Lieferzeit bei dringendem Produktbedarf nicht wie erwartet zum K.O.-Kriterium wird, **Hypothese 29 trifft aber dennoch zu**. Sehen Online-Shopper Zeitdruck bei ihrem Einkauf vorher, planen 57,5 % den Einkauf in einem Ladengeschäft. Dieser Zuspruch fällt signifikant höher aus als in Situationen ohne Zeitdruck. Tabelle 4.22 gibt einen abschließenden Überblick, inwiefern die Hypothesen in diesem Abschnitt bestätigt werden konnten oder verworfen werden mussten.

---

[571] Ein Chi-Quadrat-Test ergibt einen signifikanten Zusammenhang (Signifikanzniveau 1 %).

Tabelle 4.22: Hypothesen zum Einfluss von Situationsvariablen auf die Gewichtung von Meta-Betriebsformeneigenschaften und Meta-Betriebsformenwahl - Überblick über die Ergebnisse

Situationsvariable	besonders stark (+) oder schwach (-) gewichtete Meta-Betriebsformen-eigenschaften bzw. K.O.-Kriterien (K.O.)	Empirische Überprüfung (+ : bestätigt, +/- : teilweise bestätigt, - : verworfen)	Bevorzugte Meta-Betriebsform	Empirische Überprüfung (+ : bestätigt, +/- : teilweise bestätigt, - : verworfen)
Einkaufsanlass				
Dringender Produktbedarf	Lieferzeit (K.O.)	Hypothese 12 (+/-)	ausschließlich stationärer Handel	Hypothese 13 (-)
Kein dringender Produktbedarf - genau spezifiziertes Produkt	Zeiteinsatz (+), Kosten (+), Convenience (+), Einkaufsvergnügen (-)	Hypothese 14 (+/-)	Internet Shopping	Hypothese 15 (+)
Kein dringender Produktbedarf – nicht genau spezifiziertes Produkt	Qualität des ausgewählten Produkts (+)	Hypothese 16 (-)	Stationärer Handel/Internet Shopping	Hypothesen 17 und 18 (-)
Preiserlebnis	Kosten (+)	Hypothese 19 (+)	Internet Shopping	Hypothese 20 (+)
Selbstbelohnung	Einkaufsvergnügen (+), Lieferzeit (+)	Hypothese 21 (+/-)	Stationärer Handel	Hypothese 22 (+)
Sinnliches Erlebnis, soziale Kontakte, neue Trends und Ideen	Einkaufsvergnügen (+)	Hypothese 23 (+)	Stationärer Handel	Hypothese 24 (-)
Zeitdruck	Zeiteinsatz (+), Convenience (+), Einkaufsvergnügen (-), Lieferzeit (+)	Hypothese 25 (+/-), Hypothese 26 (+), Hypothese 27 (+), Hypothese 28 (+)	Stationärer Handel	Hypothese 29 (+)

4.3 Die Güte des Erhebungsinstruments

Nachdem im vorausgegangenen Abschnitt die Hypothesen zur Meta-Betriebsformenwahl empirisch geprüft wurden, stellt sich zum Abschluss der empirischen Analyse die Frage, wie die Güte der erhobenen Daten zu beurteilen ist. In Abschnitt 3.2.1.10 wurde bereits betont, dass die Qualität eines Messergebnisses insbesondere mit dem Kriterium der **Validität** (Gültigkeit) festgestellt wird.[572] Die Validität zeigt an, in welchem Ausmaß wirklich Größen des zu messenden Konstrukts erfasst werden, d. h. inwieweit genau das gemessen wird, was gemessen werden soll.[573] So definieren Cannell und Kahn Validität als „the extent to which an instrument and the rules for its use in fact measure what they purport to measure."[574] Eine notwendige, wenn auch nicht hinreichende Voraussetzung für

[572] Vgl. Trommsdorff, V., 1998, S. 39-41.
[573] Vgl. Berekoven, L./Eckert, W./Ellenrieder, P., 1996, S. 88.
[574] Cannell, Ch. F./Kahn, R. L., 1968, S. 532.

Validität ist die **Reliabilität** (Zuverlässigkeit) der Messung.[575] Reliabilität ist gegeben, wenn das Messergebnis frei von Zufallseinflüssen ist. „Ein Meßinstrument ist unter der Voraussetzung konstanter Meßbedingungen dann reliabel, wenn die Meßwerte präzise und stabil, d. h. bei wiederholter Messung reproduzierbar sind."[576] Während die Reliabilität die formale Genauigkeit angibt, steht die Validität für die materielle Genauigkeit einer Erhebung.[577] Zunächst wird in diesem Abschnitt die Reliabilität der erhobenen Daten diskutiert, bevor anschließend auf die Validität der Daten eingegangen wird.[578]

4.3.1 Reliabilität

Für die Einschätzung der Reliabilität bieten sich grundsätzlich drei verschiedene Methoden an:[579]

1. **Test-Retest-Methode**: Bei dieser Methode werden die Daten mit einem zeitlichen Abstand ein zweites Mal gemessen und mit der ersten Messung verglichen. Die Methode basiert auf der zweifelhaften Annahme, dass sich die wahren Werte im Zeitablauf nicht verändern. Da zudem der Aufwand einer zweiten Messung unverhältnismäßig erscheint, kommt diese Methode nicht weiter in Betracht.

2. **Paralleltestmethode**: Bei dieser Methode werden zum selben Zeitpunkt zwei vergleichbare Messungen vorgenommen. Die Schwierigkeit besteht darin, zwei Messinstrumente zu entwickeln, die dieselbe Dimension messen sollen und sich möglichst ähneln. „Die Paralleltestmethode ist daher in der Praxis kaum verwendbar."[580]

3. **Methode der internen Konsistenz**: Als dritte Alternative verbleibt die Prüfung der internen Konsistenz eines Messinstruments. Diese Methode setzt voraus, dass ein Konstrukt mit Hilfe mehrerer Indikatoren bzw. Items gemessen wird, die sich alle auf dieselbe Dimension beziehen. Ist diese Voraussetzung erfüllt, prüft die Methode, in welchem Umfang die Einzelindikatoren dasselbe Konstrukt messen. Die meisten Variablen werden in der vorliegenden Untersuchung nur anhand eines Indikators erhoben und kommen somit für einen Reliabilitätstest nach der Methode der internen Konsistenz nicht in Frage. Anders sieht dies bei der Einstellung aus. Dabei können die sieben Produkte aus der motivationalen und kognitiven Komponente (z. B.

---

[575] Vgl. Trommsdorff, V., 1998, S. 39.

[576] Berekoven, L./Eckert, W./Ellenrieder, P., 1996, S. 87.

[577] Vgl. Berekoven, L./Eckert, W./Ellenrieder, P., 1996, S. 87 f.

[578] Kriterien, die sich auf die praktische Durchführung von Untersuchungen beziehen, wie Objektivität, Vergleichbarkeit, Ökonomie und Nützlichkeit werden nicht als zentral angesehen und nicht weiter betrachtet. Vgl. Schnell, R./Hill, P. B./Esser, E., 1999, S. 144 f.; Lienert, Gustav A.: Testaufbau und Testanalyse, 3. Auflage, Weinheim 1969, S. 12-21.

[579] Vgl. Schnell, R./Hill, P. B./Esser, E., 1999, S. 145-147; Diekmann, A., 1995, S. 217-223.

[580] Schnell, R./Hill, P. B./Esser, E., 1999, S. 146.

kognitive Beurteilung der Convenience * Bedeutung der Convenience) als Indikatoren des Konstrukts „Einstellung“ aufgefasst werden. Im Folgenden wird ein Reliabilitätstest für diese zentrale Untersuchungsvariable durchgeführt.

Für eine Reliabilitätsanalyse nach der Methode der internen Konsistenz kommen verschiedene Verfahren in Frage. Das Cronbachsche Alpha stellt den am häufigsten verwendeten Reliabilitätskoeffizienten dar.[581] Dieser Koeffizient der sog. „ersten Generation“ ist der **konfirmatorischen Faktorenanalyse** (Verfahren der „zweiten Generation“) allerdings aus verschiedenen Gründen unterlegen.[582] Mit Hilfe einer solchen Faktorenanalyse kann die Reliabilität allerdings nur dann geschätzt werden, wenn im Rahmen eines Modells mehrere Konstrukte vorliegen, die jeweils mit mehreren Indikatoren gemessen wurden.[583]

Da diese Voraussetzung hier nicht erfüllt ist, muss auf das **Cronbachsche Alpha** zurückgegriffen werden. Dieser Koeffizient baut auf der sog. Split-Half-Methode auf, bei der die Indikatoren in zwei Hälften aufgeteilt werden.[584] Anschließend addiert man die Itemwerte für jede Testhälfte und ermittelt die Korrelation zwischen den Teilsummen. Die Teilsummenbildung erscheint für den vorliegenden Fall insofern sinnvoll, als dass auch der Einstellungswert durch die Summenbildung über die sieben Produkte aus kognitiver und motivationaler Einschätzung berechnet wird. Da beide Hälften kürzer als der Originaltest ausfallen, wird die Reliabilität durch den Korrelationskoeffizienten unterschätzt. Die Formel von Spearman und Brown kompensiert diese Unterschätzung auf rechnerischem Weg:[585]

$$r = \frac{2r_{12}}{1 + r_{12}}$$

r_{12} : Korrelation der beiden Testhälften

Damit die Reliabilitätsschätzung nicht von der willkürlichen Aufteilung der Testhälften abhängig ist, berechnet das Cronbachsche Alpha den Mittelwert von r aus allen möglichen Aufteilungen. Der Wertebereich von Alpha liegt zwischen Null und Eins, wobei ein hoher Wert auf eine hohe Reliabilität hinweist.[586] Nach

---

[581] Vgl. Cronbach, Lee J.: Coefficient alpha and the Internal Structure of Tests, in: Psychometrika, 16. Jg. (1951), S. 297-334; Peterson, Robert A.: A Meta-Analysis of Cronbach´s Coefficient Alpha, in: Journal of Consumer Research, 21. Jg. (1994), S. 381-391.

[582] Vgl. Homburg, Christian/Giering, Annette: Konzeptualisierung und Operationalisierung komplexer Konstrukte – Ein Leitfaden für die Marketingforschung, in: Marketing ZFP, 18. Jg. (1996), H. 1, S. 9; zur Anwendung der konfirmatorischen Faktorenanalyse vgl. Homburg, Christian/Pflesser, Christian: Konfirmatorische Faktorenanalyse, in: Herrmann, Andreas/Homburg, Christian (Hrsg.): Marktforschung: Methoden, Anwendungen, Praxisbeispiele, Wiesbaden 1999, S. 413-437.

[583] Vgl. Schnell, R./Hill, P. B./Esser, E., 1999, S. 155-160.

[584] Vgl. Diekmann, A., 1995, S. 219-223.

[585] Vgl. Zeller, Richard A./Carmines, Edward G.: Measurement in the Social Sciences. The Link between Theory and Data, Cambridge 1980, S. 54-56.

[586] Vgl. Homburg, Chr./Giering, A., 1996, S. 8.

Homburg und Giering ist es in der Literatur umstritten, ab welchem Wert des Koeffizienten die Reliabilität als akzeptabel anzusehen ist.[587] Die beiden Autoren bemerken jedoch, dass man sich häufig an dem Vorschlag von Nunnally orientiert, der fordert, dass Alpha einen **Mindestwert von 0,7** erreichen sollte.[588] Für das Konstrukt „Einstellung" ergibt sich in der vorliegenden Untersuchung ein **Alpha von 0,71**. Da der Mindestwert von Nunnally überschritten wird, kann von einer reliablen Messung der Einstellung gesprochen werden.[589]

4.3.2 Validität

Nach der Prüfung der Reliabilität wendet sich die Betrachtung nun der Validität des Erhebungsinstruments zu. Im Allgemeinen unterscheidet man drei Formen der Validität:[590]

1. **Inhaltsvalidität**: Diese Form der Validität bezieht sich darauf, dass möglichst alle Aspekte der Dimension berücksichtigt werden, die gemessen werden sollte. Die Inhaltsvalidität lässt sich nicht objektiv bestimmen, weswegen sie in der Regel mit Hilfe von Expertenratings bestimmt wird.[591] Schnell et al. raten aufgrund der fehlenden Objektivität davon ab, die Inhaltsvalidität als Validitätskriterium aufzufassen.[592]
2. **Kriteriumsvalidität**: Bei dieser Form der Validität werden die empirischen Ergebnisse des Messinstruments mit einem anders gemessenen empirischen Kriterium verglichen. Wegener fasst die Probleme der Kriteriumsvalidität folgendermaßen zusammen: „Es gibt sehr häufig keine hinreichend genau gemessene Kriteriumsvariable für die Validierung einer Messung, und sofern es sie doch gibt, ist fraglich, worin eigentlich der Anlaß für die neue Messung besteht."[593] Für die Analyse der Meta-Betriebsformenwahl kann auf keine externen empirischen Kriterien zurückgegriffen werden.
3. **Konstruktvalidität**: Während die Inhalts- und Kriteriumsvalidität kaum aussagekräftig bzw. selten anwendbar sind, kommt der Konstruktvalidität eine

---

[587] Vgl. Homburg, Chr./Giering, A., 1996, S. 8.

[588] Vgl. Nunnally, Jum C.: Psychometric Theory, 2. Auflage, New York u. a. 1978, S. 245.

[589] Die Berechnung von Item-to-Total-Korrelationen erübrigt sich. Diese Korrelationen können als Entscheidungskriterium herangezogen werden, um durch den Ausschluss einzelner Items einen insgesamt zufriedenstellenden Alpha-Wert zu erreichen. Vgl. Homburg, Chr./Giering, A., 1996, S. 8; Churchill, Gilbert A. Jr.: A Paradigm for Developing Better Measures of Marketing Constructs, in: Journal of Marketing Research, 16. Jg. (1979), S. 68 f.; Zu einer kritischen Beurteilung dieser Vorgehensweise vgl. Bagozzi, Richard P./Yi, Youjae: On the Evaluation of Structural Equation Models, in: Journal of the Academy of Marketing Science, 16. Jg. (1988), H. 1, S. 80.

[590] Vgl. Schnell, R./Hill, P. B./Esser, E., 1999, S. 148-160; Diekmann, A., 1995, S. 223-227.

[591] Vgl. Green, P. E./Tull, D. S., 1982, S. 184.

[592] Vgl. Schnell, R./Hill, P. B./Esser, E., 1999, S. 149.

[593] Wegener, B.: Wer skaliert? Die Messfehler-Testtheorie und die Frage nach dem Akteur, in: ZUMA – Zentrum für Umfragen, Methoden und Analysen (Hrsg.): ZUMA-Handbuch Sozialwissenschaftlicher Skalen, Mannheim-Bonn 1983, S. 95 f.

große Bedeutung zu. Man spricht von Konstruktvalidität, wenn aus einem Konstrukt „... empirisch überprüfbare Aussagen über Zusammenhänge dieses Konstruktes mit anderen Konstrukten theoretisch hergeleitet werden können und sich diese Zusammenhänge empirisch nachweisen lassen."[594] Konstruktvalidität liegt demnach vor, wenn **zwei Bedingungen** erfüllt sind:

1. theoretische Herleitung eines Zusammenhangs zwischen Konstrukten bzw. Variablen sowie
2. empirische Bestätigung des Zusammenhangs.

Der ersten Bedingung wurde im Rahmen der theoretischen Analyse der Meta-Betriebsformenwahl Rechnung getragen. Die aus der Theorie abgeleiteten Zusammenhänge wurden in 29 Hypothesen festgehalten. Für einen Großteil der Hypothesen ist auch die zweite Bedingung erfüllt. So konnte die fundamentale Hypothese 1, die sich auf die Gültigkeit des Meta-Betriebsformenwahlmodells bezieht, empirisch bestätigt werden. Gleiches gilt für acht Hypothesen, welche die Vor- und Nachteile der Meta-Betriebsformen betreffen. Für zwei Variablen (Persönliche Sicherheit und Umweltauswirkungen) kann die Konstruktvalidität nicht beurteilt werden, weil sie nicht in die empirische Untersuchung einbezogen wurden. Bei den Hypothesen zu den situativen Einflussgrößen zeigt sich ein uneinheitliches Bild. Ein Teil der Hypothesen konnte empirisch gestützt werden, so dass für die entsprechenden Variablen Konstruktvalidität angenommen werden kann. Die anderen Hypothesen wurden hingegen nur teilweise bestätigt oder mussten gänzlich abgelehnt werden (Tabelle 4.22). **Drei Ursachen** können für diese aus theoretischer Sicht überraschenden empirischen Ergebnisse verantwortlich zeichnen:[595]

1. Für mindestens eine der Variablen der jeweiligen Hypothese liegt keine Konstruktvalidität vor.
2. Die Hypothese ist falsch.
3. Die empirische Untersuchung ist fehlerhaft (z. B. Rechenfehler).

Ohne weitere Untersuchungen lässt sich nicht klären, welche der drei Erklärungen zutrifft. Als Methoden bieten sich eine konfirmatorische Faktorenanalyse oder eine Multitrait-Multimethod-Matrix an. Eine Faktorenanalyse kommt aus den schon bei der Reliabilitätsprüfung genannten Gründen nicht in Frage. Die **Multitrait-Multimethod-Matrix** setzt voraus, dass die Konstrukte

---

594 Schnell, R./Hill, P. B./Esser, E., 1999, S. 150. Das hier verwendete Begriffsverständnis der Konstruktvalidität wird von manchen Autoren auch als nomologische Validität bezeichnet. Vgl. Hildebrandt, Lutz: Kausalanalytische Validierung in der Marketingforschung, in: Marketing ZFP, 6. Jg. (1984), H. 1, S. 42-44. Zur Konstruktvalidität von Einstellungsskalen vgl. Breitung, Ansgar: Kritische Analyse der Validitätsproblematik von Verfahren der Einstellungsmessung, in: Meffert, Heribert/Steffenhagen, Hartwig/Freter, Hermann (Hrsg.): Konsumentenverhalten und Information, Wiesbaden 1979, S. 212.

595 Vgl. Zeller, R. A./Carmines, E. G., 1980, S. 82-84; Schnell, R./Hill, P. B./Esser, E., 1999, S. 151.

anhand verschiedener Datenerhebungsmethoden (z. B. schriftlich, telefonisch und per Internet) gemessen wurden. Aufgrund des extrem hohen Aufwands wird diese Methode in der Praxis nur sehr selten verwendet.[596] Häufig wird auf eine Abwandlung zurückgegriffen, bei der statt vollständig verschiedener Methoden lediglich mehrere Indikatoren für dasselbe Konstrukt erhoben werden.[597] Da die in Frage kommenden situativen Variablen nur jeweils anhand eines Indikators gemessen wurden, scheidet auch eine Anwendung dieser vereinfachten Multitrait-Multimethod-Matrix aus.

Wie lässt sich die Güte des Erhebungsinstruments zusammenfassend beurteilen? Die Reliabilität konnte nur bei dem zentralen Konstrukt der Einstellung überprüft werden. Hier ergab sich ein zufriedenstellender Wert. Da sich viele der im theoretischen Teil abgeleiteten Hypothesen empirisch bestätigen ließen, kann **bei der Großzahl der Untersuchungsvariablen von Konstruktvalidität** ausgegangen werden. Bei wenigen situativen Einflussgrößen lässt sich nicht klären, ob die Variablen nicht valide gemessen wurden, Fehler in der empirischen Untersuchung vorliegen oder die zugrundeliegenden Hypothesen falsch sind.

---

[596] Cote und Buckley konnten in der gesamten sozialwissenschaftlichen Literatur nur ca. 200 Untersuchungen mit Multitrait-Multimethod-Matrizen nachweisen. Vgl. Cote, Joseph A./Buckley, M. Ronald: Estimating Trait, Method, and Error Variance: Generalizing across 70 Construct Validation Studies, in: Journal of Marketing Research, 24. Jg. (1987), S. 316.

[597] Vgl. Schnell, R./Hill, P. B./Esser, E., 1999, S. 154 f.

5 Implikationen für das strategische Handelsmanagement

Schwerpunkt der vorliegenden Arbeit war es, die situative Meta-Betriebsformenwahl von Online-Shoppern zu erklären. Nachdem diese Problematik in den beiden vorausgegangenen Hauptkapiteln ausführlich behandelt wurde, sollen zum Abschluss der Arbeit **beispielhaft zwei Ansatzpunkte** aufgezeigt werden, wie Handelsunternehmen die Untersuchungsergebnisse konkret nutzen können. Zum einen lassen sich Empfehlungen ableiten, in welchen Bereichen stationäre Händler und Online-Shops ihre absatzpolitischen Schwerpunkte setzen sollten, zum anderen lassen sich Szenarien durchspielen, wie sich die Bedeutung des stationären Handels und des Internet Shoppings zukünftig verändern könnte.

5.1 Empfehlungen für absatzpolitische Schwerpunkte der Meta-Betriebsformen

In diesem Abschnitt werden Empfehlungen abgeleitet, in welchen Bereichen stationäre und elektronische Händler derzeit die Schwerpunkte in ihrer Absatzpolitik setzen sollten. Der Zwang zu einer Schwerpunktsetzung lässt sich aus dem Konzept der Wettbewerbsstrategien nach Porter ableiten.[598] Nach Porter sollten Unternehmen entweder eine Kostenführerschafts- oder eine Differenzierungsstrategie verfolgen, um nicht „zwischen den Stühlen" zu landen. Gröppel-Klein diskutiert, wie sich Porter´s Konzept auf den Einzelhandel übertragen lässt.[599] Demnach bedeutet die **Kostenführerschaftsstrategie** das Streben nach günstigen

---

[598] Vgl. Porter, Michael E.: Wettbewerbsstrategie (Competitive Strategy) – Methoden zur Analyse von Branchen und Konkurrenten, 10. Auflage, Frankfurt a. M.-New York 1999, S. 70-85; Porter, M. E., 2001, S. 63-78.

[599] Vgl. Gröppel-Klein, A., 1998, S. 19-138.

Beschaffungs- und Handlungskosten. Kostenvorteile gegenüber der Konkurrenz werden in der Regel in entsprechend günstigen Preisen an den Konsumenten weitergeben. Bezogen auf das Spektrum der sieben Meta-Betriebsformeneigenschaften bedeutet diese Strategie eine Betonung der „Kosten". Unter einer **Differenzierungsstrategie** versteht Gröppel-Klein, dass sich ein Händler auf die Gestaltung ausgewählter Marketinginstrumente konzentriert. In Hinblick auf den Katalog der Meta-Betriebsformeneigenschaften kann diese Strategie mit einer Schwerpunktsetzung bei den anderen sechs Eigenschaften gleichgesetzt werden. In einer empirischen Untersuchung für den westdeutschen Non-Food-Einzelhandel kann Gröppel-Klein nachweisen, dass die Unternehmen, die im Sinne Porter's „zwischen den Stühlen" positioniert sind, im Vergleich zum Branchendurchschnitt einen um 14 % geringeren Umsatz erzielen.[600] Demgegenüber liegen die Differenzierer um 4 % und die Kostenführer sogar um 7 % über dem Durchschnitt.

So wie in dieser Arbeit auf einem aggregierten Niveau die Wahl zwischen den beiden Meta-Betriebsformen analysiert wurde, dürfte auch die Wahl der Online-Shopper zwischen einzelnen Ladengeschäften und Online-Shops auf Einstellungen zu den einzelnen Händlern zurückzuführen sein. **Ziel des einzelnen Händlers** muss es demnach sein, ein **möglichst positives Image** bei bestehenden und potentiellen Kunden zu erlangen.[601] Prinzipiell kann er dies über eine positive Beeinflussung der kognitiven oder der motivationalen Komponente bei ausgewählten Einstellungsdimensionen erreichen.[602] Lutz konnte in zwei Experimenten zeigen, dass eine Änderung der motivationalen Komponente wenig aussichtsreich erscheint.[603] Dementsprechend sollten Online-Händler und stationäre Händler das Ziel verfolgen, bei der **Einschätzung der kognitiven Komponente** bestimmter Meta-Betriebsformeneigenschaften **besser abzuschneiden** als die Konkurrenz.

Welche Eigenschaften bieten sich für eine Schwerpunktsetzung an? Levy/Weitz merken an, dass ein Händler Eigenschaften auswählen sollte, die für den jeweiligen Zielmarkt besonders wichtig sind.[604] Unter einem Zielmarkt werden in der Regel bestimmte Zielgruppen verstanden.[605] Die situative Analyse dieser Arbeit legt es hingegen nahe, **Einkaufssituationen als mögliche Zielmärkte** zu betrachten.[606] Über alle Einkaufssituationen hinweg kommt den Eigenschaften „Qualität des

---

600 Vgl. Gröppel-Klein, Andrea: Kundenorientiertes Einzelhandelsmarketing – Notwendigkeit der Profilierung von Einzelhandelsunternehmen in West und Ost, in: Universitätsschriften der Europa-Universität Viadrina, Band 13, Frankfurt (Oder), 1998, S. 86-91.

601 Vgl. Rosenbloom, Bert: Store Image Development and the Question of Congruency, in: Darden, William R./Lusch, Robert F. (Hrsg.): Patronage Behavior and Retail Management, New York 1983, S. 141; Trommsdorff, V., 1998, S. 154 f.

602 Vgl. Levy, M./Weitz, B. A., 1995, S. 108 f.

603 Vgl. Lutz, Richard J.: Changing Brand Attitudes Through Modification of Cognitive Structure, in: Journal of Consumer Research, 1. Jg. (1975), H. 4, S. 49-59.

604 Vgl. Levy, M./Weitz, B. A., 1995, S. 109.

605 Zur Zielgruppenplanung im Handel vgl. Müller-Hagedorn, L., 1998, S. 364-380.

606 Zur situativen Segmentierung vgl. Dickson, P. R., 1982, S. 56-64; Dubow, Joel S.: Occasion-Based vs. User-Based Benefit Segmentation: A Case Study, in: Journal of Advertising Research, 32. Jg. (1992), H. 2, S. 11-18.

ausgewählten Produkts", „Kosten" und „Schutz der Privatsphäre" die größte Bedeutung zu (Abb. 4.16). Betrachtet man die **wichtigsten drei Eigenschaften** in den in dieser Arbeit unterschiedenen Einkaufssituationen, stellt man gewisse Abweichungen zum Gesamtdurchschnitt fest (Tabelle 5.1).

Tabelle 5.1: Die bedeutendsten Meta-Betriebsformeneigenschaften in einzelnen Einkaufssituationen

Situation	Dringender Produktbedarf	Spezifischer, nicht dringender Produktbedarf	Nicht spezifischer, nicht dringender Produktbedarf	Preiserlebnis	Selbstbelohnung	Sinnliches Erlebnis, soziale Kontakte, Trends und Ideen	insgesamt
Anteil in der gesamten Stichprobe	34,4 %	22,0 %	8,5 %	35,7 %	19,8 %	9,1 %	
Bevorzugte Meta-Betriebsform (Verhaltensabsicht)	Stationärer Handel (57,1 %)	Internet Shopping (73,5 %)	Internet Shopping (51,6 %)[a]	Internet Shopping (63,6 %)	Stationärer Handel (58,7 %)	Internet Shopping (50,0 %)/ Stationärer Handel (50,0 %)[a]	Internet Shopping (51,7 %)/ Stationärer Handel (48,3 %)
Rang 1	Produktqualität	Produktqualität	Produktqualität	Kosten	Produktqualität	Produktqualität	Produktqualität
Rang 2	Lieferzeit	Schutz der Privatsphäre	Schutz der Privatsphäre	Produktqualität	Lieferzeit	Schutz der Privatsphäre	Kosten
Rang 3	Kosten	Kosten	Kosten	Schutz der Privatsphäre	Schutz der Privatsphäre	Lieferzeit	Schutz der Privatsphäre

[a] : Unterschied nicht signifikant

Zunächst muss sich ein Händler **für eine oder mehrere Einkaufssituationen entscheiden**. Dabei sind Situationen mit einem hohen Anteil in der Stichprobe interessanter als solche, die selten vorkommen. Online-Händler sollten vorzugsweise solche Situationen wählen, in denen das Internet Shopping präferiert wird. Analog dazu sind für stationäre Händler die Situationen besonders interessant, in denen Ladengeschäfte überdurchschnittlich oft aufgesucht werden. Hat sich ein Händler für eine oder mehrere Situationen entschieden, bietet es sich an, den **Fokus auf die für die jeweilige Situation entscheidenden Meta-Betriebsformenleistungen** zu richten. Dabei sollten Schwerpunkte nicht bei den Eigenschaften gesetzt werden, die generelle Schwächen der jeweiligen Meta-Betriebsform darstellen. So könnte bspw. ein Online-Händler, der sich ausschließlich auf die Lieferzeit konzentriert, kaum erfolgreich sein, weil ihm der stationäre Handel bei diesem Merkmal prinzipiell überlegen ist. **Beispielhaft** seien hier **zwei besonders interessante Positionierungen** hervorgehoben:

(1) Für einen **Online-Händler** ist die **Kostenführerschaftsstrategie** aussichtsreich, mit der insbesondere die Situation „**Wunsch nach einem Preiserlebnis**" angesprochen wird. Mit 35,7 % kommt diese Situation in der Stichprobe am häufigsten vor. Zudem beabsichtigen Online-Shopper in dieser Situation meistens den Kauf über das Internet (63,6 %). Der Meta-Betriebsformen-

eigenschaft „Kosten“, die eine generelle Stärke des Internet Shoppings darstellt, kommt in dieser Situation die größte Bedeutung zu.

(2) Für einen **stationären Händler** bietet sich eine **Differenzierungsstrategie** an, die auf die Situation **„dringender Produktbedarf“** abzielt. Zum einen kommt diese Situation insgesamt relativ oft vor (34,4 %), zum anderen bevorzugen Online-Shopper in dieser Situation überdurchschnittlich oft den stationären Handel. Die absatzpolitischen Schwerpunkte sollten so gesetzt werden, dass die Konsumenten insbesondere die Produktqualität und die Lieferzeit positiv beurteilen. Um eine hohe Bewertung bei der Lieferzeit zu erreichen, sollten bspw. „Out-of-Stocks“ unbedingt vermieden werden. Eine Betonung der Eigenschaft „Kosten“, der bei dieser Einkaufssituation immerhin die dritt größte Bedeutung zukommt, erscheint aus zwei Gründen nicht sinnvoll. Einerseits verfügt das Internet Shopping bei dieser Eigenschaft über einen generellen, wenn auch mäßigen Vorteil. Andererseits schließt eine Differenzierungsstrategie aus, dass man gleichzeitig einen Kosten- bzw. Preisvorteil anstrebt.[607]

Zu diesen strategischen Empfehlungen muss einschränkend gesagt werden, dass die getroffenen Aussagen **ausschließlich** für den **Kreis der Untersuchungsbranchen** und die **Zielgruppe der Online-Shopper** gelten. Darüber hinaus wurden die Empfehlungen auf der Grundlage einer aggregierten Analyse der beiden Meta-Betriebsformen abgeleitet. Für eine aussichtsreiche strategische Positionierung ist es aber unabdingbar, die genaue Position des eigenen Unternehmens und der Konkurrenten zu kennen.[608] Im Idealfall sollte ein Handelsunternehmen auf der Grundlage des in dieser Arbeit vorgestellten Modells eine individuelle Analyse durchführen. Dabei könnten bestehende und potentielle Kunden des Unternehmens befragt werden, um zu einer kognitiven Einschätzung

- des eigenen Unternehmens und
- der jeweiligen stationären und elektronischen Konkurrenten zu gelangen.

Weiterhin könnte eine solche Untersuchung auf die Warengruppen beschränkt werden, die sich im Sortiment des Handelsunternehmens befinden oder für eine Aufnahme in das Sortiment in Frage kommen.

---

607 Vgl. Porter, M. E., 1999, S. 78 f.

608 Vgl. bspw. Schmid, Florian: Positionierungsstrategien im Einzelhandel – Marktpositionen erobern und verteidigen, Frankfurt a. M. 1996, 40-49; Kreikebaum, Hartmut: Strategische Unternehmensplanung, 6. Auflage, Stuttgart-Berlin-Köln 1997, 40-53; Woratschek, H., 1992, S. 207-212.

5.2 Szenarien der zukünftigen Bedeutung der Meta-Betriebsformen

Für die langfristige Unternehmensentwicklung von Handelsunternehmen ist es wichtig, die zukünftige Bedeutung von Internet Shopping und stationärem Handel abzuschätzen. An anderer Stelle wurde bereits der Versuch unternommen, die Marktanteile der beiden Meta-Betriebsformen anhand eines Einstellungsmodells zu prognostizieren.[609] Dabei wurde betont, dass eine solche Prognose mit sehr vielen Unwägbarkeiten verbunden ist. Auf der Grundlage der hier ermittelten Ergebnisse erscheint es interessant, Szenarien durchzuspielen, wie sich die Bedeutung der beiden Meta-Betriebsformen entwickeln könnte.[610] Es hat sich gezeigt, dass das hier entwickelte Meta-Betriebsformenwahlmodell die Verhaltensabsicht und das Verhalten der Online-Shopper relativ gut erklären kann. Wenn man davon ausgeht, dass dieses Modell auch zukünftig seine Gültigkeit behält, kann auf der Grundlage der heutigen Meta-Betriebsformenwahl die zukünftige Meta-Betriebsformenwahl der Online-Shopper abgeschätzt werden. Es stellt sich die Frage, wie sich **zukünftig die kognitive und motivationale Einstellungskomponente verändern** könnten. Verschiedene Ergebnisse aus anderen empirischen Untersuchungen deuten daraufhin, dass sich die **motivationale Komponente** bei der Einkaufsstättenwahl im Zeitablauf als **relativ stabil** erweist:

(1) Henneking hat die Kunden eines filialisierten Lebensmitteleinzelhändlers nach ihren situationsunabhängigen Gewichten für verschiedene Einkaufsstättenleistungen segmentiert und die zeitliche Stabilität seiner Segmentierung überprüft.[611] Dabei konnte er eine insgesamt recht hohe Stabilität der Kundensegmente feststellen.

(2) Stone hat 1954 branchenübergreifend vier Käufertypen identifiziert.[612] Als Unterscheidungskriterium zog er unter anderen auch die Gewichtung von Einkaufsstättenmerkmalen heran. Nach Einschätzung von Mason et al. kom-

---

609 Vgl. Dach, Chr., 2000, S. 175-225.

610 Zur Szenario-Analyse in der strategischen Unternehmensplanung vgl. bspw. Götze, Uwe: Szenario-Technik in der strategischen Unternehmensplanung, 2. Auflage, Wiesbaden 1993; Heinecke, Albert/Schwager, Mario: Die Szenario-Technik als Instrument der strategischen Planung, Braunschweig 1995.

611 Vgl. Henneking, K.-M., 1998, S. 191-255.

612 Vgl. Stone, Gregory P.: City Shoppers and Urban Identification: Observations on the Social Psychology of City Life, in: American Journal of Sociology, 60. Jg. (1954), S. 36-45.

men die späteren Untersuchungen von Darden und Reynolds (1971), McDougall (1976) sowie Bellenger et al. (1977) zu ähnlichen Segmenten.[613]

Während die motivationale Komponente somit als relativ zeitstabil angesehen wird, können fundamentale **Änderungen bei der kognitiven Komponente** nicht ausgeschlossen werden. Allerdings sind hier einige Eigenschaften zu erkennen, die sich nur geringfügig verändern dürften. So wird das Internet Shopping bspw. auch zukünftig den Nachteil bei der Lieferzeit nicht aufholen können. An dieser Stelle werden zwei Szenarien durchgespielt, die von **relativ fundamentalen, aber nicht unwahrscheinlichen Entwicklungen** bei der kognitiven Einstellungskomponente ausgehen.

(1) Im ersten Szenario wird angenommen, dass aufgrund des technologischen Fortschritts und rechtlicher Veränderungen eine Lösung gefunden wird, mit welcher der Schutz der Privatsphäre beim Internet Shopping gewährleistet werden kann.

(2) Im zweiten Szenario wird analysiert, wie sich die Meta-Betriebsformenwahl verändert, wenn sich der stationäre Handel verstärkt auf die Leistungskomponente „Einkaufsvergnügen" konzentriert.

Zu (1): Bei der Analyse der Vor- und Nachteile hat sich beim **Schutz der Privatsphäre** eine bedeutende Stärke des stationären Handels (durchschnittlicher Wert: 0,96) gezeigt. Es ist denkbar, dass das Internet Shopping diesen Nachteil zukünftig durch **technologische und rechtliche Entwicklungen** wett machen könnte.[614] Voraussetzung ist, dass der Schutz der Privatsphäre nicht nur objektiv sichergestellt ist, sondern dass die Online-Shopper diesen Schutz auch subjektiv wahrnehmen. Wenn die Online-Shopper den Schutz beim Internet Shopping als gleichwertig mit dem Schutz im stationären Handel empfinden, würde die kognitive Komponente dieser Meta-Betriebsformeneigenschaft durchschnittlich mit einer Null bewertet. Wie verändert sich die Meta-Betriebsformenwahl, wenn die kognitive Komponente „Schutz der Privatsphäre" bei allen Individuen gleich Null gesetzt wird und alle anderen 13 Einstellungskomponenten konstant bleiben (ceteris paribus)? Betrachtet man die Veränderung des Einstellungswerts bei den Einkaufssituationen mit einem vormals positiven Einstellungswert (pro stationärer

[613] Vgl. Mason, J. Barry/Durand, Richard M./Taylor, James L.: Retail Patronage: A Causal Analysis of Antecedent Factors, in: Darden, William R./Lusch, Robert F. (Hrsg.): Patronage Behavior and Retail Management, New York-Amsterdam-Oxford 1983, S. 342; Darden, William R./Reynolds, Fred R.: Shopping Orientations and Product Usage Rates, in: Journal of Marketing Research, 8. Jg. (1971), S. 505-508; McDougall, G.: Shopping Orientations: An Influence on Search Behavior, in: Proceedings, G. H. C. annual meeting of the Marketing Division of the Canadian Association of Administrative Sciences, Laval 1976, S. 233-242; Bellenger, D. N./Robertson, D. H./Greenberg, B., 1977, S. 29-38.

[614] In technologischer Hinsicht könnten die aktuellen Bemühungen des World Wide Web Consortiums (W3C) im Rahmen des Platform for Privacy Preferences Projects (P3P) zukünftig eine bedeutende Rolle spielen. Nähere Informationen finden sich unter www.w3.org/P3P/, Zugriff am 15.2.2002.

Handel), stellt man fest, dass bei 15,1 % der Einstellungswert negativ wird. Daraus lässt sich schließen, dass der stationäre Handel bei den Online-Shoppern und den hier betrachteten Untersuchungsbranchen einen **Marktanteilsverlust von etwa 15 %** zu Lasten des Internet Shoppings erleiden würde.

Zu (2): In Abschnitt 4.2.2 wurde festgestellt, dass der stationäre Handel beim **Einkaufsvergnügen** nur über einen relativ geringen Vorteil verfügt. Das könnte daran liegen, dass derzeit sehr viele stationäre Händler eine Niedrigpreisstrategie verfolgen. Es ist denkbar, dass sich der stationäre Handel zukünftig intensiver bemüht, seinen Kunden ein Einkaufsvergnügen zu vermitteln, um sich so deutlicher vom Internet Shopping abzusetzen. Wenn man annimmt, dass sich die Beurteilung des Einkaufsvergnügens ceteris paribus bei allen Online-Shoppern um 0,5 Punkte zu Gunsten des stationären Handels verschiebt, ist nur eine geringfügige Änderung des Meta-Betriebsformenwahlverhaltens zu erwarten. So ergibt sich bei **gerade einmal 1,8 % der Käufe** mit vormals negativem Einstellungswert eine Verschiebung in den positiven Bereich. Diese geringfügigen Auswirkungen können mit der relativ geringen durchschnittlichen Bedeutung des Einkaufsvergnügens erklärt werden (Abb. 4.16). Daraus lässt sich schließen, dass sich der stationäre Handel mit einer Betonung des Einkaufsvergnügens insgesamt nur schlecht gegen das Internet Shopping verteidigen kann. Dabei wurde bei der Ceteris-Paribus-Analyse noch nicht einmal berücksichtigt, dass verstärkte Bemühungen im Bereich des Einkaufsvergnügens auch höhere Kosten für den stationären Handel mit sich bringen dürften.

6 Schlussbetrachtung

In der Schlussbetrachtung gilt es, die **zentralen Ergebnisse** der vorliegenden Arbeit noch einmal zusammenzufassen. Ausgangspunkt der Arbeit war folgende, in der Problemstellung aufgeworfene Frage:

- Wie kann die Wahl von Online-Shoppern zwischen Internet Shopping und stationärem Handel in einer konkreten Einkaufssituation erklärt werden?

Diese Frage wurde durch weitere, untergeordnete Fragen konkretisiert. Um die zentralen Ergebnisse darzustellen, bietet es sich an, die Teilergebnisse zu resümieren, die sich in Hinblick auf diese untergeordneten Fragen ergeben haben. So wurde zunächst ein Grundmodell der Meta-Betriebsformenwahl gesucht.

- Welches Grundmodell eignet sich zur Erklärung der Meta-Betriebsformenwahl von Konsumenten?

Die Diskussion verschiedener Modelle hat gezeigt, dass sich Einstellungsmodelle am besten für die gegebene Problemstellung eignen.

- Wie kann das Grundmodell an die vorliegende Problemstellung angepasst werden?

Die Entwicklung eines speziellen Einstellungsmodells war von dem Bestreben geleitet, möglichst viele Kritikpunkte an der Einstellung-Verhalten-Hypothese zu entkräften. Dazu wurde ein eigenes Modell entwickelt, das auf dem Adequacy-Importance-Modell aufbaut. Im Rahmen der empirischen Analyse konnte gezeigt werden, dass das **gewählte Meta-Betriebsformenwahlmodell einen hohen Erklärungsgehalt** aufweist. So ließ sich die situationsspezifische Meta-Betriebsformenwahl in etwa vier von fünf Fällen richtig erklären.

- Mit welchen grundlegenden Vor- und Nachteilen verbinden Online-Shopper den Einkauf im Internet und im stationären Handel?

Bei der Diskussion von Vor- und Nachteilen der beiden Meta-Betriebsformen wurde die kognitive Komponente des Einstellungsmodells näher untersucht. Die in der theoretischen Analyse aufgestellten Hypothesen konnten im empirischen Teil alle bestätigt werden. Die Online-Shopper wählen das **Internet Shopping** vor allem aufgrund von **Stärken bei der Convenience und dem Zeiteinsatz**. Ein leichter Vorteil ist ebenfalls in geringeren Gesamtkosten zu sehen. Dem stehen die **Lieferzeit und der Schutz der Privatsphäre als bedeutende Vorteile des stationären Handels** gegenüber. Überraschenderweise beurteilen die Online-Shopper das Einkaufsvergnügen in Ladengeschäften im Durchschnitt nur geringfügig besser als im Internet. Die Qualität des ausgewählten Produkts wird in Abhängigkeit von der betreffenden Warengruppe unterschiedlich beurteilt. Überwiegen Produktinformationen, die sich medial über das Internet darstellen lassen, sind die Online-Shopper der Ansicht, dass sie über das Internet ein besseres Produkt finden. Stehen nicht-mediale Informationen im Vordergrund, ist der stationäre Handel überlegen.

- In welchen Situationen kaufen Online-Shopper im Internet und im stationären Handel ein?

Zur Beantwortung dieser Frage wurde die Bedeutung der Vor- und Nachteile in ausgewählten Einkaufssituationen untersucht. Auf der Grundlage der motivationalen Einstellungskomponente wurden Schlüsse gezogen, welche Meta-Betriebsform die Online-Shopper in einzelnen Situationen präferieren. Während sich ein Großteil der vermuteten Zusammenhänge empirisch bestätigen ließ, wurden zum Teil auch unerwartete Ergebnisse ermittelt. Die Online-Shopper bevorzugen den **stationären Handel** in Situationen, die durch einen **dringenden Produktbedarf**, den Wunsch nach einer **Selbstbelohnung** oder **Zeitdruck** gekennzeichnet sind. Das **Internet Shopping** ist im Vorteil, wenn Online-Shopper auf der Suche nach einem **Preiserlebnis** sind oder ein **genau spezifiziertes Produkt** kaufen möchten, das sie **nicht dringend benötigen**. Die letzte Frage richtete sich schließlich auf die Implikationen für das strategische Handelsmanagement.

- Wie können Handelsunternehmen die Erkenntnisse über die situationsspezifische Meta-Betriebsformenwahl für ihre strategische Unternehmensplanung nutzen?

Hier wurden beispielhaft zwei Ansatzpunkte präsentiert, wie Handelsunternehmen die Ergebnisse dieser Arbeit nutzen können. Einerseits lassen sich aus den Untersuchungsergebnissen Empfehlungen ableiten, in welchen Bereichen elektronische und stationäre Händler ihre **absatzpolitischen Schwerpunkte** setzen sollten. Für Online-Shopper scheint die Strategie der Kostenführerschaft aussichtsreich. Stationären Händlern wird empfohlen, sich auf Konsumenten mit dringendem Produktbedarf zu spezialisieren. Andererseits lässt sich die **zukünftige Bedeutung der beiden Meta-Betriebsformen** über verschiedene Szenarien abschätzen. So könnte etwa das Internet Shopping erhebliche Marktanteile gewinnen, falls die Online-Shopper den Schutz der Privatsphäre gewährleistet sehen.

In der vorliegenden Arbeit wurde für die relativ neuartige Fragestellung der Meta-Betriebsformenwahl auf die Weiterentwicklung eines traditionellen Einstellungsmodells zurückgegriffen. Obgleich viele Autoren den Zusammenhang zwischen Einstellung und Verhalten nach wie vor sehr kritisch sehen, hat sich das hier gewählte Modell im Rahmen der empirischen Analyse bewährt.[615] Neben dem **hohen Erklärungsgehalt** ist ein großer Vorteil des Modells in der **leichten Interpretierbarkeit** seiner Komponenten zu sehen.

[615] Ein Überblick über kritische Stellungnahmen in der aktuellen Literatur findet sich bei Ohlwein, Martin: Der Zusammenhang zwischen Einstellung, Verhaltensabsicht und tatsächlichem Handeln, in: Jahrbuch der Absatz- und Verbrauchsforschung, 47. Jg. (2001), S. 273. In Bezug auf die Erklärung der Einkaufsstättenwahl gehen Schnedlitz et al. davon aus, dass Einstellungsmodelle ihre dominante Stellung mittlerweile verloren haben. Vgl. Schnedlitz, P./Kotzab, H./Cerha, C., 1999, S. 195.

Anhang

A – 1: Überblick über die Hypothesen

Hypothese zum Gesamtmodell

Hypothese 1: Mit dem entwickelten Modell kann die Meta-Betriebsformenwahl von Online-Shoppern in einer konkreten Einkaufssituation erklärt werden. Folgende Fälle kann das Modell (unter Umständen) nicht erfassen:

- Fälle, bei denen keine Einstellung zu einer der beiden Meta-Betriebsformen vorliegt,
- Fälle mit geringen Wertdifferenzen zwischen den beiden Meta-Betriebsformen,
- Fälle, bei denen nicht beide Meta-Betriebsformen im consideration set berücksichtigt werden, sowie
- Fälle automatischen Kaufverhaltens, bei denen schwache Einstellungen gegeben sind.

Hypothesen zu Vor- und Nachteilen

Hypothese 2: Beim Kauf von Produkten, die von Online-Shoppern vor allem anhand von digitalisierbaren und/oder medialen Produktinformationen beurteilt werden können, finden die Online-Shopper die Meta-Betriebsformeneigenschaft „Qualität des ausgewählten Produkts" beim Internet Shopping besser als im stationären Handel.

Hypothese 3: Beim Kauf von Produkten, die von Online-Shoppern vor allem anhand von nicht-medialen Produktinformationen beurteilt werden müssen (insbesondere Kosmetika, Lebensmittel, Textilien, Schuhe, Möbel), finden die Online-Shopper die Meta-Betriebsformeneigenschaft „Qualität des ausgewählten Produkts" beim stationären Handel besser als beim Internet Shopping.

Hypothese 4: Online-Shopper finden die Gesamtkosten beim Internet Shopping günstiger als im stationären Handel.

Hypothese 5: Online-Shopper finden die Lieferzeit beim Einkauf im stationären Handel kürzer als beim Internet Shopping.

Hypothese 6: Online-Shopper finden die Convenience beim Internet Shopping besser als beim Einkauf im stationären Handel.

Hypothese 7: Online-Shopper finden den Zeiteinsatz beim Internet Shopping geringer als beim Einkauf im stationären Handel.

Hypothese 8: Online-Shopper finden den Schutz der Privatsphäre beim Einkauf im stationären Handel besser als beim Internet Shopping.

Hypothese 9: Online-Shopper finden das Einkaufsvergnügen hinsichtlich der Ladengestaltung und des Verkaufspersonals beim Einkauf im stationären Handel größer als beim Internet Shopping.

Hypothese 10: Online-Shopper finden die persönliche Sicherheit beim Internet Shopping größer als beim Einkauf im stationären Handel.

Hypothese 11: Online-Shopper finden die Auswirkungen auf die Umwelt beim Einkauf im stationären Handel weniger gravierend als beim Internet Shopping.

Hypothesen zur Bedeutung der Vor- und Nachteile in verschiedenen Einkaufssituationen

Hypothese 12: Online-Shopper, die ein Produkt dringend benötigen, messen der Meta-Betriebsformeneigenschaft „Lieferzeit" eine größere Bedeutung bei als in anderen Situationen. Die Eigenschaft wird zum K.O.-Kriterium.

Hypothese 13: Online-Shopper, die ein Produkt dringend benötigen, entscheiden sich für die Meta-Betriebsform „stationärer Handel".

Hypothese 14: Online-Shopper, die ein genau spezifiziertes Produkt kaufen möchten, das sie nicht dringend benötigen, messen den Meta-Betriebsformeneigenschaften „Zeiteinsatz", „Convenience" und „Kosten" eine größere und dem „Einkaufsvergnügen" eine geringere Bedeutung bei als in anderen Situationen.

Hypothese 15: Online-Shopper, die ein genau spezifiziertes Produkt kaufen möchten, das sie nicht dringend benötigen, entscheiden sich häufiger für die Meta-Betriebsform „Internet Shopping" als in anderen Situationen.

Hypothese 16: Online-Shopper, die ein nicht genau spezifiziertes Produkt kaufen möchten, das sie nicht dringend benötigen, messen der Meta-Betriebsformeneigenschaft „Qualität des ausgewählten Produkts" eine größere Bedeutung bei als in anderen Situationen.

Hypothese 17: Wenn bei der in Frage kommenden Warengruppe nicht-mediale Produktinformationen dominieren, entscheiden sich Online-Shopper, die ein nicht genau spezifiziertes Produkt kaufen möchten, das sie nicht dringend benötigen, häufiger für die Meta-Betriebsform „stationärer Handel" als in anderen Situationen.

Hypothese 18: Wenn bei der in Frage kommenden Warengruppe digitalisierbare und/oder mediale Produktinformationen dominieren, entscheiden sich Online-Shopper, die ein nicht genau spezifiziertes Produkt kaufen möchten, das sie nicht dringend benötigen, häufiger für die Meta-Betriebsform „Internet Shopping" als in anderen Situationen.

Hypothese 19: Online-Shopper, die den Wunsch nach einem Preiserlebnis verspüren, messen der Meta-Betriebsformeneigenschaft „Kosten" eine größere Bedeutung bei als in anderen Situationen.

Hypothese 20: Online-Shopper, die den Wunsch nach einem Preiserlebnis verspüren, entscheiden sich häufiger für die Meta-Betriebsform „Internet Shopping" als in anderen Situationen.

Hypothese 21: Online-Shopper, die den Wunsch nach einer Selbstbelohnung verspüren, messen den Meta-Betriebsformeneigenschaften „Einkaufsvergnügen" und „Lieferzeit" eine größere Bedeutung bei als in anderen Situationen.

Hypothese 22: Online-Shopper, die den Wunsch nach einer Selbstbelohnung verspüren, entscheiden sich häufiger für die Meta-Betriebsform „stationärer Handel" als in anderen Situationen.

Hypothese 23: Online-Shopper, die den Wunsch nach einem sinnlichen Erlebnis oder nach sozialen Kontakten verspüren oder neue Trends und Ideen kennen lernen möchten, messen der Meta-Betriebsformeneigenschaft „Einkaufsvergnügen" eine größere Bedeutung bei als in anderen Situationen.

Hypothese 24: Online-Shopper, die den Wunsch nach einem sinnlichen Erlebnis oder nach sozialen Kontakten verspüren oder neue Trends und Ideen kennen lernen möchten, entscheiden sich häufiger für die Meta-Betriebsform „stationärer Handel" als in anderen Situationen.

Hypothese 25: Online-Shopper, die antizipieren, dass ein geplanter Einkauf unter Zeitdruck ablaufen wird, messen den Meta-Betriebsformeneigenschaften „Zeiteinsatz" und „Convenience" eine größere Bedeutung bei als ohne Zeitdruck.

Hypothese 26: Online-Shopper, die antizipieren, dass ein geplanter Einkauf unter Zeitdruck ablaufen wird, messen der Meta-Betriebsformeneigenschaft „Einkaufsvergnügen" eine geringere Bedeutung bei als ohne Zeitdruck.

Hypothese 27: Zwischen dem Zeitdruck, den ein Online-Shopper bei einem geplanten Einkauf antizipiert, und dem Einkaufsanlass „dringender Produktbedarf" besteht ein positiver Zusammenhang.

Hypothese 28: Online-Shopper, die antizipieren, dass ein geplanter Einkauf unter Zeitdruck ablaufen wird, messen der Meta-Betriebsformeneigenschaft „Lieferzeit" eine größere Bedeutung bei als ohne Zeitdruck.

Hypothese 29: Online-Shopper, die antizipieren, dass ein geplanter Einkauf unter Zeitdruck ablaufen wird, entscheiden sich häufiger für die Meta-Betriebsform „stationärer Handel" als ohne Zeitdruck.

A – 2: Fragebogen der Erhebung

Startseite

ECC

Befragung: Einkaufen im Internet oder im Ladengeschäft

Lieber Umfrageteilnehmer!

Bei der folgenden Befragung des **ECC Handel (Universitat Koln)** geht es um die Vor- und Nachteile des Einkaufens im Internet und im Ladengeschaft. Unterstützen Sie uns durch Ihre Teilnahme! **Ihre Meinung zahlt!**

Ihre Angaben werden absolut **anonym** behandelt und nicht an Dritte weitergegeben. Die Befragung dauert **nur wenige Minuten**.

Bei Rückfragen wenden Sie sich bitte an:

Christian Dach
E-Commerce-Center Handel
Säckinger Str. 5
50935 Köln
E-Mail: c.dach@ecc-handel.de

Mit Unterstützung des

IfH

ECC
E-Commerce-Center Handel

Bundesministerium
für Wirtschaft
und Technologie

Frage 1

Wie oft nutzen Sie ungefahr das **Internet** (privat und beruflich)?

täglich	alle 2-3 Tage	mindestens einmal wochentlich	mindestens einmal monatlich	seltener
○	○	○	○	○

Frage 2

Wie oft haben Sie ungefahr schon **Waren / Produkte uber das Internet** eingekauft? *Zählen Sie dabei bitte Dienstleistungen wie Wertpapierkäufe, Reisebuchungen oder Ticketkäufe nicht mit.*

noch nie	einmal	2-5 mal	6-10 mal	mehr als 10 mal
○	○	○	○	○

Frage 3

Konnen Sie sich grundsätzlich vorstellen, **zukünftig** (nochmal) Waren / Produkte **uber das Internet** zu kaufen?

Ja	Nein	weiß nicht
○	○	○

An dieser Stelle erfolgt eine **zufällige Filterführung**. Entweder wird der Proband zu seinem letzten Einkauf im Internet (Frage 4a bis Frage 27a) oder zu seinem letzten Einkauf in einem Ladengeschäft befragt (Frage 4b bis Frage 27b).

Frage 4a

Versuchen Sie sich bitte an Ihren **letzten Kauf im Internet** *(für private Zwecke, nicht geschäftlich)* zu erinnern.
Wie lange liegt der Kauf ungefähr zurück?

nicht länger als eine Woche	1-4 Wochen	1-3 Monate	3-6 Monate	länger als 6 Monate	weiß nicht
●	●	●	●	●	●

Frage 5a

Was für ein **Produkt** haben Sie damals gekauft?

- ● Buch
- ● PC-Zubehör/Hardware
- ● CD/Tonträger
- ● Spielwaren (ohne PC-Spiele)
- ● Möbel
- ● Videokassette/DVD
- ● Software (auch PC-Spiele)
- ● Bekleidung
- ● Schuhe
- ● Unterhaltungselektronik (Fernseher, Videorecorder, Hifi-Geräte, ...)
- ● Drogerie-, Kosmetikartikel
- ● Sonstiges: ________

Die folgenden Fragen beziehen sich alle auf diesen letzten Kauf!

Frage 6a

Sie haben das Produkt im Internet gekauft. Hatten Sie den **Kauf im Internet beabsichtigt**?

- ● Ja

Nein, ...

- ● ...ich wollte das Produkt eigentlich in einem Ladengeschäft kaufen.
- ● ...ich wollte das Produkt eigentlich per Katalog bestellen.
- ● ... und zwar aus folgendem Grund: ________
- ● weiß nicht

Frage 7a

Was war der **Anlass** für Ihren Einkauf?

Kreuzen Sie bitte alle Anlässe an, die auf Ihren Einkauf zutreffen.

- ☐ Ich wollte ein Produkt kaufen.
- ☐ Ich wollte mir etwas gönnen.
- ☐ Ich wollte etwas Schönes erleben.
- ☐ Ich wollte ein Schnäppchen machen.
- ☐ Ich wollte neue Trends und Ideen kennenlernen.
- ☐ Ich wollte Leute / Bekannte treffen bzw. mich mit Leuten / Bekannten austauschen (z. B. Chat, Diskussionsgruppe, E-Mail etc.).
- ☐ Sonstiges

Frage 8a (nur die Probanden, die bei Frage 6a angegeben haben, dass sie das Produkt eigentlich in einem Ladengeschäft kaufen wollten)

Warum haben Sie das Produkt entgegen Ihrer Absicht **nicht in einem Ladengeschäft** gekauft?

Frage 9a (nur die Probanden, die bei Frage 7a angegeben haben, dass sie ein Produkt kaufen wollten)

Wussten Sie *vor dem Kauf* schon, **welches Produkt** Sie **genau** (z. B. Levis-Jeanshose 501, Größe 34) kaufen wollen?

○ Ja ○ Nein ○ weiß nicht

Frage 10a (nur die Probanden, die bei Frage 7a angegeben haben, dass sie ein Produkt kaufen wollten)

Haben Sie das gekaufte Produkt **dringend benötigt**?

○ Ja ○ Nein ○ weiß nicht

Frage 11a

Hatten Sie *vor dem Kauf* im Internet auch an die **Möglichkeit** gedacht, das Produkt in einem **Ladengeschäft** zu kaufen?

○ Ja ○ Nein ○ weiß nicht

Frage 12a

Dachten Sie vor dem Einkauf, Sie hätten für den Einkauf **nur wenig Zeit** zur Verfügung?

○ Ja ○ Nein ○ weiß nicht

Frage 13a

Erinnern Sie sich noch einmal an den Besuch des Internet-Geschäfts zurück. Welche Aussage trifft auf den Besuch *am ehesten* zu?

- Ich habe ohne großes Nachdenken aus Gewohnheit ein Internet-Geschäft aufgesucht.
- Ich habe spontan ein Internet-Geschäft aufgesucht.
- Ich habe bewusst ein Internet-Geschäft aufgesucht.
- weiß nicht

Frage 14aI (nur die Probanden, die Frage 9a nicht mit „Ja" beantwortet haben)

Sie hätten das Produkt auch in einem Ladengeschäft kaufen können. **Vergleichen** Sie bitte den eben beschriebenen letzten Einkauf im **Internet** mit der Möglichkeit, dieses Produkt auch in einem **Ladengeschäft** kaufen zu können.

Bitte beantworten Sie nur die Fragen, zu denen Sie eine Meinung haben!

Vergleichen Sie für den beschriebenen letzten Einkauf die Möglichkeit, ein für Ihre Bedürfnisse **möglichst ideales Produkt** auszuwählen. *Sehen Sie dabei bitte vom Preis einmal ab.*

Finde beim Einkauf im **Internet** viel besseres Produkt	2	1	0	1	2	Finde beim Einkauf in einem **Ladengeschäft** viel besseres Produkt
			Beide gleich gut			

- weiß nicht

Frage 14aII (nur die Probanden, die Frage 9a mit „Ja" beantwortet haben)

Sie hätten das Produkt auch in einem Ladengeschäft kaufen können. **Vergleichen** Sie bitte den eben beschriebenen letzten Einkauf im **Internet** mit der Möglichkeit, dieses Produkt auch in einem **Ladengeschäft** kaufen zu können.

Bitte beantworten Sie nur die Fragen, zu denen Sie eine Meinung haben!

Vergleichen Sie für den beschriebenen letzten Einkauf die Wahrscheinlichkeit, **genau** das **gewünschte Produkt zu finden**.

Finde das Produkt eher beim Einkauf im **Internet**	2	1	0	1	2	Finde das Produkt eher beim Einkauf in einem **Ladengeschäft**
			Wahrscheinlichkeit bei beiden gleich			

- weiß nicht

Frage 15a

Vergleichen Sie **Ihre gesamten Ausgaben (Produktpreis + eventuelle weitere Ausgaben)** für den beschriebenen letzten Einkauf.

Einkauf im **Internet** viel günstiger	2	1	0	1	2	Einkauf in einem **Ladengeschäft** viel günstiger
			Beide gleich günstig			

- weiß nicht

Frage 16a

Beim Einkauf im Internet oder in einem Ladengeschäft bekommt man das gekaufte Produkt sofort oder erst nach einer bestimmten Lieferfrist. Vergleichen Sie die **Lieferfrist (sofort, ein Tag, ein paar Tage,...)** für den beschriebenen letzten Einkauf.

Lieferzeit im **Internet** viel kürzer	2	1	0	1	2	Lieferzeit in einem **Ladengeschäft** viel kürzer
	●	●	●	●	●	
			Lieferzeit bei beiden gleich kurz			

● weiß nicht

Frage 17a

Bitte beantworten Sie nur die Fragen, zu denen Sie eine Meinung haben!

Vergleichen Sie Ihren **Zeiteinsatz** für den gesamten beschriebenen letzten **Einkaufsvorgang**. *Sehen Sie dabei bitte von eventuellen Lieferfristen einmal ab!*

Einkauf im **Internet** viel schneller	2	1	0	1	2	Einkauf in einem **Ladengeschäft** viel schneller
	●	●	●	●	●	
			Beide gleich schnell			

● weiß nicht

Frage 18a

Vergleichen Sie die **Bequemlichkeit** für den gesamten beschriebenen letzten **Einkaufsvorgang**. *Sehen Sie dabei einmal von Unbequemlichkeiten ab, die sich aus eventuellen Lieferfristen ergeben!*

Einkauf im **Internet** viel bequemer	2	1	0	1	2	Einkauf in einem **Ladengeschäft** viel bequemer
	●	●	●	●	●	
			Beide gleich bequem			

● weiß nicht

Frage 19a

Bei einem Einkauf könnten persönliche Daten gesammelt und missbräuchlich verwendet werden. Vergleichen Sie die Gefahr eines solchen **Datenmissbrauchs** für den beschriebenen letzten Einkauf.

Einkauf im **Internet** viel gefährlicher	2	1	0	1	2	Einkauf in einem **Ladengeschäft** viel gefährlicher
	●	●	●	●	●	
			Beide gleich gefährlich/ ungefährlich			

● weiß nicht

Frage 20a

Ladengeschäfte versuchen ihren Kunden vor allem mit der Ladengestaltung und ihren Verkäufern ein **Einkaufsvergnügen** zu bereiten. Internet-Geschäfte nutzen hierzu die Gestaltung ihrer Internet-Seiten. Vergleichen Sie **das Vergnügen / den Spaß** für den beschriebenen letzten Einkauf.

Viel mehr Spaß/Vergnügen beim Einkauf im **Internet**	2	1	0	1	2	Viel mehr Spaß/ Vergnügen beim Einkauf in einem **Ladengeschäft**
	●	●	●	●	●	
			Spaß/ Vergnügen bei beiden gleich			● weiß nicht

Frage 21aI (nur die Probanden, die Frage 9a nicht mit „Ja" beantwortet haben)

Versetzen Sie sich noch einmal in die **Situation des beschriebenen letzten Einkaufs**. **Wie wichtig** waren Ihnen die **folgenden Punkte**, als Sie sich für den Einkauf im Internet entschieden haben?

Bitte beantworten Sie nur die Fragen, zu denen Sie eine Meinung haben!

Dass ich *(vom Preis einmal abgesehen)* ein möglichst **ideales Produkt** finde, war für mich...

	1	2	3	4	5		weiß nicht
völlig unwichtig	●	●	●	●	●	sehr wichtig	●

Frage 21aII (nur die Probanden, die Frage 9a mit „Ja" beantwortet haben)

Versetzen Sie sich noch einmal in die **Situation des beschriebenen letzten Einkaufs**. **Wie wichtig** waren Ihnen die **folgenden Punkte**, als Sie sich für den Einkauf im Internet entschieden haben?

Bitte beantworten Sie nur die Fragen, zu denen Sie eine Meinung haben!

Dass ich **genau** das **gewünschte Produkt finde**, war für mich...

	1	2	3	4	5		weiß nicht
völlig unwichtig	●	●	●	●	●	sehr wichtig	●

Frage 22a

Dass der Einkauf insgesamt möglichst **günstig** ist *(Produktpreis + eventuelle weitere Ausgaben)*, war für mich...

	1	2	3	4	5		weiß nicht
völlig unwichtig	●	●	●	●	●	sehr wichtig	●

Frage 23a

Dass ich das gekaufte Produkt **möglichst bald** *(keine/geringe Lieferfrist)* erhalte, war für mich...

	1	2	3	4	5		weiß nicht
völlig unwichtig	●	●	●	●	●	sehr wichtig	●

Frage 24a

Dass der gesamte Einkaufsvorgang *(von eventuellen Lieferfristen einmal abgesehen)* möglichst **wenig Zeit** in Anspruch nimmt, war für mich...

	1	2	3	4	5		weiß nicht
völlig unwichtig	●	●	●	●	●	sehr wichtig	●

Frage 25a

Bitte beantworten Sie nur die Fragen, zu denen Sie eine Meinung haben!

Dass der gesamte Einkaufsvorgang *(von Unbequemlichkeiten durch Lieferfristen einmal abgesehen)* möglichst **bequem** ist, war für mich...

völlig unwichtig 1 2 3 4 5 sehr wichtig — weiß nicht

Frage 26a

Dass **persönliche Daten** von mir nicht **missbräuchlich** verwendet werden, war für mich...

völlig unwichtig 1 2 3 4 5 sehr wichtig — weiß nicht

Frage 27a (weiter mit Frage 28)

Dass mir der Einkauf **Spaß/Vergnügen** bereitet, war für mich...

völlig unwichtig 1 2 3 4 5 sehr wichtig — weiß nicht

Frage 4b

Nachdem sich die letzten Fragen auf das Internet bezogen, wird **nun** der **Einkauf in einem Ladengeschäft** betrachtet.

Schauen Sie sich bitte die folgende Liste an. Welches dieser **Produkte** haben Sie **als letztes** *für private Zwecke (nicht geschäftlich)* in einem **Ladengeschäft** gekauft?

- Schuhe
- PC-Zubehör/Hardware
- Möbel
- CD/Tonträger
- Buch
- Unterhaltungselektronik (Fernseher, Videorecorder, Hifi-Geräte, ...)
- Bekleidung
- Videokassette/DVD
- Software (auch PC-Spiele)
- Spielwaren (ohne PC-Spiele)
- Drogerie-, Kosmetikartikel

Frage 5b

Wie lange liegt der Kauf ungefähr zurück?

nicht länger als eine Woche	1-4 Wochen	1-3 Monate	3-6 Monate	länger als 6 Monate	weiß nicht
○	○	○	○	○	○

Die folgenden Fragen beziehen sich alle auf diesen letzten Kauf!

Frage 6b

Sie haben das Produkt in einem Ladengeschäft gekauft. Hatten Sie den **Kauf in einem Ladengeschäft beabsichtigt**?

- Ja

Nein, ...

- ...ich wollte das Produkt eigentlich im Internet kaufen.
- ...ich wollte das Produkt eigentlich per Katalog bestellen.
- ...und zwar aus folgendem Grund: ____
- weiß nicht

Frage 7b

Was war der **Anlass** für Ihren Einkauf?

Kreuzen Sie bitte alle Anlässe an, die auf Ihren Einkauf zutreffen.

- Ich wollte Leute / Bekannte treffen bzw. mich mit Leuten / Bekannten austauschen (z. B. Chat, Diskussionsgruppe, E-Mail etc.).
- Ich wollte neue Trends und Ideen kennenlernen.
- Ich wollte ein Produkt kaufen.
- Ich wollte ein Schnäppchen machen.
- Ich wollte etwas Schönes erleben.
- Ich wollte mir etwas gönnen.
- Sonstiges

Frage 8b (nur die Probanden, die bei Frage 6b angegeben haben, dass sie das Produkt eigentlich im Internet kaufen wollten)

Warum haben Sie das Produkt entgegen Ihrer Absicht **nicht im Internet** gekauft?

Kreuzen Sie bitte alle Gründe an, die auf den beschriebenen letzten Einkauf zutreffen.

- Der Anbieter wollte persönliche Informationen wissen
- Mir war unklar, was mit meinen persönlichen Daten geschehen wird
- Zu lange Ladezeit
- Meine Angaben verschwanden plötzlich; zu mühsam alles noch einmal einzutippen
- Mir war nicht klar, ob zusätzliche Versandkosten anfallen
- Fand nicht sofort, was ich gesucht habe
- Anbieter erschien unseriös
- Passwort für Kunden-Konto vergessen, wollte nicht alles noch mal angeben
- Ich konnte vertrauliche Angaben nicht verschlüsselt übermitteln
- Mir war unklar, wie der Bestellvorgang funktioniert
- Produkt-Angebot zu unübersichtlich
- Preis nicht günstiger als in einem Ladengeschäft
- Abbildungen fehlten
- Ich hätte nähere Informationen gebraucht, aber es wurde kein Ansprechpartner genannt
- Produkt nicht genau genug beschrieben
- Sonstiger Grund: ____

Frage 9b (nur die Probanden, die bei Frage 7b angegeben haben, dass sie ein Produkt kaufen wollten)

Wussten Sie *vor dem Kauf* schon, **welches Produkt** Sie **genau** (z. B. Levis-Jeanshose 501, Größe 34) kaufen wollen?

- Ja
- Nein
- weiß nicht

Frage 10b (nur die Probanden, die bei Frage 7b angegeben haben, dass sie ein Produkt kaufen wollten)

Haben Sie das gekaufte Produkt **dringend benötigt**?

- Ja
- Nein
- weiß nicht

Frage 11b

Hatten Sie *vor dem Kauf* im Ladengeschäft auch an die **Möglichkeit** gedacht, das Produkt im **Internet** zu kaufen?

- Ja
- Nein
- weiß nicht

Frage 12b

Dachten Sie vor dem Einkauf, Sie hätten für den Einkauf **nur wenig Zeit** zur Verfügung?

- Ja
- Nein
- weiß nicht

Frage 13b

Erinnern Sie sich noch einmal an den Besuch des Ladengeschäfts zurück. Welche Aussage trifft auf den Besuch *am ehesten* zu?

- Ich habe ohne großes Nachdenken aus Gewohnheit ein Ladengeschäft aufgesucht.
- Ich habe spontan ein Ladengeschäft aufgesucht.
- Ich habe bewusst ein Ladengeschäft aufgesucht.
- weiß nicht

Frage 14bI (nur die Probanden, die Frage 9b nicht mit „Ja" beantwortet haben)

Sie hätten das Produkt auch im Internet kaufen können. **Vergleichen** Sie bitte den eben beschriebenen letzten Einkauf im **Ladengeschäft** mit der Möglichkeit, dieses Produkt auch im **Internet** kaufen zu können.

Bitte beantworten Sie nur die Fragen, zu denen Sie eine Meinung haben!

Vergleichen Sie für den beschriebenen letzten Einkauf die Möglichkeit, ein für Ihre Bedürfnisse **möglichst ideales Produkt** auszuwählen. *Sehen Sie dabei bitte vom Preis einmal ab.*

Finde beim Einkauf im **Internet** viel besseres Produkt	2	1	0	1	2	Finde beim Einkauf in einem **Ladengeschäft** viel besseres Produkt
			Beide gleich gut			

- weiß nicht

Frage 14bII (nur die Probanden, die Frage 9b mit „Ja" beantwortet haben)

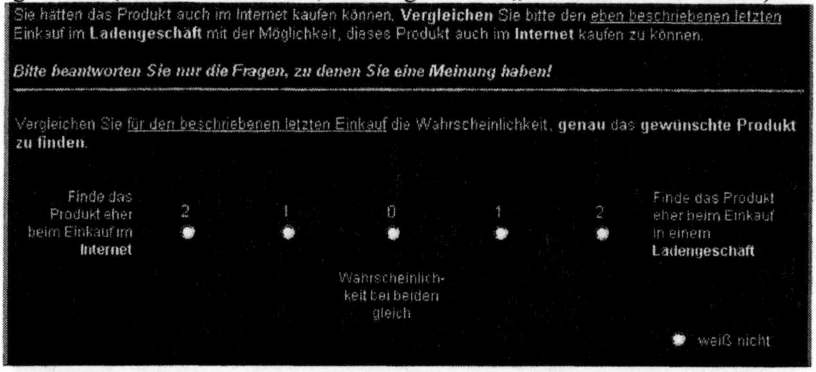
Sie hätten das Produkt auch im Internet kaufen können. **Vergleichen** Sie bitte den eben beschriebenen letzten Einkauf im **Ladengeschäft** mit der Möglichkeit, dieses Produkt auch im **Internet** kaufen zu können.

Bitte beantworten Sie nur die Fragen, zu denen Sie eine Meinung haben!

Vergleichen Sie für den beschriebenen letzten Einkauf die Wahrscheinlichkeit, **genau** das **gewünschte Produkt zu finden**.

Finde das Produkt eher beim Einkauf im **Internet**

2 1 0 1 2

Finde das Produkt eher beim Einkauf in einem **Ladengeschäft**

Wahrscheinlichkeit bei beiden gleich

weiß nicht

Frage 15b

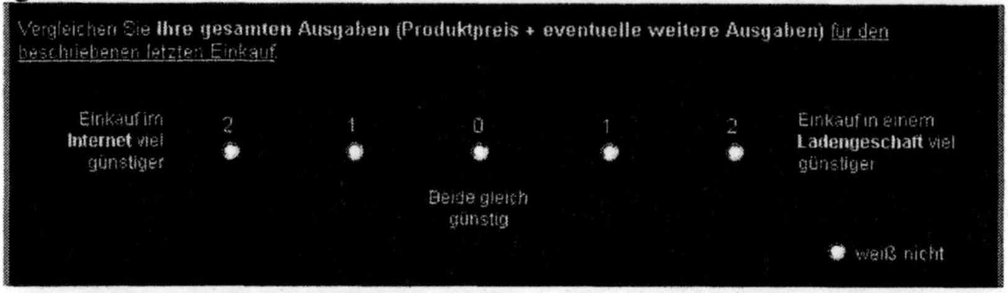
Vergleichen Sie **Ihre gesamten Ausgaben (Produktpreis + eventuelle weitere Ausgaben)** für den beschriebenen letzten Einkauf.

Einkauf im **Internet** viel günstiger

2 1 0 1 2

Einkauf in einem **Ladengeschäft** viel günstiger

Beide gleich günstig

weiß nicht

Frage 16b

Beim Einkauf im Internet oder in einem Ladengeschäft bekommt man das gekaufte Produkt sofort oder erst nach einer bestimmten Lieferfrist. Vergleichen Sie die **Lieferfrist (sofort, ein Tag, ein paar Tage,...)** für den beschriebenen letzten Einkauf.

Lieferzeit im **Internet** viel kürzer

2 1 0 1 2

Lieferzeit in einem **Ladengeschäft** viel kürzer

Lieferzeit bei beiden gleich kurz

weiß nicht

Frage 17b

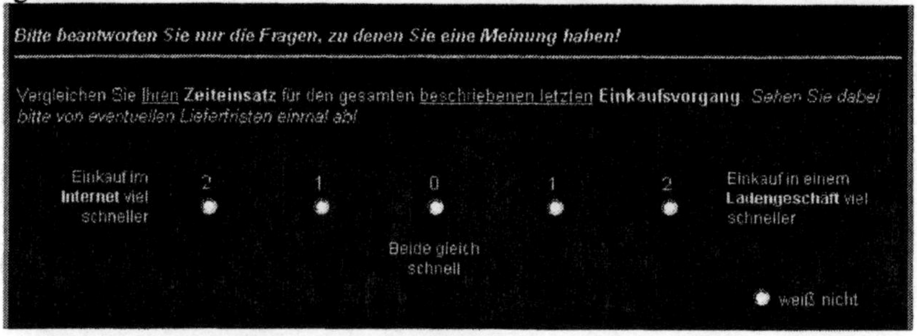
Bitte beantworten Sie nur die Fragen, zu denen Sie eine Meinung haben!

Vergleichen Sie Ihren **Zeiteinsatz** für den gesamten beschriebenen letzten **Einkaufsvorgang**. *Sehen Sie dabei bitte von eventuellen Lieferfristen einmal ab!*

Einkauf im **Internet** viel schneller

2 1 0 1 2

Einkauf in einem **Ladengeschäft** viel schneller

Beide gleich schnell

weiß nicht

Frage 18b

Vergleichen Sie die **Bequemlichkeit** für den gesamten beschriebenen letzten **Einkaufsvorgang**. *Sehen Sie dabei einmal von Unbequemlichkeiten ab, die sich aus eventuellen Lieferfristen ergeben!*

Einkauf im **Internet** viel bequemer — 2 — 1 — 0 — 1 — 2 — Einkauf in einem **Ladengeschäft** viel bequemer

Beide gleich bequem

weiß nicht

Frage 19b

Bei einem Einkauf könnten persönliche Daten gesammelt und missbräuchlich verwendet werden. Vergleichen Sie die Gefahr eines solchen **Datenmissbrauchs** für den beschriebenen letzten Einkauf.

Einkauf im **Internet** viel gefährlicher — 2 — 1 — 0 — 1 — 2 — Einkauf in einem **Ladengeschäft** viel gefährlicher

Beide gleich gefährlich/ ungefährlich

weiß nicht

Frage 20b

Ladengeschäfte versuchen ihren Kunden vor allem mit der Ladengestaltung und ihren Verkäufern ein **Einkaufsvergnügen** zu bereiten. Internet-Geschäfte nutzen hierzu die Gestaltung ihrer Internet-Seiten. Vergleichen Sie **das Vergnügen / den Spaß** für den beschriebenen letzten Einkauf.

Viel mehr Spaß/Vergnügen beim Einkauf im **Internet** — 2 — 1 — 0 — 1 — 2 — Viel mehr Spaß/ Vergnügen beim Einkauf in einem **Ladengeschäft**

Spaß/ Vergnügen bei beiden gleich

weiß nicht

Frage 21bI (nur die Probanden, die Frage 9b nicht mit „Ja“ beantwortet haben)

Versetzen Sie sich noch einmal in die **Situation des beschriebenen letzten Einkaufs**. **Wie wichtig** waren Ihnen die **folgenden Punkte**, als Sie sich für den Einkauf in einem Ladengeschäft entschieden haben?

Bitte beantworten Sie nur die Fragen, zu denen Sie eine Meinung haben!

Dass ich *(vom Preis einmal abgesehen)* ein möglichst **ideales Produkt** finde, war für mich...

völlig unwichtig — 1 — 2 — 3 — 4 — 5 — sehr wichtig — weiß nicht

Frage 21bII (nur die Probanden, die Frage 9b mit „Ja“ beantwortet haben)

Versetzen Sie sich noch einmal in die **Situation des beschriebenen letzten Einkaufs**. **Wie wichtig** waren Ihnen die **folgenden Punkte**, als Sie sich für den Einkauf in einem Ladengeschäft entschieden haben?

Bitte beantworten Sie nur die Fragen, zu denen Sie eine Meinung haben!

Dass ich **genau** das **gewünschte Produkt finde**, war für mich...

völlig unwichtig — 1 — 2 — 3 — 4 — 5 — sehr wichtig — weiß nicht

Frage 22b

Dass der Einkauf insgesamt möglichst **günstig** ist *(Produktpreis + eventuelle weitere Ausgaben)*, war für mich...

völlig unwichtig 1 2 3 4 5 sehr wichtig weiß nicht

Frage 23b

Dass ich das gekaufte Produkt **möglichst bald** *(keine/geringe Lieferfrist)* erhalte, war für mich...

völlig unwichtig 1 2 3 4 5 sehr wichtig weiß nicht

Frage 24b

Dass der gesamte Einkaufsvorgang *(von eventuellen Lieferfristen einmal abgesehen)* möglichst **wenig Zeit** in Anspruch nimmt, war für mich...

völlig unwichtig 1 2 3 4 5 sehr wichtig weiß nicht

Frage 25b

Bitte beantworten Sie nur die Fragen, zu denen Sie eine Meinung haben!

Dass der gesamte Einkaufsvorgang *(von Unbequemlichkeiten durch Lieferfristen einmal abgesehen)* möglichst **bequem** ist, war für mich...

völlig unwichtig 1 2 3 4 5 sehr wichtig weiß nicht

Frage 26b

Dass **persönliche Daten** von mir nicht **missbräuchlich** verwendet werden, war für mich...

völlig unwichtig 1 2 3 4 5 sehr wichtig weiß nicht

Frage 27b

Dass mir der Einkauf **Spaß/Vergnügen** bereitet, war für mich...

völlig unwichtig 1 2 3 4 5 sehr wichtig weiß nicht

Frage 28

Bitte machen Sie **zum Schluss der Befragung** noch die folgenden Angaben:

Alter (in Jahren):

Frage 29

Geschlecht

männlich weiblich

Frage 30

Ihr höchster derzeitiger **Schulabschluss**:

- Volks-/Hauptschule
- mittlere Reife
- Abitur
- Studium
- Sonstiges

Frage 31

Ihr derzeitiger **Beruf**:

- Angestellte(r)
- Hausfrau/-mann
- Rentner(in)
- Student(in), Schüler(in), Auszubildende(r)
- Selbständiger
- Arbeiter
- (momentan) ohne Beschäftigung
- Beamte(r)
- Sonstiges

Frage 32

Wie viele Personen leben mit Ihnen in einem **Haushalt** zusammen (Sie selbst eingeschlossen)?

Frage 33

Wie hoch ist ungefähr das **Nettoeinkommen** (nach Steuern und Sozialabgaben) **Ihres Haushalts**?

unter 2.000 DM	2.000-3.000 DM	3.000-4.000 DM	4.000-5.000 DM	5.000-6.000 DM	über 6.000 DM

- keine Angabe

Endseite

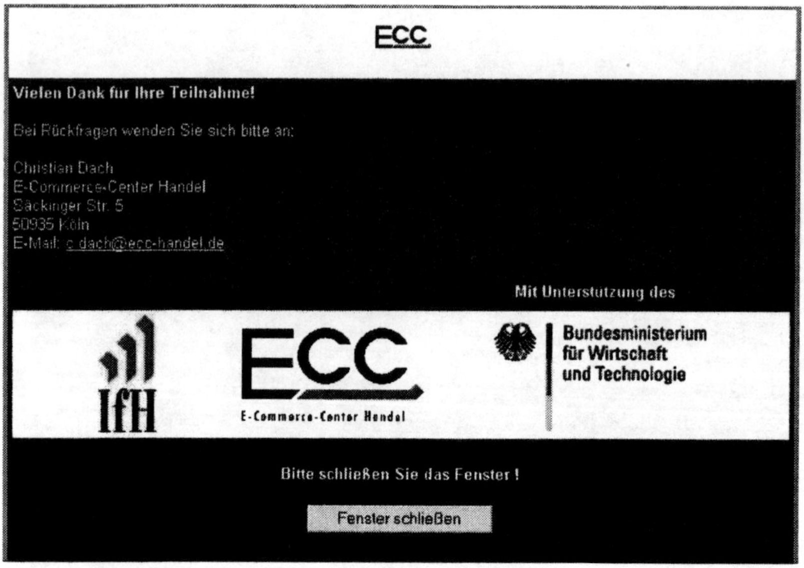
ECC
Vielen Dank für Ihre Teilnahme!
Bei Rückfragen wenden Sie sich bitte an:
Christian Dach
E-Commerce-Center Handel
Säckinger Str. 5
50935 Köln
E-Mail: c.dach@ecc-handel.de
Mit Unterstützung des
IfH
ECC
E-Commerce-Center Handel
Bundesministerium
für Wirtschaft
und Technologie
Bitte schließen Sie das Fenster !
Fenster schließen

Literaturverzeichnis

Aaker, David A./Jones, J. Morgan: Modeling Store Choice Behavior, in: Journal of Marketing Research, 8. Jg. (1971), S. 38-42.

Achabal, Dale D./Odegaard Kriewall, Mary Ann/McIntyre, Shelby H.: The Effect oft Time and Situational Factors on Food Store Patronage, in: Darden, William R./Lusch, Robert F. (Hrsg.): Patronage Behavior and Retail Management, New York u. a. 1983, S. 377-387.

Ahtola, Olli T.: The Vector Model of Preferences: An Alternative to the Fishbein Model, in: Journal of Marketing Research, 12. Jg. (1975), H. 1, S. 52-59.

Ajzen, Icek: The Directive Influence of Attitudes on Behavior, in: Gollwitzer, Peter M./Bargh, John A. (Hrsg.): The Psychology of Action: Linking Cognition and Motivation to Behavior, New York-London 1996, S. 385-403.

Ajzen, Icek: Attitude Theory and the Attitude-Behavior Relation, in: Krebs, Dagmar/Schmidt, Peter (Hrsg.): New Directions in Attitude Measurement, Berlin-New York 1993, S. 41-57.

Ajzen, Icek: Attitudes, Traits and Actions: Dispositional Predictions of Behavior in Personality and Social Psychology, in: Advances in Experimental Social Psychology, 20. Jg. (1987), S. 1-63.

Ajzen, Icek: From Intentions to Actions: A Theory of Planned Behavior, in: Kuhl, Julius/Beckmann, Jürgen (Hrsg.): Action Control: From Cognition to Behavior, Berlin u.a. 1985, S. 11-39.

Ajzen, Icek/Fishbein, Martin: Understanding Attitudes and Predicting Social Behavior, Englewood Cliffs/N. J. 1980.

Ajzen, Icek/Fishbein, Martin: Attitude-Behavior Relations: A Theoretical Analysis and Review of Empirical Research, in: Psychological Bulletin, 84. Jg. (1977), S. 888-918.

Ajzen, Icek/Fishbein, Martin: The prediction of behavioral intentions in a choice situation, in: Journal of Experimental Social Psychology, 5. Jg. (1969), S. 400-416.

Ajzen, Icek/Madden, Thomas J.: Prediction of Goal-Directed Behavior: Attitudes, Intentions, and Perceived Behavioral Control, in: Journal of Experimental Social Psychology, 22. Jg. (1986), S. 453-474.

Alba, Joseph/Lynch, John/Weitz, Barton et al.: Interactive Home Shopping: Consumer, Retailer, and Manufacturer Incentives to Participate in Electronic Marketplaces, Journal of Marketing, 61. Jg. (1997), H. 3, S. 38-53.

Albers, Sönke/Peters, Kay: Die Wertschöpfungskette des Handels im Zeitalter des Electronic Commerce, in: Marketing ZFP, 19. Jg. (1997), H. 2, S. 69-80.

Allvine, F. C.: The Patronage Decision-Making Process, unveröff. Diss., Bloomington (Indiana) 1966; zitiert nach Heinemann, Michael: Einkaufsstättenwahl und Firmentreue des Konsumenten, Wiesbaden 1976.

Amirani, Shahrzad/Gates, Roger: An Attribute-anchored Conjoint Approach to Measuring Store Image, in: International Journal of Retail and Distribution Management, 21. Jg. (1993), H. 5, S. 30-39.

Anderson, Christopher: The Accidental Superhighway: A Survey of the Internet, in: The Economist v. 1.7.1995, S. 50-68.

Andritzky, Klaus: Die Operationalisierbarkeit von Theorien zum Konsumentenverhalten, Berlin 1976.

Antoni, Manfred: Verlagsmarketing, in: Tietz, Bruno (Hrsg.): Handwörterbuch des Marketing, 2. Auflage, Stuttgart 1995, Sp. 2574-2588.

Ausschuß für Begriffsdefinitionen aus der Handels- und Absatzwirtschaft (Hrsg.): Katalog E. Begriffsdefinitionen aus der Handels- und Absatzwirtschaft, 4. Ausgabe, Köln 1995.

Babin, Barry J./Darden, William R./Griffin, Mitch: Work and/or Fun: Measuring Hedonic and Utilitarian Shopping Value, in: Journal of Consumer Research, 20. Jg. (1994), S. 644-656.

Backhaus, Klaus/Erichson, Bernd/Plinke, Wulff et al.: Multivariate Analysemethoden – Eine anwendungsorientierte Einführung, 8. Auflage, Berlin u. a. 1996.

Bacon, R. W.: An Approach to the Theory of Consumer Shopping Behaviour, in: Urban Studies, 8. Jg. (1971), H. 1, S. 55-64.

Bagozzi, Richard P./Warshaw, Paul R.: Trying to consume, in: Journal of Consumer Research, 17. Jg. (1990), S. 127-140.

Bagozzi, Richard P./Yi, Youjae: On the Evaluation of Structural Equation Models, in: Journal of the Academy of Marketing Science, 16. Jg. (1988), H. 1, S. 74-94.

Baisch, Monika: Die Risikowahrnehmung in "Non Store"-Kaufsituationen – Eine Studie zu den Bestimmungsfaktoren und ihre Bedeutung für den effizienten Einsatz der Instrumente des Direktmarketing, Wien 1993.

Baker, Walter/Marn, Mike/Zawada, Craig: Price Smarter on the Net, in: Harvard Business Review, 79. Jg. (2001), H. 2, S. 122-127.

Bakos, J. Yannis: Reducing Buyer Search Costs: Implications for Electronic Marketplaces, in: Management Science, 43. Jg. (1997), S. 1676-1692.

Bakos, J. Yannis: A Strategic Analysis of Electronic Marketplaces, in: Management Information Systems Quarterly, 15. Jg. (1991), H. 3, S. 295-310.

Balasubramanian, Sridhar: Mail versus Mall: A Strategic Analysis of Competition between Direct Marketers and Conventional Retailers, in: Marketing Science, 17. Jg. (1998), S. 181-195.

Balasubramanian, Sridar: Two Essays in Direct Marketing, Ph.D. Dissertation, Yale University, New Haven 1997, zitiert nach: Szymanski, David M./Hise, Richard T.: e-Satisfaction: An Initial Examination, in: Journal of Retailing, 76. Jg. (2000), S. 309-322.

Balderjahn, Ingo: Einstellungen und Einstellungsmessung, in: Tietz, Bruno (Hrsg.): Handwörterbuch des Marketing, 2. Auflage, Stuttgart 1995, Sp. 542-554.

Balderjahn, Ingo: Marktreaktionen von Konsumenten – ein theoretisch-methodisches Konzept zur Analyse der Wirkung absatzpolitischer Instrumente, Berlin 1993.

Bass, Frank M./Wilkie, William L.: A Comparative Analysis of Attitudinal Predictions of Brand Preference, in: Journal of Marketing Research, 10. Jg. (1973), S. 262-269.

Bauer, Hans H./Fischer, Marc/Sauer, Nicola E.: Barrieren des elektronischen Einzelhandels – Eine empirische Studie zum Kaufverhalten im Internet, in: Zeitschrift für Betriebswirtschaft, 70. Jg. (2000), S. 1133-1156.

Bauer, Raymond A.: Consumer Behavior as Risk Taking, in: Hancock, Robert S. (Hrsg.): Dynamic Marketing for Changing World, Proceedings of the 43rd National Conference of the American Marketing Association 1960, S. 389-398.

Baumol, William J./Ide, Edward A.: Variety in Retailing, in: Management Science, 3. Jg. (1957), S. 93-101.

Bech-Larsen, Tino/Grunert, Klaus G.: Konsumentscheidungen bei Vertrauenseigenschaften: Eine Untersuchung am Beispiel des Kaufes von ökologischen Lebensmitteln in Deutschland und Dänemark, in: Marketing ZFP, 23. Jg. (2001), H. 3, S. 188-197.

Belk, Russell W.: Entwicklung produktspezifischer Klassifikationen von Verbrauchssituationen, in: Meffert, Heribert/Steffenhagen, Hartwig/Freter, Hermann (Hrsg.): Konsumentenverhalten und Information, Wiesbaden 1979, S. 333-351.

Belk, Russell W.: A Free Response Approach to Developing Product-Specific Consumption Situation Taxonomies, in: Shocker, Allan D. (Hrsg.): Analytic Approaches to Product and Marketing Planning, Cambridge, Mass. 1979, S. 177-196.

Belk, Russell W.: Situational Variables and Consumer Behavior, in: Journal of Consumer Research, 2. Jg. (1975), H. 3, S. 157-164.

Belk, Russell W.: An Exploratory Assessment of Situational Effects in Buyer Behavior, in: Journal of Marketing Research, 11. Jg. (1974), H. 2, S. 156-163.

Bellenger, Danny N./Korgaonkar, Pradeep K.: Profiling the Recreational Shopper, in: Journal of Retailing, 56. Jg. (1980), H. 3, S. 77-92.

Bellenger, Danny N./Robertson, Dan H./Greenberg, Barnett A.: Shopping Center Patronage Motives, in: Journal of Retailing, 53. Jg. (1977), H. 2, S. 29-38.

Benninghaus, Hans: Einführung in die sozialwissenschaftliche Datenanalyse, 6. Auflage, München-Wien 2001.

Benninghaus, Hans: Ergebnisse und Perspektiven der Einstellungs-Verhaltens-Forschung, Meisenheim am Glan 1976.

Ben-Ur, Joseph/Winfield, Claire: Perceived Risk in the E-Commerce Environment, unter: www.sbaer.uca.edu/Research/2000/SWMA/00swma15.htm, Zugriff am 8.8.2001.

Berger, Ida E./Ratchford, Brian T./Haines Jr., George H.: Subjective product knowledge as a moderator of the relationship between attitudes and purchase intentions for a durable product, in: Journal of Economic Psychology, 15. Jg. (1994), S. 301-314.

Berekoven, Ludwig: Erfolgreiches Einzelhandelsmarketing: Grundlagen und Entscheidungshilfen, 2. Auflage, München 1995.

Berekoven, Ludwig/Eckert, Werner/Ellenrieder, Peter: Marktforschung: Methodische Grundlagen und praktische Anwendung, 7. Auflage, Wiesbaden 1996.

Berry, Leonard L.: The Old Pillars of New Retailing, in: Harvard Business Review, 79. Jg. (2001), S. 131-137.

Betancourt, Roger/Gautschi, David A.: The Economics of Retail Firms, in: Managerial and Decision Economics, 9. Jg. (1988), S. 133-144.

Betancourt, Roger/Gautschi, David A.: The evolution of retailing – A suggested economic interpretation, in: International Journal of Research in Marketing, 3. Jg. (1986), S. 217-232.

Bettman, James R./Luce, Mary Frances/Payne, John W.: Constructive Consumer Choice Processes, in: Journal of Consumer Research, 25. Jg. (1998), H. 4, S. 187-217.

Bettman, James R./Capon, Noel/Lutz, Richard J.: Cognitive Algebra in Multi-Attribute Attitude Models, in: Journal of Marketing Research, 12. Jg. (1975), S. 151-164.

Bloch, Michael/Pigneur, Yves/Segev, Arie: On the Road of Electronic Commerce – A Business Value Framework, Gaining Competitive Advantage and Some Research Issues, unter: www.stern.nyu.edu/~mbloch/docs/roadtoec/ec.htm, Zugriff am 1.9.2001.

Böhler, Joachim: Betriebsform, Wachstum und Wettbewerb, Wiesbaden 1993.

Börsenverein des Deutschen Buchhandels (Hrsg.): Umfrage Internet-Buchhandel 2001 - Ergebnisbericht, Frankfurt a. M. 2001.

Bortz, Jürgen: Lehrbuch der Statistik: für Sozialwissenschaftler, 2. Auflage, Berlin u. a. 1985.

Bosnjak, Michael/Tuten, Tracy L./Bandilla, Wolfgang: Participation in Web Surveys – A Typology, in: ZUMA-Nachrichten, 25. Jg. (2001), H. 48, S. 7-17.

Bost, Erhard: Ladenatmosphäre und Konsumentenverhalten, Heidelberg 1987.

Breitung, Ansgar: Kritische Analyse der Validitätsproblematik von Verfahren der Einstellungsmessung, in: Meffert, Heribert/Steffenhagen, Hartwig/Freter, Hermann (Hrsg.): Konsumentenverhalten und Information, Wiesbaden 1979, S. 209-224.

Bretzke, Wolf-Rüdiger: Smart Shopping im Internet: Industrie und Handel im Zeitalter von Electronic Commerce, in: Kopfer, Herbert/Bierwirth, Christian (Hrsg.): Logistik Management - Intelligente I + K Technologien, Berlin u. a. 1999, S. 221-243.

Breuer, Hubertus: Bücher ohne Ende, in: FOCUS, o. Jg. (1998), H. 43, S. 166.

Bronner, Rolf: Entscheidung unter Zeitdruck - Eine Experimentaluntersuchung zur empirischen Theorie der Unternehmung, Tübingen 1973.

Brosius, Felix: SPSS 8 – Professionelle Statistik mit SPSS 8, Bonn 1998.

Brynjolfsson, Erik/Smith, Michael D.: Frictionless Commerce? A Comparison of Internet and Conventional Retailers, in: Management Science, 46. Jg. (2000), S. 563-585.

Bucklin, Louis P.: A Theory of Distribution Channel Structure, Berkeley 1966.

Büchel, Daniela: Positionierung von Apotheken im apothekenpflichtigen Selbstmedikationsbereich, in Vorbereitung.

Bunk, Burkhardt: Wie Dotcoms den Link zur Old Economy schaffen, in: absatzwirtschaft, 43. Jg. (2000), H. 11, S. 30-37.

Buttler, Günter/Christian, Bernd: Repräsentativität von Online-Umfragen, in: Scheffler, Wolfram/Voigt, Kai-Ingo (Hrsg.): Entwicklungsperspektiven im Electronic Business – Grundlagen – Strukturen – Anwendungsfelder, Wiesbaden 2000, S. 205-216.

Cannell, Charles F./Kahn, Robert L.: Interviewing, in: Lindzey, Gardner/Aronson, Elliot (Hrsg.): Handbook of Social Psychology, 2. Aufl., Bd. 2, Reading/Mass. 1968, S. 526-595.

Carr, Leslie G.: The Srole Items and Acquiescence, in: American Sociological Review, 36. Jg. (1971), S. 287-293.

Childers, Terry L./Carr, Christopher L./Peck, Joann et al.: Hedonic and utilitarian motivations for online retail shopping behavior, in: Journal of Retailing, 77. Jg. (2001), S. 511-535.

Christof, Karin/Pepels, Werner: Praktische quantitative Marktforschung: Beispielauswertungen mit SPSS, München 1999.

Churchill, Gilbert A. Jr.: A Paradigm for Developing Better Measures of Marketing Constructs, in: Journal of Marketing Research, 16. Jg. (1979), S. 64-73.

Converse, Philip E.: Attitudes and Non-Attitudes: Continuation of a Dialogue, in: Tufte, Edward R. (Hrsg.): The Quantitative Analysis of Social Problems, Reading/Mass. 1970, S. 168-189.

Cook, Stuart W./Selltiz, Claire: A Multiple-Indicator Approach to Attitude Measurement, in: Psychological Bulletin, 62. Jg. (1964), H. 1, S. 36-55.

Coopers & Lybrand (Hrsg.): The Future for the Foodstore – Challenges and Alternatives, London 1996.

Coppel, Jonathan: E-Commerce: Impact and Policy Challenges, Paris 2000, S. 4, unter: www.oecd.org, Zugriff am 15.11.2000.

Cote, Joseph A./Buckley, M. Ronald: Estimating Trait, Method, and Error Variance: Generalizing across 70 Construct Validation Studies, in: Journal of Marketing Research, 24. Jg. (1987), S. 315-318.

Couper, Mick P.: Web Surveys – A Review of Issues and Approaches, in: Public Opinion Quarterly, 64. Jg. (2000), S. 464-494.

Cox, William E. jr./Cooke, Ernest F.: Other Dimensions Involved in Shopping Center Preference, in: Journal of Marketing, 34. Jg. (1970), H. 4, S. 12-17.

Cox, Donald F./Rich, Stuart U.: Perceived Risk and Consumer Decision-Making - The Case of Telephone Shopping, in: Journal of Marketing Research, 1. Jg. (1964), S. 32-39.

Cronbach, Lee J.: Coefficient alpha and the Internal Structure of Tests, in: Psychometrika, 16. Jg. (1951), S. 297-334.

Cronbach, Lee J.: Response Sets and Test Validity, in: Educational and Psychological Measurement, 6. Jg. (1946), S. 475-494.

Dach, Christian: Internet Shopping – Prognosen zu den Auswirkungen auf Betriebsformen und Branchen, in: Grabow, Busso (Hrsg.): Ökonomie im (Schlepp-)Netz?, Berlin 2002a, S. 27-36.

Dach, Christian: Vorteile einer Multi-Channel-Strategie: Eine nüchterne Betrachtung – Synergien zwischen Ladengeschäften und Online-Shops aus Konsumentensicht, Köln 2002b.

Dach, Christian: Die zukünftige Bedeutung des Business-to-Consumer E-Commerce – ein Prognosemodell, in: Müller-Hagedorn, Lothar (Hrsg.): Zukunftsperspektiven des E-Commerce im Handel, Frankfurt a. M. 2000, S. 175-225.

Dach, Christian: Der Wettbewerb der Zukunft: Elektronischer vs. stationärer Handel, in: Mitteilungen des Instituts für Handelsforschung an der Universität zu Köln, 51. Jg. (1999), S. 45-57.

Dach, Christian/Hudetz, Kai: Internet und Handel, ein paar Überlegungen zum Gewinnpotential, in: Wochenbericht der Bank Julius Bär, o. Jg. (2000), Nr. 32, S. 2-6.

Darby, Michael R./Karni, Edi: Free Competition and the Optimal Amount of Fraud, in: The Journal of Law and Economics, 16. Jg. (1973), H. 2, S. 67-88.

Darden, William R.: A Patronage Model of Consumer Behavior, in: Stampfl, R. W./Hirschman, E. (Hrsg.): Competitive Structure in Retail Markets: The Department Store Perspective, Chicago 1980, S. 43-52.

Darden, William R./Reynolds, Fred R.: Shopping Orientations and Product Usage Rates, in: Journal of Marketing Research, 8. Jg. (1971), S. 505-508.

Darnstädt, Claus: Cyberspace-Shopping: Entwicklungstrends im Erlebnishandel, Hannover 1995.

Davidson, Andrew R./Yantis, Steven/Norwood, Marel et al.: Amount of Information About the Attitude Object and Attitude-Behavior Consistency, in: Journal of Personality and Social Psychology, 49. Jg. (1985), S. 1184-1198.

Dawson, Scott/Bloch, Peter H./Ridgway, Nancy M.: Shopping Motives, Emotional States, and Retail Outcomes, in: Journal of Retailing, 66. Jg. (1990), S. 408-427.

Decker, Reinhold/Wagner, Ralf: Log-lineare Modelle und Logit, in: Herrmann, Andreas/Homburg, Christian (Hrsg.): Marktforschung: Methoden, Anwendungen, Praxisbeispiele, Wiesbaden 1999, S. 549-578.

Degeratu, Alexandru M./Rangaswamy, Arvind/Wu, Jianan: Consumer choice behavior in online and traditional supermarkets: The effects of brand name, price, and other search attributes, in: International Journal of Research in Marketing, 17. Jg. (2000), S. 55-78.

Deppisch, Carl Georg: Dienstleistungsqualität im Handel, Wiesbaden 1997.

Deutsche Post AG (Hrsg.): eCommerce Facts 2.0, Bonn 2000.

Dichtl, Erwin: Electronic Shopping - Meilensteine der Entwicklung oder kostspieliger Irrtum?, in: Marktforschung & Management, 41. Jg. (1997), H. 5, S. 188-190.

Dichtl, Erwin/Müller, Stefan: Anspruchsinflation und Nivellierungstendenz als meßtechnisches Problem in der Absatzforschung, in: Marketing ZFP, 8. Jg. (1986), H. 4, S. 233-236.

Dichtl, Erwin/Schobert, Rudolf: Mehrdimensionale Skalierung - Methodische Grundlagen und betriebswirtschaftliche Anwendungen, München 1979.

Dickson, Peter R.: Person-Situation: Segmentation´s Missing Link, in: Journal of Marketing, 46. Jg. (1982), Fall, S. 56-64.

Diekmann, Andreas: Empirische Sozialforschung – Grundlagen, Methoden, Anwendungen, 5. Auflage, Reinbek bei Hamburg 1995.

Diekmann, Andreas/Jann, Ben: Anreizformen und Ausschöpfungsquoten bei postalischen Befragungen. Eine Prüfung der Reziprozitätshypothese, in: ZUMA-Nachrichten, 25. Jg. (2001), H. 48, S. 18-27.

Diller, Hermann: Das Preisimage als Wettbewerbsfaktor im Einzelhandel, Nürnberg 1991.

Diller, Hermann: Preispolitik, Stuttgart u. a. 1985.

Diller, Hermann/Gömann, Steffen: Verbreitung und Akzeptanz innovativer Distributionsservices für Lebensmittel, Nürnberg 1999.

Diller, Hermann/Goerdt, Thomas: Die integrierte Analyse der Marken- und Einkaufsstättenwahl für das Category Management – Eine empirische Analyse unter Einsatz der Adaptiven Conjoint-Analyse (ACA), Nürnberg 1998.

Diller, Hermann/Kusterer, Marion: Die Erfolgsträchtigkeit der erlebnisbetonten Ladengestaltung im Einzelhandel –Eine empirische Studie -, Hamburg 1986.

Dillman, Don A./Bowker, Dennis K.: The Web Questionnaire Challenge to Survey Methodologists, in: Reips, Ulf-Dietrich/Bosnjak, Michael (Hrsg.): Dimensions of Internet Science, Lengerich u. a. 2001, S. 159-178.

Donovan, Robert J./Rossiter, John R.: Store Atmosphere: An Environmental Psychology Approach, in: Journal of Retailing, 58. Jg. (1982), H. 1, S. 34-57.

Doob, Leonard W.: Public Opinion and Propaganda, New York 1948.

Dorner, Babette: Versandhandelsmarketing: Ansätze zur Kundengewinnung und Kundenbindung, Wiesbaden 1999.

Dowideit, Martin: Preisagenten beim Online-Kauf – Suchmaschinen finden günstige Angebote, in: Klietmann, Markus (Hrsg.): Report Online Handel – Produkte verkaufen, Kunden binden, Preise gestalten, Düsseldorf 2001, S. 223-232.

Downs, Anthony: A Theory of Consumer Efficiency, in: Journal of Retailing, 37. Jg. (1961), H. 1, S. 6-12, 50-51.

Doyle, Peter/Fenwick, Ian: How Store Image Affects Shopping Habits in Grocery Chains, in: Journal of Retailing, 50. Jg. (1974-75), H. 4, S. 39-52.

Dubow, Joel S.: Occasion-Based vs. User-Based Benefit Segmentation: A Case Study, in: Journal of Advertising Research, 32. Jg. (1992), H. 2, S. 11-18.

Eastlick, Mary Ann/Feinberg, Richard A.: Gender Differences in Mail-Catalog Patronage Motives, in: Journal of Direct Marketing, 8. Jg. (1994), H. 2, S. 37-44.

Eckert, Claudia: IT-Sicherheit: Konzepte – Verfahren – Protokolle, München 2001.

Eckes, Thomas/Six, Bernd: Fakten und Fiktionen in der Einstellungs-Verhaltens-Forschung: Eine Meta-Analyse, in: Zeitschrift für Sozialpsychologie, 25. Jg. (1994), S. 253-271.

E-Commerce-Center Handel (Hrsg.): Begriffe des eCommerce, Frankfurt a. M. 2001.

E-Commerce-Center Handel (Hrsg.): EC-Report Handel 2000, Köln 2000.

Ehrenberg, A. S. C.: An Appraisal of Markov Brand-Switching Models, in: Journal of Marketing Research, 2. Jg. (1965), S. 347-362.

Einhorn, Hillel J.: The Use of Nonlinear, Noncompensatory Models in Decision Making, in: Psychological Bulletin, 73. Jg. (1970), H. 3, S. 221-230.

Eisenführ, Franz/Weber, Martin: Rationales Entscheiden, 3. Auflage, Berlin u. a. 1999.

Engel, James F./Blackwell, Roger D./Miniard, Paul W.: Consumer Behavior, 8. Auflage, Fort Worth u. a. 1995.

Enos, Lori: Report: E-Shopper Fears of Online Fraud Are Distorted, in: E-Commerce Times v. 14.6.2001, unter www.ecommercetimes.com, Zugriff am 6.8.2001.

Ernst, Mathias: Neue Informations- und Kommunikationstechnologien und marktwirtschaftliche Allokation: Eine informations- und transaktionstheoretische Analyse, München 1990.

Ernst, Matthias/Giesler, Volker: Erhöhter Preiswettbewerb durch das Internet. Theoretische Analyse und empirischer Befund im Vergleich mit traditionellen Vertriebsformen, in: Jahrbuch der Absatz- und Verbrauchsforschung, 46. Jg. (2000), H. 2, S. 191-210.

Ernst & Young (Hrsg.): The Global Face of E-Tailing, 2001.

Esch, Franz-Rudolf/Langner, Tobias/Fuchs, Marcus: Gestaltung von Electronic Malls, in: Trommsdorff, Volker (Hrsg.): Handelsforschung 1998/99, Wiesbaden 1998, S. 183-205.

Esch, Franz-Rudolf/Billen, Peter: Förderung der Mental Convenience beim Einkauf durch Cognitive Maps und kundenorientierte Produktgruppierungen, in: Trommsdorff, Volker (Hrsg.): Handelsforschung 1996/97 – Positionierung des Handels, Wiesbaden 1996, S. 317-337.

EU-Kommission (Hrsg.): European Initiative in Electronic Commerce, 1998, unter http://www.ispo.cec.be/ecommerce/, Zugriff am 15.11.2000.

EuroHandelsinstitut (Hrsg.): Handel aktuell 2000, Köln 2000.

EuroHandelsinstitut (Hrsg.): Handel aktuell '94, Köln 1994.

Farhangmehr, Minoo/Marques, Susana: Consumer and retailer perceptions of hypermarkets and traditional retail stores in Portugal, in: Journal of Retailing and Consumer Services, 7. Jg. (2000), S. 197-206.

Fazio, Russell H.: Multiple processes by which attitudes guide behavior: The MODE model as an integrative framework, in: Advances in experimental social psychology, 23. Jg. (1990), S. 75-109.

Fazio, Russell H./Powell, Martha C./Williams, Carol J.: The Role of Attitude Accessibility in the Attitude-to-Behavior Process, in: Journal of Consumer Research, 16. Jg. (1989), S. 280-288.

Fazio, Russell H./Sanbonmatsu, David M./Powell, Martha C. et al.: On the Automatic Activation of Attitudes, in: Journal of personality and social psychology, 50. Jg. (1986), S. 229-238.

Fazio, Russell H./Williams, Carol J.: Attitude Accessibility as a Moderator of the Attitude-Perception and Attitude-Behavior Relations: An Investigation of the 1984 Presidential Election, in: Journal of Personality and Social Psychology, 51. Jg. (1986), S. 505-514.

Fazio, Russell H./Zanna, Mark P.: Direct Experience and Attitude-Behavior Consistency, in: Advances in Experimental Social Psychology, 14. Jg. (1981), S. 161-202.

Fazio, Russell H./Zanna, Mark P.: Attitudinal Qualities Relating to the Strength of the Attitude-Behavior Relationship, in: Journal of Experimental Social Psychology, 14. Jg. (1978), S. 398-408.

Finn, Adam/Louviere, Jordan J.: Shopping Center Image, Consideration, and Choice: Anchor Store Contribution, in: Journal of Business Research, 35. Jg. (1996), S. 241-251.

Fischer, Lorenz/Wiswede, Günter: Grundlagen der Sozialpsychologie, München-Wien 1997.

Fishbein, Martin: A Behavior Theory Approach to the Relations Between Beliefs About an Object and the Attitude Toward the Object, in: Fishbein, Martin (Hrsg.): Readings in Attitude Theory and Measurement, New York-London-Sydney 1967a, S. 389-400.

Fishbein, Martin: Attitude and the Prediction of Behavior, in: Fishbein, Martin (Hrsg.): Readings in Attitude Theory and Measurement, New York-London-Sydney 1967b, S. 477-492.

Fishbein, Martin: An Investigation of the Relationships Between Beliefs About an Object and the Attitude Toward That Object, in: Human Relations, 16. Jg. (1963), S. 233-240.

Fishbein, Martin/Ajzen, Icek: Belief, Attitude, Intention and Behavior: An Introduction to Theory and Research, Reading/Mass. u. a. 1975.

Fittkau & Maaß (Hrsg.): Ergebnisse für Teilnehmer der 12. W3B-Umfrage, unter www.w3b.de, Zugriff am 19.6.2001.

Flanagan, John C.: The Critical Incident Technique, in: Psychological Bulletin, 51. Jg. (1954), S. 327-358.

Fleiss, Joseph L.: Statistical Methods for Rates and Proportions, 2. Auflage, New York u. a. 1981.

Flisi, Claudia: While No Longer Hot, B2C on the Web Isn´t Going Away, in: International Herald Tribune, Nr. 36572 v. 3.10.2000, S. 21.

Fotheringham, A. Stewart: Consumer Store Choice and Choice Set Definition, in: Marketing Science, 7. Jg. (1988), S. 299-310.

Freter, Hermann: Interpretation und Aussagewert mehrdimensionaler Modelle im Marketing, in: Meffert, Heribert/Steffenhagen, Hartwig/Freter, Hermann (Hrsg.): Konsumentenverhalten und Information, Wiesbaden 1979, S. 163-184.

Frick, Andrea/Bächtiger, Marie-Thérèse/Reips, Ulf-Dietrich: Financial Incentives, Personal Infomation, and Drop Out in Online Studies, in: Reips, Ulf-Dietrich/Bosnjak, Michael (Hrsg.): Dimensions of Internet Science, Lengerich u. a. 2001, S. 209-219.

Friedrichs, Jürgen: Methoden empirischer Sozialforschung, 13. Auflage, Opladen 1980.

Garvin, David A.: Managing Quality. The Strategic and Competitive Edge, New York-London 1988.

Gatzke, Monika: Multichannel: Renaissance der POS-Terminals?, unter: www.ecin.de, Zugriff am 17.1.2002.

Georg, Björn: Sicherheit, Recht und Steuern, in: Thome, Rainer/Schinzer, Heiko (Hrsg.): Electronic Commerce: Anwendungsbereiche und Potentiale der digitalen Geschäftsabwicklung, 2. Auflage, München 2000, S. 255-289.

GfK (Hrsg.): GfK-Online-Monitor, 7. Untersuchungswelle, 2001, zitiert nach: Graumann, Sabine/Köhne, Bärbel: Monitoring Informationswirtschaft – 3. Faktenbericht 2001, eine Sekundärstudie von NFO Infratest (Germany), München 2001.

Gillett, Peter L.: In-Home Shoppers – An Overview, in: Journal of Marketing, 40. Jg. (1976), H. 10, S. 81-88.

Gillett, Peter L.: A Profile of Urban In-Home Shopper, in: Journal of Marketing, 34. Jg. (1970), S. 40-45.

Glöckner-Holme, Irene: Betriebsformen-Marketing im Einzelhandel, Augsburg 1988.

Göritz, Anja S./Batinic, Bernad/Moser, Klaus: Online-Marktfoschung, in: Scheffler, Wolfram/Voigt, Kai-Ingo (Hrsg.): Entwicklungsperspektiven im Electronic Business – Grundlagen – Strukturen – Anwendungsfelder, Wiesbaden 2000, S. 187-204.

Göritz, Anja S./Reinhold, Nicole/Batinic, Bernad: Marktforschung mit Online-Panels: State of the Art, in: planung & analyse, 27. Jg. (2000), H. 3, S. 62-67.

Götze, Uwe: Szenario-Technik in der strategischen Unternehmensplanung, 2. Auflage, Wiesbaden 1993.

Goodman, Leo A./Kruskal, William H.: Measures of Association for Cross Classifications, in: Journal of the American Statistical Association, 49. Jg. (1954), S. 732-764.

Gräf, Lorenz: Optimierung von WWW-Umfragen: Das Online Pretest-Studio, in: Batinic, Bernad/Werner, Andreas/Gräf, Lorenz et al. (Hrsg.): Online Research – Methoden, Anwendungen und Ergebnisse, Göttingen 1999, S. 155-174.

Grajczyk, Andreas/Mende, Annette: Nichtnutzer von Online: Zugangsbarrieren bleiben bestehen, in: MEDIA PERSPEKTIVEN, o. Jg. (2000), S. 350-358.

Green, Paul E./Tull, Donald S.: Methoden und Techniken der Marketingforschung, 4. Auflage, Stuttgart 1982.

Green, Paul E./Carroll, J. Douglas/DeSarbo, Wayne S.: Estimating Choice Probabilities in Multiattribute Decision Making, in: Journal of Consumer Research, 8. Jg. (1981), S. 76-84.

Greenberg, Paul A.: Coming Together on E-Privacy, in: E-Commerce Times v. 3.8.2001, unter www.ecommercetimes.com, Zugriff am 6.8.2001.

Greenberg, Paul A.: 'E' Stands for Exposure, in: E-Commerce Times v. 21.6.2001, unter www.ecommercetimes.com, Zugriff am 6.8.2001.

Gröppel, Andrea: Die Dynamik der Betriebsformen des Handels – Ein Erklärungsversuch aus Konsumentensicht, in: Forschungsgruppe Konsum und Verhalten (Hrsg.): Konsumentenforschung, München 1994, S. 379- 397.

Gröppel, Andrea: Competitive Retailing Strategies in Germany: An Empirical Study, in: Developments in Marketing Science, 16. Jg. (1993), S. 643-654.

Gröppel, Andrea: Einkaufsmotive und ihre Betriebsformen-Relevanz, in: Thexis, 10. Jg. (1993), H. 4, S. 7-14.

Gröppel-Klein, Andrea: Kundenorientiertes Einzelhandelsmarketing – Notwendigkeit der Profilierung von Einzelhandelsunternehmen in West und Ost, in: Universitätsschriften der Europa-Universität Viadrina, Band 13, Frankfurt (Oder), 1998, S. 71-106.

Gröppel-Klein, Andrea: Wettbewerbsstrategien im Einzelhandel – Chancen und Risiken von Preisführerschaft und Differenzierung, Wiesbaden 1998.

Gruner + Jahr (Hrsg.): E-Commerce, Stern Trendprofile 12/2000, unter: www.trendprofile.stern.de, Zugriff am 17.12.2001

Gruner + Jahr (Hrsg.): Schuhe, Stern Trendprofile 06/2001, unter: www.trendprofile.stern.de, Zugriff am 17.12.2001.

Grunert, Klaus: Research in consumer behavior: Beyond attitudes and decision-making, in: European Research, 16. Jg. (1988), H. 5, S. 172-183.

Gutowski, Katja/Gorgs, Claus: Onlineshopping – Wie komfortabel und sicher ist das Kaufhaus Internet?, in: Wirtschaftswoche, Nr. 20 v. 10.5.2001, S. 148-158.

Hackmann, J. Richard/Anderson, Lynn R.: The Strength, Relevance, and Source of Beliefs About an Object in Fishbein's Attitude Theory, in: The Journal of Social Psychology, 76. Jg. (1968), S. 55-67.

Haertsch, Patrick: Wettbewerbsstrategien für Electronic Commerce: Eine kritische Überprüfung klassischer Strategiekonzepte, Lohmar-Köln 2000.

Haller, Sabine: Beurteilung von Dienstleistungsqualität – Dynamische Betrachtung des Qualitätsurteils im Weiterbildungsbereich, Wiesbaden 1995.

Hammann, Peter/Erichson, Bernd: Marktforschung, 4. Auflage, Stuttgart 2000.

Hammann, Peter/Erichson, Bernd: Marktforschung, 2. Auflage, Stuttgart-New York 1990.

Hansen, Flemming: Consumer Choice Behavior – A Cognitive Theory, New York-London 1972.

Hansen, Ursula: Absatz- und Beschaffungsmarketing des Einzelhandels: eine Aktionsanalyse, 2. Auflage, Göttingen 1990.

Harary, Frank/Lipstein, Benjamin: The Dynamics of Brand Loyalty: A Markovian Approach, in: Operations Research, 10. Jg. (1962), H. 1, S. 19-40.

Hartung, Joachim/Elpelt, Bärbel/Klösener, Karl-Heinz: Statistik: Lehr- und Handbuch der angewandten Statistik, 11. Auflage, München-Wien 1998.

Hauser, John R./Urban, Glen L./Weinberg, Bruce D.: How Consumers Allocate Their Time When Searching for Information, in: Journal of Marketing Reasearch, 30. Jg. (1993), S. 452-466.

Hauser, John R./Wernerfelt, Birger: An Evaluation Cost Model of Consideration Sets, in: Journal of Consumer Research, 16. Jg. (1990), S. 393-408.

Heemeyer, Hermann: Psychologische Marktforschung im Einzelhandel – Entwicklung und Test einer operationalen Befragungs- und Auswertungskonzeption, Wiesbaden 1981.

Heinecke, Albert/Schwager, Mario: Die Szenario-Technik als Instrument der strategischen Planung, Braunschweig 1995.

Hellwege, Johann D.: E-Commerce – Chancen und Risiken für den städtischen Handel, in: Forum, 50. Jg. (2000), H. 48, S. 1-4.

Henneking, Karl-Michael: Marketingcontrolling im Einzelhandel, Wiesbaden 1998.

Hennemann, Alfred/Jahn, Andreas/Tost, Ronald et al.: Verlässlichkeit bei Electronic Commerce – Sicherheitstechnische, rechtliche und steuerliche Aspekte, Bonn 2001.

Hennig-Thurau, Thorsten/Hansen, Ursula: Kundenartikulationen im Internet – Virtuelle Meinungsplattformen als Herausforderung für das Marketing, in: Die Betriebswirtschaft, 61. Jg. (2001), S. 560-580.

Hennings, Gerd: Erlebnis- und Konsumwelten: Steuerungsfaktoren – Akteure – Planung, in: Steinecke, Albrecht (Hrsg.): Erlebnis- und Konsumwelten, München–Wien 2000, S. 55-75.

Hentschel, Bert: Multiattributive Messung von Dienstleistungsqualität, in: Bruhn, Manfred/Stauss, Bernd (Hrsg.): Dienstleistungsqualität: Konzepte, Methoden, Erfahrungen, Wiesbaden 1991, S. 311-343.

Herkner, Werner: Lehrbuch Sozialpsychologie, 5. Auflage, Bern-Stuttgart-Toronto 1991.

Heinemann, Michael: Einkaufsstättenwahl und Firmentreue des Konsumenten, Wiesbaden 1976.

Hermanns, Arnold/Sauter, Michael: Electronic Commerce – Grundlagen, Potentiale, Marktteilnehmer und Transaktionen, in: Hermanns, Arnold/Sauter, Michael (Hrsg.): Management-Handbuch Electronic Commerce, München 1999, S. 13-29.

Hildebrandt, Lutz: Log-Lineare Modelle, in: Diller, Hermann (Hrsg.): Vahlens Großes Marketing Lexikon, München 1994, Sp. 632 f.

Hildebrandt, Lutz: Kausalanalytische Validierung in der Marketingforschung, in: Marketing ZFP, 6. Jg. (1984), H. 1, S. 41-51.

Hirschman, Elizabeth C.: Innovativeness, Novelty Seeking, and Consumer Creativity, in: Journal of Consumer Research, 7. Jg. (1980), S. 283-295.

Homburg, Christian/Pflesser, Christian: Konfirmatorische Faktorenanalyse, in: Herrmann, Andreas/Homburg, Christian (Hrsg.): Marktforschung: Methoden, Anwendungen, Praxisbeispiele, Wiesbaden 1999, S. 413-437.

Homburg, Christian/Giering, Annette: Konzeptualisierung und Operationalisierung komplexer Konstrukte – Ein Leitfaden für die Marketingforschung, in: Marketing ZFP, 18. Jg. (1996), H. 1, S. 5-24.

Hoppe, Michael/Lamp, Rainer: Die Qualität von Online Panel – Ein Methodentest, in: planung & analyse, 28. Jg. (2001), H. 3, S. 46-51.

Hotelling, Harold: Stability in Competition, in: The Economic Journal, 39. Jg. (1929), S. 41-57.

Howard, John A./Sheth, Jagdish N.: The Theory of Buyer Behavior, New York 1969.

Howell, Roy D./Rogers, Jerry D.: The Estimation of Patronage Models in the Presence of Interindividual Heterogeneity and Nongeneric Attributes, in: Darden, William R./Lusch, Robert F. (Hrsg.): Patronage Behavior and Retail Management, New York u. a. 1983, S. 307-318.

Hüttner, Manfred: Grundzüge der Marktforschung, 4. Auflage, Berlin-New York 1989.

Ingene, Charles A.: Productivity and Functional Shifting in Spatial Retailing: Private and Social Perspectives, in: Journal of Retailing, 60. Jg. (1984), H. 3, S. 15-36.

Insko, Chester A./Schopler, John: Triadic Consistency: A Statement of Affective-Cognitive-Conative Consistency, in: Psychological Review, 74. Jg. (1967), S. 361-376.

Jaccard, James/Brinberg, David/Ackerman, Lee J.: Assessing Attribute Importance: A Comparison of Six Methods, in: Journal of Consumer Research, 12. Jg. (1986), H. 3, S. 463-468.

Jäpel, Werner: Die Qualität alternativer Rating-Formen und ihre Einflußgrößen, Regensburg 1985.

James, Don L./Durand, Richard M./Dreves, Robert A.: The Use of a Multi-Attribute Attitude Model in a Store Image Study, in: Journal of Retailing, 52. Jg. (1976), H. 2, S. 23-32.

Jarvenpaa, Sirkka L./Todd, Peter A.: Is There a Future for Retailing on the Internet?, in: Peterson, Robert A. (Hrsg.): Electronic Marketing and the Consumer, Thousand Oaks-London-New Delhi 1997, S. 139-154.

Jones, M. A.: Entertaining Shopping Experiences: An Exploratory Investigation, in: Journal of Retailing and Consumer Services, 6. Jg. (1999), S. 129-139.

Jupiter Research (Hrsg.): Internet Window Shopping Boosts High Street this Christmas, Pressemitteilung v. 4.12.2000 unter http://www.jup.com/company/pressrelease.jsp ?doc=pr001204a, Zugriff am 22.12.2000.

Kaapke, Andreas: Der Jahresbetriebsvergleich der Einzelhandelsfachgeschäfte 1999, in: Mitteilungen des Instituts für Handelsforschung an der Universität zu Köln, 52. Jg. (2000), S. 225-245.

Kaapke, Andreas: Die Bedeutung des Absatzkanals Internet für den deutschen Handel – Empirische Ergebnisse, in: Müller-Hagedorn, Lothar (Hrsg.): Zukunftsperspektiven des E-Commerce im Handel, Frankfurt a. M. 2000, S. 149-171.

Kaas, Klaus Peter: Marketing als Bewältigung von Informations- und Unsicherheitsproblemen im Markt, in: Die Betriebswirtschaft, 50. Jg. (1990), S. 539-548.

Kaas, Klaus Peter/Runow, Herbert: Wie befriedigend sind die Ergebnisse der Forschung zur Kundenzufriedenheit?, in: Die Betriebswirtschaft, 44. Jg. (1984), S. 451-460.

Kapferer, Jean-Noël/Laurent, Gilles: Consumers' Involvement Profile: New Empirical Results, in: Advances in Consumer Research, 12. Jg. (1985), S. 290-295.

Kaplan, Leon B./Szybillo, George J./Jacoby, Jacob: Components of Perceived Risk in Product Purchase: A Cross-Validation, in: Journal of Applied Psychology, 59. Jg. (1974), H. 3, S. 287-291.

Keeney, Ralph L.: The Value of Internet Commerce to the Customer, in: Management Science, 45. Jg. (1999), S. 533-542.

Keeney, Ralph L.: Value-Focused Thinking – A Path to Creative Decisionmaking, Cambridge/Massachusetts-London 1992.

Kelley, Eugene J.: The Importance of Convenience in Consumer Purchasing, in: Journal of Marketing, 23. Jg. (1958), H. 1, S. 32-38.

Kiesler, Charles A./Collins, Barry E./Miller, Norman: Attitude Change – A Critical Analysis of Theoretical Approaches, New York 1969.

Kirmani, Amna/Rao, Akshay R.: No Pain, No Gain: A Critical Review of the Literature on Signaling Unobservable Product Quality, in: Journal of Marketing, 64. Jg. (2000), H. 4, S. 66-79.

Kirsch, Werner: Die Handhabung von Entscheidungsproblemen, Einführung in die Theorie der Entscheidungsprozesse, 4. Auflage, München 1994.

Klauer, Karl Christoph: Einstellungen – Der Einfluß der affektiven Komponente auf das kognitive Urteilen, Göttingen-Toronto-Zürich 1991.

Knapp, Frank/Heidingsfelder, Martin: Drop-Out Analysis: Effects of the Survey Design, in: Reips, Ulf-Dietrich/Bosnjak, Michael (Hrsg.): Dimensions of Internet Science, Lengerich u. a. 2001, S. 221-230.

Knappe, Hans-Joachim: Informations- und Kaufverhalten unter Zeitdruck, Frankfurt a. M.-Bern 1981.

Kolberg, Bernfried/Scharmacher, Thorsten: Logistik- und Payment-Dienstleistungen für Online-Handelsunternehmen, Köln 2001.

Koll, Sabine: Der Glaube ist ungebrochen, in: <e>Market, o. Jg. (2001), H. 13, S. 38-40.

Kollat, David/Willett, Ronald P.: Customer Impulse Purchasing Behavior, in: Journal of Marketing Research, 4. Jg. (1967), H. 1, S. 21-31.

Kotler, Philip: Atmospherics as a Marketing Tool, in: Journal of Retailing, 49. Jg. (1973-1974), H. 4, S. 48-65.

KPMG (Hrsg.): Electronic Commerce – Status Quo und Perspektiven, Berlin 1997.

Kreikebaum, Hartmut: Strategische Unternehmensplanung, 6. Auflage, Stuttgart-Berlin-Köln 1997.

Kreller, Peggy: Einkaufsstättenwahl von Konsumenten: Ein präferenztheoretischer Erklärungsansatz, Wiesbaden 2000.

Kroeber-Riel, Werner/Weinberg, Peter: Konsumentenverhalten, 7. Auflage, München 1999.

Kroeber-Riel, Werner: Konsumentenverhalten, 5. Auflage, München 1992.

Kubes, David: Mail Order: Why Do people buy?, in: Direct Marketing, 44. Jg. (1981), H. 10, S. 132-136.

Laing, John E.: The Relationship between Attitudes and Behavior: The Case of Family Planning, in: Bogue, Donald J. (Hrsg.): Further Sociological Contributions to Family Planning Research, Chicago 1970, S. 223-357.

Lancaster, Kelvin J.: A New Approach to Consumer Theory, in: Journal of Political Economy, 74. Jg. (1966), S. 132-157.

LaPiere, Richard T.: Attitudes versus Actions, in: Social Forces, 13. Jg. (1934), S. 230-237.

Laroche, Michel/Brisoux; Jacques E.: Incorporating Competition Into Consumer Behaviour Models: The Case of Attitude-Intention Relationship, in: Journal of Economic Psychology, 10. Jg. (1989), S. 343-362.

Launhardt, W.: Die Bestimmung des zweckmäßigsten Standortes einer gewerblichen Anlage, in: Zeitschrift des Vereins deutscher Ingenieure, 26. Jg. (1882), S. 107-116, zitiert nach: Liebmann, Hans-Peter: Die Standortwahl als Entscheidungsproblem – Ein Beitrag zur Standortbestimmung von Produktions- und Handelsbetrieben, Würzburg-Wien 1971.

Leigh, James H./Martin, Claude R. Jr.: A Review of Situational Influence Paradigms and Research, in: Bush, R. F./Hunt, S. D. (Hrsg.):Marketing Theory, Philosophy of Sciences Perspectives, Chicago 1982, S. 57-74.

Lenski, Gerhard E./Leggett, John C.: Caste, Class, and Deference in the Reasearch Interview, in: American Journal of Sociology, 65. Jg. (1960), S. 463-467.

Lenzen, Wolfgang: Die Beurteilung von Preisen durch Konsumenten – Eine empirische Studie zur Verarbeitung von Preisinformationen des Lebensmitteleinzelhandels, Thun-Frankfurt a. M. 1984.

Lerner, A. P./Singer, H. W.: Some Notes on Duopoly and Spatial Competition, in: Journal of Political Economy, 45. Jg. (1937), H. 2, S. 145-186.

Levy, Michael/Weitz, Barton A.: Retailing Management, 2. Auflage, Chicago u. a. 1995.

Lienert, Gustav A.: Testaufbau und Testanalyse, 3. Auflage, Weinheim 1969.

Lilli, Waldemar: Zum Vorhersagewert von Einstellungen für das reale Verhalten, in: Marketing ZFP, 2. Jg. (1980), H. 3, S. 179-184.

Lindquist, Jay D.: Meaning of Image, A Survey of Empirical and Hypothetical Evidence, in: Journal of Retailing, 50. Jg. (1974/75), H. 4, S. 29-38.

Link, Jörg: Database Marketing, in: Bliemel, Friedhelm/Fassott, Georg/Theobald, Axel (Hrsg.): Electronic Commerce: Herausforderungen – Anwendungen – Perspektiven, Wiesbaden 1999, S. 173-190.

Liska, Allen E.: A Critical Examination of the Causal Structure of the Fishbein/Ajzen Attitude-Behavior Model, in: Social Psychology Quarterly, 47. Jg. (1984), H. 1, S. 61-74.

Loebbecke, Claudia: eCommerce: Begriffsabgrenzung und Paradigmenwechsel, in: Betriebswirtschaftliche Forschung und Praxis, 52. Jg. (2001), H. 2, S. 93-108.

Loos, Christoph: Online-Vertrieb von Konsumgütern, Wiesbaden 1998.

Lutz, Richard J.: Changing Brand Attitudes Through Modification of Cognitive Structure, in: Journal of Consumer Research, 1. Jg. (1975), H. 4, S. 49-59.

Lutz, Richard J./Kakkar, Pradeep: The Psychological Situation as a Determinant of Consumer Behavior, in: Advances in Consumer Research, 2. Jg. (1975), S. 439-453.

Luxem, Redmer: Digital Commerce: Electronic Commerce mit digitalen Produkten, Köln 2000.

Mai, Stefan: Prognosen zum E-Commerce – Ungewissheiten über das zukünftige Potenzial des elektronischen Handels, in: Zeitschrift für Wirtschaftspolitik, 49. Jg. (2000), S. 267-284.

Maiwaldt, Jan-Christoph: Wandel der Handelsfunktionen durch E-Commerce – Die E-Business Strategie der DOUGLAS HOLDING AG, in: Müller-Hagedorn, Lothar (Hrsg.): Zukunftsperspektiven des E-Commerce im Handel, Frankfurt a. M. 2000, S. 59-71.

Malone, Thomas W./Yates, Joanne/Benjamin, Robert I.: Electronic Markets and Electronic Hierarchies, in: Communications of the ACM, 30. Jg. (1987), H. 6, S. 484-497.

Marks, Lawrence J./Kamins, Michael A.: The Use of Product Sampling and Advertising: Effects of Sequence of Exposure and Degree of Advertising Claim Exaggeration on Consumers' Belief Strength, Belief Confidence, and Attitudes, in: Journal of Marketing Research, 25. Jg. (1988), S. 266-281.

Marshall, David: Appropriate meal occasions: understanding conventions and exploring situational influences on food choice, in: The International Review of Retail, Distribution and Consumer Research, 3. Jg. (1993), H. 3, S. 279-301.

Martineau, Pierre: The Personality of the Retail Store, in: Harvard Business Review, 36. Jg. (1958), H. 1, S. 47-55.

Mason, J. Barry/Durand, Richard M./Taylor, James L.: Retail Patronage: A Causal Analysis of Antecedent Factors, in: Darden, William R./Lusch, Robert F. (Hrsg.): Patronage Behavior and Retail Management, New York-Amsterdam-Oxford 1983, S. 339-351.

Mathwick, Charla/Malhotra, Naresh/Rigdon, Edward: Experiential value: conceptualization, measurement and application in the catalog and Internet shopping environment, in: Journal of Retailing, 77. Jg. (2001), S. 39-56.

Mattson, Bruce E.: Situational Influences on Store Choice, in: Journal of Retailing, 58. Jg. (1982), H. 3, S. 46-58.

Mazis, Michael B./Ahtola, Olli T./Klippel, R. Eugene: A Comparison of Four Multi-Attribute Models in the Prediction of Consumer Attitudes, in: Journal of Consumer Research, 2. Jg. (1975), H. 1, S. 38-52.

McCann, J. M./Reibstein, D. J./Wittink, D. R.: Market Segmentation Via Derived Importance Weights, Purdue University, Paper No. 518, June 1975, zitiert nach: Freter, Hermann: Interpretation und Aussagewert mehrdimensionaler Modelle im Marketing, in: Meffert, Heribert/Steffenhagen, Hartwig/Freter, Hermann (Hrsg.): Konsumentenverhalten und Information, Wiesbaden 1979, S. 163-184.

McDougall, G.: Shopping Orientations: An Influence on Search Behavior, in: Proceedings, G. H. C. annual meeting of the Marketing Division of the Canadian Association of Administrative Sciences, Laval 1976, S. 233-242.

McGuire, William J.: The Nature of Attitudes and Attitude Change, in: Lindzey, Gardner/Aronson, Elliot (Hrsg.): Handbook of Social Psychology, Bd. 3, 2. Auflage, Reading/Mass. u. a. 1969, S. 136-314.

McNair, Malcolm: Trends in Large-Scale Retailing, in: Harvard Business Review, 10. Jg. (1931), H. 1, S. 30-39.

Meinefeld, Werner: Einstellung und soziales Handeln, Reinbek 1977.

Meyer, Gudrun: Psychologische Aspekte der Geschäftswahl, in: Bergler, R. (Hrsg.): Psychologische Marktanalyse, Bern-Stuttgart 1965, S. 106-120.

Meyer-Schönherr, Mirko: E-Commerce zwischen Marketing-Mix und Kundenbindung, Vortrag auf der Handelsblatt-Konferenz „Marketing-Management im E-Commerce" am 20.-21.11.2000 in Hamburg.

Mick, David Glen/Demoss, Michelle/Faber, Ronald J.: A Projective Study of Motivations and Meanings of Self-Gifts: Implications for Retail Management, in: Journal of Retailing, 68. Jg. (1992), H. 2, S. 122-144.

Mick, David Glen/Demoss, Michelle: Self-Gifts: Phenomenological Insights from Four Contexts, in: Journal of Consumer Research, 17. Jg. (1990), S. 322-333.

Miller, Kenneth E.: A Situational Multi-Attribute Attitude Model, in: Advances in Consumer Research, 2. Jg. (1975), S. 455-463.

Miller, Kenneth E./Ginter, James L.: An Investigation of Situational Variation in Brand Choice Behavior and Attitude, in: Journal of Marketing Research, 16. Jg. (1979), H. 2, S. 111-123.

Morton, Fiona Scott/Zettelmeyer, Florian/Risso, Jorge Silva: Internet Car Retailing, New Haven 2000, unter: www.nber.org/~confer/2001/ecomm01/morton.pdf, Zugriff am 12.1.2002.

Müller, Anja: Unterschätzter Online-Handel, in: Handelsblatt v. 16.10.2000, S. N 8.

Mueller, Eva: A Study of Purchase Decisions – The Sample Survey, in: Clark, Lincoln H. (Hrsg.): Consumer Behavior – The Dynamics of Consumer Reaction, New York 1955, S. 36-87.

Müller, Stefan/Beeskow, Werner: Einkaufsstättenimage und Einkaufsstättenwahl, in: Jahrbuch der Absatz- und Verbrauchsforschung, 28. Jg. (1982), H. 4, S. 400-426.

Müller-Hagedorn, Lothar: Zur Abgrenzung von E-Commerce: Definitorische Anmerkungen, in: Müller-Hagedorn, Lothar (Hrsg.): Zukunftsperspektiven des E-Commerce im Handel, Frankfurt a. M. 2000, S. 49-57.

Müller-Hagedorn, Lothar: Der Handel, Stuttgart-Berlin-Köln 1998.

Müller-Hagedorn, Lothar: Einführung in das Marketing, 2. Auflage, Darmstadt 1996.

Müller-Hagedorn, Lothar: Betriebstypen im Einzelhandel, in: Tietz, Bruno (Hrsg.): Handwörterbuch des Marketing, 2. Auflage, Stuttgart 1995, Sp. 238-255.

Müller-Hagedorn, Lothar: Einstellung, in: Diller, Hermann (Hrsg.): Vahlens Großes Marketing Lexikon, München 1992, S. 251-254.

Müller-Hagedorn, Lothar: Das Konsumentenverhalten – Grundlagen für die Marktforschung, Wiesbaden 1986.

Müller-Hagedorn, Lothar: Die Erklärung von Käuferverhalten mit Hilfe des Lebenszykluskonzeptes, in: WiSt, 13. Jg. (1984), S. 561-569.

Müller-Hagedorn, Lothar: Bevorzugte Betriebsformen des Einzelhandels und das Lebenszykluskonzept, in: zfbf, 30. Jg. (1978), S. 106-124.

Müller-Hagedorn, Lothar/Dach, Christian/Hudetz, Kai/Kaapke, Andreas: E-Commerce im Handel: Zentrale Problemfelder, in: Müller-Hagedorn, Lothar (Hrsg.): Zukunftsperspektiven des E-Commerce im Handel, Frankfurt a. M. 2000, S. 11-47.

Müller-Hagedorn, Lothar/Kaapke, Andreas: Das Internet als strategische Herausforderung für Unternehmen aus dem Handel und dem Dienstleistungssektor, in: Mitteilungen des Instituts für Handelsforschung an der Universität zu Köln, 51. Jg. (1999), S. 193-204.

Müller-Hagedorn, Lothar/Vornberger, Eva: Die Eignung der Grid-Methode für die Suche nach einstellungsrelevanten Dimensionen, in: Meffert, Heribert/Steffenhagen, Hartwig/Freter, Hermann (Hrsg.): Konsumentenverhalten und Information, Wiesbaden 1979, S. 185-207.

Müller-Peters, Anke/Geissler, Holger/Kiell, Guido: Online or offline, active or passive: When do you get the same results from different methods?, in: planung & analyse, Sonderheft market research 2001, S. 26-33.

Nakanishi, Masao/Bettman, James R.: Attitude Models Revisited: An Individual Level Analysis, in: Journal of Consumer Research, 1. Jg. (1974), H. 3, S. 16-21.

Narayana, Chem L./Markin, Rom J: Consumer Behavior and Product Performance: An Alternative Conceptualization, in: Journal of Marketing, 39. Jg. (1975), S. 1-6.

Nelson, Phillip: Information and Consumer Behavior, in: The Journal of Political Economy, 78. Jg. (1970), H. 2, S. 311-329.

Neumaier, Silke: Die E-Commerce-Eignung von Sportartikeln, Köln 2002, unveröffentlichte Diplomarbeit.

Nieschlag, Robert/Dichtl, Erwin/Hörschgen, Hans: Marketing, 18. Auflage, Berlin 1997.

Nilsson, Ragnar: Retailing: Confronting the Challenges That Face Bricks-And-Mortar Stores, in: Harvard Business Review, 77. Jg. (1999), H. 4, S. 166-168.

Nunnally, Jum C.: Psychometric Theory, 2. Auflage, New York u. a. 1978.

O'Connor, Gina Colarelli/O'Keefe, Robert: The Internet as a New Marketplace: Implications for Consumer Behavior and Marketing Management, in: Shaw, Michael/Blanning, Robert/Strader, Troy et al. (Hrsg.): Handbook on Electronic Commerce, Berlin u. a. 2000, S. 123-146.

OECD (Hrsg.): Electronic Commerce: Opportunities and Challenges for Governments, Paris 1997.

Oehmichen, Ekkehardt/Schröter, Christian: Fernsehen, Hörfunk, Internet: Konkurrenz, Konvergenz oder Komplement?, in: MEDIA PERSPEKTIVEN, o. Jg. (2000), S. 359-368.

Ohlwein, Martin: Der Zusammenhang zwischen Einstellung, Verhaltensabsicht und tatsächlichem Handeln, in: Jahrbuch der Absatz- und Verbrauchsforschung, 47. Jg. (2001), S. 272-289.

Orth, Bernhard: Bedeutsamkeitsanalysen bilinearer Einstellungsmodelle, in: Zeitschrift für Sozialpsychologie, 16. Jg. (1985), S. 101-115.

Osgood, Charles E./Suci, George J./Tannenbaum, Percy H.: The Measurement of Meaning, Urbana-Chicago-London 1957.

o. V.: Boston Consulting Group: B2C not doing so badly in US, Nachricht von NUA Internet Surveys vom 8.5.2001, unter: http://www.nua.ie, Zugriff am 15.5.2001.

o. V.: Deutsche halten nichts von Teleshopping, Meldung v. 29.3.2001, unter: http://www.digiTV.de, Zugriff am 4.5.2001.

o. V.: H.O.T. steigert Umsatz um 56 %, Meldung v. 27.2.2001, unter: http://www.digiTV.de, Zugriff am 4.5.2001.

o. V.: Kreditkarten akzeptieren im Online-Shop, unter: www.ecin.de/zahlungssysteme/kreditset, Zugriff am 17.7.2001.

o. V.: Mehr als bunte Bilder – Flasheinsatz bei Online-Befragungen, in: Direkt Marketing, 37. Jg. (2001), H. 11, S. 45.

o. V.: Online-Shopper in Deutschland – Großes Potenzial, aber noch viele Gründe, die ihre Kauflust bremsen, in: Marketing-Journal, 34. Jg. (2001), H. 1, S. 18-21.

o. V.: Problem-Commerce: Mode im Netz, in: Die Welt v. 9.5.2001, S. WW2.

o. V.: Die Fußgängerzone bleibt Nummer eins, in: <e>MARKET – new media update: Folge 6 (Herbst 2000), S. 24 f.

o. V.: Japan: zwei Jahre Vorsprung im M-Commerce, in: ECIN-Newsletter v. 26.9.2000, unter: http://www.electronic-commerce.org, Zugriff am 4.5.2001.

o. V.: Leichtes Spiel für Datendiebe – Die Sicherheit beim Cyber-Shopping lässt einiges zu wünschen übrig, in: Finanztest, o. Jg. (2000), H. 5, S. 22-25.

o. V.: TV-Kaufhaus QVC erwartet Umsatzplus um 60 Prozent, Meldung v. 7.12.2000, unter: http://www.digiTV.de, Zugriff am 4.5.2001.

o. V.: Elektronische Bücher und das Internet werden die Textverteilung revolutionieren, in: Computer Zeitung, Nr. 39 v. 24.9.1998, S. 24.

Perry, Michael: The Conceptualisation Problem of Multi-Attribute Attitude Models, in: European Research, 3. Jg. (1975), S. 105-110.

Peterson, Robert A.: A Meta-Analysis of Cronbach´s Coefficient Alpha, in: Journal of Consumer Research, 21. Jg. (1994), S. 381-391.

Peterson, Robert A./Balasubramanian, Sridhar/Bronnenberg, Bart J.: Exploring the Implications of the Internet for Consumer Marketing, in: Journal of the Academy of Marketing Science, 25. Jg. (1997), S. 329-346.

Phillips, Derek L./Clancy, Kevin J.: Response Biases in Field Studies of Mental Illness, in: American Sociological Review, 35. Jg. (1970), S. 503-515.

Phillips, Fred/Donoho, Andrew/Keep, William W. et al.: Electronically Connecting Retailers and Customers: Interim Summary of an Expert Roundtable, in: Peterson, Robert A. (Hrsg.): Electronic Marketing and the Consumer, Thousand Oaks-London-New Delhi 1997, S. 101-122.

Picot, Arnold: Ein neuer Ansatz zur Gestaltung der Leistungstiefe, in: zfbf, 43. Jg. (1991), S. 336-357.

Picot, Arnold: Transaktionskosten im Handel. Zur Notwendigkeit einer flexiblen Strukturentwicklung in der Distribution, in: Betriebs-Berater, 41. Jg. (1986), H. 27, Beilage 13.

Picot, Arnold: Transaktionskostenansatz in der Organisationstheorie: Stand der Diskussion und Aussagewert, in: Die Betriebswirtschaft, 42. Jg. (1982), H. 2, S. 267-284.

Picot, Arnold/Reichwald, Ralf/Wigand, Rolf T.: Die grenzenlose Unternehmung – Information, Organisation und Management, Wiesbaden 1996.

Pincus, Jeremy D. R.: Interpreting Perceiver Reactions to Emotional Stimuli, in: Advances in Consumer Research, 19. Jg. (1992), S. 245-250.

Pölert, Arnd: Eignung verschiedener Produkte und Leistungen für E-Commerce, in: Ringlstetter, Max J. (Hrsg.): Clicks in E-Business: Perspektiven von Start-Ups und etablierten Konzernen, München-Wien 2001, S. 45-60.

Porter, Michael E.: Strategy and the Internet, in: Harvard Business Review, 79. Jg. (2001), H. 3, S. 63-78.

Porter, Michael E.: Wettbewerbsstrategie (Competitive Strategy) – Methoden zur Analyse von Branchen und Konkurrenten, 10. Auflage, Frankfurt a. M.-New York 1999.

Posselt, Thorsten/Gensler, Sonja: Ein transaktionskostenorientierter Ansatz zur Erklärung von Handelsbetriebstypen, in: Die Betriebswirtschaft, 60. Jg. (2000), H. 2, S. 182-198.

Pringle, David: Just looking: Europeans avoid online shopping, in: convergence, 7. Jg. (2001), H. 2, S. 22-26.

Raab, Martin: Re-Bündelung ist die Lösung, in: netbusiness, 5. Jg. (2001), H. 7, S. 57.

Ratchford, Brian T.: The Value of Information for Selected Appliances, in: Journal of Marketing Research, 17. Jg. (1980), H. 2, S. 14-25.

Rebstock, Michael: Electronic Commerce, in: Die Betriebswirtschaft, H. 2, 58. Jg. (1998), S. 265-267.

Reichwald, Ralf/Hermann, Michael/Bieberbach, Florian: Auktionen im Internet, in: WISU, 29. Jg. (2000), S. 542-552.

Regan, Dennis T./Fazio, Russell: On the Consistency Between Attitudes and Behavior: Look to the Method of Attitude Formation, in: Journal of Experimental Social Psychology, 13. Jg. (1977), S. 28-45.

Riedl, Joachim/Busch, Mathias: Marketing-Kommunikation in Online-Medien – Anwendungsbedingungen, Vorteile und Restriktionen, in: Marketing ZFP, 19. Jg. (1997), H. 3, S. 163-176.

Riemer, Kai/Klein, Stefan: E-Commerce erfordert Vertrauen, in: WISU, 30. Jg. (2001), S. 710-717.

Riepe, Claudia: Produkteigenschaften und das Nachfrageverhalten von Konsumenten. Eine vergleichende Analyse von Lancasters „Neuer Nachfragetheorie“ und „Multi-Attribute Attitude“-Modellen, Thun-Frankfurt a. M. 1984.

Robben, Matthias: Bonus durch Bonitätsprüfung, unter: www.ecin.de/zahlungssysteme/bonitaet, Zugriff am 17.7.2001.

Rohrbach, Peter: Interaktives Teleshopping – Elektronisches Einkaufen auf dem Informationhighway, Wiesbaden 1997.

Rohrmann, Bernd: Empirische Studien zur Entwicklung von Antwortskalen für die sozialwissenschaftliche Forschung, in: Zeitschrift für Sozialpsychologie, 9. Jg. (1978), S. 222-245.

Roppel, Stephan: Erfolgsmodelle im Internet(buch)handel – das Beispiel Amazon.de, in: Hermanns, Arnold/Sauter, Michael (Hrsg.): Management-Handbuch Electronic Commerce – Grundlagen, Strategien, Praxisbeispiele, 2. Auflage, München 2001, S. 601-607.

Rosenberg, Milton J.: Cognitive Structure and Attitudinal Effect, in: Journal of Abnormal and Social Psychology, 53. Jg. (1956), S. 367-372.

Rosenberg, Milton J./Hovland, Carl I.: Cognitive, Affective, and Behavioral Components of Attitude, in: Rosenberg, Milton J./Hovland, Carl I./McGuire, William J. et al. (Hrsg.): Attitude Organization and Change – An Analysis of Consistency Among Attitude Components, New Haven 1960, S. 1-14.

Rosenbloom, Bert: Store Image Development and the Question of Congruency, in: Darden, William R./Lusch, Robert F. (Hrsg.): Patronage Behavior and Retail Management, New York 1983, S. 141-149.

Roth, Erwin: Einstellung als Determination individuellen Verhaltens – Die Analyse eines Begriffes und seiner Bedeutung für die Persönlichkeitspsychologie, Göttingen 1967.

Ryans, Adrian B.: Consumer Gift Buying: An Exploratory Analysis, in: Greenberg, Barnett A. (Hrsg.): Contemporary Marketing Thought, Chicago 1977, S. 99-115.

Saliba, Clare: Report: E-Biz Needs to Foster Online Privacy, in: E-Commerce Times v. 11.7.2001, unter www.ecommercetimes.com, Zugriff am 6.8.2001.

Salop, Steven C.: Monopolistic Competition With Outside Goods, in: The Bell Journal of Economics, 10. Jg. (1979), H. 1, S. 141-156.

Sample, John/Warland, Rex: Attitude and Predicition of Behavior, in: Social Forces, 51. Jg. (1973), S. 292-304.

Sandell, Rolf Gunnar: Effects of Attitudinal and Situational Factors on Reported Choice Behavior, in: Journal of Marketing Research, 5. Jg. (1968), S. 405-408.

Schaber, Roland: Digitale Distribution von Musik im Internet, Köln 2000.

Schaefer, Wolfgang: Die totale Konkurrenz im Handel, in: Berufsverband der deutschen Markt- und Sozialforscher e. V. (Hrsg.): Marktforschung im magischen Viereck – 23. Kongress der Deutschen Marktforschung vom 1. bis 3. Mai 1988, Offenbach 1988, S. 417-448.

Schiffman, Leon G./Dash, Joseph F./Dillon, William R.: The Contribution of Store-Image Characteristics to Store-Type Choice, in: Journal of Retailing, 53. Jg. (1977), H. 2, S. 3-14.

Schindler, Robert M.: The Excitement of Getting a Bargain: Some Hypotheses Concerning the Origins and Effects of Smart-Shopper Feelings, in: Advances in Consumer Research, 16. Jg. (1989), S. 447-453.

Schinzer, Heiko/Thome, Rainer: Anwendungsbereiche und Potentiale, in: Thome, Rainer/Schinzer, Heiko (Hrsg.): Electronic Commerce: Anwendungsbereiche und Potentiale der digitalen Geschäftsabwicklung, 2. Auflage, München 2000, S. 1-25.

Schmid, Florian: Positionierungsstrategien im Einzelhandel – Marktpositionen erobern und verteidigen, Frankfurt a. M. 1996.

Schmitz, Claudius A./Kölzer, Brigitte: Einkaufsverhalten im Handel – Ansätze zu einer kundenorientierten Handelsmarketingplanung, München 1996.

Schnedlitz, Peter: Einstellungen und soziale Beeinflussung als Bedingungen von Kaufabsichten, Frankfurt a. M.-Bern-New York 1985.

Schnedlitz, Peter/Kotzab, Herbert/Cerha, Cordula: Betriebstypenspezifische Einkaufsstättenwahl und Nahversorgungsproblematik – Ergebnisse empirischer Studien, in: Trommsdorff, Volker (Hrsg.): Handelsforschung 1999/00 – Verhalten im Handel und gegenüber dem Handel, Wiesbaden 1999, S. 195-212.

Schnell, Rainer: Homogenität sozialer Kategorien als Voraussetzung für „Repräsentativität“ und Gewichtungsverfahren, in: Zeitschrift für Soziologie, 22. Jg. (1993), H. 1, S. 16-32.

Schnell, Rainer/Hill, Paul B./Esser, Elke: Methoden der empirischen Sozialforschung, 6. Auflage, München-Wien 1999.

Scholz, Joachim: Online-Shopping boomt weltweit, in: <e>MARKET, o. Jg. (2001), H. 7, S. 30 f.

Schuckel, Marcus: Einkaufen in der City – ein Erlebnis? – Ergebnisse einer Sonderauswertung der BAG-Untersuchung Kundenverkehr 2000, in: Mitteilungen des Instituts für Handelsforschung an der Universität zu Köln, 53. Jg. (2001), S. 113-122.

Schuckel, Marcus: Bedienungsqualität im Einzelhandel, Stuttgart 1999.

Schuckel, Marcus/Hußmann, Christiane: Neue Instrumente zur Messung der Kundenzufriedenheit, in: Mitteilungen des Instituts für Handelsforschung an der Universität zu Köln, 52. Jg. (2000), S. 177-188.

Schwartz, Evan I.: Webonomie, Hamburg 1997.

Schwartz McDonald, Susan/Goldman, Alfred E.: Strategies of Segmentation Research, in: Hafer, George B. (Hrsg.): A Look Back, A Look Ahead, Chicago 1980, S. 30-42.

Seiders, Kathleen/Berry, Leonard L./Gresham, Larry G.: Attention, Retailers! How Convenient Is Your Convenience Strategy?, in: Sloan Management Review, 41. Jg. (2000), H. 3, S. 79-89.

Sells, Stephen B.: Dimensions of Stimulus Situations Which Accounts for Behavioral Variance, in: Sells, Stephen B. (Hrsg.): Stimulus Determinants of Behavior, New York 1963, S. 3-15.

Shamdasani, Prem N./Yeow, Ong Geok: An exploratory study of in-home shoppers in a concentrated retail market – The case of Singapore, in: Journal of Retailing and Consumer Services, 2. Jg. (1995), H. 1, S. 15-23.

Sherry, John F. Jr.: A Sociocultural Analysis of a Midwestern American Flea Market, in: Journal of Consumer Research, 17. Jg. (1990), S. 13-30.

Sheth, Jagdish N.: An Integrative Theory of Patronage Preference and Behavior, in: Darden, William R./Lusch, Robert F. (Hrsg.): Patronage Behavior and Retail Management, New York u. a. 1983, S. 9-28.

Sheth, Jagdish N.: A Field Study of Attitude Structure and the Attitude-Behavior Relationship, in: Sheth, Jagdish N. (Hrsg.): Models of Buyer Behavior: Conceptual, Quantitative, and Empirical, New York 1974, S. 242-268.

Sheth, Jagdish N.: Brand Profiles From Beliefs and Importances, in: Journal of Advertising Research, 13. Jg. (1973), H. 1, S. 37-42.

Shim, Soyeon/Eastlick, Mary Ann/Lotz, Sherry L. et al.: An online prepurchase intentions model: The role of intention to search, in: Journal of Retailing, 77. Jg. (2001), S. 397-416.

Shocker, Allan D./Ben-Akiva, Moshe/Boccara, Bruno et al.: Consideration Set Influences on Consumer Decision-Making and Choice: Issues, Models, and Suggestions, in: Marketing Letters, 2. Jg. (1991), H. 3, S. 181-197.

Simon, Herbert A.: Administrative Behavior – A Study of Decision-Making Process in Administrative Organization, 2. Auflage, New York 1957.

Simon, Hermann: The Call of Reality and the Future of E-Business – How Established Organizations Have to Change, Presentation to Siemens-Deutsche Bank-Volkswagen „Inventing the Organization of the 21st Century"-Conference, Schloss Elmau, 17. März 2001, unter www.competence-site.de, Zugriff am 14.8.2001.

Sinha, Indrajit: Cost Transparency: The Net's Real Threat to Prices and Brands, in: Harvard Business Review, 78. Jg. (2000), H. 3, S. 43-50.

Sperber, Brenda M./Fishbein, Martin/Ajzen, Icek: Predicting and Understanding Women's Occupational Orientations: Factors underlying choice intentions, in: Ajzen, Icek/Fishbein, Martin (Hrsg.): Understanding Attitudes and Predicting Social Behavior, Englewood Cliffs/N.J. 1980, S. 113-129.

Spiggle, Susan/Sewall, Murphy A.: A Choice Sets Model of Retail Selection, in: Journal of Marketing, 51. Jg. (1987), H. 4, S. 97-111.

Steffenhagen, Hartwig: Entscheidungsverhalten unter Zeitdruck – Zur Problematik von Entscheidungshilfen aus entscheidungstheoretischer und verhaltenswissenschaftlicher Sicht, in: Die Betriebswirtschaft, 38. Jg. (1978), S. 595-607.

Stelzer, Dirk: Digitale Güter und ihre Bedeutung in der Internet-Ökonomie, in: WISU, 29. Jg. (2000), S. 835-842.

Stephenson, P. Ronald: Identifying Determinants of Retail Patronage, in: Journal of Marketing, 33. Jg. (1969), H. 3, S. 57-61.

Stier, Winfried: Empirische Forschungsmethoden, Berlin u. a. 1996.

Stigler, George J.: The Economics of Information, in: Journal of Political Economy, 69. Jg. (1961), H. 3, S. 213-225.

Stölzle, Robert/Leibold, Kay/Stroborn, Karsten: Internet-Zahlungssysteme aus Sicht der Verbraucher, Studie des Instituts für Wirtschaftstheorie und Wirtschaftsforschung der Universität Karlsruhe (TH), Karlsruhe 2001.

Stone, Gregory P.: City Shoppers and Urban Identification: Observations on the Social Psychology of City Life, in: American Journal of Sociology, 60. Jg. (1954), S. 36-45.

Strader, Troy J./Shaw, Michael J.: Electronic Markets: Impact and Implications, in: Shaw, Michael/Blanning, Robert/Strader, Troy et al. (Hrsg.): Handbook on Electronic Commerce, Berlin u. a. 2000, S. 77-98.

Streich, Michael: Online-Auktionen im Internet. Eine empirische Studie zur Evaluation von Preisvorteilen unter besonderer Berücksichtigung moderierter Liveauktionen, in: Jahrbuch der Absatz- und Verbrauchsforschung, 47. Jg. (2001), H. 2, S. 172-189.

Sudman, Seymour: Applied Sampling, New York 1976.

Swoboda, Bernhard: Messung von Einkaufsstättenpräferenzen auf der Basis der Conjoint-Analyse, in: Die Betriebswirtschaft, 60. Jg. (2000), H. 2, S. 149-166.

Swoboda, Bernhard S.: Conditions of consumer information seeking: theoretical foundations and empirical results of using interactive multimedia systems, in: The International Review of Retail, Distribution and Consumer Research, 8. Jg. (1998), S. 361-381.

Swoboda, Bernhard: Interaktive Medien am Point of Sale, Wiesbaden 1996.

Szymanski, David M./Hise, Richard T.: e-Satisfaction: An Initial Examination, in: Journal of Retailing, 76. Jg. (2000), S. 309-322.

Tauber, Edward M.: Why Do People Shop?, in: Journal of Marketing, 36. Jg. (1972), H. 10, S. 46-49.

Taylor, Edward: Web Skeptics – Many Europeans Say no to Buying Online, in: convergence, 7. Jg. (2001), H. 2, S. 27.

Taylor, James Bentley: What Do Attitude Scales Measure: The Problem of Social Desirability, in: Journal of Abnormal and Social Psychology, 62. Jg. (1961), S. 386-390.

Taylor Nelson Sofres Interactive (Hrsg.): Global eCommerce Report, 2001, beide zitiert nach: Graumann, Sabine/Köhne, Bärbel: Monitoring Informationswirtschaft – 3. Faktenbericht 2001, eine Sekundärstudie von NFO Infratest (Germany), München 2001.

Tessler, Joelle: Bankrupt dot-coms ask to sell user data, unter: www.siliconvalley.com, Zugriff am 24.1.2002.

Theis, Hans-Joachim: Einkaufsstätten-Positionierung – Grundlage der strategischen Marketingplanung, Wiesbaden 1992.

Thelen, Eva M./Woodside, Arch G.: Ein gedächtnispsychologischer Ansatz zur Erklärung des Geschäftswahlverhaltens des Konsumenten, in: Trommsdorff, Volker (Hrsg.): Handelsforschung 1996/97 – Positionierung des Handels, Wiesbaden 1996, S. 339-355.

Theobald, Axel: Determinanten des Online Research, in: planung & analyse, 27. Jg. (2000), H. 5, S. 72-76.

Theobald, Axel: Marktforschung im Internet, in: Bliemel, Friedhelm/Fassott, Georg/Theobald, Axel (Hrsg.): Electronic Commerce: Herausforderungen – Anwendungen – Perspektiven, 2. Auflage, Wiesbaden 1999, S. 363-379.

Thun, Alexander/Untiedt, Bernd: Der Einfluss verschiedener Faktoren auf die Qualität von Online-Panel, in: planung & analyse, 28. Jg. (2001), H. 5, S. 42-49.

Thurstone, Louis L.: The Measurement of Social Attitudes, in: Journal of Abnormal and Social Psychology, 26. Jg. (1931), S. 249-269.

Tietz, Bruno: Elektronisches Marketing, Elektronisches Shopping und Elektronisches Banking, in: Theuer, Gottfried/Schiebel, Walter (Hrsg.): Tele-Selling – Marketing über Bildschirmtext, Landsberg 1984, S. 259-289.

Tigert, Douglas J.: Pushing the Hot Buttons for a Successful Retailing Strategy, in: Darden, William R./Lusch, Robert F. (Hrsg.): Patronage Behavior and Retail Management, New York 1983, S. 89-113.

Tittle, Charles R./Hill, Richard J.: The Accuracy of Self-Reported Data and Prediction of Political Activity, in: Public Opinion Quarterly, 31. Jg. (1967), S. 103-106.

Toporowski, Waldemar: Auswirkungen von E-Commerce auf den Einzelhandel – der Erklärungsbeitrag der Transaktionskostentheorie, in: Müller-Hagedorn, Lothar (Hrsg.): Zukunftsperspektiven des E-Commerce im Handel, Frankfurt a. M. 2000, S. 73-120.

Transport en Logistiek Nederland (Hrsg.): Nieuwe wijn in oude zakken, Zoetermeer 2000, komplette Studie und deutsche Zusammenfassung unter: www.elog-center.de/fakten/ecommerce/, Zugriff am 9.8.2001.

Trommsdorff, Volker: Konsumentenverhalten, 3. Auflage, Stuttgart-Berlin-Köln 1998.

Trommsdorff, Volker: Konsumentenverhalten, 2. Auflage, Stuttgart u. a. 1993.

Trommsdorff, Volker: Die Messung von Produktimages für das Marketing – Grundlagen und Operationalisierung, Köln u. a. 1975.

Urbany, Joel E.: An Experimental Examination of the Economics of Information, in: Journal of Consumer Research, 13. Jg. (1986), H. 2, S. 257-271.

Van Kenhove, Patrick/De Wulf, Kristof: Income and time pressure: a person-situation grocery retail typology, in: International Review of Retail, Distirbution and Consumer Research, 10. Jg. (2000), H. 2, S. 149-166.

Van Kenhove, Patrick/De Wulf, Kristof/Van Waterschoot, Walter: The Impact of Task Definition on Store Attribute Saliences and Store Choice, in: Journal of Retailing, 75. Jg. (1999), H. 1, S. 125-137.

Walsh, John P./Kiesler, Sara/Sproull, Lee S. et al.: Self-selected and randomly selected respondents in a computer network survey, in: Public Opinion Quarterly, 56. Jg. (1992), S. 241-244.

Warland, Rex/Sample, John: Response Certainty as a Moderator Variable in Attitude Measurement, in: Rural Sociology, 38. Jg. (1973), S. 174-186.

Weede, Erich: Hypothesen, Gleichungen und Daten, Kronberg 1977.

Wegener, B.: Wer skaliert? Die Messfehler-Testtheorie und die Frage nach dem Akteur, in: ZUMA – Zentrum für Umfragen, Methoden und Analysen (Hrsg.): ZUMA-Handbuch Sozialwissenschaftlicher Skalen, Mannheim-Bonn 1983, S. 1-110.

Weiber, Rolf/Rosendahl, Thomas: Anwendungsprobleme der Conjoint-Analyse – Die Eignung conjointanalytischer Untersuchungsansätze zur Abbildung realer Entscheidungsprozesse, in: Marketing ZFP, 19. Jg. (1997), H. 2, S. 107-118.

Weiber, Rolf/Adler, Jost: Informationsökonomisch begründete Typologisierung von Kaufprozessen, in: zfbf, 47. Jg. (1995), S. 43-65.

Weinberg, Peter: Erlebnisorientierte Einkaufsstättengestaltung im Einzelhandel, in: Marketing ZFP, 8. Jg. (1986), H. 2, S. 97-102.

Weinberg, Peter: Das Entscheidungsverhalten der Konsumenten, Paderborn u. a. 1981.

Westbrook, Robert A./Black, William C.: A Motivation-Based Shopper Typology, in: Journal of Retailing, 61. Jg. (1985), H. 1, S. 78-103.

Wickens, Thomas D.: Multiway Contingency Tables Analysis for the Social Sciences, Hillsdale 1989.

Wicker, Allan W.: Commentaries on Belk, „Situational Variables and Consumer Behavior", in: Journal of Consumer Research, 2. Jg. (1975), H. 3, S. 165-167.

Wicker, Allan W.: Attitudes versus Actions: The Relationship of Verbal and Overt Behavioral Responses to Attitude Objects, in: Journal of Social Issues, 25. Jg. (1969), H. 4, S. 41-78.

Wiedmann, Klaus-Peter/Buckler, Frank/Buxel, Holger: M-Commerce – was kommt auf uns zu?, in: absatzwirtschaft, 43. Jg. (2000), H. 5, S. 120-122.

Wildner, Raimund/Conklin, Michael: Stichprobenbildung für Marktforschung im Internet, in: planung & analyse, 28. Jg. (2001), H. 2, S. 18-24.

Wildt, Albert R./Mazis, Michael B.: Determinants of Scale Response: Label Versus Position, in: Journal of Marketing Research, 15. Jg. (1978), S. 261-267.

Wilke, Kai: Die Eignung des Internet für die Reduktion von Preis- und Qualitätsrisiken im Kaufentscheidungsprozeß des Konsumenten – Eine informationsökonomische Betrachtung, Köln 2000.

Wilkie, William L./Pessemier, Edgar D.: Issues in Marketing's Use of Multi-Attribute Attitude Models, in: Journal of Marketing Research, 10. Jg. (1973), S. 428-441.

Wong, John K./Sheth, Jagdish N.: Explaining Intention – Behavior Discrepancy: A Paradigm, in: Advances in Consumer Research, 12. Jg. (1985), S. 378-384.

Woratschek, Herbert: Betriebsform, Markt und Strategie, Wiesbaden 1992.

Yoo, Changjo/Park, Jonghee/MacInnis, Deborah J.: Effects of Store Characteristics and In-Store Emotional Experiences on Store Attitude, in: Journal of Business Research, 42. Jg. (1998), S. 253-263.

Zajonc, R. B.: Feeling and Thinking - Preferences Need no Inferences, in: American Psychologist, 35. Jg. (1980), H. 2, S. 151-175.

Zeller, Richard A./Carmines, Edward G.: Measurement in the Social Sciences. The Link between Theory and Data, Cambridge 1980.

Zerdick, Axel/Picot, Arnold/Schrape, Klaus et al.: Die Internet-Ökonomie: Strategien für die digitale Wirtschaft, 3. Auflage, Berlin u. a. 2001.

Ziehe, Nikola: Gibt es einen Trend zur Erlebnisorientierung?, in: Müller-Hagedorn, Lothar (Hrsg.): Trends im Handel: Analysen und Fakten zur aktuellen Situation im Handel, Frankfurt a.M. 1997, S. 51-83.

Zikmund, William G.: Exploring Marketing Research, 6. Auflage, Fort Worth u. a. 1997.

Zimmermann, Matthias/Gadeib, Andera/Lürken, Alexander: Marktforschung Online – Schöne neue Welt?, in: planung & analyse, 28. Jg. (2001), H. 2, S. 38-43.

Zwass, Vladimir: Electronic Commerce: Structures and Issues, in: International Journal of Electronic Commerce, 1. Jg. (1996), H. 1, S. 3-23.